태현경
(太玄經)

揚　雄　著
司馬　光　注
金台植　解譯

'태현경(太玄經)'이란 어떤 책인가?

1. 사마상여(司馬相如)를 추앙했으나...

'태현경(太玄經)'은 한(漢)나라 양웅(揚雄)이 '주역(周易)'을 모방해, 자신이 평생 동안 닦은 학문(學問)에 심혈을 기울여 지은 저서 이름이다.

본래 이름은 '태현(太玄)'이었다고 했으며 '한서'(漢書) 예문지(藝文志)에는 총 19권으로 이루어 졌다고 했다. 그러나 '신당서'(新唐書) 예문지에서는 12권이라 하는가 하면, 문헌통고(文獻通考)에서는 10권이라 해서 문헌별로 차이가 적지 않다.

현전하는 판본은 '문헌통고'처럼 모두 10권이다. 이런 일은 다른 고전에서도 흔한 일이지만, '태현경'의 경우 권수가 줄어든 것은 원전 중 일부가 탈락된 데서 비롯된 것이 아니라 편집자별로 분장(分章)을 달리했기 때문이라고 생각된다. 즉, 양웅이 저술한 원전 '태현경'이 어떤 모습이었을지 장담하기는 힘드나, 현전본이 그 모습을 대략 간직하고 있다고 생각된다는 뜻이다.

이 '태현경'은 양웅 사후 어느 무렵에 경(經)으로 격상된 듯하며, 이 때문에 오늘날은 '태현경'이라는 명칭이 더 익숙하게 되었다. 나아가 여기에 내재된 짙은 도가적 색채에 힘입어 이 '태현경'은 불교의 일체경(一切經)에 해당하는 것으로서 명나라 정통(正統) 연간(1436~1449)에 완성된 '정통도장'(正統道藏) 중 태청부(太淸部)에 편입되어 도교의 경전으로도 읽혀졌다.

이 '태현경'을 쓴 양웅(揚雄)은 누구인가? 양웅은 기록에 따라 그 성씨가 '楊'(양)이라고도 하지만, 이는 두 글자가 음은 물론이요 글자 모양까지 비슷한 데서 초래된 현상일 뿐, 揚이 맞다.

그는 자(字)가 자운(子雲)이요, 촉군(蜀郡) 성도(成都 : 지금의 사천성 성도) 사람이며 전한(前漢) 선제(宣帝) 감로(甘露) 원년(BC 53)에 태어났다. 같은 고향 출신으로 한 무제(漢武帝) 때 이름을 드날린 사마상여(司馬相如)에게 짙은 영향을 받았다.

후한(後漢) 초기 역사가인 반고(班固.AD 32~92)가 편찬한 '한서(漢書)' 중 제87~88권, 열전(列傳) 제57~58에는 양웅(揚雄. BC 53~AD 18)이란 인물이 배당돼 있다.

이 양웅전(揚雄傳)에 의하면 그는 문장(文章. 여기서 문장이란 문학작품 정도를 의미한다)으로 황제인 성제(成帝)의 눈에 띄어 급사황문(給事黃門)이란 관서(官署)의 말단 관리로 들어갔으며, 이후 전한 왕조에서는 성제를 거쳐 애제(哀帝), 평왕(平王)을 차례로 섬겼다……등등으로 기록 되어 있다. 그는 공자에게 뿌리를 두며 맹자와 순자를 계승하는 유자를 자처했으나, 주희(朱熹) 이후 우리에게 익숙한 성리학적 관점과 같은 유학자로 간주해서는 결코 안 된다. 그가 살다간 전한 말기~후한 초기는 널리 알려져 있듯이 각종 경전을 점성술적·신비적·예언적으로 해석하는 소위 참위(讖緯)가 극성을 이루던 시대였으며, 아울러 황제와 노자를 추숭하는 이른바 황로학(黃老學)이 횡행하던 시대였는데 이런 시대 분위기에서 양웅 또한 벗어날 수 없음을 기억해야 한다.

유자임을 자처했으나, 그에게는 도가적인 색채도 물씬하다. 그런 면모는 이 자리에서 소개되는 '태현경'에서 엿보기에 충분하며, 아울러 3세기 때 인물인 황보밀(皇甫謐)이 찬한 '고사전(高士傳)'이란 역대 저명한 은일자(隱逸者)들의 전기물에 수록된 엄준(嚴峻)란 인물의 행적에 의하면 양웅은 성도(成都) 저잣거리에서 점치는 일로 생업을 이어가던 엄준을 따라다니며 배웠다고 한다. 엄준에게는 저명한 '노자'(老子) 주석서인 '노자지귀'(老子指歸)라는 저술이 있었으며 그 중 일부는 현재도 전해지고 있다.

점복(占卜)에 종사한 행적이라든가 '노자' 연구에 천착했다는 따위의 행적으로 볼 때 엄준은 참위설을 신봉하던 황로학적 사상가였다고 생각된다. 그를 스승으로 삼아 배운 양웅 또한 학문적 사상적 기반이 어떠했을 지는 짐작하고도 남음이 있다.

그는 생몰년(生沒年)에서 주시할 것은 같은 시대를 살았으며, 교류가 남달랐던 유흠(劉歆. BC 53년 무렵~AD 25 : 劉向 아들)이 그랬듯이, 한 왕조를 몰아내고 신(新) 왕조를 개창한 왕망(王莽. BC 45~AD 23) 정권기에도 많은 영향을 끼쳤다는 사실이다.

왕망이 전한 왕조를 대체해 공식적으로 황제에 즉위한 것은 서기 8년. 하지만 왕망이 실질적으로 집권한 것은 이보다 약 10년 전이었다. 왕망은 연이은 실정(失政) 끝에 건국 15년만인 서기 23년에 멸망했다. 양웅이 죽고 난 5년 뒤에 왕망의 신(新)나라는 사라지고 만다. 그가 황제에 있었던 기간을 포함하면 왕망의 실질적인 집권기는 약 25년에 달한다. 이 중 후반기 5년을 제외한 약 20년 동안 양웅은 왕망의 그늘에서 자유로울 수 없었던 것이다.

이 왕망 정권에 유흠과 함께 양웅은 적극적으로 협력했다. 그 대가로 양웅에게는 대중대부(大中大夫)라는 높은 관직이 주어졌다. 여기에서 그치지 않고 양웅은 그의 능숙한 문학적 능력을 발휘해 왕망을 찬양하는 '극진미신'(劇秦美新)이라는 저명한 글을 쓰기도 했다. 전한 정권을 버리고 왕망을 택한 이런 행태는 대의명분에 투철하고자 하는 후대의 유자(儒者), 특히 주희(朱熹)를 대표로 하는 성리학자들에 의해 지탄의 대상이 되기도 했다.

양웅은 후한(後漢) 초기 사상가들인 환담(桓譚)이나 왕충(王充) 같은 이는 물론이고 유가적 대의명분을 주창한 당대(唐代)의 한유(韓愈)나 유종원(柳宗元), 북송(北宋)의 사마광(司馬光.1019~1089)과 왕안석(王安石) 등에게는 높은 추숭을 받았다. 하지만 북제(北齊)의 안지추(顔之推)라든가 북송의 소식(蘇軾), 남송(南宋)의 주희(朱熹) 등에게는 지조를 지키지 못했다는 등의 이유로 지탄의 대상이 되었다. 이 때문에 한 때 공자나 맹자, 순자 등에 견주어 양자(揚子)로까지 추앙된 양웅은 주자성리학이 중국을 비롯한 동아시아 사상계의 지배 이데올로기로 자리

잡음에 따라 더 이상 회복할 수 없는 절조 없는 지식인의 대명사로 간주되었다. 이와 같은 처신은 사실 그 자신이 표명한 생활신조와 합치되는 면이 많다. 그는 선배 작가 중 굴원(屈原)을 "옥처럼 구슬처럼 밝게 빛났다"(如玉如瑩)고 높이 평가하면서도 그가 '이소(離騷)'를 짓고는 멱라수(汨羅水)에 투신자살한 행적에 대해서는 비판적이었다.

곧 '한서' 양웅 전에 인용된 그 자신의 말에 의하면 "군자는 때를 만나면 크게 쓰일 수 있으나 때를 만나지 못하면 은거하여 몸을 보존해야 한다."고 했고 그와 비슷한 처세술은 그의 다른 저술인 '법언'의 문명(問明) 편에 나오는 "다스려지면 모습을 드러내고 혼란해 지면 몸을 숨긴다"는 말에서도 확인된다. 이런 논리로 본다면, 왕망의 시대가 도래한 일을 양웅 스스로는 때를 만난 것으로 간주한 셈이 된다.

왕망에 대해 양웅이 협력과 충성을 다한 것은, 역으로 전한(前漢) 왕조에 대한 그의 실망에서 비롯됐다고 볼 수도 있다. 실제 '한서' 양웅전 등의 기록을 검토해 보면, 양웅 자신은 전한 왕조를 위해 그의 능력, 특히 문장으로써 있는 힘을 다한다고 했으나, 이런 그에게 돌아온 것은 광대 대접에 지나지 않았음을 여실히 알 수 있다. 그는 전한 말기에 두 말이 필요 없는 당대 제1의 사부(辭賦) 작가로 부상해 있었다. 특히 그는 부(賦)에 관한 한 전대(前代)의 가의(賈誼. BC 200~168)나 사마상여(司馬相如)에 견준 만한 능력이 있었고, 실제 그런 능력으로써 현실의 정치를 개혁하고자 했다. 이 때문에 왕망에게 희망을 걸고 새로운 나라에 새로운 정치를 해보려고 협력했던 것이리라!

2. 팔방미인 양웅(揚雄)

양웅은 그 가문이 멀리 주(周)나라 때의 백교(伯僑)에게 까지 올라갔다. 그의 선조를 확인할 만한 여타 자료가 없어 믿기가 심히 곤란하지만 어떻든 양웅 스스로가 기록한 가문의 역사에 의

하면 그 자신은 백교에서 시작해 그 자신에 이르는 동안 양씨(揚氏)의 중시조격인 5대조 양계(揚季)까지 거론하고 있다.

이런 가문의 역사에 이어 양웅전에는 양웅이 말하는 양웅 자신의 성격, 말하자면 자화상이 설명되고 있다. 이에 의하면 그는 "어려서부터 배우기를 좋아해 책이라곤 읽지 않은 게 없었고" "실로 옛 것을 좋아하고 도(道)를 즐기니 그 뜻은 문장을 구하여 후세에 명성을 떨치고자함이었다"고 술회하고 있다.

이를 위해 양웅은 "경서(經書)로는 '역(易)'보다 위대한 것이 없다고 해서 '태현(太玄)'을 지었으며, 전(傳)으로는 '논어(論語)'보다 위대한 것이 없다고 여겨 '법언(法言)'을 지었고, 사서(史書)로는 '창힐(倉頡)'보다 훌륭한 것이 없다 생각해 '훈찬(訓纂)'을 지었으며, 잠언(箴言)에는 '우잠(虞箴)'보다 훌륭한 것이 없다 해서 '주잠(州箴)'을 지었다"고 고백했다.

이를 액면 그대로 받아들인다면, 양웅은 치밀한 목적의식과 계획 아래 일련의 저술을 기획하고, 그것을 실천에 옮긴 셈이다. 양웅 스스로가 거론하고 있는 이들 네 저작물 중에서도 '역(易)'을 모방한 '태현(太玄)'과 '논어(論語)'를 모방한 '법언(法言)'과 '이아(爾雅)'를 모방한 '방언(方言)' 등은 거의 온전한 상태로 현재까지 전하고 있으며, 나머지 두 저서인 '창힐훈찬(倉頡訓纂)'과 '우잠(虞箴)'은 일실되었고, 지금은 다른 문헌에 산발적으로 인용된 형태로밖에 전하지 않는다.

또 '이아'는 한대(漢代) 경학의 훈고학적 성과를 총결산한 위대한 금자탑이라는 사실은 부인할 수 없다. 그러므로 이에 견줄 만한 저작으로 그는 '방언'을 완성한 것이다. 지금도 온전하게 전하는 '방언' 역시 '창힐훈찬'과 마찬가지로 소학류(小學類)에 속하는 것으로, 당시 한 제국의 영토 안에서 지방에 따라 같은 사물을 지칭하면서도 각기 다르게 쓰이는 단어들의 소통을 꾀했다는 점에서 획기적인 업적으로 평가된다.

양웅은 이 외에도 앞서 말했듯이 당대를 대표하는 사부(辭賦) 작가의 최고봉이었다. 비록 나중에 그 스스로 회의에 빠지면서,

그 자신이 그토록 매진하며 열정을 보였던 사부, 특히 부(賦)에 대해서는 혹평을 퍼부어댔지만, 이처럼 다채로운 그의 면모에는 팔방미인이었다는 수식어가 적격일 것이다.

이들 저서 외에 양웅에게는 '촉왕본기(蜀王本紀)'라는 사서(史書)가 있었음이 '화양국지(華陽國志)'의 서지(序志)에 보이며, '한서예문지(藝文志)'의 유가류(儒家類)에는 그의 저술로 '악(樂)' 4편이 발견되었고 그 밖의 수 십 편의 부(賦)도 발견 되었다.

3. '태현(太玄)'과 '태현집주(太玄集注)'

'태현(太玄)'은 그 저작물과 저자를 존칭해서 '태현경(太玄經)'이라고도 하고 '양자태현경(揚子太玄經)'이라고도 한다. 간단히 '현경(玄經)'이라 하기도 한다. '사고전서(四庫全書)'에서는 이 전집이 편찬되던 당시 청(淸)나라 황제인 강희제(康熙帝)의 이름 현엽(玄燁)을 피휘(避諱)해 '대원경(太元經)'이라 하고 있다.

양웅이 이 글을 지을 때 붙인 명칭은 '태현'이었음을 '한서' 양웅전 등의 기록을 통해 엿볼 수 있다. 하기야 자기가 지은 글을 자기 스스로가 경전으로 간주해 태현경(太玄經)이라고 붙였을 가능성은 거의 없다고 봐야 한다. 그러던 '태현'은 후세에 그것이 경전으로까지 추숭되자 경(經)이라는 접미사가 생겨나게 됐다.

원래 명칭 태현(太玄)은 말할 것도 없이 현(玄)이라는 말을 높여서 부른 데 지나지 않는다. 궁극을 의미하는 말 극(極)을 높여 태극(太極)이라 하고, 숫자 1을 높여 태일(太一)이라 하며, 공허(空虛 : 텅 비다)를 의미하는 허(虛)라는 글자를 더욱 높여 태허(太虛)라고 하는 것과 같다.

태현이란 저작물은 글자 그대로는 '현(玄)에 관해 탐구한 글'이라는 정도로 풀어 이해할 수 있다. 그렇다면 그가 말하는 현(玄)이란 도대체 무엇인가?

양웅 스스로도 말했듯이 '태현'은 '주역(周易)'을 모방했다고 했다. '주역'에 현(玄)이란 말이 나오기는 곤괘(坤卦)의 上六爻에 "玄黃"(현황)이라고 처음 거론 했고, 곤괘문언전(坤卦文言傳)에 "대저 현황(玄黃)이란 하늘은 검고 땅은 누렇다."라고 하고 있는데 이것이 하늘을 현(玄)으로 표현한 것의 처음이다.

곧 땅은 황색이라는 점에 대비되어 하늘은 현(玄)하다는 '천현'(天玄)이라는 말이 그것이다. 이 둘을 합친 합성어 천지현황(天地玄黃)은 양나라 때 주흥사(周興嗣)라는 사람이 꿰어 맞추었다고 하는 '천자문(千字文)' 첫 구절로 우리에게는 익숙한 말이며 이는 '주역'에 있는 문자이기도 하다.

'주역'에서는 현의 깊이 있는 뜻을 간단하게 표현했으나, 그것을 깊게 연역한 '노자도덕경'에서는 현(玄)을 매우 중대한 의미를 갖는 주축 개념으로 쓰고 있다. 그것은 다름 아니라 '도덕경'이 시종일관 우주만물의 절대 법칙으로 설정하는 도(道) 그 자체이거나, 그것의 속성을 표현하는 주축 개념으로 보았기 때문이었을 것이다.

'도덕경'에서 말하는 현(玄)은 단순히 색깔이 검다는 뜻이 아니라 현묘(玄妙) 혹은 미묘(微妙)라는 말로 이해된다. 도(道)는 현묘하고 미묘하기 때문에 잡으려 해도 잡을 수 없고, 들으려 해도 들을 수 없으며, 보려 해도 보이지 않는 존재가 된다. 그래서 이름 지으려 해도 이름 지을 수도 없고 했다. 따라서 도덕경에서 말하는 도(道)는 '주역'에서 말하는 태극(太極)과 같은 위상, 같은 개념을 지닌 말이라고 할 수 있으며 이 도(道)-태극(太極)의 연결고리를 통해 '주역'은 '도덕경'으로 치환하며, '도덕경'은 '주역'으로 치환할 수 있는 발판을 마련하게 된다.

현행 통용본 '노자도덕경' 제1장에서는 이와 같은 道의 속성을 일러 "현묘하고 또 현묘하다"(玄之又玄)고 표현하고 있는데, 양웅이 '태현'이라는 저술에서 말하고자 하는 현(玄)은 바로 '현지우현'(玄之又玄)의 현(玄)이 아닌가 느껴진다.

이렇게 놓고 보면 양웅은 '주역'에서 거론한 현(玄)을 의미 깊게 새기고, "경서(經書)로는 '역(易)'보다 위대한 것이 없다고 여겨 '태현(太玄)'을 지었다"고 강조했다. 도대체 '노자'적인 현(玄)과 '태현'은 어디에서 접합점을 이룰 것인가? 이런 의문을 해명하기 위해서는 무엇보다 먼저 '주역'에서 보여주고자 하는 사상이 무엇인가를 파악해야 한다. '주역'은 널리 알려져 있듯이 미래를 예언하는 일종의 점복서라는 데 대해서는 이론(異論)이 있기 힘들다. '주역'이라는 말이 주나라의 역(易)이라는 의미이고 보면, 그것이 설파하고자 하는 사상의 핵심은 역에 있다고 할 수 있으니, 역이란 말은 기본 개념이 생성하고 변화하고 사멸하는 변화의 이치라고 정리할 수 있을 것이다.

그러니 '주역'이란 이 변화의 이치를 해명하고자 하는 고대인, 특히 하(夏) 은(殷) 주(周)나라 사람들의 욕망이 빚어낸 나름의 법칙에 대한 '메모리 칩'을 분석해야 한다.

역(易)은 변화 혹은 변동이라는 주축적인 개념임이 확실한 이상, 거기에 내재된 것으로 '변화'는 피할 수 없는 숙명이며, 변화한다는 것은 다른 말로 풀어보면 미래에 대한 불가측성이다.

하지만 이런 불가측성은 역설적으로 불가측성 속에서도 변화의 법칙을 구명하고자 하는 욕망을 배태하게 된다. '주역'이란 책이 불가측성과 불확실성으로 점철된 미래를 점치기 위한 점서의 일종임이 확실하다면, 그것은 '예고된 미래의 길'을 법칙화하고 있는 셈이다.

어떻든 현행 통용본 '주역'은 양웅이 살던 그 시대에 대단한 위력을 발휘했으며 또한 참위설(讖緯說)과 결합해 더욱 힘을 발휘했다. 이 시대에는 소위 각종 경전을 점성술적·신비적·예언적으로 해석하는 참위설들이 그들이 내세우는 예언의 실증성을 뒷받침하는 도구로써 '주역'이 매우 요긴하게 활용되는 양태가 나타났다. 이 참위설은 사상사적으로는 전국시대 중·후기에 극성을 이루게 되는 음양오행설을 절대적인 기반으로 했다.

'주역'은 우주만물이 늘 변화무쌍한 가운데서도 거기에 내재된 '변화의 절대법칙'을 추구한다는 점인데 반해, '노자도덕경'

에서는 그것을 자연의 원리와 결부시켜서 천지보다 앞서면서 만물의 어머니가 되는 '현묘하고 또 현묘한'(玄之又玄)한 도(道)와 결합할 수 있다는 현을 내세우고 있는 것이다.

이런 점에서 절대불변과 가변의 법칙을 확립하고 추구하는 '주역'과 '노자도덕경'의 결합은 사상사적으로는 유가와 도가의 통합운동이라고 평가할 수도 있을 것이다. 나아가 '주역'과 '노자' 모두 우주만물이 생성하는 과정에서 음양설을 절대 기반으로 삼고 있다는 점에서 양웅이 시도한 것과 같은 '주역'에 대한 '노자'식의 이해는 유가와 도가 외에 음양가까지 가미된 통합운동의 하나라고도 이해해도 좋을 것이다. 실제 '태현'이라는 저작물에 대해 많은 연구자가 현(玄)을 중심사상에 놓고서 유(儒)·도(道)·음양(陰陽)의 삼가사상을 통합하고자 했다고 평가하고 있다는 사실은 주목할 만하다.

그의 한 예로 도가와 결합시킨 동한(東漢) 시대 말기의 '주역참동계(周易參同契)'가 있는데 이는 '주역'과 연단술과 노자의 대도(大道)가 섞여 통한다는 내용이며 후한의 위백양(魏伯陽)이 쓴 저서이기도 하다. 나아가 '태현'에서 양웅이 제창한 현(玄)에 대한 형이상학적 집착과 탐구는 위진남북조 시대를 장악하게 되는 이른바 현학(玄學)의 열풍에 커다란 가교 역할을 하게 된다.

양웅은 '태현'에서 당시 사회에 일대 유행하던 음양오행사상과 천문역법지식을 이용한 점복(占卜)의 형식으로써 세계에 대한 도식화를 꾀하고 있었다.

이는 '태현'을 구성하는 요소로써 1현(玄), 3방(方), 9주(州), 27부(部), 81가(家), 729찬(贊)이란, '주역'에서 말하는 태극과 양의(兩儀)와 4상(四象)과 8괘(卦)와 64중괘(重卦), 384효(爻)에 각각 대응한 것이다.

여기서 주목되는 것은 '주역'은 6효(六爻)인데, '태현'은 9수(九首)를 두어서 下下, 下中, 下上과 中下, 中中, 中上과 上下, 上中, 上上의 천지인(天地人)의 개념을 3단계로 도입하고 주야(晝夜)를 구분해 한 단계를 더 늘려 놓았다는 것이다.

또 '태현'의 찬사(贊辭)는 '주역'의 효사(爻辭)에 해당한다. '주역'에서 단전(彖傳)과 상전(象傳)을 비롯한 이른바 10익(十翼)을 두어 본문인 경(經)을 설명하고 있듯이, '태현경' 또한 현충(玄沖)과 현착(玄錯)을 비롯한 10편을 덧붙여 본문에 대한 보충 설명을 꾀하고 있다.

제목이 상징하듯이 그 책 전반을 관통하는 주제어인 '玄'이란 현묘(玄妙)하다고 할 때 바로 그 현이라는 의미이자 심오함을 뜻하는 말로서, 그 원래 출전은 '주역' 곤괘의 '玄黃'이며, 그것을 '노자도덕경' 제1장에 나오는 "玄之又玄"(현묘하고 또 현묘하다)과 궤를 같이 한다.

'태현경'은 이러한 '玄'으로써 중심 사상을 삼고 당시 사상계에 통행되고 있는 백가의 사상, 즉, 유가(儒家)와 도가(道家), 음양오행가(陰陽五行家) 등의 사상을 종합하고자 했다.

그 속에는 국가(國家) 종족(宗族) 길흉(吉凶) 화복(禍福) 동정(動靜) 상하(上下) 주야(晝夜) 한서(寒暑)와 인혁(因革) 등의 대립을 상호 통합하여 통일적인 관계를 천명하고자 했다.

또 모든 사물에는 9개 발전 단계가 있다고 간주하면서, 그 첫 단계인 '구찬'(九贊)에서 사물이 유래하게 되는 맹아(萌芽)와 그것이 발전해 왕성함을 맞아 쇠퇴하고 종국에는 소망(消亡)하게 되는 일련의 과정을 그린 것이다.

이는 하늘에는 '구천'(九天)이 있고, 땅에는 '구지'(九地)가 있으며, 사람에게는 '구등'(九等)이 있고, 가족에도 '구속'(九屬)이 있다는 등식을 제시하기도 했다.

동한(東漢)의 송충(宋衷)과 삼국시대 오나라 사람인 육적(陸績)이 '태현경'에 주를 붙이는 작업을 하고, 진(晉)나라 사람인 범망(范望) 또한 앞선 두 사람의 주를 정리하는 한편 자주(自註)와 찬문(贊文)을 달았다. (그 밖의 내용은 이 저서의 사마광 서문과 설현〈說玄〉을 참조 하기 바란다)

북송의 사마광(司馬光)은 7가(七家 : 각 주석가)의 주석을 집대성하고 다시 자신의 주석을 보태 '태현집주(太玄集註 : 제1~6

卷)'를 냈고, 뒤의 제7~10권은 양릉(襄陵)의 허한(許翰)이 주(注)를 냈다. 고증학이 성행한 청대에는 진본례(陳本禮)가 '태현천비(太玄闡秘)'를 저술했다. '태현집주'에는 청대의 가경각본(嘉慶刻本)이 있고, '태현천비'에는 청말의 각본이 있다.

여기서 사마광(司馬光)이란 누구인가? 북송의 정치가이며 호는 우부(迂夫)이고 자는 군실(君實)이다. 산서성 하현(夏縣)출생이며 송나라 인종(仁宗)의 보원(寶元) 연간에 급제하고 영종과 신종과 철종의 4대에 걸쳐 활동했다. 뒤에 재상이 되어 온국공(溫國公)에 봉해졌고 시호는 문정(文正)이다. 저서에는 지치통감(自治通鑑) 294권 가범(家範) 온국공문집 등이 있다.

현존 '태현집주'는 10권이나, 사마광은 앞 6권에 대해서만 집주를 했고 나머지 4권에 대해서는 북송 말엽~남송(南宋) 초기 때 인물인 허한(許翰. ?~1133)이라는 사람이 보충했다. 허한은 한강백(韓康伯)이 '주역' 계사(繫辭)를, 왕필(王弼)이 작업한 64괘에 대한 주(注)와 합쳐 '주역전서(周易全書)'를 만든 일을 본받아, 사마광이 미처 집주하지 못한 후반부 4권에 대해 '현해'(玄解)라는 제목을 달아 붙임으로써 태현집주 10권을 완성시켰는데 4권의 그의 '현해'는 주석이 별로 취할 것이 없다.

이번 번역본은 명(明)나라 가정(嘉靖) 3년(1524)에 간행된 장사호본(張士鎬本. 전 6권)을 저본한 중화서국(中華書局) 발행 '태현집주(太玄集注 2003.12.2版)' 유소군(劉韶軍) 점교(點校)를 기본으로 삼아 모든 주석을 완역했고, 후미에 자구색인(字句索引)도 덧붙였다.

4~5년에 걸쳐 틈틈이 시간을 할애하고, 바쁜 시간을 쪼개어 분석하고 연구해 완벽한 주석본을 내려고 노력했으나 천학비재한지라 만족할 만한 주석본이 되지 못한 것 아닌가 한다. 독자들의 아낌없는 질정을 부탁드릴 뿐이다.

    2006.1.20. 문천(文泉) 김태식(金台植)은 쓴다.

태현경을 읽다〔讀玄〕

사마광(司馬光)

　나는 젊었을 때 태현(太玄 : 太玄經 : 이하 玄)의 이름만을 듣고 책을 얻어 보지는 못했다. 홀로 양웅(揚雄)이 스스로 서문을 지어서 현(玄)을 일컬은 것이 왕성하게 했다는 것과, 반고(班固)가 "한서(漢書)"에 양웅의 전(傳)을 만든 것만을 보았을 뿐이다.
　그 양웅전(揚雄傳)에 이르기를 "유흠(劉歆)이 일찍부터 현(玄)을 보고 양웅에게 일러 말했다. '왜 쓸데없는 고생을 하는가? 지금의 학자들은 녹봉을 받고 일하면서도 오히려 능히 역(易 : 주역)을 밝히지 못하였거늘 또 무슨 현(玄)이란 말인가? 나는 후세 사람들이 그것으로 장독을 덮는데 쓸까 걱정이네.' 라고 했다. 양웅이 웃고 대답하지 않았다. 모든 선비들이 혹은 비난하기를 양웅은 성인(聖人)이 아닌데, 경(經)을 지은 것은 춘추(春秋)에서 오(吳)와 초(楚)의 군주가 왕(王)이라 참칭한 것과 같은 것이며 주벌하고 절단시키는 죄에 해당한다"라고 했다.
　반고가 이 말을 보존시킨 것은 반고의 뜻이 비록 유흠보다 낫다고는 하겠으나, 현(玄)의 선한 것을 말함에 있어, 양웅이 이른 바와 같다는 뜻을 설명하지는 못한 것이다.
　나는 또한 사사로이 양웅이 역(易)을 찬(贊)하지 않고, 별도로 현(玄)을 만든 것을 괴이쩍게 생각했었다. 역(易)의 도는 하늘과 사람의 그윽한 것을 갖춘 것인데, 양웅이 어찌 더할 수가 있었겠는가? 이에 다시 한 책을 만들고 또 그것을 어떻게 사용하는 바도 알지 못했다. 그러므로 또한 양웅을 이르지 않고 현(玄)을 위한 것이 마땅하다.
　성장하면서 역(易)을 배우는데 그 깊숙하고 그윽한 뜻을 알기 어려워 고통스러워했다. 그래서 현(玄)이란 현인(賢人)의 서

(書)가 되는 것쯤으로 여겨 왔다. 역(易)을 교정해 본다면 그 뜻이 반드시 엷은 듯 하고 그 글도 반드시 쉽게 되어 있다.

대저 큰 산을 오르는 자는 반드시 편하고 낮은 곳을 밟게 되고, 반드시 큰 바다로 가는 자는 강수(江水)나 한수(漢水)의 물길을 따라 내려간다. 그러므로 원컨대 먼저 현(玄)에 종사하고 점점 역(易)으로 나아간다면 발돋움하고 서서 바라다볼 수 있을 것이며, 이에 구하는 것을 해를 쌓다 보면 비로소 얻어 볼 수가 있을 것이다.

처음에는 천지자연의 기(氣)는 흐릿하여 대강이라도 가히 들어갈 수가 없다. 이에 정신을 연마하고 생각을 바꾸어서 사람의 일을 아우르고 읽기를 수십 번을 지나치면 머리와 꼬리로써 참여하여 점점 그 대략을 엿볼 수 있음을 얻을 것이다.

그런 연후에 위연(喟然)히 글을 두고 탄식하여 말했다.

"오호(嗚呼)라! 양자운(楊子雲: 雄)은 참 큰 선비이다! 공자(孔子)가 이미 몰하고 성인(聖人)의 도를 아는 자가 양자운이 아니고 누구인가?

맹자(孟子: 軻)와 순자(荀子: 卿)도 거의 족히 헤아리지 못했는데 하물며 그 나머지에 있어서에랴!"

현(玄)의 글을 보면 밝은 것은 사람에게 다하고 그윽한 것은 신(神)에게 다하고 큰 것은 우주를 감싸고 작은 것은 털과 머리털에 들어가 천(天) 지(地) 인(人)의 도(道)와 합하여 하나로 만들었다. 그 근본을 묶어서 사람이 나가는 바를 보여준다. 태(胎)는 만물을 육성시켜 주고 겸하여 어머니도 된다. 이것은 땅을 밟아도 가히 다하지 못하는 것과 같고 바다를 당겨도 가히 다하지 못하는 것과 같다.

대개 천하의 도는 비록 선(善)한 것이 있으나 없어지면 이것을 바꾸는 것이다.

자연의 처음을 상고해보면 현(玄)은 이미 태어나 있었고 지금에서 살펴보아도 현(玄)은 행하고 있다. 하늘과 땅의 끝에서 다하여도 현(玄)은 망하지 않는다. 만물의 정(情)에서 두드려도 세어나가지 않는다. 귀신의 모양에서 측량해도 어기지 않는다. 육경(六經)의 말로서 평미레를 하여도 어긋나지 않는다.

가령 성인(聖人)이 다시 태어나도 현(玄)을 보고 반드시 해석하여 웃고 자신의 마음을 얻는 것이 되리라.

이에 현(玄)을 아는 자만이 주역을 찬(贊)할 것이다. 특별한 책이 되어서 주역과 더불어 각축(角逐)하지는 않을 것이다. 어찌 유흠(劉歆)이나 반고(班固)가 아는 것이 엷은 상황에서 허물이 깊겠는가!

어떤 이가 이르기를 '역(易)의 법은 현(玄)과 다른데 양웅이 역(易)을 따르지 않고 스스로 만들어 제정하였으니 어찌 그 역(易)을 찬(贊)했다고 할 수 있겠는가? 또 역(易)과 함께 도(道)를 같이 했다면 이미 역(易)이 있는데 어찌 현(玄)을 만들었는가?'라고 했다.

대답해 말했다.

"대저 사냥이란 새를 잡기 위한 것이다. 그물로 얻은 것이나 주살을 함께하여 얻은 것이 무엇이 다르랴! 책이란 도(道)를 위한 것이다. 역(易)은 그물이고 현(玄)은 주살이다. 이미 그물을 설치하지 않아서 주살로써 했는데 도움이 되었다는 무슨 해로움이 있겠는가? 그대들이 도를 구하는 방법이 또한 틀린 것이다.

또 양자운이 법언(法言)을 만들어 논어(論語)와 준(準)하게 하고 현(玄)을 만들어 역(易)과 준(準)하게 했다.

그대는 법언(法言)은 폐하지 않았는데 현(玄)은 폐지하려고 했다면 또한 의혹되지 않겠는가?

대저 법언(法言)이 논어(論語)의 도와 보통적으로 다른 것이 있느냐? 현(玄)이 역(易)에 있어서도 또한 그러한 것이다.

큰 집이 장차 기울어지면 한 나무기둥으로 부축하는데, 여러 나무 기둥으로 부축한다고 해서 단단한 상태가 되지 않는 것과 같은 것이다.

대도(大道)가 장차 어두워질 때는 하나의 책으로 판단할 뿐이요 여러 가지 책으로 판단한다고 해서 밝은 것이 되지 않는 것과 같다.
 학자는 능히 역(易)에 정력을 오로지 하면 진실로 족할 것이다. 그러나 역(易)은 하늘이고 현(玄)이란 하늘을 오르는 계단이 되는 것이다. 그대가 장차 하늘을 오르려고 한다면 그 계단을 폐지하겠는가?"
 앞서 간 선비들 가운데 현(玄)을 해석한 자들이 많아 진실로 너무 좋아졌다.
 그러나 양자운이 글을 만든 것이 이미 많고 훈고(訓詁)의 지취(指趣 : 뜻)가 심오하여 현(玄)이 또 알기가 어려운 것이다. 그러므로 나는 앞서간 선비들의 해설이 능히 양자운의 뜻을 다 알지 못한 것에 의심스러워하고 있다. 세상에는 반드시 능통한 자가 있게 마련이다. 늙음을 함께하면서라도 끝까지 또 배울 따름이다.

태현경을 설명한다 〔說玄〕

사마광(司馬光)

　주역(周易)과 태현(太玄)은 대저 도(道)는 함께하지만 법(法)은 다르다. 주역은 획(劃)이 둘이 있다. 양(陽)과 음(陰)이다. 태현(太玄)에는 획(劃)이 셋이 있다. 一과 二와 三이다.
　주역에는 육위(六位)가 있고 태현(太玄)에는 사중(四重)이 있다. 태현의 사중(四重)은 제일 위는 방(方)이고, 다음은 주(州)이고, 다음은 부(部)이고, 다음은 가(家)이다. 본전(本傳)에서 이른바 '헤아려 본떠서 4등분으로 나누어 81에서 다했다.' 라고 한 것이다.
　주역의 팔괘(八卦)로써 상(相)이 거듭하여 육십사(六十四)괘가 되고, 태현은 一二三으로 방(方), 주(州), 부(部), 가(家)에 꾸며서 81수(八十一首)가 되었다.
　무릇 가(家)의 매번 머리에서는 문득 변하여 삼수(三首)에서 처음으로 돌아가는데 중(中), 주(周), 현(礥)의 종류와 같은 것이 이것이다. 부(部)의 삼수(三首)는 한번 변하고 구수(九首)에서 다시 처음이 되는데 중(中), 한(閑), 상(上)의 종류가 이것이다. 주(州)의 구수(九首)는 한번 변하고 27수(二十七首)에서 다시 처음이 되는데 중(中), 선(羨), 종(從)의 종류와 같은 것이 이것이다. 방(方)의 27수(二十七首)는 한번 변하여 81수(八十一首)가 되어 다시 처음이 되는데 중(中)과 경(更)과 감(減)의 종류와 같은 것이 이것이다. 81수(八十一首) 이상에서는 가히 다시 더하지 않는 것이다. 그러므로 이르기를 '자연의 도' 라고 한다.
　주역은 매 괘마다 육효(六爻)가 있어서 합하여 384효(三百八十四爻)인데 태현은 매수(每首)에 구찬(九贊)이 있어 합하여 729찬(七百二十九贊)이 된다.

도(圖)에 이르기를 '현(玄)에는 이도(二道)가 있는데 一은 三으로 일어나고 一은 三으로 생(生)한다. 三으로 일어나는 것은 방(方) 주(州) 부(部) 가(家)이다. 三으로써 생(生)하는 것은 양기(陽氣)를 섞어 나누어 삼중(三重)으로 만들고 극(極)으로 구영(九營)을 삼는다. 이는 근본이 같고 태어나 분리된 것이 되는데 천지(天地)의 경(經)이다.'라고 했다. 본전(本傳)에 이르기를 '양웅이 둥근 우주를 깊이 생각해 헤아려 본떠 네 등분해 81에서 다했다.'라고 한 것은 태현(太玄)의 수(首)를 이른 것이다.

또 이르기를 '곁으로는 세 번 본떠 아홉 번을 증거 삼아 729찬(七百二十九贊)에 다했다.'라고 한 것은 현(玄)의 찬(贊)을 이른 것이다. 수(首)는 괘(卦)와 같다. 찬(贊)은 효(爻)와 같다.

또 이르기를 '주역을 보는 자는 그 괘(卦)를 보고 이름하고 현(玄)을 보는 자는 그 획(劃)을 헤아려서 정하는 것이다. 현(玄)의 수(首)가 사중(四重:네 겹)인 것은 괘(卦)가 아니고 수(數)이다.'라고 했다. 그러므로 역(易)의 괘(卦)는 육효(六爻)이며 효(爻)에는 모두 사(辭)가 있다.

현(玄)의 수(首)는 사중(四重)이고 별도로 구찬(九贊)을 만들어서 그의 아래에 메었다. 그렇다면 수(首)와 찬(贊)이 도(道)를 나누어 행하여 서로 인연하지 않는 것이다.

모두가 일년에 해당하는 날이다.

주역(周易)의 괘(卦)의 기(氣)는 중부(中孚)괘에서 일어나 진(震)과 이(離)와 태(兌)와 감(坎)의 네 개의 정괘(正卦)인 24효(爻)를 제(除)하여 24기(二十四氣)의 밖을 주관케 하고 그 나머지 60괘(六十卦)는 매 괘(卦)마다 6일 7분으로 도합 365일과 4분의 1을 얻는다.

중부(中孚)괘의 初九는 동지(冬至)의 처음이다. 이(頤)괘의 上九는 대설(大雪)의 말(末)이며 두루하여 다시 시작한다.

현(玄)의 81수(八十一首)는 매 수(首)마다 9찬(九贊)이며 도합 729찬(七百二十九贊)이고 매양 2찬(二贊)이 합하여 1일이 되고 1찬(一贊)이 낮(晝)이 되고 일찬(一贊)이 밤(夜)이 되어 도

합 364일 반을 얻고 기(踦)와 영(嬴)의 이찬(二贊)을 더하여 365일과 4분의 1이 이루어 진다. 중(中)의 초일(初一)은 동지(冬至)의 처음이며 기(踦)와 영(嬴)의 이찬(二贊)은 대설(大雪)의 끝이며 또한 두루하여 다시 시작한다.

현(玄)의 수(首)는 모두 주역의 괘기(卦氣)로써 차서를 삼아 그 명칭을 변하게 한다. 그러므로 중(中)이란 중부(中孚)이다. 주(周)는 복(復)이며 현(礥)이요 한(閑)은 둔(屯)이고 소(少)는 겸(謙)이고 려(戾)는 규(睽)이다. 나머지도 모두 이와 같다.

그러므로 현(玄)의 수(首)에 이르기를 '81수(八十一首)에 한 해의 일이 다 바르게 되다.'라고 하고 측(測)에 이르기를 '육갑(六甲)을 타고 돌아서 두(斗)와 함께 서로 만난다. 역(曆)은 해를 기록하여 온갖 곡식이 이 때에 화한다.'라고 했는데 모두가 이를 이른 것이다.

주역에는 원(元) 형(亨) 이(利) 정(貞)이 있고, 현(玄)에는 망(罔) 직(直) 몽(蒙) 추(酋) 명(冥)이 있다.

망(罔) 직(直) 몽(蒙) 추(酋) 명(冥)의 다섯 가지는 태현(太玄)의 덕(德)이다. 망(罔)은 북방이며 주역의 정(貞)이 된다. 직(直)은 동방(東方)이며 주역의 원(元)이 된다. 몽(蒙)은 남방이며 주역의 형(亨)이 된다. 추(酋)는 서방이며 주역의 이(利)이다. 명(冥)은 형상이 있지 않은 것이다. 이에 현문(玄文)에 이르기를 '망(罔)과 몽(蒙)은 서로 다하고 직(直)과 추(酋)는 서로 위로하여 명(冥)에서 나와 명(冥)으로 들어가며 새로운 것과 옛 것이 서로 가늠한다.'라고 했다. 현(玄)의 수(首)가 동지(冬至)에서 일어난다. 이에 정(貞)을 나누어 망(罔)과 명(冥)을 삼았다. 망(罔)이란 동지 이후이고 명(冥)이란 대설(大雪) 이전이다.

주역(周易)에서는 크게 펴지는 수(數)가 50이고 그 쓰이는 것이 49이며 태현(太玄)에서는 하늘과 땅의 책(策)이 각각 18이고 합하여 36책(策)이 된다. 땅인 즉 3을 비워서 33책(策)을 쓴다.

주역에서는 세는 것을 4로써 하고 태현에서는 세는 것을 3으로써 한다. 태현(太玄)의 세는 방법을 1을 걸어 놓고 속에서 그 나머지를 나누고 3으로 세어 나록풀의 나머지를 끼고 한번 낀 뒤에 그 나머지를 세어 7을 1로 삼고 8을 2로 삼고 9을 3으로 삼는다.
 주역에서는 7,8,9,6을 두어서 사상(四象)이라고 이르고 태현(太玄)에서는 1,2,3을 두어서 삼모(三摹)라고 이른다. 모두가 괘(卦)와 수(首)의 수를 그린 것이다. 주역에는 단(彖)이 있고 태현(太玄)에는 수(首)가 있다. 단(彖)이란 괘사(卦辭)이며, 수(首)란 또한 한 수(一首)의 뜻을 통론한 것이다.
 주역에는 효(爻)가 있고 태현(太玄)에는 찬(贊)이 있다. 주역에는 상(象)이 있고 태현에는 측(測)이 있다. 측(測)이란 찬(贊)을 해설한 것이다.
 주역에는 문언(文言)이 있고 태현(太玄)에는 문(文)이 있다. 문(文)은 오덕(五德)을 아우르고 중(中)의 수(首) 9찬(九贊)을 해석한 것이며 문언(文言)과 같은 것이다.
 주역에는 계사(繫辭)가 있고 태현(玄)에는 이(攡) 형(瑩) 예(掜) 도(圖) 고(告)가 있다. 다섯 가지는 모두 태현(太玄)을 미루어 찬한 것이며 계사(繫辭)와 같은 것이다.
 주역에는 설괘(說卦))가 있고 태현(太玄)에는 수(數)가 있다. 수(數)란 9찬(九贊)의 상(象)을 논한 것이니 설괘(說卦)와 같은 것이다. 주역에는 서괘(序卦)가 있고 태현(太玄)에는 충(衝)이 있다. 충(衝)이란 81수(八十一首)를 차례하고 음과 양이 서로 마주하여 해설한 것이며 서괘(序卦)와 같은 것이다.
 주역에는 잡괘(雜卦)가 있고 태현(太玄)에는 착(錯)이 있다. 착(錯)이란 81수(八十一首)를 섞어서 설명한 것이다.
 길이 다르더라도 한 곳으로 돌아가고 온갖 생각이 하나로 이루어져 모두가 태극(太極)과 양의(兩儀)와 삼재(三才)와 사시(四時)의 오행(五行)에 근본하여 도덕(道德)과 인(仁) 의(義) 예(禮)로 돌아간다.

태현집주서〔太玄集注序〕

사마광(司馬光)

　한(漢)나라의 오업주사(五業主事)인 송충(宋衷)이 처음으로 현(玄)을 위한 태현 해고(解詁)를 만들었다.
　오(吳 : 孫壑)나라의 울림태수(鬱林太守)인 육적(陸績)이 태현 석실(釋失)을 지었다. 진(晉 : 司馬懿)나라의 상서랑(尙書郞)인 범망(范望)이 태현 해찬(解贊)을 지었다.
　당(唐)나라 문하시랑(門下侍郞) 평장사(平章事)인 왕애(王涯)가 태현(太玄)의 경(經)과 수(首)와 측(測)을 주석했다.
　송(宋)나라가 흥성할 때 도관랑중직 소문관(都官郎中直 昭文館) 송유간(宋惟幹)이 통하여 주석을 만들고, 진주천수위(秦州天水尉)인 진점(陳漸)이 연현(演玄)을 지었다. 사봉원외랑(司封員外郞)인 오비(吳秘)가 음의(音義)를 지었다.
　송(宋)나라 인종(仁宗)의 경력(慶曆)년간에 사마광이 처음으로 태현(太玄)을 얻어 읽고 '독현(讀玄)'을 지었다.
　이로부터 찾아 구하여 이 여러 가지 책을 모두 얻고 또 '설현(說玄)'을 지었다.
　정기를 피로하게 하고 정신을 수고한지 30여 년을 마쳤는데도 능히 그 울타리를 만드는데 이르지 못하고 그 마음씀을 오래하여 같은 것은 가히 애석해도 버리고 이에 법언(法言)을 의지하여 집주(集注)를 만들었다. 진실로 헤아림을 알지 못했으니 가까이 오는 자는 혹은 취함이 있을 것이다.
　주석에서 곧바로 송(宋)이라고 이른 자는 중자(仲子)인 송충(宋衷)이고, 소송(小宋)이라고 이른 자는 소문낭중인(昭文朗中) 송유간(宋惟幹)이다. 원풍(元豊 : 宋神宗 16년) 5년 6월 정축(丁丑)일에 사마광(司馬光)은 서문을 쓰다.

차 례

▫ 태현경(太玄經)

『태현경(太玄經)』이란 어떤 책인가?… / 3
태현경을 읽다(讀玄)… / 14
태현경을 설명한다(說玄)… / 18
태현집주서(太玄集注序)… / 22

원본 태현경 상 (原本 太玄經 上) … / 27

제 1 권 태현경(太玄集注卷第一) … /28
제1장 현수서(玄首序)… /30
제2장 현측서(玄測序)… /32
제3장 현수(玄首)와 찬(贊)… /34
☰ 中(중)… / 34　　　　☰ 周(주)… / 42
☰ 礥(현)… / 46　　　　☰ 閑(한)… / 50
☰ 少(소)… / 54　　　　☰ 戾(려)… / 59
☰ 上(상)… / 63　　　　☰ 干(간)… / 67
☰ 狩(저)… / 72　　　　☰ 羨(선)… / 75
☰ 差(차)… / 80　　　　☰ 童(동)… / 83
☰ 增(증)… / 87

제 2 권 태현경(太玄集注卷第二) … /92
☰ 銳(예)… / 92　　　　☰ 達(달)… / 96

交(교)… / 100
侯(혜)… / 107
進(진)… / 115
格(격)… / 122
樂(락)… / 130
務(무)… / 138
耎(연)… / 104
從(종)… / 111
釋(석)… / 118
夷(이)… / 126
爭(쟁)… / 134
事(사)… / 142

제 3 권 태현경(太玄集注卷第三) … /147
更(경)… / 147
毅(의)… / 154
衆(중)… / 161
親(친)… / 170
彊(강)… / 178
盛(성)… / 186
法(법)… / 194
斷(단)… / 151
裝(장)… / 158
密(밀)… / 166
斂(렴)… / 174
睟(수)… / 182
居(거)… / 190
應(응)… / 198

제 4 권 태현경(太玄集注卷第四) … /203
迎(영)… / 203
竈(조)… / 210
廓(확)… / 218
禮(예)… / 227
唐(당)… / 235
度(도)… / 244
昆(곤)… / 252
遇(우)… / 207
大(대)… / 214
文(문)… / 223
逃(도)… / 231
常(상)… / 240
永(영)… / 248

제 5 권 태현경(太玄集注卷第五) … /257
減(감)… / 257
守(수)… / 265
聚(취)… / 274
飾(식)… / 281
唫(금)… / 261
翕(흡)… / 269
積(적)… / 277
疑(의)… / 286

視(시)… / 290
內(내)… / 298
晦(회)… / 306
沈(침)… / 294
去(거)… / 302

제6권 태현경(太玄集注卷第六)… / 311
瞢(몽)… / 311
割(할)… / 319
堅(견)… / 327
閔(질)… / 335
劇(극)… / 343
將(장)… / 350
勤(근)… / 358
窮(궁)… / 315
止(지)… / 322
成(성)… / 331
失(실)… / 339
馴(순)… / 346
難(난)… / 355
養(양)… / 362
踦贊一(기찬일)… / 367
嬴贊二(영찬이)… / 367

원본 태현경 하 (原本 太玄經 下) … /369

제7권 태현경(太玄集注卷第七)… /370
제1장 현수도서(玄首都序)… / 370
제2장 현수(玄首)… / 370
제3장 현측도서(玄測都序)… / 371
제4장 현측(玄測)… / 372
제5장 현충(玄衝)… / 372
제6장 현착(玄錯)… / 375
제7장 현리(玄攡)… / 378
제8장 현영(玄瑩)… / 384

제8권 태현경(太玄集注卷第八)… /392
제1장 현수(玄數)… / 392

제 9권 태현경(太玄集注卷第九) … /404
제1장 현문(玄文) … /404
제2장 현예(玄掜) … /411

제 10권 태현경(太玄集注卷第十) … /416
제1장 현도(玄圖) … /416
제2장 현고(玄告) … /422

※원문자구색인(原文字句索引) / 426

원본 태현경 상
(原本 太玄經 上)

제 1권 태현경
제 2권 태현경
제 3권 태현경
제 4권 태현경
제 5권 태현경
제 6권 태현경

제 1권 태현경
(太玄集注卷第一)

[제가(諸家)에서 모두 태현경(太玄經)이라고 말한다. 진점(陳漸)이 말하기를 "역사에서 양웅(揚雄)이 성인(聖人)이 아닌데 경(經)을 지은 것은, 오(吳)나라와 초(楚)나라의 군주가 왕(王)이라고 참칭(僭稱)한 것과 같은 것이며 모두 처벌되어 단절되어야 할 죄이다"라고 했다.

양웅의 '법언(法言)'에도 태현(太玄)이라고만 했고, 경(經)이라고 쓰지 않은 것으로 보아 양웅이 자칭한 것은 아니다. 당시의 제자인 후파(侯芭)의 무리들이 따라서 존경한 것이다. 지금은 이를 따를 뿐이다.

송충(宋衷)과 육적(陸績)이 양자(揚子)의 구본(舊本)에 의거해 태현경의 찬사(贊辭)를 3권으로 나누었다. 1방(一方)이 상권, 2방(二方)이 중권, 3방(三方)이 하권이다. 다음의 차례는 수(首) 충(衝) 착(錯) 측(測) 영(瑩) 리(攡) 수(數) 문(文) 예(掜) 도(圖) 고(告)의 모두 11편이다.

범망(范望)은 수(首)를 분산해서 찬사(贊辭)의 사이에서 측정했으며 왕애(王涯)도 이를 따랐다.

송유간(宋惟幹)은 '주역'의 차례를 의지해 현수(玄首)로써 괘사를 기준하고, 측(測)은 소상(小象)을 기준하고 문(文)은 문언(文言)을 기준하고 리(攡) 영(瑩) 예(掜)와 도(圖)는 계사(繫辭)를 기준하고, 고(告)와 수(數)는 설괘(說卦)를 기준하고, 충(衝)은 서괘(序卦)를 기준하고, 착(錯)은 잡괘(雜卦)를 기준했다고 했으며, 오비(吳秘)도 이를 따랐다.

송충(宋衷)과 육적(陸績)은 또 찬사(贊辭)의 앞에 천(天)에는 시시(始始) 시중(始中) 시종(始終) 중시(中始) 중중(中中) 중종(中終) 종시(終始) 종중(終中) 종종(終終)을 반열하고, 지(地)에는 하하(下下) 하중(下中) 하상(下

上) 중하(中下) 중중(中中) 중상(中上) 상하(上下) 상중(上中) 상상(上上)을 반열하고, 인(人)에는 사내(思內) 사중(思中) 사외(思外) 복소(福少) 복중(福中) 복대(福大) 화생(禍生) 화중(禍中) 화극(禍極)을 나열했는데 제가(諸家)의 본에는 모두가 없는 것들이다.]

제1장 현수서(玄首序)

　현묘함을 따라 혼동시켜서 운행하는데 다함이 없는 것이 바로 하늘을 본뜬 것이다.
　음(陰)과 양(陽)의 둘이 셋이 되는데 하나의 양(陽)인 동지(冬至)에 이르러 일통(一統)을 타서 만 가지 물건들의 바탕이 형성된다.
　방(方)과 주(州)와 부(部)와 가(家)로써 천지인(天地人)의 3위(三位)를 펴 이루어진다.
　이르되 그 구구(九九 : 9×9)한 산법(算法)을 펴서 수(數)가 태어나는 것을 삼는다. 찬(贊)으로 모든 강령을 들어 종합해 이름하였으며 81수(八十一首)가 되어 1년 중의 행사가 모두 바르게 되는 것이다.

　馴乎玄[1] 渾行[2] 無窮正象天 陰陽㘩參[3] 以一陽[4]乘一統 萬物資形 方州部家[5] 三位疏成[6] 曰陳其九九[7] 以爲數生 贊上群綱[8] 乃綜乎名 八十一首[9] 歲事咸貞[10]

1) 馴乎玄(순호현) : 순은 순(順)의 뜻. 곧 현묘한 이치에 따르다.
2) 渾行(혼행) : 혼동시켜서 행하다.
3) 陰陽㘩參(음양비삼) : 비는 이(二)와 같다. 곧 음과 양은 하나에서 둘이 되고 둘이 다시 세 개가 되는 현상을 이른다. 곧 천지인(天地人)의 삼합(三合)이 성취되어 만상(萬象)이 이루어지는 것이다. 태극은 하나에서 음과 양이 갈리고 음과 양은 다시 하나를 낳으면 세 개가 되는 것이며, 이 세 가지가 우주의 창조를 주관한다.
4) 一陽(일양) : 동지(冬至)를 뜻한다 했다. 태초(太初)의 상원(上元) 11월 갑자(甲子) 삭단(朔旦)에는 동지가 여분(餘分)이 없고 뒤 1천 5백 39세의 갑

진(甲辰) 삭단(朔旦)에도 동지에 여분이 없다. 또 1천 5백 39년 갑신(甲申)의 삭단(朔旦)의 동지에도 여분이 없고, 또 1천 5백 39년의 갑자(甲子)가 돌아오는 삭단(朔旦) 동지에도 여분이 없다. 무릇 1천 5백 39년이 일통(一統)이 되어 삼통(三統)을 일원(一元)으로 삼는다. 일통에는 삭분(朔分)이 다하고 일원(一元)에는 육갑(六甲)이 다한다.

5) 方州部家(방주부가) : 방(方)은 방백(方伯)의 상(象)이다. 주(州)는 주목(州牧)의 상(象)이다. 부(部)는 일국(一國)의 象이다. 가(家)는 일가(一家)의 象이다. 현(玄)은 천자(天子)의 象이다. 곧 위에서는 아래를 거느리고 적은 것은 많은 것을 제압해 강기(綱紀)가 정해진다.

6) 三位疏成(삼위소성) : 삼위(三位)는 1,2,3을 뜻한다. 곧 1,2,3이 번갈아 방(方) 주(州) 부(部) 가(家)에 펴져서 81수(八十一首)가 되는 것이다. 수(首)는 괘사(卦辭)와 같다. 소는 소(疎)이며 펴다의 뜻이다.

7) 九九(구구) : 9×9는 81이며 81수(八十一首)는 괘사(卦辭)이다. 81수×9는 729찬(贊)이며 729 효사(爻辭)이다.

8) 贊上群綱(찬상군강) : 찬은 효(爻). 상은 거(擧)의 뜻. 찬(贊)은 모든 강령을 들어올리다. 양웅(揚雄)이 현(玄)을 만들 때 729찬(贊)으로 천지자연의 기를 삼는데 알기가 어려웠다. 그러므로 81수(首)로 그의 이름을 들어올려 그의 마땅한 것을 구분하고 빛나게 흩트려 다르게 하여 망(網)이 강(綱)에 있는 것과 같이 하는데 조리가 있고 문란하지 아니함이 있었다. 그러므로 '찬으로 모든 강을 들어올려 이에 종합적으로 이름한다.'고 했다.

9) 八十一首(팔십일수) : 구찬(九贊)의 단수(端首)이다.

10) 歲事咸貞(세사함정) : 1년의 일들이 모두 바르게 되다의 뜻.

제2장 현측서(玄測序)

　성대하다! 태양이여! 문장(文章)이 빛나며 밝고 오색(五色)이 순수하게 광채를 발생한다. 밤에는 음(陰)을 측량하고 낮에는 양(陽)을 측량한다. 낮과 밤을 측량하는 데 있어서는 혹은 잘못되기도 하고 혹은 잘 되기도 한다.
　양(陽)은 오복(五福)을 미루어 함께 오르고, 음(陰)은 육극(六極)에 숨어서 함께 내려온다. 오르고 내려오는 것이 서로 사귀어서 크게 바른 것이 이에 통한다. 날줄(세로)에는 남쪽과 북쪽이 있고, 씨줄(가로)에는 서쪽과 동쪽이 있다. 육갑(六甲)을 돌아 타서 두성(斗星)을 함께하여 서로 만난다.
　역(曆)으로 한 해의 단서를 삼으며 온갖 곡식들은 제때에 순조로워진다.

　盛哉日乎 炳明離章[1] 五色淳光[2] 夜則測陰 晝則測陽[3] 晝夜之測 或否或臧[4] 陽推五福以類升[5] 陰幽六極以類降[6] 升降相關 大貞乃通[7] 經[8]則有南有北 緯[9]則有西有東 巡乘六甲 與斗相逢[10] 曆以紀歲 而百穀時雍[11]

1) 炳明離章(병명이장): 이(離)는 문(文)의 뜻. 곧 문장(文章)이 빛나서 밝다.
2) 五色淳光(오색순광): 순(淳)은 수(粹)의 뜻. 오색순광(五色淳光)은 육적(陸績)은 "측편(測篇)의 머리에 일(日)을 기술하는 자는 729찬(七百二十九贊)의 속에서 행하여 밤과 낮의 길하고 흉한 징조를 삼는다."라고 했다. 태양은 오행(五行)의 정(精)을 함유하여 광명을 삼는 것으로 '순광(淳光)'이라고 일컫는다. 광(光)이란 밤과 낮이 순환하고 추위와 더위가 운행되고 만물을 생성시킴으로 해의 공로를 성립시킨다. 이것이 모두 태양이 하는 바이다. 그러므로 양웅(揚雄)이 탄식하고 서측(敍測)의 단서로 삼았다. 사물의

오색(五色)이란 태양이 없으면 드러나지 않는다.
3) 夜則測陰晝則測陽(야즉측음주즉측양) : 1일은 양찬(兩贊)이다. 전찬(前贊)이 낮이 되고 후찬(後贊)이 밤이 된다. 모두 하루를 81분에 본받게 하여 주찬이 직전의 반일(半日)이고, 야찬이 직후의 반일(半日)이다.
4) 或否或臧(혹비혹장) : 비는 불선(不善)이다. 장은 선(善)이다.
5) 陽推五福以類升(양추오복이류승) : 양은 낮. 오복은 인간의 다섯 가지 복. 수(壽) 부(富) 강녕(康寧) 유호덕(攸好德) 고종명(考終命)을 뜻함.
6) 陰幽六極以類降(음유육극이류강) : 음은 밤이다. 육극은 여섯 가지 나쁜 일. 곧 흉단절(凶短折) 질(疾) 우(憂) 빈(貧) 악(惡) 약(弱)이다.
7) 升降相關大貞乃通(승강상관대정내통) : 오르고 내리는 것이 서로 사귀고 크게 바른 것이 이에 통한다. 관(關)은 교(交)의 뜻. 곧 오르고 내리는 것이 서로 교환하여 삼의(三儀)의 대정(大正)의 도가 이에 통하고 음과 양이 밝아지면 가히 편벽되게 폐해지지 않는다. 편벽되게 폐해지면 정도가 막혀서 운행되지 않는다.
8) 經(경) : 날줄이며 세로의 뜻.
9) 緯(위) : 씨줄이며 가로의 뜻.
10) 巡乘六甲與斗相逢(순승육갑여두상봉) : 행하여 육갑(六甲)을 타서 두(斗)와 함께하여 서로 맞이한다. 송충(宋衷)은 "태양은 오른쪽으로 행하고 두성(斗星)은 왼쪽으로 도는 것으로 서로 맞이한다."고 했다. 사마광은 "순(巡)은 행(行)이다. 10일이 행하여 12간지를 타게 되면 60갑자(甲子)가 된다. 봉(逢)은 영(迎)의 뜻이다."라고 했다.
11) 曆以紀歲而百穀時雍(역이기세이백곡시옹) : 역은 책력, 또는 역법(曆法). 기(紀)는 단서 또는 실마리. 옹은 화(和)의 뜻. 곧 태양이 위에서 운행되면 춥고 더운 네 계절이 있게 되어있다. 성인(聖人)이 역법을 다스려 한 해의 절기가 시작되게 한 연후에 일에 때를 잃지 않게 되고 모든 곡식이 조화롭게 익어 사람들이 스스로 길러지게 된다.

제3장 현수(玄首)와 찬(贊)

☰ 중(中) : 양기(陽氣)는 황궁(黃宮)에서 몰래 싹터 믿음이 중(中)에 있지 않는 것이 없다.

☰中[1] 陽氣潛萌於黃宮 信無不在乎中[2]

1) ☰中(☰중) : ☰ 위에서부터 1획은 일방(一方)이고 다음은 일주(一州), 다음은 일부(一部), 다음은 일가(一家)이다. 이하의 모든 괘가 이를 준한다. 일방(一方)은 방백(方伯)의 상징이다. 일주(一州)는 주목(州牧)의 상징이다. 일부(一部)는 일국(一國)의 상징이다. 일가(一家)는 일가(一家)의 상징이다. 이상은 상(上)에서 하(下 : 아래)를 통솔하고 적은 것이 많은 것을 통제하는 것이다. 중(中)은 양가(陽家)의 오행(五行)에서는 수(水)이며 '주역(周易)'의 중부(中孚)괘에 기준한다. 중(中)의 초일(初一)은 태양이 견우성(牽牛星)에 처음으로 머물러 동지(冬至)의 기와 응하여 양기(陽氣)가 비로소 생겨난다. 겸해서 감(坎)괘와 기준함으로써 그러한 것들이 '주역'의 8괘(八卦)가 중복되어 64괘가 되고 효상(爻象)에 따라서 이름이 정해지며 감(坎)과 이(離)와 진(震)과 태(兌)가 곧바로 24기(二十四氣)로 나뉘고 그 나머지 60괘는 매 괘마다 곧바로 6일 7분(七分)이다. 태현경(太玄經)에서는 一二三으로 방(方)과 주(州)와 부(部)와 가(家)에 꾸며 베풀어 81수(八十一首)를 이루어 매 수(每首)마다 곧바로 4일 반을 두어서 동지에서 일어나 대설(大雪)에서 끝마치는데 '주역'의 괘와 기준하여 그 날에 펴서 그 이름을 명했다. 혹은 양수(兩首)로 한 괘를 기준한 것은 윤달로써 네 계절을 바로 잡는 것과 같다고 했다. 감(坎)이나 이(離)나 진(震)이나 태(兌)는 괘기(卦氣)의 밖에 있으므로 중응석식(中應釋飾)을 따라 분지(分至)의 자리에 붙여 기준한 것이다. 양웅(揚雄)이 전욱(顓頊) 및 태초(太初)의 역법(曆法)으로 태현을 만들었다. 그러므로 해의 운행과 별의 도수와 기의 응함과 두건

(斗建)이 모두 현재의 역법(曆法)과는 서로 응하지 않는다. 중(中)이란 심(心)이며 사물의 시작이다. 중부(中孚)란 진실이 속에서 발하여 믿음이 밖으로 나타난 것이다. '서경(書經)'의 홍범(洪範)편에 '오사(五事)에는 사(思)를 예(睿)라 이르고, 예(睿)는 성(聖)을 작(作)한다.' 라고 했다.
2) 陽氣潛萌於黃宮信無不在乎中(양기잠맹어황궁신무부재호중) : 13자가 첫머리에 매여있는 것을 수(首)라고 한다. 수자(首字)는 하늘과 땅이 음과 양의 기로써 만물을 발생시키고 거두어들여 사람에게 법칙을 보여주는 것을 밝힌 것이다. 황(黃)은 중앙(中央)의 색이다. 중(中)은 동지(冬至)의 처음이며 양기가 몰래 땅속에서 발생하여 사람이 궁실(宮室 : 집)에 사는 것과 같은 것이다. 믿음이 중(中)에 있지 않는 것이 없다고 한 것은 양웅이 삼의(三儀)가 만물을 변화시킨다는 것을 탄식하여 말한 것이며, 그 시작에서 근본한다면 중심에 있지 않은 것이 없다는 뜻이다. 신(信)은 사(辭)이다.

초일(初一)은 혼륜(昆侖 : 渾淪)하여 뒤섞여 숨다.
측(測)에 이르기를 '혼륜하여 뒤섞이다.' 라고 한 것은 생각이 바른 것이었다.

初一 昆侖¹⁾旁薄²⁾ 幽³⁾ 測⁴⁾曰 昆侖旁薄 思之貞也
1) 昆侖(혼륜) : 혼륜(渾淪)이다. 혼돈(混沌)의 뜻이며 천지가 개벽한 하늘의 현상이다. 곧 하늘의 상(象)이다.
2) 旁薄(방박) : 방백(彭魄)과 같으며 땅의 형상(形象)이다. 곧 뒤섞이다.
3) 幽(유) : 은(隱)의 뜻. 숨다. 왕애(王涯)는 '유는 사람의 사려(思慮)가 유심(幽深)하고 현원(玄遠)하다'고 했다.
4) 測(측) : '주역(周易)'의 소상(小象)과 같다.
 ※ 사마광(司馬光)은 "찬(贊)이란 성인(聖人)이 하늘을 따르는 차례로 자신을 닦고 나라를 다스리며 사람의 길하고 흉한 것이 보이는 것을 밝힌 것이다. 혼륜이란 하늘을 상징한 것이다. 방박(旁薄)이란 땅의 형태의 넓은 것이다. 대저 하늘과 땅의 광대한 것으로써 사람의 마음을 가히 측량하여 알게 되면 곧 마음의 사용이 되어 신비한 것이다. 一이란 생각의 시작이다. 군자의 마음이 가히 깊이 끌려 멀리까지 이르면. 우러러서는 천신(天神)을 궁구하고 엎드려서는 땅의

신령을 연구하여 하늘과 땅이 또 능히 그 정을 숨기지 못하는데 하물며 만 가지 종류에 있어서랴! 그 생각이 형상을 이루지 않은 것을 유(幽)라고 이른다. '법언(法言)'에 이르기를 "어떤 이가 묻기를 '신(神)'이란 무엇입니까?'라고 했다." 대답하기를 '심(心)이다.' 청하여 묻겠습니다. 대답하기를 '숨어있는 하늘도 하늘이고, 숨어있는 땅도 땅이다. 하늘과 땅은 신명스러워서 측량할 수가 없다. 마음이 숨어있는데도 오히려 장차 측량하는데 하물며 사람에 있어서이며 하물며 일의 차례에 있어서랴?'라고 했다. 군자가 사려하는 처음에는 처음부터 바른 것이 존재하지 않는 것이 없는 것이다. 그러므로 '생각이 바른 것이다'라고 했다. '주역'에서 이르기를 "그의 근본이 바르게 되면 만물이 다스려진다."고 했다. 공자(孔子)께서는 "'시경(詩經)'의 시 3백편을 한마디로 대변할 수 있는데 이는 '생각함에 사특함이 없는 것이다.'"고 했다.

차이(次二)는 신(神)이 현(玄)에서 싸워 그 음(陰)과 양(陽)을 폈다.
측(測)에 이르기를 '신이 현(玄)에서 싸운다.'라고 한 것은 선(善)과 악(惡)이 함께 한 것이었다.

次二 神[1]戰于玄 其陳陰陽 測曰 神戰于玄 善惡幷也
1) 神(신) : 마음의 사용이다.
 ※ '사람은 심복(心腹)으로써 현(玄)을 삼는다.'라고 했다. 음(陰)은 악(惡)을 주관하고, 양(陽)은 선(善)을 주관한다. 두 가지가 사려의 가운데 있어서 밤에는 그의 마음이 능히 순정(純正)하지 못하고 이로운 것을 보면 사납게 되고자 하고 의로 돌아가면 좋은 일을 하고자 하여 망설이고 망설여 적당하게 따르는 것을 알지 못하는 것이다. 그러므로 이르기를 '신(神)이 현(玄)에서 싸워 그 음과 양을 편다.'라고 했다. 자하(子夏)는 나가서는 대단히 화려하고 성대한 장식을 보면 기뻐했고, 들어와서는 부자(夫子 : 공자)의 도(道)를 들으면 즐거워하여 두 가지가 서로 안에서 싸운다고 했다. 자하는 싸워서 승리한 것으로써 대현(大賢)이 되었지만, 승리하지 못했으면 소인(小人)이 되었을 것이다.

차삼(次三)은 용(龍)이 중(中)에서 나와 머리와 꼬리를 믿으니 가히 용(庸:法)이 되었다.
 측(測)에 이르기를 '용(龍)이 중에서 나왔다.'고 한 것은 그 일어나는 것을 나타낸 것이었다.

次三 龍出于中 首尾信 可以爲庸[1] 測曰 龍出于中 見其造也
1) 庸(용) : 법(法)이다.

※ 왕애(王涯)는 '양기(陽氣)가 더욱 나아가 사물을 일으키는 공로가 처음으로 나타난 것이다.' 라고 했다.

사마광(司馬光)은 '三이 뜻을 성취하여 생각의 밖에 처했다. 군자(君子)는 이미 생각했으면 곧 행하고, 하는 것의 자취가 밖에 나타나면 사람이 얻어서 아는 것이다. 그러므로 이르기를 '용이 중(中)에서 나왔다' 고 했다. 군자(君子)는 자신이 행하여 처음부터 종말에 이르러 나아간 곳에서 말이 없더라도 그 마땅함을 잃지 않고 진실로 사람된 떳떳한 법만을 위한다. '주역(周易)'에 이르기를 '용이 밭에 있으니 대인(大人)을 보면 이롭다.' 라고 했다.'

차사(次四)는 낮고 허(虛)해도 까닭이 없이 크게 성명(性命)을 받았는데 막혀 통하지 않다.
 측(測)에 이르기를 '낮고 허한데 막혔다.'고 한 것은 능히 크게 받지 못한 것이었다.

次四 庳[1]虛無因 大受性命 否[2] 測曰 庳虛之否 不能大受也
1) 庳(비) : 낮다. 아래하다.
2) 否(비) : 막히다. 통하지 않다.

※ 왕애(王涯)는 '次四는 次五와 가까워 신하의 지위가 지극히 왕성하여 마땅히 높아야 하는데 스스로 낮고, 실(實)해야 하는데 허한 듯 하고 있어야 하는데 없는 듯하여 사물의 공로를 따라서 작위(作爲)를 하지 아니한 것이다. 그러므로 '낮고 허해서 까닭이 없다.' 고 했다.

사마광(司馬光)은 '비(庳)는 낮다. '중화(中和)는 五보다 왕성함이 없다.' 고 했다. 五란 자리가 왕성하고 덕이 왕성한 것이다. 次四는 밤에 해당하고 소인(小人)이며 次五에서 핍박받아 그 덕을 헤아리지 못하고 적극적으로 나아가 일을 하는데 뜻이 커서 좋으나 실행이 미치지 못하고 소홀하고 거칠어서, 대저 성명(性命)의 이치가 잠깐 사이라도 가히 미치는 것으로 크게 받아 사양하여 피함이 없다고 이른 것이다. 대저 성명(性命)은 이치의 지극히 정밀한 것이며 소인(小人)이 얻어서 알 바는 아닌 것이다. 그러므로 '비(否)'라고 했다. '논어(論語)'의 자한(子罕)편에 '공자께서는 명(命)에 대해서는 드물게 말씀을 했다.'라고 했고, 또 공야장(公冶長)편에서는 '자공(子貢)이 말하기를 부자(夫子 : 공자)께서는 어진 성품과 천리(天理) 자연의 도에 대해서는 말씀하시는 것을 얻어 들을 수가 없었다.'라고 했고, 술이(述而)편에서는 '없으면서 있는 체하고 비어 있으면서도 차 있는 체하고 가진 것이 없으면서도 풍성한 체하면 한결 같은 마음씨를 지니기가 어렵다.'라고 했다.

 차오(次五)는 해가 하늘에 바로 하였으니 그 때를 사용하여 주인이 되는 것이 이롭다.
 측(測)에 이르기를 '해가 하늘에 바로 했다.'고 한 것은 귀한 것이 지위와 합당한 것이었다.

 次五 日正于天 利用其辰¹⁾作主 測曰 日正于天 貴當位也
1) 辰(신) : 때. 그때. 적당한 시기.
 ※ 왕애(王涯)는 '次五는 이미 중체(中體)의 바른 곳에 거하여 지위를 얻은 것이 낮에 해당되고 또 일수(一首)의 주인이 된 것이므로 상(象)이 해가 하늘에 바로 한 것이라고 했다. 신(辰)은 때이다. 그 밝고 왕성한 시기를 이용하여 물의 주인이 된 것이다.'라고 했다.
 사마광(司馬光)은 삼의(三儀)의 도(道)가 중정(中正)에서 융성함이 없는 것이다. 그러므로 양가(陽家)의 五가 찬(贊)의 중(中)이고 음가(陰家)의 四六은 몸체의 중이다. 또 낮에 당하여 바름을 얻었으니 일수(一首)의 가운데서 가장 길다고 했다.' 그러므로 이르기를 '해가 하늘에 바로 했다.'라고 하여 양(陽)의 성대함을 말했다. 군자(君子)는 그 도가 있으면 반드시 그 때가 있고 그 때가 있으면 반드시 그 지위가 있은 연후에 능히 백성들의 부모가 되는 것이다. 때를 이미 얻었고 지위도 이미 바르게 되었는데 능히 도로써 천하를 구제하지 못한다면 어찌 백성을 위하는 부모의 뜻이라 하겠는가? 그러므로 '그 때를 사용하

여 주인이 되는 것이 이롭다.'라고 한 것이다.

차육(次六)은 달이 그 둥근 것을 이지러뜨려서 지혜가 열리어 밝아지는 것이 서쪽만 같지 못했다.
측(測)에 이르기를 '달이 그 둥근 것을 이지러뜨리다.'라고 한 것은 천함이 비로소 물러가는 것이었다.

次六 月闕其摶[1] 不如開明[2] 于西 測曰 月闕其摶 賤始退也
1) 摶(단) : 단(團)의 뜻이다. 또 단(博)과 단(塼)으로 된 본(本)도 있다.
2) 開明(개명) : 열리어 밝다의 뜻.
　※ 왕애(王涯)는 '六은 왕성함이 다한 것이다. 물(物)이 지극함에 이르면 이지러지는 것이므로 달이 보름을 지나게 되는 상(象)이란 그 둥근 것을 이지러뜨린 것이다. 서쪽에서 열어 밝아지는 것은 달의 初一을 본뜬 것이다. 현(玄)의 도는 귀하여 나아가는 것이므로 一象은 달의 처음이라 길한 것이고 六象은 달이 이지러져서 흉한 것이다.'라고 했다.
　사마광(司馬光)은 '단(團)은 원(圓)의 뜻이라고 했다. 六은 음(陰)의 바탕이 처음으로 중(中)에 지나쳤다. 그러므로 이르기를 '달이 그 둥근 것을 이지러뜨렸다.'고 했다. 대저 달이 그 둥근 것을 이지러뜨린 것은 밝은 것이 매우 이지러지지 않은 것이며, 처음으로 서쪽에서 생겨나는 것을 비교하여 성대함이 되는 것과 같다. 그러나 현(玄)의 도가 귀하고 장차 나아가면 천함이 비로소 물러나는 것이다. 그러므로 이르기를 '열리어 밝은 것이 서쪽에서 하는 것만 같지 못하다.'라고 했다. 사람이 왕성하고 충만하게 되면 심지(心志)가 먼저 물러나고 뒤에 복록이 따르는 것과 같은 것이다.

차칠(次七)은 나아가고 나아감이니 불이 우두머리를 길러서 물(水)이 사물을 감싸듯하여 곧았다.
측(測)에 이르기를 '나아가고 나아가서 감싸다.'라고 한 것은 신하의 대법(大法)을 사용하는 것이었다.

次七 酋酋[1] 火魁頤[2] 水包貞 測曰 酋酋之包 任[3]臣則也

1) 酋酋(추추) : 나아가고 나아가다.
2) 火魁頤(화괴이) : 불이 우두머리를 기르다. 곧 불과 같이 맹렬한 기운으로 기르다. 사마광이 괴(魁)는 두(斗)이며 우두머리라 했다.
3) 任(임) : 용(用)의 뜻.

※ 사마광(司馬光)은 '七은 소모되는 것이며 패손(敗損)되는 것이며 하늘의 덜어지는 것도 되어 가을의 상(象)이 있다. 또 형벌의 상(象)도 있다. 가을은 사물이 성취되는 것이다. 그러므로 '추추(酋酋)'라고 했다. 하늘이 사물을 성취시킬 때에는 반드시 가을에 바탕 한다.'고 했다.

춘추시대 정(鄭)나라 자산(子産)은 '태상(太上)은 덕으로써 백성들을 어루만지고 그 다음은 맹렬함과 같은 것이 없으니 불의 매서운 것은 사람들이 바라보고 두려워하는 것이므로 죽는 이가 적다. 물은 나약하여 사람들이 가까이 하고 희롱하는 것으로 많이 죽는다.'라고 했다.

인군(人君)의 마음은 법을 집행함에 사사로움이 없어 불의 맹렬함과 같으면 사람들이 감히 범하지 못하고 사물의 우두머리가 되더라도 사람을 기르는 도를 잃지 않는 것이다. 너그럽게 사물을 용납함이 물이 하늘을 띄우고 땅에 실어서 감싸지 않는 바가 없는 것과 같다. 그러나 가히 나약하여 바른 것을 잃지 아니하므로 이르기를 '불이 우두머리를 길러서 물이 감싸듯이 바르다.'고 했다. 이것을 인군(人君)이 신하의 대법을 사용한다고 하는 것이다.

차팔(次八)은 누렇게 되어야 하는데 누렇게 되지 않고 가을의 떳떳한 것들을 덮다.
측(測)에 이르기를 '누렇게 되어야 하는데 누렇게 되지 않았다.'라고 한 것은 중(中)의 덕(德)을 잃은 것이었다.

次八 黃[1]不黃 覆秋常 測曰 黃不黃 失中德也
1) 黃(황) : 범망(范望)은 황을 중(中)의 색이며 八도 또한 상체(上體)의 중(中)이라 했다.

※ 사마광(司馬光)은 八은 벗겨져 떨어진 것이 된다.'고 했고 또, '하늘에 잠긴 것이 되어서 또한 가을의 상(象)이다. 가을이란 만물이 성취되고 공로를 거두어들이는 계절이다. 八이 중위(中位)에 거하면 밤에 해당되고 중(中)의 덕이 없

어서 가을의 떳떳한 도를 덮어 쓰러뜨려 그 성공을 상실케 하는 것이다.'고 했다.

상구(上九)는 신령이 아래하여 기와 형(形)이 되돌아갔다.
측(測)에 이르기를 '신령이 아래하여 기와 형이 돌아갔다.'고 한 것은 때를 이기지 못한 것이었다.

上九 顚¹⁾ 靈氣形反²⁾ 測曰 顚靈之反 時不克也
1) 顚(전) : 아래하다.
2) 反(반) : 사기(死氣)는 혼(魂)이 되고 그 형(形)은 백(魄)이 된다. 혼은 하늘로 오르고 백은 땅으로 돌아간다.

※ 왕애(王涯)는 '양(陽)이 위에서 다하고 음(陰)이 아래에서 끊기어 영백(靈魄)이 아래로 떨어지면 기가 하늘로 돌아가고 형(形)이 땅으로 돌아간다.'고 했다.

사마광(司馬光)은 '영(靈)이란 마음의 주인이고 경영하는 바로 만 가지의 업무를 삼아 사물이 힘입어서 생겨나는 것이다. 上九는 중(中)의 극에 거하여 재앙의 다함을 만나 생을 마침이 있다. 영(靈)이 이미 떨어지면 기와 형이 각각 그 근본으로 돌아간다. 무릇 현(玄)의 찬사(贊辭)는 밤과 낮이 서로 틈새가 있고 낮에는 길함이 많고 밤에는 흉함이 많다. 또 만나는 바의 우두머리는 복화(福禍)와 그 휴구(休咎 : 吉凶)를 기술함에 이르는데 이것이 현(玄)의 대지(大指)이다. 九에서 그날의 낮을 만나면 '신령이 내려 기와 형이 되돌아간다' 라고 이른 것은 사(辭)가 흉(凶)함과 같다고 한 것은 무엇 때문인가? 대저 길흉이란 다행과 불행을 이른 것은 아니다. 군자가 도를 얻으면 비록 재앙을 만나도 오히려 길함이 되고, 군자가 도를 잃게 되면 비록 복(福)을 만나더라도 오히려 흉(凶)함이 된다. 그러므로 영(瑩)에 이르기를 '하늘과 땅이 귀하게 여기는 것을 복(福)이라 이르고, 귀신이 돕는 바를 복(福)이라 이르고, 사람의 도가 기뻐하는 바를 복(福)이라고 이른다. 그 천하게 여기는 바와 미워하는 바는 모두를 재앙이라고 이른다.'라고 했다.

문씨(文氏)는 '군자(君子)가 나이가 높은 것은 때를 다한 것인져.'라고 했는데 군자(君子)는 바른 것을 지켜서 명을 따르는 것을 밝힌 것이다. 서경(書經)의 홍범(洪範)편에 오복(五福)에 '고종명(考終命)'이 있다. 맹자(孟子)는 '군자가 그 도를 다하고 죽는 것은 정당한 수명이다.'라고 했다.

☰ 주(周) : 양기(陽氣)는 신(神)으로 두루하여 처음으로 되돌아오면 사물이 그 무리를 계승했다.

☰周[1] 陽氣周神而反乎始 物繼其彙[2]
1) ☰周(☰주) : 괘는 일방(一方), 일주(一州), 일부(一部), 이가(二家)이다. 주(周)는 음가(陰家)의 화(火)이며 '주역'의 복(復)괘에 준(準)한다. 주(周)의 次八에서 들어가 태양이 무녀(婺女)에서 머문다. 주(周)는 잡(匝)이며 선(旋)의 뜻이다.
2) 彙(휘) : 무리의 뜻이다.
　※ 사마광(司馬光)은 "만물이 양(陽)을 따라 출입하며 태어나고 자라고 거두고 감추는 것이 모두 양(陽)의 신(神)이다. 한 해의 공로가 이미 마치면 신(神)의 변화가 두루 하여 다시 처음으로 되돌아와 만물이 각각 그의 종류를 계승하여 다시 태어난다."고 했다.

初一은 천심(天心)으로 돌아왔다. 어떤 덕을 참람할 것인가? 막혔다.
測에 이르기를 '천심(天心)으로 돌아왔는데 막혔다.'라고 한 것은 중(中)이 어질지 못했기 때문이다.

初一 還於天心 何德之僭 否 測曰 還心之否 中不恕也
　※ 해설이 궐(闕 : 탈락)했다.

初二는 중추(中樞)를 세워서 두루 하여 구석진 곳이 없다.
測에 이르기를 '중추를 세웠다.'라고 한 것은 중(中)의 생각을 세운 것이었다.

次二 植中樞 周無隅[1] 測曰 植中樞 立督[2] 慮也

1) 無隅(무우) : 모난 곳이 없는 것과 같은 것을 말한 것이다.
2) 督(독) : 중(中)과 같다. 옷의 등 중앙의 바느질 선을 독(督)이라고 한다.
　　※ 두 가지의 생각 가운데이며 또 몸체의 중앙이다. 그 날의 낮에 군자(君子)가 중(中 : 가운데)에서 생각을 세워 만 번의 변화에 응하는 현상이며, 마치 지도리의 운영이 두루 하지 아니 하는 바가 없는 것과 같다. 그러므로 이르기를 '중추(中樞)를 세워서 두루 하고 구석진 곳이 없다.' 고 했다.

　次三은 내게서 나가고 나에게 들어오는 것은 길하고 흉(凶)한 것의 우두머리이다.
　測에 이르기를 '내게서 나가고 나에게 들어온다.' 라고 한 것은 가히 두려워하지 아니치 못한 것들이었다.

　次三 出我入我 吉凶之魁¹⁾ 測曰 出我入我 不可不懼也
1) 魁(괴) : 우두머리.
　　※ 대저 외물(外物)이 오는 것은 생각으로 들어오고 말과 행동을 움직이게 하는 것은 생각에서 나가는데 그의 마땅한 것을 얻게 되면 길하고 그 마땅한 것을 잃게 되면 흉하게 된다. 三은 뜻을 이루는 경지에 있어 생각이 융성해지고 당일(當日)의 밤에 해당한다. 그러므로 경계하여 이르기를 '길하고 흉한 것이 나가는 것도 또한 나로부터 하고 길하고 흉한 것이 들어오는 것도 또한 나로부터 하여 길하고 흉한 것의 우두머리가 되니 가히 두렵지 않은가! 한번 나아가고 한번 들어온다고 한 것은 두루 한다는 뜻이다.

　次四는 쇠 띠와 가죽 띠를 두르고 옥(玉)고리를 늘어뜨렸다.
　測에 이르기를 '그 쇠 띠와 가죽 띠를 했다.' 라고 한 것은 스스로 약속한 것이었다.

　次四 帶其鈎鞶¹⁾ 錘²⁾以玉環 測曰 帶其鈎鞶 自約束也
1) 鈎鞶(구반) : 쇠 띠와 가죽 띠. 구는 띠를 맨 것이 급함이 되는 것이다.
2) 錘(수) : 드리우다. 매달다의 뜻. 곧 끈으로 매어달다.
　　※ 옥(玉)은 군자(君子)의 덕을 상징하는 것이며 환(環 : 고리)은 주선(周旋)

하여 결함이 없는 것을 상징한 것이다. 군자의 덕의(德義)를 가히 높이고 사업을 만들면 가히 본받고, 행동거지는 가히 관찰하며, 진퇴를 가히 헤아려 그 백성에게 군림하는 것이다. 그러므로 '그 쇠 띠와 가죽 띠를 하고 옥의 고리를 드리운다.'라고 했다. 이것은 예로써 스스로 약속하여 주선함에도 결함이 없는 것을 말한 것이다. 띠와 고리는 모두 두루 한다는 象이 있다.

次五는 땅에서 사는데 그 오두막집 가운데했다. 그 금수레를 설치하고 그가 변하는 것을 경계했다.
測에 이르기를 "오두막집과 금수레로 그가 변하는 것을 경계했다."라고 하는 것은 소인(小人)이 이기지 못한 것이었다.

次五 土中其廬[1] 設其金輿[2] 厥戒渝 測曰 廬金戒渝 小人不克也
1) 土中其廬(토중기려) : 땅에서 사는데 중(中)을 얻다.
2) 設其金輿(설기금여) : 그 금수레를 설치했다고 한 것은 타는 것이 편안하다라는 뜻이다.

※ 대저 오두막집이라도 아름답지 아니한 것이 아니요, 수레는 견고하지 아니한 것이 아니지만 그러나 소인(小人)이 반드시 오래도록 살면서 행동하지 못한 것이다. 그러므로 '그 변하는 것을 경계한다.'라고 했다.
공자(孔子)께서는 "중용(中庸)의 덕(德)됨이 그 지극한져! 백성들 가운데 능한 이 적은지가 오래되었다."라고 했고, 또 이르기를 "사람들이 모두 말하기를 '나는 지혜롭다'고 하나 중용을 가려서 능히 한 달도 지키지 못한다"라고 했다. 이것은 '땅에서 사는데 그 오두막집의 가운데 했다'고 한 것이 두루 한 象이다.

次六은 믿음이 그 진실에 두루 하여 위로 하늘을 형통했다.
測에 이르기를 '믿음이 그 진실에 두루 했다.'라고 한 것은 위로 통한 것이었다.

次六 信周其誠 上亨于天 測曰 信周其誠 上通也
※ 왕애(王涯)는 '태현경의 관례에는 五로써 양수(陽數)를 삼았고 또 중위(中位)에 거한다. 그러므로 양수(陽首)의 주인이 되고 六은 음수(陰數)가 되고

또 성대함이 지극함에 있는 것으로 음수(陰首)의 주인이 된다.'라고 했다.
　사마광(司馬光)은 '그 믿음이 반복되어 모두 지성(至誠)에서 나와 넘쳐 꾸며짐으로 말미암지 아니하였다. 그러므로 가히 위로 하늘을 통했다.'고 했다.

　次七은 넉넉하게 넘치는 것을 그 벗에게 보였다. 어두운 곳으로 돌아가서 능히 따르지 못했다.
　測에 이르기를 '넉넉하게 넘치는 것을 그 벗에게 보였다.'라고 한 것은 능히 따르지 못한 것이었다.

　次七 豊淫見其朋 還于蒙 不克從 測曰 豊淫見朋 不能從也
　※ 해설이 궐(闕)했다.

　次八은 허물이 돌아서 몸 밖에 했다. 그 재앙은 크지 않다.
　測에 이르기를 '허물이 돌아서 몸 밖에 했다.'라고 한 것은 재앙이 중(中)에 하지 않은 것이었다.

　次八 還過躬外 其禍不大 測曰 還過躬外 禍不中也
　※ 해설이 궐(闕)했다. 범망(范望)의 본에는 과(過)가 우(遇)로 되어 있다고 했다.

　上九는 돌아가서 상실했다. 혹은 버리고 떠났다.
　測에 이르기를 '돌아가서 상실했다.'고 한 것은 그 도가 다한 것이었다.

　上九 還于喪 或棄之行 測曰 還于喪 其道窮也
　※ 생(生)을 다하면 죽음으로 돌아가고 왕성함이 지극하면 쇠약으로 돌아가고 다스림이 지극하면 어지러움으로 돌아간다. 九의 곳이 주(周)의 지극한 곳이며 재앙의 다함을 만난 것이 당일의 밤이다. 그러므로 '돌아가 상실했다.'라고 했다. 대저 국가가 장차 일어나려면 사람들이 돌아오고 장차 망하려면 사람들이 떠난다. 그러므로 이르기를 '혹 버리고 떠난 것이다.'라고 했다.

☷ 현(礥) : 양기(陽氣)는 미약하게 움직이고, 움직이는데 어렵고 어려워 물(物)이 태어나는데도 어렵다.

☷礥[1] 陽氣微動 動而礥礥[2] 物生而難
1) ☷礥(☷礥) : 괘는 일방(一方), 일주(一州), 일부(一部), 삼가(三家)이다. 현은 양가(陽家)이며 목(木)이고 '주역'의 둔괘(屯卦)에 준(準)한다. 송충(宋衷)은 현은 어렵다고 했다. 사마광은 '사물의 처음 터전이니 반드시 어려움이 있다. 오직 군자(君子)라야 능히 구제한다.'라고 했다.
2) 礥礥(현현) : 어려운 모양

初一은 누런 것이 잠겨서 순수해졌다. 그 본바탕은 나타나지 않고 샘에 감추어져 답답했다.
測에 이르기를 '누런 것이 잠겨서 순수해졌다.'라고 한 것은 변화하는 것이 숨어있었기 때문이다.

初一 黃純于潛 不見其畛[1] 藏鬱於泉 測曰 黃純于潛 化在嘖[2]也
1) 畛(진) : 본바탕.
2) 嘖(책) : 숨다의 뜻.
※ 사마광은 책(嘖)은 깊고 깊어 보기 어려운 것이라 했다. 一이 중위(中位)는 아닌데 황이라고 이른 것은 양기(陽氣)가 보이지 않고 땅속에 있는 것과 같기 때문이다. 집안의 본성이 어렵다는 것은 一은 생각이 시작이 되고, 시작에는 어려움에서 빠져나오려는 마음이 있게 되는 것이다. 양기(陽氣)가 땅속에 숨어 순수하고 광대하며 샘에 감추어져 답답하여 만물을 화육시키는데, 사람이 그의 본바탕의 경계를 보지 못한다. 이는 마치 군자는 어려움에서 빠져나오려는 마음이 있고, 정이 순수하고 깊고 멀어 이로운 덕택이 장차 천하에 베풀어져도 사람이 알지 못하는 것과 같은 것이다.

次二는 누런 것이 순수하지 못했다. 뿌리에서 굴복했다.

測에 이르기를 '누런 것이 순수하지 못했다.'라고 한 것은 중(中)이 적당함을 잃은 것이었다.

次二 黃不純 屈于根 測曰 黃不純 失中適¹⁾也
1) 適(적) : 송유간 본에는 도(道)로 되어있다.

※ 二는 생각의 중(中)이 되고 밤에 해당한다. 그러므로 '누런 것이 순수하지 못하다'라고 했다. 양기(陽氣)가 순수하지 못하면 만물이 그 성(性)을 잃고 뿌리에서 굴복하여 능히 태어나지 못한다. 소인(小人)이 망령된 생각을 하면 모든 일이 그 적당함을 잃고 그의 공로를 추락시켜서 능히 성공하지 못한다.

次三은 백성들이 부여잡고 부여잡았다. 원(元)하고 정(貞)하여 마침이 있다.
測에 이르기를 '백성들이 부여잡고 부여잡았다.'라고 한 것은 부모로써 본 것이었다.

次三 赤子¹⁾扶扶²⁾ 元³⁾貞有終 測曰 赤子扶扶 父母詹⁴⁾也
1) 赤子(적자) : 백성들. 어린아이의 뜻이나 여기서는 백성.
2) 扶扶(부부) : 부여잡고 사모하는 모양.
3) 元(원) : 선(善)의 자람. 곧 덕(德)이다.
4) 詹(첨) : 첨(瞻)과 같다.

※ 三은 뜻이 이루어지고 낮에 해당한다. 象이 군자(君子)가 장차 그의 뜻을 행하여 어려운 곳에서 빠져나와 백성들을 구제하여 백성들이 모두 우러러보고 돌아오는 것은, 원(元)과 정(貞)의 덕이 있지 아니하면 능히 이러한 큰 공로를 이루지 못하는 것이기 때문이다. 그러므로 '원(元)하고 정(貞)하여 마침이 있다.'라고 했다.

次四는 나를 뽑아내는 데 덕으로 하지 않았다. 힘으로써 이기지 못했다.
測에 이르기를 '나를 뽑아내는 데 덕으로 하지 않았다.'라고 한 것은 힘으로써 감당하지 못한 것이었다.

次四 拔¹⁾我不德²⁾ 以力不克 測曰 拔我不德 力不堪也
1) 拔(발) : 뽑다. 또는 덜어버리다.
2) 不德(부덕) : 송유간(宋惟幹)의 본(本)에는 '비덕(匪德)'으로 되어 있다.
  ※ 四는 밤에 해당하는 소인(小人)이다. 때의 복을 만나서 덕이 없는데 힘으로 승리함을 취한 것이다. 끝에는 마땅히 넘어지고 패배하였는데 어찌 능히 중생을 구제할 것인가?

次五는 수레를 뽑아서 산과 연못에 했다. 대인(大人)이라야 마땅하다.
測에 이르기를 '수레를 뽑아서 산과 연못에 했다.'라고 한 것은 큰 지위의 힘이었다.

次五 拔車山淵¹⁾ 宜于大人 測曰 拔車山淵 大位力也
1) 山淵(산연) : 왕애(王涯)는 혹은 산이나 혹은 연못이 있는 것으로 길이 험한 것이라 했다.
  ※ 왕애(王涯)는 '五는 일수(一首)의 주인이 되고 또 지위를 얻어 낮에 해당하여 몸체가 바르고 중(中)에 거하여 대인(大人)의 덕이 있다. 수레를 뽑아내 위험에서 탈출했으니 만물의 이로운 것들로 삼는다. 그러므로 '대인(大人)이 마땅하다.'라고 했다.
  사마광은 '거(車)란 백성들이 실려 있다. 五는 복이 성대하고 또 낮에 해당되는데 대인(大人)이 지위를 얻은 것이다. 그러므로 위험한 곳에서도 백성을 실은 것이다.'고 했다.

次六은 그 수레가 나아가서 언덕으로 들어갔다.
測에 이르기를 '수레가 나아가서 언덕으로 들어갔다.'라고 한 것은 도(道)를 얻지 못한 것이었다.

次六 將其車 入于丘虛¹⁾ 測曰 將車入虛 道不得也
1) 虛(허) : 허(墟)와 같다.

※ 六이 중(中)을 지나쳐서 밤에 해당한다. 비록 백성들을 구제할 뜻은 있으나 그 도를 얻지 못하면 더욱 어려운 곳에 빠지게 되는 象이다. 중(中)을 지나쳤다는 것은 그의 적당함을 상실한 象이다.

次七은 험한 곳에서 나와 언덕에 올랐다. 혹은 이끄는 것이 소이다.
測에 이르기를 '험한 곳에서 나와 언덕에 올랐다.'라고 한 것은 대신할 것이 없는 것이었다.

次七 出險登丘 或牽之牛 測曰 出險登丘 莫之代[1]也
1) 代(대) : 범망(范望)본에는 '벌(伐)'로 되어있다.

※ 육적(陸績)은 '수레를 끄는 것은 소만 같은 것이 없는데 어떤 사람이 능히 소를 대신할 자가 있으랴!'라고 했다.
왕애는 '지위가 이미 낮에 해당하여 어려움이 또 장차 종식되더라도 오히려 八과 九가 있다. 그러므로 언덕에 올라서도 다시 길이 평평하지 못하다.'고 했다.
사마광은 '구(丘)란 어려움이 작은 것이다. 우(牛)란 사물에 힘이 있는 것이다. 七이 비록 낮에 해당하나 재앙의 경지를 건너서 이미 큰 위험을 빠져나와 오히려 조그마한 어려움이 있는 것과 같을 뿐이다. 대저 큰 위험에서 이미 나왔으면 작은 어려움은 구제하지 않더라도 근심하지 않는 것이다. 하물며 혹은 소가 도와서 수레를 끄는데 있어서랴! 군자가 이미 능히 위험을 구제했는데, 다시 어진 인재의 도움이 있는 것과 같다.'라고 했다.

次八은 수레가 뽑히지 않아 정강이와 굴대가 꺾였다.
測에 이르기를 '수레가 뽑히지 않았다.'라고 한 것은 몸이 스스로를 해친 것이었다.

次八 車不拔 骬[1]軸折 測曰 車不拔 躬自賊也
1) 骬(한) : 어느 본에는 한(骭)으로 되어있고 어느 본에는 비(髀)로 되어 있기도 한데 여기서는 왕본을 따랐다.

※ 왕애는 '한(骬)은 사람의 정강이다. 덕이 없으면 장차 어려움에서 나와

도 재앙이 또 이른다. 그러므로 象이 사람으로서 소를 대신하게 하였으니, 수레를 끌어 뽑아내지 못하고 정강이와 굴대축이 모두 꺾여진 것이다.' 라고 했다.

사마광은 '八은 재앙의 중(中)이 되고 또 밤에 해당하여 소인(小人)이 그 힘을 헤아리지 못하고 능히 어려움에서 벗어나지 못하여 나라를 전복시키고 몸을 상실한 것이다.' 라고 했다.

上九는 높고 높은 고산(高山)이다. 아래에는 냇물의 파도가 있다. 사람들이 배를 타고 노를 저어 가히 더불어 함께 건넜다.
測에 이르기를 '고산(高山)과 대천(大川)이다.' 하고 한 것은 배를 타고 노를 젓지 아니하면 능하지 못하는 곳이었다.

上九 崇崇高山 下有川波其¹⁾ 人有楫²⁾航 可與過其 測曰 高山大川 不楫航不克也
1) 其(기) : 조사(助辭)이다.
2) 楫(집) : 즙(楫)과 같다.

※ 九의 곳은 어려움이 지극하고 재앙이 다함을 만났다. 그러므로 '높고 높은 고산(高山)이다. 밑에는 개울의 파도가 있다.' 라고 한 것은 험난한 것이 심함을 말한 것이다. 그러나 당일의 낮에 해당하여 그 재주가 족히 험난한 것을 구제한다. 그러므로 이르기를 '사람이 배를 타고 노를 저어 건너는 것이 있어 가히 함께 지나간다.' 라고 했다.

☰ 한(閑) : 양기(陽氣)를 음(陰)에서 막아 현연(礥然)하여 물(物)이 모두 방어하는 것을 본다.

☰閑¹⁾ 陽氣閑於陰 礥然²⁾物咸見閑
1) 閑(☰한) : 괘는 일방(一方), 일주(一州), 이부(二部), 일가(一家)이다. 한은 음가(陰家)이며 금(金)이고 또한 '주역'의 둔괘(屯卦)에 준(準)한다. 한(閑)이 次四의 18분 24초에 들어가 태양이 현효(玄枵)에 머물면 소한(小寒)의 기가 응하여 두성(斗星)이 축위(丑位)에 서고 율(律:12律)은 대려

(大呂)에 맞춘다. 한(閑)은 막다. 방어하다의 뜻.
2) 礥然(현연) : 단단한 모양. 곧 양(陽)이 나오고자 하는데 능하지 못한 모양.
※ 송충(宋衷)은 '현연(礥然)'이란 양기가 나오고자 하는데 능하지 못한 모습이다. 양의 주인이 나와서 만물의 속으로 들어가려는데 막아 방해를 당하므로 만물이 또한 방어를 당한다.'라고 했다.

初一은 뱀이 진흙 속에 엎드렸다. 수컷은 없고 암컷만 있다. 끝까지 은혜를 받음이 없다.
測에 이르기를 '뱀이 진흙에 엎드렸다.'라고 한 것은 군주가 군주 노릇을 못한 것이었다.

初一 蛇伏于泥 無雄有雌 終莫受施[1] 測曰 蛇伏于泥 君不君也
1) 施(시) : 은혜이다.
※ 一陽이 당일의 밤에 했으니 군주가 군주 노릇을 못한 象이다. 군주의 덕은 용인데 도를 잃고 신하에게 방어를 당했다. 그러므로 이르기를 '뱀이 진흙에 엎드렸다.'고 했다. 수컷이 없고 암컷만 있으면 마침내 은혜를 받을 수가 없다. 군주가 없고 신하만 있으면 혜택이 아래로 통하지 못하는 것이다.

次二는 방어하여 그것을 감추었다. 진실한 보배들이다.
測에 이르기를 '방어하여 그것을 감추었다.'라고 한 것은 중심(中心)에 깊게 한 것이었다.

次二 閑其藏 固珍寶 測曰 閑其藏 中心淵也
※ 생각의 중심이다. 군자(君子)가 기(器)를 몸에 감추고 있는 것을 묵묵히 알고 있다가 값을 기다려서 물건을 파는 것으로, 방어하여 감춘 것이 진실한 보배와 같은 것이다.

次三은 관문에는 자물쇠가 없다. 금 열쇠를 버렸다.
測에 이르기를 '관문에 자물쇠가 없다.'라고 한 것은 도적이 문으로 들어온 것이었다.

次三 關無鍵¹⁾ 舍金管²⁾ 測曰 關無鍵 盜入門也
1) 鍵(건) : 관문의 자물쇠.
2) 金管(금관) : 자물쇠를 여는 열쇠

※ 관문의 자물쇠에 여는 열쇠가 없다는 것은 관문을 여는 열쇠를 버려서 쓸모가 없는 것이다. 三은 뜻이 이루어진 당일의 밤이니 능히 방어하지 못하고 그 권세의 중요한 것을 상실했다. 그러므로 도둑이 문으로 들어왔다.
'주역'(周易)의 소과(小過)에 '지나치게 막지 않는 것이다. 따라서 혹 해를 입을 것이니 흉한 것이다.' 라고 했고 또 계사(繫辭)에 이르기를 '간수하는 것을 게을리하는 것은 도둑질을 가르치는 것' 이라고 했다.

次四는 나의 예월(輗軏)을 뽑았다. 작은 이익을 얻으면 조금만 정벌한다.
測에 이르기를 '나의 예월을 뽑았다.' 라고 한 것은 귀한 것을 믿음으로써 한 것이다.

次四 拔我輗軏¹⁾ 小得利小征 測曰 拔我輗軏 貴以信也
1) 輗軏(예월) : 짐을 싣는 수레이다. 범망(范望)은 예월을 믿음과 같다고 했다.
'논어(論語)'에 이르기를 '큰 수레에는 예(끝채)가 없고 작은 수레에는 월이 없다.' 라고 했다.
※ 해설이 궐(闕)했다.

次五는 단단하게 방어하여 나의 간사함을 뽑았다. 돌이 아닌데 돌과 같아 위태했다.
測에 이르기를 '단단하게 방어하여 돌과 같다.' 라고 한 것은 그의 적이 견고한 것이었다.

次五 礥而閑而 拔我姦而 非石如石 厲 測曰 礥閑如石 其敵堅也
※ 범망(范望)은 '五는 높은 지위에 처하여 마땅히 그의 간사함을 뽑아 없애는 것이, 돌의 단단한 것이 아닌데도 돌과 같이 여긴다. 그러므로 위태하다.' 라

고 했다.
　사마광은 '五가 성대한 지위에 거하여 물(物)의 울타리의 호위를 받는데 바르지 않는 방법으로 물을 뽑고자 한다. 그러므로 상대의 견고함이 돌과 같아 자신이 위태하다.'라고 했다.

　次六은 막는 것을 누런 담으로 했다. 금대자리를 깔았다.
　測에 이르기를 '막는 것을 누런 담으로 했다.'라고 한 것은 덕으로써 견고하게 한 것이었다.

　次六 閑黃埱[1] 席金笫[2] 測曰 閑黃埱 以德固也
1) 埱(치) : 다섯 겹의 담. 왕애는 치는 옛 치(雉)자이며 성(城)을 뜻한다 했다.
2) 笫(진) : 대자리이다. 책(簀)의 뜻.
　※ 사마광(司馬光)은 '석(席)은 깔개와 같다. 금(金)은 지극히 단단한 물건이다. 六은 복이 융성한 것이고 또 낮에 해당하니 군자(君子)가 덕으로써 스스로 방어하고, 밖에서 따름이 없는 것을 근심하여 위태한 것이다. 그러므로 이르기를 '막는 것을 누런 담으로 했다. 금대자리를 깔았다.'라고 했다.

　次七은 주저주저하다가 거친 대자리로 막았다. 혹은 잠자는 것을 오두막집에서 했다.
　測에 이르기를 '주저주저하다가 막았다.'라고 한 것은 나쁜 것이 집에 있는 것이었다.

　次七 跙跙[1] 閑于遽簾[2] 或寢之廬 測曰 跙跙之閑 惡在舍也
1) 跙跙(저저) : 주저주저하다. 머뭇거리다.
2) 遽簾(거저) : 거친 대자리.
　※ 왕애(王涯)는 '저저(跙跙)는 행동이 바르지 않는 모양. 거저는 여관의 뜻이다. 혹은 자는 것이 오두막집이라고 한 것은 밖에서 막아 안에서 잃은 것이다. 七은 재앙이 발생하는 것이 되고 지위는 또 밤에 해당하여 방어하는 도를 상실한 것이다.'라고 했다.
　사마광은 '남을 싫어하면서도 머뭇거리다 그의 실(室)로 들어가도 스스로를 깨닫지 못한 것이다. 진(秦)나라가 크게 병사를 발동하여 오랑캐의 침략을 대비했는데 호해(胡亥)가 그 나라를 망하게 했다. 그러므로 '나쁜 것이 집안에 있다.'라고 한 것이다.

次八은 붉은 냄새가 관문에 뿌려졌다. 대군(大君)이 막지 못했다. 국가를 이기고 가(家)를 탔다.
測에 이르기를 '붉은 냄새가 관문에 뿌려졌다.'라고 한 것은 집안으로 들어가기가 두려운 것이었다.

次八 赤臭[1]播關 大君不閑 克國乘家 測曰 赤臭播關 恐入室也
1) 赤臭(적취) : 왕애(王涯)는 음과 양이 서로 다투어 살상(殺傷)의 기라고 했다. 곧 먼 관문의 밖에 뿌려진 것이다.
※ 해설이 궐(闕)했다.

上九는 문을 막아서 끝났다. 비었다.
測에 이르기를 '문을 막아서 비었다.'라고 한 것은 끝까지 가히 진실하지 못한 것이었다.

上九 閑門以終 虛 測曰 閑門以虛 終不可實也
※ 왕애(王涯)는 '한(閑)의 극(極)에 처하여 밤의 지위에 해당하고 한(閑)의 마땅함을 상실한 것이 마치 그 문호를 막아 사람이 스스로 끝마치는 바, 반드시 또 허하고 얻은 것이 없는 것과 같다.'라고 했다.
사마광은 '문을 닫아 스스로 끝마치고 사물과 함께 사귀지 않아 삼가고 삼가하여 끝까지 얻은 것이 없으니 공업을 구하는 것이 또한 멀지 않겠는가? '주역'(周易)의 곤괘(坤卦) 六四효에 '주머니를 여미듯이 하는 것이다. 허물도 없으며 칭찬도 없을 것이다.'라고 했다.'고 했다

☷ 소(少) : 양기(陽氣)는 담연(澹然)히 연못에 베풀어져 만물이 겸연(謙然)하고 능히 스스로 가늘어졌다.

☰少[1] 陽氣憺然施於淵 物謙[2]然能自箋[3]
1) ☰少(☰소) : 괘는 일방(一方), 일주(一州), 이부(二部), 이가(二家)이다. 소(少)는 양가(陽家)이고 토(土)이며 '주역'의 겸(謙)괘에 준(準)하며 少의 次五에서 들어가 태양이 허수(虛宿)에서 머문다.
2) 謙(겸) : 렴(濂)과 같다. 얼어붙다의 뜻.
3) 箋(섬) : 가늘다의 뜻. 섬(纖)과 같다.

※ 송충(宋衷)은 '담연(澹然)은 움직이지 않다. 곧 양(陽)이 위에서 방어를 하여 이에 움직이지 않고 뜻을 연못에 베풀어 다시 움직이지 못함을 이른 것이다. 겸연(謙然)이란 만물이 양기를 보고 움직이지 않고 또한 겸연하여 스스로 묶는 것을 말한 것이다.' 라고 했다.
사마광은 '만물이 발생할 때에 오히려 능히 그 섬세함을 지키는 것이 마치 사람이 겸손한 것과 같은 것이다.' 라고 했다.

初一은 어둠이 젊어서부터 했다. 겸손함이 미약했다.
測에 이르기를 '어둠이 젊어서부터 했다.' 라고 한 것은 겸손함이 보이지 않은 것이었다.

初一 冥自[1]少 眇[2]于謙 測曰 冥自少 不見謙也
1) 自(자) : 타본에는 목(目)으로 된 곳도 있다.
2) 眇(묘) : 미(微)의 뜻. 작다.

※ 一이란 생각의 미세함이다. 당일의 낮에 해당하고 무리들의 아래에 처하여 안으로는 스스로 겸손함에 억제되고, 남이 알아주는 것을 구하지 않았다. 그러므로 이르기를 '어둠이 젊어서부터 하여 겸손함이 미약했다.' 라고 했다.

次二는 젊어서부터 이르지 않았다. 그 근심함을 품다.
測에 이르기를 '젊어서부터 이르지 않았다.' 라고 한 것은 겸손이 진실하지 못한 것이었다.

次二 自少不至 懷其卹 測曰 自少不至 謙不誠也

※ 二는 생각의 중(中)이 되고 당일의 밤에 해당하며 소인(小人)의 겸손함이 얼굴만 공손하고 마음은 거칠어서 진실하지 못한 것이다. 그러므로 근심함을 면하지 못한 것이다.

次三은 움직여서 그 얻은 것이 섬세했다. 사람의 군주(人主) 법이다.
測에 이르기를 '그 얻은 것이 섬세했다.' 라고 한 것은 그 겸손함이 바른 것이었다.

次三 動韱其得 人主之式 測曰 韱其得 其謙貞也[1]
1) 韱其得其謙貞也(섬기득기겸정야) : 범망본(范望本)에는 '섬기득인겸정야(韱其得人謙貞也)'로 되어 있다.
※ 해설이 궐(闕)했다.

次四는 가난하고 가난했다. 혹은 망령을 떨다.
測에 이르기를 '가난하고 가난했다. 망령을 떨다.' 라고 한 것은 능히 바르게 지키지 못한 것이었다.

次四 貧貧 或妄之振 測曰 貧貧妄振 不能守正也
※ 왕애(王涯)는 '지위를 잃고 밤에 해당하여 망령되게 구하는 바가 있다면, 겸손하고 고요한 때라도 마땅히 그러할 것은 아니다.' 라고 했다.
사마광은 '집안의 품성이 소(少)가 되고, 四는 낮은 녹봉이 된다. 그러므로 가난한 것이다. 중(中)의 아래에 있어 스스로 많고 크지 못하여 스스로 그 가난한 것을 나타낸 것이다. 그러므로 '가난하고 가난하다.' 고 했다. 당일의 밤에 해당하여 능히 바르게 지키지 못하고 스스로 그 가난한 것을 나타내 망령되게 구제해주기를 바라지만 이 또한 비루한 것이다.' 라고 했다.

次五는 땅이 스스로 비었다. 시내(개울)에 아래에 했다.
測에 이르기를 '땅이 스스로 비었다.' 라고 한 것은 사람이 성스러워진 것이었다.

次五 地自冲 下于川 測曰 地自冲 人之所聖也
  ※ 왕애(王涯)는 '능히 바르게 중(中)에 거하고 또 낮의 지위에 해당한다. 마치 땅이 능히 충허(冲虛)하고 천곡(川谷)보다 낮게 하여 천곡이 돌아가게 한즉 모든 계곡의 왕(王)이 된 것과 같음을 뜻한다.' 라고 했다.
  사마광은 '五란 복(福)이 성대한 것이다. 땅의 몸체가 낮고 비었다. 그러므로 온갖 시내들이 나아가고 성인(聖人)이 겸손했다. 또한 온갖 녹봉들이 돌아왔다.' 라고 했다.

次六은 젊었을 때 만족함을 가졌다. 지금은 성대하지만 뒤에는 기울어졌다.
測에 이르기를 '젊었을 때 만족함을 가졌다.' 라고 한 것은 무엇이 족히 성대했다는 것인가?

次六 少持滿 今盛後傾 測曰 少持滿 何足盛也
  ※ 왕애(王涯)는 '마땅히 젊었을 때에서부터 지극히 성대한 지위에 있고 지위가 이미 밤에 해당되어 덕이 또 겸손을 잃었다. 겸손하여 비었을 때에 도리어 만족함을 가졌다면, 지금은 비록 성대하지만 뒤에는 반드시 기울어져서 위태할 것이다.' 라고 했다.

次七은 가난함을 스스로 연구했다. 쓰는 것이 이로워서 부자가 됐다.
測에 이르기를 '가난함을 스스로 연구했다.' 라고 한 것은 부(富)를 찾은 것이었다.

次七 貧自究 利用見富 測曰 貧自究 富之聘¹⁾也
1) 聘(빙) : 묻다. 방문하다.
  ※ 七이 비록 소모함이 되었으나 당일의 낮에 해당한 군자(君子)이다. 군자(君子)가 가난한 것은 모든 것을 자신에게 구하고 남에게 구하지 않는 것으로 이것은 남과 즐거움을 함께하는 것이다. 그러므로 '가난을 스스로 연구했다. 쓰

는 것을 이롭게 하여 부자가 되었다.' 라고 했다.

　부자들은 스스로 나아가 묻고 함께함을 말한 것이니 하물며 보는 데 있어서랴! '논어(論語)'에 '의(義)로운 연후에 취하면 사람들이 그 취하는 것을 싫어하지 않는다.' 라고 했다.

　次八은 가난한데도 가난하지 않다고 했다. 사람들이 떨쳐 일어나지 않았다.
　測에 이르기를 '가난한데도 가난하지 않다.' 라고 한 것은 무엇으로 족히 공경할 것이겠는가?

　次八 貧不貧 人莫之振 測曰 貧不貧 何足敬也
　※ 왕애(王涯)는 '당연히 젊은데 젊다고 하지 않고 당연히 가난한데 가난하지 않다고 하면 사람들이 떨쳐 일어나지 않는다.' 라고 했다.
　사마광은 '八은 소모함이 되고 또 밤에 해당하여 소인(小人)이 가난한데 굳이 가난하지 않다고 한 것이다. 이와 같이하면 누가 구제할 것인가? 또한 모든 사람들이 천히 여기고 미워하는 바이다.' 라고 했다.

　上九는 가랑비가 부슬부슬 내려 마른 것들을 적셔주다. 3일 동안 석곡(射谷)에 했다.
　測에 이르기를 '가랑비가 석곡에 내렸다.' 라고 한 것은 겸손이 고요해진 것이었다.

　上九 密雨溟沐¹⁾ 潤于枯瀆 三日射谷²⁾ 測曰 密雨射谷 謙之靜也
1) 密雨溟沐(밀우명목) : 밀우는 가랑비. 명목은 부슬부슬 내리는 것과 같다.
2) 射谷(석곡) : 땅이름이다. 어느 곳인지 분명하지 않다.
　※ 사마광은 '가랑비는 지극히 미세한 것이다. 고독(枯瀆)은 지극히 건조하다. 적시는 것이 쌓여 그치지 않고 3일 뒤에는 이에 석곡에 이르렀다. 九는 소(少)의 지극함에 처하여 당일의 낮에 해당하는 것이, 마치 군자가 겸손을 쌓아 공명이 광대함에 이르러 조급하게 움직이지 않아도 얻는 것과 같다. 이것은 도(道)가 겸손하고 공로를 거두는 바가 위대함이 있는 것을 말한 것이다.' 고 했다.

☳ 려(戾) : 양기(陽氣)는 처음 나와 미약하고 사물이 각각 괴리하여 그 부류들과 부딪치다.

☳戾[1] 陽氣孚微[2] 物各乖離 而觸其類
1) ☳戾(☳려) : 괘는 일방(一方), 일주(一州), 이부(二部), 삼가(三家)이다. 려는 서로 어그러져서 돌아오다.
2) 孚微(부미) : 양기가 알에서 나와 아주 미약한 것을 뜻한다.
※ 알이 처음 부화하여 나오는 것을 부(孚 : 알까다)라고 이른다. 풀이 열매의 껍질을 뚫고 싹이 나오는 것을 또한 부(孚)라고 한다. 그렇다면 부(孚)란 사물이 처음 변화하는 것이다. 양기(陽氣)가 처음으로 변화할 때는 그 기가 오히려 미약하여 만물의 형상이 거칠고 가히 분별하면 각각의 종류로 태어나 서로 어그러져 떠나는 것이 '려(戾)'의 형상이다.

初一은 허한 것이 이미 사특했다. 마음도 기울어져 있다.
測에 이르기를 '허한 것이 사특했다. 마음도 기울어졌다.'라고 한 것은 품고 있는 것이 바르지 않은 것이었다.

初一 虛[1]旣邪 心有傾 測曰 虛邪心傾 懷不正也
1) 虛(허) : 신(神)이 집으로 여기는 곳이다.
※ 一은 생각이 미세함이다. 려(戾)의 초(初)에 거하여 당일의 밤에 해당하고, 허한 것이 사특해졌다면 마음이 기울어진 것이다.

次二는 그 배(腹)를 바르게 했다. 그 등을 당겨서 바른 데로 나아갔다.
測에 이르기를 '그 배를 바르게 했다.'라고 한 것은 중심이 정해진 것이었다.

次二 正其腹 引其背 酋[1]貞 測曰 正其腹 中心定也

1) 酋(추) : 나아가다의 뜻.
　※ 범망은 '복(腹:배)이란 안에 비유되고 등이란 밖에 비유한 것이다.' 고 했다. 사마광은 '먼저 그 안을 바르게 하고 그 밖을 끌어들이면 서로 어그러지지 않아 모두가 바르게 나아갈 수가 있는 것과 같다. 이런 까닭으로 군자(君子)는 마음을 바르게 하여 물(物)을 기다리고 몸을 닦아 사람을 변화시키고, 집을 가지런히 하여 국가를 바로 잡고 국가를 다스려서 천하를 태평하게 한다.' 라고 했다.

　次三은 그 배(腹)에서는 어긋났다. 그 등에서는 바르게 했다.
　測에 이르기를 '배에서는 어긋났다. 등에서는 바르게 했다.' 라고 한 것은 중(中)과 밖이 다투는 것이었다.

　次三 戾其腹 正其背 測曰 戾腹正背 中外爭也
　※ 소인(小人)은 마음이 바르지 않는데 물에게는 바른 것을 구하며, 몸을 닦지 않으면서 남의 닦는 것을 꾸짖으며, 안을 버리고 밖에서 구하며, 근본을 버리고 끝만을 쫓는다. 이로써 중(中)과 밖이 괴리되어 다투고 어지러운 상태에 빠진다. 二와 三은 모두 생각하는 것이므로 복(腹)에서 바르게 하고 복에서 어긋났다고 말한 것이다.

　次四는 지아비와 아내가 길을 반대로 했다. 오직 집안이 보전되었다.
　測에 이르기를 '지아비와 아내가 길을 반대로 했다.' 라고 한 것은 각각 지키는 것이 있기 때문이었다.

　次四 夫妻反道 維家之保 測曰 夫妻反道 各有守也
　※ 지아비는 밖을 다스리고 아내는 안을 다스려 도(道)가 서로 어긋났다. 그러나 안과 밖이 서로 이루어져 그 집안을 보전한 것이다. 四는 낮은 녹봉이 되며 낮에 해당한다. 그러므로 이와 같은 象이 있다.

　次五는 동남쪽에서 외뿔 소를 쏘았다. 서북쪽에서는 그 화살로 했다.

測에 이르기를 '동남쪽에서 외뿔 소를 쏘았다.' 라고 한 것은 그 향하는 곳을 얻지 못한 것이었다.

次五 東南射[1]兕 西北其矢 測曰 東南射兕 不得其首[2]也
1) 射(석) : 쏘다.
2) 首(수) : 송충(宋衷)은 향(向)이라 했다.
　※ 사마광은 '五는 소인(小人)이 성대한 자리에 있는 것으로 행동거지가 크게 잘못되어 능히 사나운 것들이 복종하지 않았다. 그러므로 동남쪽에서 외뿔 소를 쏘고 서북쪽에서는 화살로 했다.' 고 한 것은 그 향하는 바를 잃어버린 것을 말한 것이다.

　次六은 수준기와 먹줄과 곡자와 그림쇠(사물의 준칙)였다. 그 베풀어지는 것이 동일하지 않았다.
　測에 이르기를 '수준기와 먹줄과 곡자와 그림쇠' 라고 한 것은 그의 도가 어긋난 것이다.

次六 準繩規矩 不同其施 測曰 準繩規矩 乖其道也
　※ 왕애(王涯)는 '수준기와 먹줄과 곡자와 그림쇠는 굽고 곧고 모나고 둥근 것인데 비록 어긋나서 동일하지 않더라도 각각 베푸는 바가 있어서 마침내 그의 도를 얻는 것이니, 이것은 또한 려(戾)의 마땅함을 얻은 것이다.' 라고 했다.
　사마광은 '수준기는 평평하게 하고, 먹줄은 곧게 하고, 곡자는 모나게 하고 그림쇠는 둥글게 하여 베풀어지는 것이 동일하지 않아도 모두가 가히 법으로 삼는 것이다. 군자는 나가고 대처하고 말하고 침묵함이 그 행동에 따라서 동일하지 않더라도 모두 도에 합한다. 六은 상위의 녹봉이 되고 낮에 해당한다. 그러므로 이러한 象이 있다.

　次七은 여자인데 여자가 아니었다. 그 마음을 함께하여 지아비의 지혜를 덮었다.
　測에 이르기를 '여자인데 여자가 아니었다.' 라고 한 것은 크게 가히 부끄러운 것이다.

次七 女不女 其心予 覆夫諝[1] 測曰 女不女 大可醜也
1) 諝(서) : 지혜. 슬기.

　※ 사마광은 '지아비는 부르고 아내는 화(和)하는 것이 도(道)의 떳떳함이다. 지금은 어긋나서 함께함을 버리고 다른 데로 나아갔다. 여자이면서 지아비의 슬기를 덮고, 신하이면서 군주의 공로를 무너뜨린 것은 크게 가히 부끄러운 것이다.' 라고 했다.

　次八은 죽이고 살리는 것들이 서로 거슬렸다. 중(中)에서 그 도에 화(和)했다.
　測에 이르기를 '죽이고 살리는 것들이 서로 거슬렸다.' 라고 한 것은 중(中)에서 경계를 한 것이었다.

次八 殺生相午[1] 中和其道 測曰 殺生相午 中爲界也
1) 午(오) : 오(啎)의 뜻. 거슬리다. 어떤 이는 오(午)는 정오를 뜻한다. 살생(殺生)의 왕래가 서로 교환하는 때라 했다.

　※ 八은 벗겨지고 떨어져 물(物)을 죽이는 象이 있다. 하늘은 죽이고 살리는 것이 있고, 국가는 덕과 형벌이 있어 그 도가 서로 거슬려 가히 편벽되게 맡기지 못하여 반드시 중화(中和)로써 그 사이를 적당히 조화시킨 연후에 음과 양이 바르게 되고 다스리는 도가 통하게 된다.

　上九는 창령(倉靈)의 자(雌 : 암컷)였다. 함께 묵지 아니하고 떠났다. 잃게 되면 해(歲)의 공로가 어그러진다.
　測에 이르기를 '창령의 자(암컷)였다.' 라고 한 것은 일으킨 것을 잃고 무너뜨린 것이었다.

上九 倉靈[1]之雌[2] 不同宿而離 失則歲之功乖 測曰 倉靈之雌 失作敗也
1) 倉靈(창령) : 목(木)의 정(精)이며 세성(歲星 : 木星)이다.

2) 雌(자) : 금(金)의 정(精)이며 태백(太白 : 金星)을 이른 것이다.
　※ '한서천문지(漢書天文志)'에 '세(歲)가 태백(太白)과 함께 합하면 백의(白衣)들의 모임이 되어 수(水)를 만든다. 태백(太白)은 남쪽에 있고 세(歲)는 북쪽에 있어 이름하여 빈모(牝牡)라고 하며 해의 곡식이 크게 익는다. 태백이 북쪽에 있고 세(歲)가 남쪽에 있으면 해가 혹은 있기도 하고 혹은 없기도 하다.'라고 했다. 이 말은 금(金)과 목(木)의 성질이 다르므로 함께 떠나 한 곳에 묶으면 변화가 있어 사특함과 바른 것의 도가 반대되고 장소를 함께하여 한 조정에 있으면 어지러워진다. 九가 려(戾)의 극처에 처하고 재앙이 다함을 만나 당일의 밤에 해당한다. 그러므로 이러한 象이 있다.

　▤ 상(上) : 양기(陽氣)가 아래에서 사물을 육성하여 모두 땅을 쏘아서 위로 오르게 한다.

　▤上¹⁾ 陽氣育物于下 咸射²⁾地而登乎上
1) ▤上(▤상) : 괘는 일방(一方), 일주(一州), 삼부(三部), 일가(一家)이다. 상(上)은 양가(陽家)이며 화(火)이고 '주역'의 승(升)괘에 준(準)한다. 상(上)의 次七에서 들어가 태양이 위수(危宿)에서 머물며 36분 15초에 대한(大寒)의 기와 응한다.
2) 射(석) : 쏘다. 곧 씨앗이 싹을 틔워 땅을 뚫고 나온다는 뜻.

　初一은 그 순수한 마음이 위로 했다. 그 예리하게 나아가는 것을 좌절시켰다.
　測에 이르기를 '그 순수한 마음이 위로 했다.'라고 한 것은 화합하여 기뻐한 것이었다.

　初一 上其純心 挫厥鏘鏘¹⁾ 測曰 上其純心 和以悅也
1) 鏘鏘(참참) : 예리하게 나아가는 모양
　※ 사마광은 '一은 생각의 시작이 되고 낮에 해당한다. 능히 순일한 마음으로 일취월장(日就月將)하여 화합하고 기뻐함을 잃지 않고 높고 큰 곳에 이르러 그

예리하게 나아가는 조급한 뜻을 꺾는다. 이로써 도를 구하면 도를 얻고, 녹을 구하면 녹봉을 얻는다. 노자(老子)는 '그 날카로운 것을 꺾다.' 라고 했다.

次二는 위에는 뿌리가 없다. 생각은 하늘에 올랐다. 궁하게 연못에 있다.
測에 이르기를 '위에는 뿌리가 없다.' 라고 한 것은 능히 스스로 살지는 못한 것이었다.

次二 上無根 思登于天 谷[1]在于淵 測曰 上無根 不能自活也
1) 谷(곡) : 궁(窮)이라 했다.
　※ 대저 만물이 뿌리가 있으면 능히 살고 사람에게 덕이 있으면 능히 오른다. 二는 생각의 중(中)이 되고 밤에 해당하며, 진취(進取)에 조급하여 그 뜻이 하늘에 오르고자 하나 궁하게 연못에 있음을 면치 못하였다. 이는 마치 나무에 뿌리가 없어 위에서 살더라도 마침내 능히 스스로 살지 못하는 것과 같은 것이다.

次三은 깊숙한 골짜기에서 나와 무성한 나무에 올랐다. 진기한 곡식을 생각하게 했다.
測에 이르기를 '골짜기에서 나와 나무에 올랐다.' 라고 한 것은 향할 방향을 안 것이었다.

次三 出于幽谷 登于茂木 思其珍穀 測曰 出谷登木 知向方[1]也
1) 方(방) : 곧 도(道)이다.
　※ 왕애(王涯)는 '진곡(珍穀)이란 풀과 나무의 열매를 가히 먹을 수 있는 진기한 아름다운 것을 이른 것이다.' 라고 했다.
　사마광(司馬光)은 '진곡(珍穀)은 아름다운 도와 비교된다. 군자(君子)가 악을 버리고 선으로 나아가며 사특한 것을 버리고 바른 곳으로 나아가는 것은, 마치 새가 깊숙한 계곡에서 나와 무성한 나무에 오르는 것과 같은 것이다. 三은 생각의 위가 됨으로 '그 진곡을 생각한다.' 라고 했다. '시경(詩經)'의 소아(小雅) 녹명(鹿鳴)편에 '깊은 골짜기에서 훨훨 날아 높은 나무에 옮겨 앉았네' 라고 했으며 맹자(孟子)가 진상(陳相)에게 이르기를 '나는 들으니 깊은 골짜기에서 나와 높은 나무에 옮겼다는 말은 들었어도 높은 나무에서 내려가 깊은 골짜기로 들어갔다는 말은 듣지 못했다.'라고 했다.

次四는 위로 나아가는 것이 바르지 않다. 뿌리가 없고 번성하게 꽃이 피었으니 진실로 헛된 이름이다.
測에 이르기를 '위로 나아가는 것이 바르지 않다.'라고 한 것은 오른 것이 망령된 것이었다.

次四 卽[1]上不貞 無根繁榮[2] 孚虛名 測日 卽上不貞 妄升也
1) 卽(즉) : 나아가다.
2) 榮(영) : 나무의 꽃이다.
※ 四는 복이 되고 녹봉도 되는 것이다. 그러므로 취상(就上)이라고 했다. 또 당일의 밤에 해당하므로 바르지 않은 것이다. 대저 바르지 않은 것으로써 녹봉을 얻은 것은, 마치 나무가 뿌리 없이 꽃이 핀 것과 같다. 비록 그 번성함이 많다고 한들 어찌 가히 오래가겠는가? 진실로 오직 헛된 이름일 뿐이다. 진실에 이익됨이 없다.
'논어(論語)'에 이르기를 '불의로 부(富)하고 또 귀하더라도 나에게는 뜬 구름과 같다.'라고 했다. 二는 몸체의 아래에 있어 오르고자 하되 능히 얻지 못했다. 四가 복과 녹봉에 있어 비록 올랐으나 바르지 못한 것이다.

次五는 우는 학이 깊은 연못으로부터 올랐다. 하늘에 오르는 것이 부끄럽지 않다.
測에 이르기를 '우는 학이 부끄럽지 않다.'라고 한 것은 모두 중(中)에 있는 것이었다.

次五 鳴鶴升自深澤 階[1]天不怎[2] 測日 鳴鶴不怎 有諸中也
1) 階(계) : 등(登)과 같다.
2) 怎(작) : 작(怍)과 같다.
※ 五는 중화(中和)가 되고 또 성대한 복도 되어 위에서 지극히 아름다운 것이다. 군자의 도는 암연(闇然)하여 날마다 빛나 비록 명성이 하늘에 들릴지라도

또한 부끄러움이 없다. '시경(詩經)' 소아(小雅) 동궁(彤弓)편에 이르기를 '학이 물가 언덕에서 우니 울음소리가 하늘에 들리네.'라고 했다.

次六은 당(堂)에 올랐다. 옷이 거꾸로 되어(뒤바뀌어) 치마가 이르렀다. 조정 사람들이 기뻐하지 않다.
測에 이르기를 '당에 올라 웃옷과 아래옷이 바뀌었다.'라고 한 것은 대중(大衆：백성)을 잃은 것이었다.

次六 升于堂 顚衣到裳[1] 廷人不慶[2] 測曰 升堂顚到 失大衆也
1) 顚衣到裳(전의도상) : 옷을 바꾸어 입다. 상은 하의(下衣)이다.
2) 慶(경) : 기쁘다의 뜻.
　※ 六은 상록(上祿)이 된다. 그러므로 당에 올랐다고 했다. 당일의 밤에 해당되어 소인이 군자의 자리에 있다. 그러므로 이르기를 '옷이 뒤바뀌어 치마가 이르렀다.'고 했다. 소인이 위에 있게 되면 아래에서 모두 기뻐하지 아니한다. 그러므로 '조정 사람들이 기뻐하지 않았다.'라고 했다.

次七은 쓰러져가는 누대(顚臺：전대)에 올랐다. 혹은 버티는 것은 재목이다.
測에 이르기를 '대(臺)에 올라서 버티는 것을 얻었다.'라고 한 것은 돕는 것이 단단한 것이었다.

次七 升于顚臺 或拄之材 測曰 升臺得拄 輔拂[1]堅也
1) 拂(불) : 돕다. 필(弼)의 뜻.
　※ 七은 상체(上體)에 있어서 패손(敗損)된 것이다. 그러므로 '쓰러져가는 전대에 올랐다.'라고 했다. 그러나 당일의 낮에 해당하여 비록 쇠약하고 위태함이 있으나 어진 보좌를 얻어, 장차 쓰러져가는 누대를 좋은 재목으로 버티는 것과 같아서 높아도 위험하지 않은 것이다.

次八은 높고 위험한 데 올랐다. 혹은 사다리에 도끼질을 했다.
測에 이르기를 '위험한 데 올라서 사다리에 도끼질을 했다.'라고 한 것은 선비와 백성들을 잃은 것이었다.

次八 升于高危 或斧之梯 測曰 升危斧梯 失士民也
※ 왕애(王涯)는 '八이 옮겨 만나는 장소에 있고 지위는 또 밤에 해당하는데 나아가는 것을 힘써 그치지 아니하는 것이, 마치 높은 곳을 오르고 위험한 곳을 밟아 혹은 도끼로 그의 사다리를 제거하는 것과 같아서, 다시 아래서 구하고자 하나 가히 얻지 못함이다.'고 했다.
사마광은 '八은 재앙의 중(中)이 되어 밤에 해당한다. 그러므로 象이 소인이 교만하여 위에 대항하고 선비와 백성들을 구제하지 않은 것이, 마치 높은 곳에 올라 사다리를 도끼로 제거하여 위험한데 구제함이 없는 것과 같은 것이다. 사민(士民)이란 국가의 사다리이며, 군주가 힘입어 높아지는 것이다.'라고 했다.

上九는 재앙에 길들었다. 처음에는 망하고 뒤에는 그 터를 얻다. 測에 이르기를 '재앙에 길들어 그 터전을 얻었다.'라고 한 것은 뒤에 사람을 얻는 것이었다.

上九 棲于葘[1] 初亡後得基 測曰 棲葘得基 後得人也
1) 棲于葘(서우재) : 사물의 위에 있는 것을 서(棲)라고 한다. 재는 재(災)와 같다.
※ 九는 재앙의 지극함이 되는 것이며 또 다 끊어지게 된다. 그러므로 '재앙에 길들었다.'라고 했다. 그러나 당일의 낮에 해당하여, 이는 현인을 얻어 도움이 되는 것이다. 어찌 오직 망하는 것을 구하여 이에 가히 국가의 기틀을 세울 것인가? '시경(詩經)'의 소아(小雅) 숭구(崇丘)의 시에 '즐거우신 군자님이시여! 나라의 터전이시네.'라고 했다. 일설에 재(葘)는 치(榴)와 같으며 나무가 서서 말라죽은 것을 치(榴)라고 한다. 곧 말라죽은 나무에 깃들어 외롭고 위태함이 심하다 했다.

☰ 간(干) : 양(陽)이 물(物)을 붙잡은 것이, 마치 견고한 것을 뚫는 것과 같다. 합연(鉿然)히 뚫림이 있다.

䷀干[1] 陽扶物 如鑽乎堅 銛然[2]有穿
1) ䷀干(䷀간) : 괘는 일방(一方), 일주(一州), 삼부(三部), 이가(二家)이다. 간(干)은 음가(陰家)이며 목(木)이고 '주역'의 승(升)괘에 준(準)한다. 간(干)이란 위에서 침범한 바가 있는 것이다. 간하는 말을 하는 자는 말로써 위에 간여하는 것이다. 그러므로 간(干)이란 간하는 말의 象이 있다.
2) 銛然(합연) : 뚫리는 소리. 곧 구멍이 뚫리는 소리. 파는 소리
 ※ 사마광은 '이 때 음기(陰氣)는 오히려 위에서 단단하므로 양기가 만물을 붙들어 뚫는데 마치 뚫는 소리가 뚫리는 것이 있는 것과 같다.'고 했다.

初一은 탄환으로 뚫었다. 안의 틈을 뚫은 것은 위태하다.
測에 이르기를 '탄환으로 안을 뚫었다.'라고 한 것은 탄환을 돌려서 한 것은 아니었다.

初一 丸[1]鑽 鑽于內隙 厲 測曰 丸鑽于內 轉丸非也
1) 丸(환) : 흘러 돌아서 들어가지 않는 곳이 없다.
 ※ 아첨하고 사특한 사람은 인심(人心)을 연구하여 그의 틈을 얻어 따라서 말을 하고 그 옳지 아니한 것을 들여보내면 들어가지 않는 것이 없다. 이것이 국가가 위험하게 되는 것이다.
 공자(孔子)께서는 '약삭빠르게 둘러대는 말이 나라를 뒤엎는 것을 미워한다.'라고 했다. 一은 생각의 시작이 되고 밤에 해당하므로 이러한 象이 있다. 반고(班固)가 빈희(賓戲)에게 대답하기를 '상앙(商鞅)이 세 가지 술수를 가지고 진(秦)나라 효공(孝公)을 뚫었다.'라고 했다.

次二는 미천한 것으로 바른 것을 구했다. 오직 궤명(軌命 : 법도)을 사용했다.
測에 이르기를 '미천한 것으로써 바른 것을 구했다.'라고 한 것은 크게 간한 것이 미천한 때였기 때문이다.

次二 以微干正 維用軌命[1] 測曰 以微干正 維大諫微也

1) 軌命(궤명) : 법에 따른 명령. 곧 군주의 호령.

※ 송충(宋衷)은 '그 일이 미천할 때에 크게 간한 것을 이른다.' 라고 했다.

왕애(王涯)는 '二의 지위가 낮에 해당하고, 간하는 도를 알아 마땅히 일의 기미에 이르러 간구한다면 쉽게 공로가 된다. 그런 연후에 바른 도로써 유지하여 법에 따른 명령을 사용한 것이다.' 라고 했다.

사마광은 '二가 바야흐로 저지하는데 낮에 해당한다. 그러므로 이 象이 있다. 공자(公子)께서는 말씀하시길 '간하는 것이 다섯 가지가 있는데 직간(直諫)이 아래가 된다. 군주를 헤아려 행한다면 나는 풍간(諷諫)을 따르리라.' 고 했다. 궤(軌)는 법(法)이다. 뜻이 군주의 호령(號令)을 바로 하는 데 있으므로 응당 법도로써 응하는 것이다.' 라고 했다.

次三은 재갈 먹이고 열쇠 걸고 절박했다. 바르지 않았다.
測에 이르기를 '재갈 먹이고 열쇠 걸고 절박했다.' 라고 한 것은 녹봉을 구함이 사특한 것이었다.

次三 箝[1] 鍵[2] 挈挈[3] 匪貞 測曰 箝鍵挈挈 干祿回[4]也
1) 箝(겸) : 묶어서 움직이지 못하다의 뜻.
2) 鍵(건) : 굳게 묶어서 움직이지 못하다. 곧 열쇠를 채웠다.
3) 挈挈(설설) : 절박한 모양이다.
4) 干祿回(간록회) : 간은 구하다. 녹은 녹봉. 회는 사특하다의 뜻.

※ 사마광은 '소인(小人)이 피로써 사람을 달래 절박한 상태에서 응했으나 바른 도가 아닌 것을 말한 것이다. '서경(詩經)' 대아 한록편에 이르기를 '점잖으신 군자여! 복을 구함에 사특하지 않네.' 라고 했다.

次四는 직언(直言)을 뼈에 사무치도록 했다. 때가 정당했다.
測에 이르기를 '직언을 뼈에 사무치도록 했다. 때가 정당했다.' 라고 한 것은 그 도(道)가 곧은 것이었다.

次四 干言入骨[1] 時貞[2] 測曰 干骨之時 直其道也
1) 干言入骨(간언입골) : 간언은 직언(直言)으로 윗사람에게 범한 것. 입골은

뼈에 사무치게 하다의 뜻.
2) 時貞(시정) : 제 때에 했다.
　※ 대저 절실하고 곧은 말은 그 때를 얻지 못하면 스스로 원망과 허물을 취하게 되어 남에게 유익이 없다. 그러므로 군자는 때의 정당함을 귀하게 여긴다. 가정의 본성이 간(干)이 되는데, 四는 복이 되고 낮에 해당한다. 그러므로 이러한 象이 있다.

　次五는 어리석고 어리석게 많은 맛있는 음식을 구했다. 혹은 주는 것이 날기와였다.
　測에 이르기를 '어리석고 어리석게 구했다.' 라고 한 것은 주는 것을 좋아하지 않은 것이었다.

　次五 蚩蚩 干于丘飴 或錫之坏 測曰 蚩蚩之干 錫不好也
　※ 사마광은 '치치는 어리석은 모양이다. 구(丘)는 높고 큰 것과 비유된다. 이(飴)는 당(餳)이며 아름다운 맛과 비유된다. 배는 굽지 않는 기와, 곧 날기와이며 악물(惡物)에 비교한다. 五는 소인(小人)이 성대한 자리를 구하는데 그 덕을 헤아리지 않았다. 이는 마치 산더미 같은 아름답고 이익되는 것만을 보고 자신의 분수도 따르지 않고 구하는 것이다. 이에 사람들이 모두 천하게 여기고 미워하는 마음을 악물(惡物)과 함께 하는 것과 같이 여긴다.' 라는 뜻이라 했다.

　次六은 줄기는 하늘을 구했다. 바른 것이 따랐다.
　測에 이르기를 '줄기는 하늘을 구하는데 바르다.' 라고 한 것은 따라서 가히 보전된 것이었다.

　次六 幹干於天 貞馴[1] 測曰 幹干之貞 順可保也
1) 馴(순) : 순(順)의 뜻.
　※ 六이 복(福)을 만나서 낮에 해당하여 구하는 것이 지극히 큰 것에 이르렀는데 이는 마치 나무의 줄기가 하늘에 이르러 성대함이 지극한 것과 같다. 그러나 바른 것이 따라 이르면 길하고 사특하고 거역한 것이 이르면 흉하다. 그러므로 '바른 것이 따른다.' 라고 하고 또 '따르면 가히 보존된다.' 라고 했다.

次七은 창을 메고 풀고 풀었다. 만났다.
測에 이르기를 '창을 메고 풀고 풀었다.'라고 한 것은 도(道)가 용납되지 못한 것이었다.

次七 何[1]戟解解[2] 遘 測曰 何戟解解 不容道也
1) 何(하) : 메다의 뜻. 담(擔)과 같다 했다.
2) 解解(해해) : 풀고 풀다. 다른 본에는 선선(鮮鮮)으로 된 것도 있다.
  ※ 사마광은 '하(何)는 담(擔)이다. 소인(小人)의 성품이 간범(干犯 : 죄에 저촉됨)함이 많은 것은, 마치 창을 메고 행하여 물건이 풀이나 명주실을 만나서 도가 용납되지 못하는 것과 같은 것을 뜻한다.'라고 했다.

次八은 적설(赤舌 : 붉은 혀)이 성을 불살랐다. 단지에서 물을 토해내다.
測에 이르기를 '붉은 혀에서 물을 토해내다.'라고 한 것은 군자(君子)가 재앙을 푼 것이었다.

次八 赤舌燒城 吐水于缾 測曰 赤舌吐水 君子以解祟[1]也
1) 祟(수) : 재앙의 뜻.
  ※ 해설이 궐(闕)했다.

上九는 뜬 구름을 구했다. 하늘에서 떨어졌다.
測에 이르기를 '뜬 구름을 구했다.'라고 한 것은 이에 하늘에서 떨어진 것을 따른 것이다.

上九 干于浮雲 從墜于天 測曰 干于浮雲 乃從天墜也
  ※ 왕애(王涯)는 '구하는 지극함에 처하여 능히 스스로 반성하지 않고 지위는 이미 밤에 해당하여 다하고 없어진 것이다. 이는 마치 구름을 구하는 것을 그치지 않고 돌아서 위로 나아갔으나 이미 그의 도를 잃어 하늘에서 떨어진 것이니 흉함이 마땅한 것이다.'라고 했다.

사마광은 '九는 재앙의 지극함이 되고 밤에 해당했다. 그러므로 이러한 象이 있다.'라고 했다.

☷ 저(狩) : 양기(陽氣)는 안에서는 강(彊)하고 밖에서는 약했다. 물(物)이 모두 퍼지고 흩어져 큰 것으로 나아간다.

☷狩[1] 陽氣彊內而弱外 物咸扶狩而進乎大

1) ☷狩(☷저) : 괘는 일방(一方), 일주(一州), 삼부(三部), 삼가(三家)이다. 저는 통하다. 또는 저(狌)는 소(疎)와 음과 뜻이 같다 했다. 양가(陽家)이고 금(金)이며 '주역'의 임(臨)괘에 준(準)한다. 육적(陸績)은 '임괘(臨卦)와 저(狩)는 모두 나아가는 모양이다.'라고 했다. 사마광은 저(狩)는 나아가다. 또는 크다의 뜻이라 했다.

※ 양기(陽氣)는 나아가 커진 것이므로 '안에서 강하다.'라고 했고, 음기(陰氣)는 왕성함과 같으므로 '밖이 약하다.'라고 했다. 부저(扶狩)는 펴서 흩어지는 모양이다.

初一은 스스로 내가 기어갔다. 이 명덕(冥德)을 좋아했다.
測에 이르기를 '기어가서 명덕(冥德)을 좋아했다.'라고 한 것은 행동함이 없는 것과 같은 것이다.

初一 自我匍匐[1] 好是冥德 測曰 匍匐冥德 若無行也

1) 匍匐(포복) : 능히 행동하지는 못했으나 나아가려고 한다는 뜻이다.

※ 一은 생각의 미약한 것이다. 그러므로 이르기를 '명(冥)'이라 했다. 군자가 스스로 미천할 때에는 사람들이 알지 못하고 자신이 이 명덕(冥德)을 좋아하여 나아가 크게 여겨서 포복하여 앞에 한 것이 마치 장차 행동할 때를 얻지 못하는 것과 같이 여겨서, 덕으로 나아가는 데 급급하여 능히 기다리지 못하는 것을 말한 것이다.

次二는 탐나는 곳으로 나아가는데 적게 보였다. 가는 곳이 있는데 이롭지 않다.
　測에 이르기를 '탐나는 곳으로 나아가는데 적게 보였다.' 라고 한 것은 가고자 하는 것이 많은 것이었다.

　次二. 熒¹⁾ 狩猇猇²⁾ 不利有攸往 測曰 熒狩猇猇 多欲往也
1) 熒(형) : 광명(光明)이 적게 보이는 모양이다.
2) 猇猇(탑탑) : 탐내는 모양. 욕심이 많다. 왕애는 개같이 먹는 모양이라 함.

　次三은 풀들이 더운 곳으로 나아갔다. 구릉(丘陵)에 하는 것이 마땅했다.
　測에 이르기를 '풀들이 더위에 구릉에 했다.' 라고 한 것은 짧은 것이 길게 다다른 것이었다.

　次三. 卉炎于狩 宜于丘陵 測曰 卉炎丘陵 短臨長也
　※ 왕애(王涯)는 '三의 지위는 낮에 해당하여 능히 양(陽)을 붙잡고 나아가는 것이, 마치 온갖 풀들이 염양(炎陽)의 기를 만나 마땅히 통하여 나아갈 때 그곳의 언덕에 적당하여 아래로 모든 나무에 다다른 것과 같다.' 라고 했다.
　사마광은 '형(熒)은 불의 미약한 것이요, 염(炎)은 점점 나아간 것이다. 짧은 풀과 작은 불이 능히 물(物)에 다다라 그 언덕에 의탁함이, 마치 군자가 술(術)을 가리는 것과 같은 것이다. '순자(荀子)' 는 말하기를 '서쪽에 나무가 있는데 사간(射干)이라고 이름 한다. 줄기의 길이가 4촌인데 높은 산위에 자라서 8백자나 되는 높은 곳에서 깊은 연못을 내려다본다. 이는 나무의 줄기가 길어서가 아니라 그 나무가 서 있는 위치가 그러해서이다.' 라고 했다.' 고 했다.

　次四는 술과 음식에 나아갔다. 살이 쪘으나 명예는 없다.
　測에 이르기를 '술과 음식에 나아갔다.' 라고 한 것은 벼슬하는데 방향이 없는 것이었다.

　次四 狩于酒食 肥無譽 測曰 狩于酒食 仕無方也
　※ 四는 하록(下祿)이 된다. 소인(小人)의 학문이 넉넉하지 못한데 벼슬하여

크게 나아갈 바가 술과 음식일 따름이다. 그러므로 비록 살만 찌고 명예는 없는 것이다.

次五는 나아가는 데 족함이 있다. 단단한 수레에 의탁했다.
測에 이르기를 '나아가는 데 족함이 있다.'라고 한 것은 지위가 정당한 것이었다.

次五 狩有足 託堅轂¹⁾ 測曰 狩有足 位正當也
1) 轂(곡) : 곡(穀)과 통한다고 했다. 수레의 뜻.
   ※ 왕애(王涯)는 '五는 지위가 낮에 해당하고 또 중(中)에 있으면서 몸체가 바른 것으로 저(狩)의 주인이 된 것이다. 수레가 단단하고 말이 좋아 천하를 주행(周行)하는데, 이로써 나아간다면 어디를 간들 이롭지 않겠는가?'라고 했다.
   사마광은 '중화(中和)는 五보다 왕성함이 없다. 五는 복의 중이 되고 그 날의 낮에 해당한다. 군자가 중화(中和)의 덕이 있고, 또 지위를 얻고 복과 응함이, 마치 발의 힘이 이미 강해져서 스스로 큰 것으로 나아가는 것과 같은데 하물며 단단한 수레에 의지하여 가지 못할 곳이 없다.'라고 했다.

次六은 홀로 나아가 가고 갔다. 적은 것에는 이롭고 큰 것에는 이롭지 않다.
測에 이르기를 '홀로 나아가 가고 갔다.'라고 한 것은 가히 크지 않은 것이었다.

次六 獨狩逝逝¹⁾ 利小不利大 測曰 獨狩逝逝 不可大也
1) 逝逝(서서) : 송유간 본에는 석석(晰晰)으로 되어 있다.
   ※ 해설이 궐(闕)했다.

次七은 쨍쨍 쬐는 태양이 진(辰)에 다다랐다. 가히 그 들은 바를 끝마쳤다.
測에 이르기를 '쨍쨍 쬐는 태양이 진(辰)에 다다랐다.'라고 한 것은 늙어서 세력을 얻은 것이었다.

次七 白日臨辰 可以卒其所聞 測曰 白日臨辰 老得勢也
※ 해설이 궐(闕)했다.

次八은 벼룩과 이가 나아간다. 위태했다.
測에 이르기를 '벼룩과 이가 나아간다.' 라고 한 것은 족히 힘입지 못한 것이었다.

次八 蚤虱之狩 厲 測曰 蚤虱之狩 不足賴也
※ 범망(范望)은 '집안의 본성이 저(狩)가 되었다. 또한 사람에게 붙어서 나아가는 것이므로 비유한 것이다. 벼룩과 이의 본성은 구차하게 찾아 나아가는 것이므로 위험하다.' 고 했다.

上九는 전부 나아갔다. 그의 머리와 꼬리를 묶어 연못에 다다랐다.
測에 이르기를 '전부 나아가서 묶었다.' 라고 한 것은 해로움을 만나는 것을 두려워 한 것이었다.

上九 全狩 綣[1]其首尾 臨于淵 測曰 全狩之綣 恐遇害也
1) 綣(권) : 묶다의 뜻.
※ 사마광은 '九는 크게 나아가는 것이 다한 것이다. 나아감이 다하면 물러나고 큰 것이 다하면 없어지는데 군자(君子)는 모두가 큰 것의 도로 나아가고자 하고 공손하고 삼가지 않으면 불가하므로 두려워하는 것이다. 이는 마치 머리와 꼬리를 묶어서 연못에 다다르면 이에 허물을 면하는 것과 같다.' 라고 했다.

䷀ 선(羨) : 양기(陽氣)를 기르는 것이 깊숙했다. 미루어 감싸도 바르지 않고 어그러져서 바르게 행하는 것을 얻지 못했다.

䷀羨[1] 陽氣贊幽 推包羨爽[2] 未得正行

1) ䷼羨(䷼선) : 괘는 일방(一方), 이주(二州), 일부(一部), 일가(一家)이다. 선(羨)은 음가(陰家)이며 수(水)이고 '주역'의 소과(小過)괘에 준(準)한다. 옛날 임(臨)괘에 준(準)한 것은 잘못이었다. 왕애(王涯)는 선(羨)을 사특하고 굽어서 바르지 않다고 했다. 사마광은 '주례(周禮)'에 '벽선(璧羨)이 있다고 했는데 둥글지 아니한 구슬이다.'라고 했다.

2) 羨爽(선상) : 바르지 않아 어그러지다. 상은 어그러지다.
   ※ 범망은 '선(羨)이란 만물이 오히려 음기에 감싸진 것이다. 상(爽)은 어그러지다'라고 했다.
   사마광은 '만물이 깊숙이 있어서 양기가 기르는데 음(陰)이 감싸는 바가 되어서 양기를 밀치더라도 사특하고 굽고 어그러져 뛰어나게 바른 것을 행하는 것을 얻지 못하고 나갔으므로 선(羨)이라고 이른다.'고 했다.

初一은 처음부터 바르지 않다. 그 다음은 멀리 도는 길이다.
測에 이르기를 '처음부터 바르지 않다.'라고 한 것은 뒤에 바르게 하기가 어려운 것이었다.

初一 羨於初 其次迂塗 測曰 羨于初 後難正也
   ※ 一은 생각의 시작이다. 시작의 처음이 사특하면 다음의 뒤는 바르게 하기가 어렵다. 그러므로 '그 다음이 멀리 도는 길이다.'라고 했다. '주역(周易)' 송괘(訟卦)의 象에 '군자는 일을 시작하는 데 있어 처음을 꾀한다.'라고 했다.

次二는 미약한데도 바르지 않다. 극복(克復)하여 가히 위의로 삼다.
測에 이르기를 '미약한데도 바르지 않아 극복했다.'라고 한 것은 정한 것이 멀지 않았기 때문이다.

次二 羨于微 克復可以爲儀 測曰 羨微克復 不遠定也
   ※ 二는 생각의 중(中)이 되어 사특함이 멀지 않고 잃은 것이 오히려 미약하여 마치 능히 스스로 중(中)으로 돌아옴과 같아 오히려 가히 법이 된 것이다. '주역'의 복(復)괘 初九효에 '멀지 않아 되돌아온다. 후회함에 이르름이 없다. 크

게 길하다.'라고 했다.

次三은 길에서 바르지 않다. 곧은 듯한데 능하지 못했다.
測에 이르기를 '길에서 바르지 않다.'라고 한 것은 곧바로 행동하여 능하지 못한 것이었다.

次三 羨于塗 不能直如 測曰 羨于塗 不能直行也
※ 바르지 않은 것이 三에 이르러 도(道)를 잃고 멀리 침투하였으니, 곧바로 가서 선(善)한 것만 같지 못한 것이다.

次四는 바르지 못한 것을 저울로 바르게 했다. 길인(吉人)은 불행(不幸)했다.
測에 이르기를 '바르지 못한 것을 저울로 바르게 했다.'라고 한 것은 선(善)이 떳떳한 것에 반대된 것이다.

次四 羨權正 吉人不幸 測曰 羨權正 善反常也
※ 군자의 도는 항상 사벽하지 않다. 사벽함이 있는 것은 때에 부득이함을 만나서 행하는데 저울질하여 바르게 할 뿐이다. 권(權)이란 그 가볍고 무거운 것을 저울질하는 것으로 사벽한 것이 적고 바른 것이 커서 불행이 아니라면 가히 하지 않는 것이다. 공자(公子)께서는 포(蒲)나라 사람과 동맹을 맺고 위(衛)나라에 갔고 남자(南子)의 절을 답배(答拜)한 부류와 같은 것이 이것이다. 선반상(善反常)이란 비록 상도(常道)에 반대되지만 뜻은 선(善)에 있는 것이다.

次五는 빈 길은 평탄한 듯하다. 좁은 길은 희미한 듯하다. 큰 수레가 걱정이다.
測에 이르기를 '빈 길이 평탄하다.'라고 한 것은 어찌 따르지 않을 것이겠는가?

次五 孔道[1]夷如 蹊路[2] 微如 大輿之憂 測曰 孔道之夷 奚不遵也
1) 孔道(공도) : 빈 길. 곧 큰 길.

2) 蹊路(혜도) : 작은 길. 미쇠한 길. 사특한 길.

　※ 왕애(王涯)는 '공도(孔道)는 공도(空道)를 이른다. 혜(蹊)는 사경(邪徑)이다. 빈 길이 평탄한데 밟지 않고 좁은 길이 협소한데 그 길을 따르고 또 큰 수레를 타면 반드시 넘어져 쓰러짐을 당하니 근심함이 마땅하다.' 라고 했다.

　사마광은 '밭을 밟고 지름길로 이르는 것을 '혜(蹊)' 라고 이른다. 큰 수레는 성인(聖人)의 도(道)를 상징하여 사람을 실은 것이다. 五는 중화(中和)가 되는 것이므로 이르기를 '빈 길이 평탄하다.' 라고 했다. 그러나 그 때는 밤에 해당하여 소인(小人)이 된 것이므로 이르기를 '좁은 길이 희미한 듯 하다.' 라고 했다. 공자(孔子)께서는 '이단을 공격하면 이에 해로울 뿐이다.' 라고 했으며, 노자(老子)는 '대도(大道)는 매우 평이하여 백성들은 지름길을 좋아한다.' 라고 했다.

　次六은 크게 빈 것이 이미 사특했다. 혹은 곧게 하고 혹은 도왔다. 곧은 신하를 얻다.
　測에 이르기를 '비어서 사특하여 곧은 신하를 얻다.' 라고 한 것은 어진 신하를 얻은 것이었다.

　次六 大虛[1] 旣邪 或直之 或翼之 得矢夫[2] 測曰 虛邪矢夫 得賢臣也

1) 大虛(대허) : 신(神)이 집에 한 것을 이른 것이다.
2) 矢夫(시부) : 곧은 신하의 뜻이다.

　※ 선(羨)이 중(中)을 지나쳤으므로 '크게 비어 이미 사특하다.' 라고 했다. 당일의 낮에 해당하므로 혹은 곧게 하고 혹은 도와 어진 신하를 얻어 그 사특한 것을 바르게 한다고 했다. 춘추시대(春秋時代) 제(齊)나라 환공(桓公)이 관중(管仲)을 얻어 행동은 개나 돼지와 같았으나 강력한 제후의 패자(覇者)가 되었고, 또 위(衛)나라 영공(靈公)이 중숙어(仲叔圉)와 축타(祝佗)와 왕손가(王孫賈)를 얻어 비록 영공이 무도(無道)했으나 지위를 상실하지 않았다.

　次七은 그 일이 굽어 그 길이 멀다. 위태한 것의 가르침이다.
　測에 이르기를 '그 일이 굽었다.' 라고 한 것은 뜻을 일으키게 하기 위한 것이었다.

次七 曲其故 迂其塗 厲之訓 測曰 曲其故 爲作意也
※ 해설이 궐(闕)했다.

次八은 그 발이 바르지 않다. 도랑을 건너 바른 곳으로 향했다. 測에 이르기를 '그 발이 바르지 않다.' 라고 한 것은 흉한 일을 피한 것이었다.

次八 羨其足 濟于溝瀆 面[1] 貞 測曰 羨其足 避凶事也
1) 面(면) : 향(向)의 뜻이다.
※ 八은 재앙의 중(中)이 되고 낮에 해당하므로 그 발이 한쪽으로 기울어 도랑을 피한 것이다. 군자(君子)는 그의 절개를 굽혀서 재앙과 우환을 피하지만 그 종말에는 바른 곳으로 향할 따름이다.
'법언(法言)'에 이르기를 '길이 비록 굽었으나 모든 중국으로 통하면 모두가 말미암고 개울이 비록 굽었으나 모든 바다로 통하면 모두가 말미암는다.' 라고 했다. 또 이르기를 '물은 장애를 피하여 바다와 통하고, 군자는 장애를 피하여 이치에 통달한다.' 라고 했다.

上九는 수레 굴대가 꺾이고 그 가로나무가 꺾였다. 사마(四馬)가 나아가다 묶였다. 높은 사람이 피를 토했다.
測에 이르기를 '굴대가 꺾이고 피를 토했다.' 라고 한 것은 가히 뉘우치지 않은 것이었다.

上九 車軸折 其衡捌[1] 四馬就括[2] 高人吐血 測曰 軸折吐血 不可悔也
1) 捌(월) : 꺾이다.
2) 括(괄) : 묶다.
※ 행동이 바르지 않은데도 그치지 않아 재앙의 지극함에 이른 것이다. 그러므로 굴대가 꺾이고 가로나무가 꺾여 사마(四馬)가 묶이니 수레 위의 사람이 상처를 입었다. 높은 사람이 높은 지위에 있는 자와 비교한 것이다.

☷ 차(差) : 양기(陽氣)는 꿈틀거려 동쪽에서 열렸다. 하늘이 모든 무리들과 화락함으로 말미암아 사물이 그의 용모를 다르게 했다.

☷ 差¹⁾ 陽氣蠢闢於東 帝由群雍 物差其容
1) ☷差(☷차) : 괘는 일방(一方), 이주(二州), 일부(一部), 이가(二家)이다. 차(差)는 양가(陽家)이며, 화(火)이고 '주역' 의 소과(小過)괘에 준(準)한다. 차(差)의 三인 13분 22초에 들어가, 태양이 추자(娵訾)에 머물러 입춘(立春)의 기와 응한다. 두(斗)가 인위(寅位)에 서고 율(律)은 태주(太簇)에 맞추고 次五에서 태양이 영실(營室)에 머문다. 차는 허물이 적은 것이다.
※ 양기(陽氣)는 움직여 동쪽에서 열리고 천도(天道)는 모든 것을 화락하게 함으로 말미암아 사물의 모습이 서로 다른 것이 차(差)의 象이다.

初一은 미약하여 스스로 다스림을 잃다. 단정하게 했다.
測에 이르기를 '미약하여 스스로 다스림을 잃다.' 라고 한 것은 사람이 알지 못한 것이었다.

初一 微失自攻 端 測曰 微失自攻 人未知也
※ 一은 생각의 시작이다. 그 다른 것이 오히려 미약하여 사람들이 보지 못했으나 진실로 능히 스스로 다스려 바른 것을 해치지 않았다.

次二는 그 좋아하는 바를 점점했다. 장차 그 미워하는 바에 이르다.
測에 이르기를 '그 좋아하는 바에 점점했다.' 라고 한 것은 점점 달라진 것이었다.

次二 寖¹⁾其所好²⁾ 將以致其所惡³⁾ 測曰 寖其所好 漸以差也
1) 寖(침) : 점점하다. 점(漸)의 뜻.

2) 所好(소호) : 이롭고자 함을 이른 것이다.
3) 所惡(소오) : 재앙과 같은 것을 이른다.
　※ 二는 생각의 중(中)이 되고 밤에 해당하는데 이욕(利欲)에 현혹되어 점점 또 허물이 적은 것을 상실하여 장차 재앙이 이른 것이다.

　次三은 그 망하고 또 망했다. 장차 빛나는 데 이르다.
　測에 이르기를 '그 망하고 또 망했다.' 라고 한 것은 두려워서 스스로 호위한 것이었다.

　次三 其亡其亡 將至于暉光 測曰 其亡其亡 震¹⁾自衛也
1) 震(진) : 두려워하다.
　※ 사마광은 '三은 생각의 위가 되고 낮에 해당하여 능히 그 허물을 알아 항상 장차 망한 듯하여 두려워하고 스스로 호위하여 이에 빛나는 데 이른다.' 라고 했다.

　次四는 작은 선에 지나치게 선했다. 그러나 이기지 못했다.
　測에 이르기를 '작은 선에 지나쳤다.' 라고 한 것은 능히 큰 것에 이르지 못한 것이었다.

　次四 過小善善 不克 測曰 過小善 不能至大也
　※ 소인(小人)이 편벽되고 완고하여 중용에 맞지 않고 작은 선에 지나쳐 능히 큰 것에 이르지 못했다. 마치 미생(尾生)과 포초(鮑焦)와 요리(要離)의 무리와 같은 것이다.

　次五는 문을 지나서 꺾어 들어갔다. 저 속에서 행함을 얻다.
　測에 이르기를 '문을 지나서 꺾어 들어갔다.' 라고 한 것은 다시 돌아온 것에 가까운 것이었다.

　次五 過門折入 得彼中行 測曰 過門折入 近復還也
　※ 가정의 본성이 차(差)가 되었다. 五는 중화(中和)가 되어 마치 행동이 이

미 문을 지나서 능히 꺾여 들어간 것과 같은 것이며, 그 안에서 행동을 잃지 않은 것이다.

次六은 크게 지나쳐서 그 문을 지났다. 그 실(室)로 들어가지 못했다.
測에 이르기를 '크게 지나쳐서 들어가지 못했다.' 라고 한 것은 진실로 가히 근심한 것이었다.

次六 大跌 過其門 不入其室 測曰 大跌不入 誠可患也
※ 六은 중(中)을 지나침이 너무 크다. 문을 지나쳐서 들어가지 못했다는 것은 드디어 장소를 잃음에 이르렀다.
공자(孔子)께서는 '허물이 있는데 고치지 않는 것, 이것을 허물이라고 이른다.' 라고 했다.

次七은 계란을 쌓아올려 위태롭고 위태롭다. 바르고 편안한 것이 두렵다.
測에 이르기를 '계란을 쌓아올려 위태롭고 위태롭다.' 라고 한 것은 위태로움으로부터 편안하게 만든 것이었다.

次七 累卵業業[1] 懼貞安 測曰 累卵業業 自危作安也
1) 累卵業業(누란업업) : 위태롭고 위태롭다. 누란은 계란을 쌓아올린 모양. 업업은 위태하다의 뜻.
※ 지나쳐서 재앙으로 들어갔다. 그러므로 '계란을 쌓았다.' 고 했다. 당일의 낮에 해당한다. 그러므로 능히 스스로 위태하다. 재앙에 임하여 두려워하였다면 바르고 편안한 것을 잃지 않는 것이다.

次八은 발이 피로하고 피로했다. 그 걸음은 급히 행했다. 광대뼈와 눈썹이 없다.
測에 이르기를 '발이 피로하고 피로했다.' 라고 한 것은 밟는데 재앙이 돌아오지 않은 것이었다.

次八 足纍纍[1] 其步躞躍[2] 輔銘滅麋[3] 測日 足纍纍 履禍不還也
1) 纍纍(누루) : 피로한 모양. 뜻은 의지(意志)를 잃은 모양.
2) 躞躍(양최) : 급히 가는 모양. 빨리 가는 모양.
3) 輔銘滅麋(보명멸미) : 보는 광대뼈의 잇몸. 명(銘)은 명(名)이며 눈 위를 명(名)이라 한다. 미는 미(眉)와 같다.

※ 발이 피로하고 피로한데 그 걸음을 빨리 행한다고 한 것은 잘못 가고 있는데 그치지 않는 것이며, 걸어가는데 재앙이 점점 깊어져 스스로 알지 못하는 것을 이른 것이다. 그러므로 광대뼈와 눈자위 위가 함몰되어 눈썹이 없어지는 데 이르는 것이 '주역'의 대과(大過)괘 上六효에 '지나치게 물을 건너다 이마까지 빠졌으니 흉하다.'라고 한 것과 같은 것이다.

上九는 그 메마른 성을 지났다. 혹은 싹이 푸르고 푸르렀다.
測에 이르기를 '그 메마른 성을 지났다.'라고 한 것은 과오를 고쳐서 다시 태어난 것이었다.

上九 過其枯城 或蘖[1]靑靑 測曰 過其枯城 改過更生也
1) 蘖(얼) : 움. 곧 나무를 베었는데 다시 나온 것.

※ 지나쳤는데 중지하지 않아 재앙의 지극함에 이르렀다. 그러므로 '그 메마른 성을 지나갔다.'고 했다. 고성(枯城)은 나라가 망한 상징이다. 그러나 당일의 낮에 해당하여 군자가 능히 허물을 고치고 스스로 새로워져 쇠약함에서 일어나고 쓰러진 곳에서 일어났다. 그러므로 '혹은 싹이 푸르고 푸르렀다.'라고 했다.

☷ 동(童) : 양기(陽氣)는 처음을 엿보았다. 물(物)이 동연(僮然)하여 모두가 앎이 있지 않다.

☷童[1] 陽氣始窺 物僮然咸未有知
1) ☷童(☷동) : 괘는 일방(一方), 이주(二州), 일부(一部), 삼가(三家)이다. 동(童)은 음가(陰家)이며 목(木)이다.

※ 범망(范望)은 '입춘(立春)의 절기에 모든 사물들이 껍질을 벗고 처음으로 나와 가지와 잎이 펴지 못한 것이다. 그러므로 동(童)이라고 했다.'고 했다.
사마광은 '양기(陽氣)가 미약하게 땅 위에 나타나는 것이다. 그러므로 이르기를 '처음으로 엿보다'라고 했다.

初一은 어리석고 어린 것이 깨어나지 못했다. 나의 어둡고 어두운 곳으로 모였다.
測에 이르기를 '어리석고 어린 것이 깨어나지 못했다.'라고 한 것은 끝가지 어두운 것을 두려워함이었다.

初一 顓童不寤 會我蒙昏 測曰 顓童不寤 恐終晦也
※ 一이 생각의 시작이 되고 밤에 해당하여 어리석고 어린 사람이 배움에서 깨우치지 못하고 끝까지 어두운 상태로 돌아갈 따름이다.

次二는 신령스런 시초점이 어긋났다. 거북등을 불살랐다. 진흙 속에서 나와 지방질이 있는 곳으로 들어갔다.
測에 이르기를 '시초점이 어긋났다. 거북등을 불살랐다.'라고 한 것은 도(道)가 빛나는 데에 가까워진 것이다.

次二 錯于靈蓍¹⁾ 焯于龜資²⁾ 出泥入脂³⁾ 測曰 錯蓍焯龜 比⁴⁾光道也
1) 靈蓍(영시) : 신령스런 시초풀. 톱풀이며 곧 '주역'을 점치는 시초점대.
2) 龜資(귀자) : 왕애(王涯)는 원구(元龜)라고 하고 주석에는 원귀에 불살라 길흉의 징조를 취했다고 했다. 대개 경문(經文)의 착오라고 했다.
3) 出泥入脂(출니입지) : 니는 진흙에 막힌 상이다. 지는 밝은 것이 된다.
4) 比(비) : 근(近)의 뜻.
※ 二는 생각의 중(中)이 되고 낮에 해당하여 능히 어두운 것으로써 밝은 것을 구했는데 이것이 마치 시초점이 어긋나고 거북등을 불살라 그의 의심을 결정한 것과 같아, 엉킨 진흙에서 나와 광명에 들어간 것이다. 그러므로 이르기를 '도가 빛나는 데 가까웠다.'라고 했다. 착(錯)은 시초점의 점괘가 어긋나고 어그러져서 점대로써 했다의 뜻.

次三은 동쪽 아침이 밝다. 능히 행하지 못했다.
測에 이르기를 '동쪽 아침이 밝았는데 어찌 가지 아니한 것인가?'라고 했다.

次三 東辰以明 不能以行 測曰 東辰以明 奚不逝也
※ 三은 뜻이 성취된 것이, 마치 동방이 이미 밝아서 가히 행해야 하는 것과 같다. 능히 행하지 못했으니 때를 잃고 배우지 못한 것이다.

次四는 혹은 뒤에 하고 앞에 했다. 먼저 주어서 빛난 것이다.
測에 이르기를 '혹은 뒤에 하고 앞에 했다.'라고 한 것은 먼저 빛나 커진 것이었다.

次四 或後前夫 先錫之光 測曰 或後前夫 先光大也
※ 해설이 궐(闕)했다.

次五는 땔나무를 무릅쓰고 외뿔소를 구했다. 그 얻은 것이 아름답지 못했다.
測에 이르기를 '땔나무를 무릅쓰고 외뿔소를 구했다.'라고 한 것은 얻은 것이 경사롭지 못한 것이었다.

次五 蒙柴求兕 其得不美 測曰 蒙柴求兕 得不慶也
※ 해설이 궐(闕)했다.

次六은 크게 장막을 열었다. 사방의 손님이 끌었다.
測에 이르기를 '크게 장막을 열었다.'라고 한 것은 여러 가지의 밝은 것을 본 것이었다.

次六 大開帷幕[1] 以引方客 測曰 大開帷幕 覽衆明也
1) 帷幕(유막): 밝은 것을 가리는 물건. 곧 장막.

※ 六이 윗복이 되고, 또 왕성하고 많아 마치 인군(人君)이 사방의 선비들을 받아들여 가리는 것이 없는 것과 같은 것이다. 이는 '서경(書經)'의 우서(虞書)에 '순(舜)임금이 사문(四門)에 손님이 있고 사방의 보는 눈을 밝히고 사방의 일을 잘 들리게 했다.'라고 했다.

次七은 길고 큰 것을 닦았다. 난장이에 견주었다.
測에 이르기를 '길고 큰 것을 닦았다.'라고 한 것은 가히 한 것이 없는 것이었다.

次七 修侏侏[1] 比于朱儒[2] 測曰 侏侏之修 無可爲也
1) 侏侏(주주) : 길고 큰 모양.
2) 朱儒(주유) : 키가 작은 난장이.

※ 七이 70세가 되어 나이가 이미 어른이 되고 당일의 밤에 해당한다. 비록 길고 커서 장대(長大)하나 그 지혜와 지식이 이에 난장이와 비교되어 어린아이를 면치 못한 것이다. 象이 군자(君子)의 지위에 있었으나 소인(小人)의 도를 행하는 것이다.

次八은 혹은 공격하고 혹은 찔렀다. 그 검은 거울을 닦았는데 변했다.
測에 이르기를 '공격하고 찔렀다.'라고 한 것은 지나치게 쇠약한 것이었다.

次八 或擊之 或刺[1]之 修其玄鑒 渝 測曰 擊之刺之 過以衰也
1) 刺(척) : 찌르다.

※ 배우지 않아서 어리석고, 쇠약하고 늙음에 이르러 재앙의 가운데 함락되었다. 그러므로 '혹은 공격하고 혹은 찔렀다.'라고 했다. 그러나 당일의 낮에 해당함이, 마치 오히려 능히 배움을 따르고 그 검은 거울을 닦아 족히 재앙이 변하여 복이 되는 것과 같은 것이다. 춘추시대 진(晉)나라의 평공(平公)이 사광(師曠)에게 묻기를 '내 나이 70인데도 배우고자 하는데 이미 늦은 것이 두렵다.'라고 하자 사광이 대답하기를 '젊어서 학문을 좋아하는 것은 떠오르는 태양의 볕과

같고 성장하여 학문을 좋아하는 것은 한낮의 태양빛과 같고, 늙어서 학문을 좋아하는 것은 밝은 촛불의 밝음과 같다. 밝은 촛불의 밝음으로 누구와 함께 어두운 곳을 행할 것인가?'라고 했다.

上九는 어린 순록이 물소를 치받았다. 그의 머리에 재앙이다.
測에 이르기를 '어린 순록이 물소를 치받았다.'라고 한 것은 돌아와 스스로 누(累)가 된 것이었다.

上九 童麋觸犀 灰其首 測曰 童麋觸犀 還自累[1]也
1) 累(누) : 여러 본에 누(纍)로 되어 있으나 송유간 본을 따라 누(累)로 했다.
 ※ 왕애(王涯)는 '어린 아이의 처지가 극에 달하고 당일의 밤의 지위에 해당하는 것으로, 어둠이 심하여 능히 스스로 돌아오지 못하는 것이다. 동미(童麋)는 뿔이 없는 순록이다.'고 했다.
 사마광은 '회(灰)는 순록 새끼가 부서지다와 같다. 九는 아이의 극에 있어 재앙이 다함을 만난 것이, 마치 어린 순록이 물소를 치받아 그 머리가 부서진 것과 같다. 이는 그의 역량을 헤아리지 못하여 어리석음이 심한 것이다.'라고 했다.

☷ 증(增) : 양기(陽氣)는 번식하고 만물이 더욱 자랐다. 날마다 베풀어져 번식했다.

☷增[1] 陽氣蕃息[2] 物則增益[3] 日宣而[4]殖
1) ☷增(☷증) : 괘는 일방(一方), 이주(二州), 이부(二部), 일가(一家)이다. 증(增)은 양가(陽家)이고 금(金)이며, '주역'의 익(益)괘에 준(準)한다.
2) 陽氣蕃息(양기번식) : 어떤 본에는 '양기자번식(陽氣茲蕃息)'이고 어떤 본에는 '양자번식(陽茲蕃息)'으로 되어 있는데 여기서는 범망본(范望本)을 따랐다.
3) 增益(증익) : 어떤 본에는 '익증(益增)'으로 되어 있는데 여기서는 송충과 송유간의 본(本)을 따랐다.
4) 而(이) : 왕애본에는 '여(如)'로 되어 있는데 여기서는 범망본을 따랐다.

初一은 바른 것을 듣고 더욱 침묵했다. 밖의 사람들은 얻지 못했다.
測에 이르기를 '바른 것을 듣고 더욱 침묵했다.' 라고 한 것은 안을 안 것이었다.

初一 聞貞增默¹⁾ 外人不得 測曰 聞貞增默 識內也
1) 默(묵) : 어느 본에는 묵(墨)으로 되어 있다.
※ 一은 생각의 시작이 되어 낮에 해당한다. 군자는 바른 도를 많이 듣고 그 덕을 더하여 잠잠히 알 뿐이요, 밖에는 보이지 않는 것이다.

次二는 그 방법을 더하지 않았다. 그 빛을 더했는데 어두웠다.
測에 이르기를 '그 방법을 더하지 않았다.' 라고 한 것은 무턱대고 밖을 꾸민 것이었다.

次二 不增其方¹⁾ 而增其光 冥²⁾ 測曰 不增其方 徒飾外也
1) 方(방) : 도(道)이다.
2) 冥(명) : 어두움이다.
※ 왕애(王涯)는 '그 도를 더 보태지 않고 밖에서 스스로 과장하게 빛내 그 빛을 더하고자 했으나 도리어 스스로 어두워졌다.' 라고 했다.
사마광은 '군자는 그 도를 더하여 닦고 영광된 이름을 따르고 소인은 안을 버리고 밖을 꾸며 광채를 구하나 더욱 어두워진다.' 라고 했다.

次三은 나무가 머물러서 점점 증가했다.
測에 이르기를 '나무가 머물러서 점점 증가했다.' 라고 한 것은 가히 가리지 못한 것이었다.

次三 木以止漸增 測曰 木止漸增 不可蓋¹⁾也
1) 蓋(개) : 가리다의 뜻.
※ 사마광은 '군자의 학문은 나무의 뿌리가 태어난 땅에 머물러 가지와 잎새

가 점점 자라는 것과 같다. 군자는 지키는 바의 도(道)에 머물러 덕을 행하여 날마다 새로워진다.'라고 했다. '법언(法言)'에 '청컨대 나무가 자라는 것을 묻겠습니다.'라고 하자 대답하여 말하기를 '땅 아래 머물러 위로 점점 자라는 것은 나무인져! 또한 물과 같을 따름이다.'라고 했다.

次四는 구하여 능하지 못했다. 혹은 더하여 머리에 이었다.
測에 이르기를 '구하여 능하지 못했다.'라고 한 것은 가히 실패한 것이었다.

次四 要不克 或增之戴 測曰 要不克 可敗也
※ 四는 낮은 녹봉이 되고 밤에 해당한다. 덕이 없이 그 녹봉을 향유하는 것은 마치 약한 것을 구해 더하고 머리에 인 것과 같아서 반드시 임무를 감당하지 못한 것이다.

次五는 혜택이 그 얼굴보다 낮다. 모든 이를 적셔 함께했다.
測에 이르기를 '혜택이 그 얼굴보다 낮다.'라고 한 것은 겸손하여 크게 빈 것이었다.

次五 澤庳其容 衆潤攸同 測曰 澤庳其容 謙虛大也
※ 왕애(王涯)는 '덕택이 아래로 하여 모든 이를 적셔서 돌아가는 듯하다.'라고 했다.
사마광은 '五는 보태는 것이 왕성하다. 여러 사람이 함께 더하는 것이니 겸허하게 빈 것이 아니라면 어찌 능히 이에 이를 것인가?'라고 했다.

次六은 붉은 수레에 촛불이 나뉘었다. 하루에 나에게 3천을 더했다. 군자는 경사이고, 소인은 훼손됐다.
測에 이르기를 '붉은 수레에 더했다.'라고 한 것은 소인에게는 마땅하지 않은 것이었다.

次六 朱車燭分 一日增我三千 君子慶 小人傷 測曰 朱車之增 小

人不當也

　※ 해설이 궐(闕)했다.

　次七은 그 높은 데 더하고 그 가파른 데는 베었다. 언덕이 바르게 되었다.
　測에 이르기를 '높은 데 더하고 가파른 데를 베었다.' 라고 한 것은 함께 덜어서 모두가 행한 것이다.

　次七 增其高 刃其峭 丘貞 測曰 增高刃峭 與損皆行也
　※ 七이 몸체의 위에 있어 재앙의 기본이 되고, 가히 두려운 땅이다. 가정의 본성이 증(增)이 되어 증(增)함이 그치지 않았으니 반드시 그 재앙을 받는 것이다. 七이 당일의 낮에 해당하고 군자의 도이다. 그러므로 능히 매양 스스로 더는 것을 제제하여 그 편안함을 보전한다. 대저 언덕이 기울어지는 것은 가파르기 때문이다. 만약 능히 매양 그 높은 곳에 더해주고 문득 그 가파른 곳을 깎아서 비탈지게 하면 마침내 기울어지는 것이 없을 것이다. 이것이 언덕의 바른 도이다. '춘추좌전(春秋左傳)' 소공(昭公) 7년에 '정고보(正考父)는 삼명(三命)을 받은 상경(上卿)이었으나 더욱 공경을 취하였다. 일명(一命)이 되어서는 고개를 숙이고 재명(再命)에서는 등을 구부리고 삼경(三命：上卿)이 되어서는 몸을 굽혔다.' 라고 한 것이다.

　次八은 화폐를 겸하여 사역하는 데 썼다. 갈 때는 보태고 올 때는 삭감했다.
　測에 이르기를 '화폐를 겸하여 사역하는 데 썼다.' 라고 하는 것은 앞에는 경사이고 뒤에는 망한 것이었다.

　次八 兼貝以役[1] 往益來䞣[2] 測曰 兼貝以役 前慶後亡也
1) 貝以役(패이역) : 패(貝)는 화폐이고, 역은 사역이다. 곧 천한 일.
2) 䞣(척) : 삭감하다.
　※ 부자이면서 천한 일을 하니, 탐해 구하는 것을 그치지 않았다. 가서는 비록 이익을 얻었으나 올 때에는 반드시 삭감을 당했으므로 이르기를 '앞에는 경사

였고 뒤에는 망했다.'라고 했다.

上九는 가파른데 무너지지 않았다. 저 산기슭의 힘입음이다.
測에 이르기를 '가파른데 무너지지 않았다.'라고 한 것은 모든 선비들이 붙잡고 붙잡았기 때문이다.

上九 崔嵬[1]不崩 賴彼峽岬[2] 測曰 崔嵬不崩 群士擅擅[3]也
1) 崔嵬(최외) : 가파르다.
2) 峽岬(앙비) : 산의 발이다.
3) 擅擅(강강) : 붙잡아 돕는 모양.

※ 사마광은 '九의 곳은 증(增)이 지극하여 재앙이 다함을 만났으나 허물을 면한 것은 모든 선비들이 도와주는 것으로, 마치 높은 산이 무너지지 않는 것이 산기슭으로써 발을 삼고 있는 것과 같기 때문이다.'라고 했다.

제 2권 태현경
(太玄集注卷第二)

☷ 예(銳) : 양기(陽氣)는 높고 날카로워 만물을 태어나게 한다. 모두가 오롯한 하나이고, 둘이 아니다.

  ☷銳[1] 陽氣岑以銳[2] 物之生也 咸專一而不二
1) ☷銳(☷예) : 괘는 일방(一方), 이주(二州), 이부(二部), 이가(二家)이다. 예(銳)는 음가(陰家)이며 토(土)이고 '주역'의 점(漸)괘에 준(準)한다. 예(銳)의 次五인 31분 13초에 들어가 경칩(驚蟄)의 기(氣)와 응한다.
2) 岑以銳(잠이예) : 잠은 높다. 예는 날카롭다.
  ※ 잠연(岑然)하여 날카로운 모양이며 도(道)는 오히려 전일한 것이다.

初一은 게의 발이 조급하게 움직였다. 뒤에는 지렁이가 황천(黃泉)에 했다.
測에 이르기를 '게의 발이 조급하게 움직였다.' 라고 한 것은 마음이 하나로 하지 못한 것이었다.

  初一 蟹之郭索[1] 後蚓黃泉 測曰 蟹之郭索 心不一也
1) 郭索(곽삭) : 게의 발이 많은 모양. 일설에 '조급하게 움직이다.' 라고 했다.
  ※ 사마광은 '순자(荀子)'에 '지렁이는 손톱이나 어금니의 예리함이나 근골의 억셈이 없어도 위로는 티끌같은 흙을 먹고 아래로는 땅 속의 물을 마시는데 이것은 마음을 쓰는 것이 한결같기 때문이다.' 라고 했다.

次二는 날카로운 것이 한결같아 통하지 아니함이 없다.
測에 이르기를 '날카로운 것이 한결같아 통했다.' 라고 한 것은 도(道)를 반드시 가진 것이었다.

次二 銳一無不達 測曰 銳一之達 執道必也
※ 二는 생각의 중(中)이 되고 낮에 해당한다. 그러므로 '날카로운 것이 한결같아 통하지 아니함이 없다.' 라고 했다. '서경(書經)'의 함유일덕편(咸有一德篇)에 이르기를 '덕이 순일하면 움직여 길하지 않은 것이 없고 덕이 둘이나 셋이면 움직여 흉하지 않은 것이 없다.' 라고 했다. 또 '순자(荀子)'에 이르기를 '두 갈래 길을 함께 가는 자는 목적지에 이르지 못하고 두 임금을 섬기는 자는 용납되지 못한다. 눈은 양쪽 눈이 따로따로 보면서 밝을 수가 없고 귀는 양쪽 귀가 따로 들으면서 총명할 수가 없다. 등사는 발이 없어도 날아다니고, 오동나무의 쥐는 다섯 가지 재주를 가지고 있으면서 곤궁하다.' 라고 했다.
'시경(詩經)'의 시구편 시에 이르기를 '뻐꾸기 뽕나무에 앉았는데 그 새끼는 일곱 마리네. 어지신 군자여! 그 거동이 한결같다. 거동이 한결같으니 마음이 변함이 없네.' 라고 했는데 그러므로 군자는 한결같이 변함이 없는 것이다.

次三은 미친 것이 예리하여 방탕했다.
測에 이르기를 '미친 것이 예리하여 방탕했다.' 라고 한 것은 능히 한결같은 곳에 처하지 못한 것이다.

次三 狂銳盪 測曰 狂銳之盪 不能處一也
※ 三이 생각의 끝마침이 되고 밤에 해당한다. 광(狂)이란 나아가는데 한결같지 못함을 이른 것이다. 방탕하여 지키는 바를 잃었다면 성공을 보지 못한 것이다. '주역(周易)'의 진(晉)괘 九四효에 이르기를 '나아가는 듯 하는 것이 들쥐다. 바르게 하나 위태하다.' 라고 했다.

次四는 때에 예리했다. 이롭지 아니함이 없다.
測에 이르기를 '때에 예리했다.' 라고 한 것은 그 적당함을 얻은 것이었다.

次四 銳于時 無不利 測曰 銳于時 得其適也
  ※ 四는 복의 시작이 되고 낮에 해당하여 예리함이 그 시기를 얻었다. 그러므로 '이롭지 아니함이 없다.'라고 했다.

次五는 그 동쪽에서 예리하여 그 서쪽을 잊었다. 그 등만 보고 그 마음은 보지 못했다.
測에 이르기를 '동쪽에서 예리하여 서쪽을 잊었다.'라고 한 것은 능히 회피하지 않은 것이었다.

次五 銳其東 忘其西 見其背[1] 不見其心[2] 測曰 銳東忘西 不能迴避也
1) 背(배) : 밖의 뜻.
2) 心(심) : 내(內)이며 안의 뜻.
  ※ 五는 성대한 복이 되고 밤에 해당한다. 소인이 얻는 것만을 알고 잃는 것을 알지 못하고, 이익만 보고 그 해로움을 돌아보지 않으며, 앞에서 탐하고 뒤에서 잊어 안을 버리고 밖의 것만을 쫓는 것이다.

次六은 무리들에게 예리했다. 오궤(五軌)와 만종(萬鍾)을 포함했는데 바르다.
測에 이르기를 '무리들에게 예리했다.'라고 한 것은 복과 녹봉을 헤아리지 못한 것이었다.

次六 銳于醜[1] 含于五軌萬鍾 貞 測曰 銳于醜 福祿無量也
1) 醜(추) : 무리. 대중(大衆)이다.
  ※ 六은 상복(上福)이 되고 또 성대하고 많아 당일의 낮에 해당하여 예리함이 성대하고 아름다운 것이다. 군자는 나아가 취하고 대중의 마음을 힘써 합할 따름이다. 그러므로 능히 오궤(五軌)와 만종(萬鍾)을 포용하여 그 바른 것을 잃지 않은 것이다. 옛날에는 길을 재는 것을 수레바퀴로 했다. 궤(軌)란 두 바퀴 사

이이며 그 넓이는 8자이다. 솥 10개를 종(鍾)이라고 하는데, 종(鍾)은 64말을 뜻한다. 오궤(五軌)는 넓은 것과 비교하고 만종(萬鍾)은 많은 것과 비교한 것이다.

次七은 이로움에 예리했다. 사나운 것이 이르러 욕이 되었다.
測에 이르기를 '이로움에 예리했다.'라고 한 것은 욕됨이 한 곳으로 향한 데 있는 것이다.

次七 銳于利 殐[1]惡至 測曰 銳于利 辱在一方也
1) 殐(첨) : 욕보이다. 더럽히다의 뜻.
 ※ 사마광은 '七은 재앙의 시작이 되고 밤에 해당한다. 소인이 이익에 예리하여 악에 욕됨을 당한 것이다. 방(方)은 향한다이다. 욕됨이 한 곳으로 향해 있다고 한 것은 그 욕됨을 취하는 바가 한 번의 이로움을 보는 것으로 향해 있고 의를 생각하지 않는 것을 말한 것이다.

次八은 그 예리한 것에 예리하게 했다. 그 무너지는 것을 구제했다.
測에 이르기를 '그 예리한 것에 예리하게 했다.'라고 한 것은 회전하여 재앙을 만드는 것을 두려워한 것이다.

次八 銳其銳 救其敗 測曰 銳其銳 恐轉作殃也
 ※ 八은 재앙의 중(中)이 되어 낮에 해당한다. 군자는 얻는 것을 보고 의를 생각하며 앞을 보고 뒤를 돌아보아 비록 그 예리한 것을 예리하게 여기더라도 항상 그 실패를 구제하는 것이므로 재앙을 면하는 것이다. 그러므로 이르기를 '회전하여 재앙이 될까 두려워한다.'라고 했다.

上九는 큰 언덕이 가파르고 강의 언덕은 높다. 무너졌다.
測에 이르기를 '큰 언덕이 가파르고 강의 언덕은 높다.'라고 한 것은 예리함이 다하여 반드시 무너진 것이다.

上九 陵崝岸峭 陏 測曰 陵崝岸峭 銳極必崩也

※ 범망(范望)은 '타(陏)는 무너지다. 정(崝)은 가파르다. 초(峭)는 높다의 뜻이다. 가파르고 높고 높아서 장차 아래로 떨어지므로 무너진 것이다.'고 했다.

☷ 달(達) : 양기(陽氣)는 가지에서 매(枚 : 곁가지)로, 매에서 조(條)로 나가 만물에 이르러 통하지 아니함이 없다.

☷達[1] 陽氣枝枚條出 物莫不達
1) ☷達(☷달) : 괘는 일방(一方), 이주(二州), 이부(二部), 삼가(三家)이다. 달(達)은 양가(陽家)이며 수(水)이고 '주역'의 태(泰)괘에 준(準)한다. 달(達)의 초일에서 들어가 태양이 동벽(東壁)에서 머문다.
 ※ 송충(宋衷)은 '지(枝 : 가지)에서 갈라진 것이 매(枚)가 되고 매(枚)에서 갈라진 것이 조(條)가 된다. 양기가 움직여 나가면 만물이 모두 그 이치를 얻어 끌어당겨 묶음이 있더라도 통하지 않는 것이 없는 것을 이른 것이다.'라고 했다.
 육적(陸績)은 '지(枝)와 매(枚)와 조(條)에서 나와 양(陽)이 펴서 베풀어 두루 미치지 않는 것이 없다.'라고 했다.

初一은 중(中)이 어두운데 홀로 통달했다. 통달함을 다하지 못했다.
測에 이르기를 '중(中)이 어두운데 홀로 통달했다.'라고 한 것은 안으로 깨우쳤는데 방향이 없는 것이었다.

初一 中冥獨達 迥迥[1]不屈[2] 測曰 中冥獨達 內曉無方也
1) 迥迥(동동) : 통달한 모양.
2) 屈(굴) : 다하다의 뜻.
 ※ 사마광은 '一은 생각이 미약한 것이다. 그러므로 말하기를 '안이 어둡다.'라고 했다. 또 당일의 낮에 해당하여 군자(君子)는 안으로 밝고 잠잠히 알아 통달함에 장소가 없다.'고 했다.

次二는 배는 미혹되고 눈은 통달했다.

測에 이르기를 '배는 미혹되고 눈은 통달했다.'라고 한 것은 도를 쓴 것이 밝지 못한 것이었다.

次二. 迷腹達目 測曰 迷腹達目 以¹⁾道不明也
1) 以(이) : 용(用)이다.
　※ 사마광은 '二는 생각의 중(中)이 되고 밤에 해당한다. 내심(內心)이 밝지 못하고 외물(外物)을 보아 살피지 못한 것이다. 그러므로 도에 밝지 못하고 밖을 믿어 살피지만 이익이 없다. 이(以)는 쓰는 것이다. 배는 미혹되고 눈은 통달했다고 한 것은 그 도를 쓰는 것으로 말미암는 것이 밝지 못하기 때문이다'고 했다.

次三은 푸른 나무의 가지가 늘어졌다. 그의 아름다움이 가히 외와 박의 넝쿨에 통했다.
　測에 이르기를 '푸른 나무의 가지가 늘어졌다.'라고 한 것은 안에서 측량하여 용서한 것이었다.

次三. 蒼木維流¹⁾ 厥美可以達于瓜苞 測曰 蒼木維流 內恕以量也
1) 維流(유주) : 가지와 곁가지가 아래로 늘어진 것이다.
　※ 범망(范望)은 '유류(維流)는 가지와 곁가지가 아래로 늘어진 것이다. 외와 박의 덩굴은 땅에 뻗어나고 나무는 그 가지와 곁가지가 아래로 하지 않으면 덩굴이 뻗어서 위로 통함을 얻지 못한다.'라고 했다.
　사마광은 '포(苞)와 포(匏)는 동일하다. 三은 나아가는 사람이 되어 녹봉에 가까이 하고 낮에 해당한다. 인자(仁者)는 자신이 서고자 하면 남도 서게 하고 자신이 통달하고자 하면 남도 통달하게 하고 그 아름다움을 전횡하지 않는 것이, 마치 나무가 그 가지를 드리워 아래로 미치게 했으므로 외와 박의 덩굴이 얻어 뻗은 것과 같다.'고 했다. '시경(詩經)'의 소아 남유가어(南有嘉魚)편에 '강한에 드리운 나뭇가지 단 호박 덩굴에 얽혔네.'라고 했다.

次四는 적은 것은 이롭고 적은 것은 통달했으며 큰 것은 미혹되었다. 협소한 것은 구제하지 않았다.
　測에 이르기를 '적은 것은 통달하고 큰 것은 미혹되었다.'라고 한 것은 홀로 한 귀퉁이와 한 장소에서 깨달은 것이었다.

次四 小利小達 大迷 扁扁不救 測曰 小達大迷 獨曉隅方也
※ 육적(陸績)은 '홀로 한 귀퉁이와 한 장소에서 깨달았다고 한 것은 사방의 통달함을 알지 못한 것이다.' 라고 했다.
사마광은 '편편(扁扁)은 협소한 모양이다. 四가 낮은 녹봉이 되고 밤에 해당하므로 작은 이익이 되었다. 소인(小人)이 홀로 한 귀퉁이와 한 곳만을 깨달아 대도를 통달하지 못하고 협소한 것을 얻어 능히 그 잃은 바를 구제하지 못했다. 분성괄(盆成括)이 제(齊)나라에 벼슬하는데 맹자(孟子)는 그가 반드시 죽을 줄 알았다. 이르기를 '그의 사람됨이 작은 재주가 있고 군자의 대도가 있다는 소리를 듣지 못했으니 족히 그 몸을 죽일 따름이다.' 라고 했다.

次五는 중앙 네거리에서 통달했다. 크고 작은 것이 미혹됨이 없다.
測에 이르기를 '중앙의 네거리에 이르렀다.' 라고 한 것은 도(道)가 사방으로 통한 것이었다.

次五 達于中衢 小大無迷 測曰 達于中衢 道四通也
※ 五는 중화(中和)가 되고, 또 나타난 것이 밝고 당일의 낮에 해당하여 통달함이 왕성한 것이다. 그러므로 이르기를 '도(道)가 사방으로 통했다.' 라고 했다.

次六은 크게 통달하여 경계가 없다. 밭의 경계를 다스려 중지함을 요구하지 않았다. 막힌 것이다.
測에 이르기를 '크게 통달하여 경계가 없다.' 라고 한 것은 가히 두루 따르지 않은 것이었다.

次六 大達無畛 不要止洫作[1] 否 測曰 大達無畛 不可徧從也
1) 洫作(혁작) : 혁은 밭의 경계를 명확하게 한 것이다. 작은 다스리다의 뜻.
※ 六은 지극히 커져서 중(中)을 지나쳐 밤에 해당하므로 이르기를 '크게 통달하여 경계가 없다.' 라고 했다 진(畛)은 밭의 경계이다. 혁(洫)은 밭의 경계를

밝힌 것이다. 군자의 도로 마땅히 궁실과 궁정(宮庭)을 두는 것은, 큰 밭에는 경계가 없는 것과 같아 중요하지 않는 듯한데 중지하여 그의 봇도랑을 바르게 하고 그 안만을 다스리게 되면 거칠고 더러운 것을 닦지 않는 것과 같다. 가히 두루 따르지 않을 것이란 밭이 이미 넓고 커서 이것이 따르면 저것을 잃는 것이다.

次七은 돌침으로 가르는 데 통달했다. 앞에서는 망했고 뒤에서는 도움이 되었다.
測에 이르기를 '돌침으로 가르는 데 통달했다.'라고 한 것은 마침내 폐하지는 않은 것이었다.

次七 達于砭割[1] 前亡後賴 測曰 達于砭割 終以不廢也
1) 砭割(폄할) : 돌침으로 가르다. 곧 돌침을 놓았다의 뜻.
※ 왕애(王涯)는 '비록 돌침으로 가르는 손해가 있을지라도 종말에는 질병이 낫는 이로움을 얻었다. 뢰(賴)는 이롭다'라고 했다.
사마광은 '七은 칼이 되고 또 재앙의 시작이 되어 낮에 해당한다. 군자는 일의 변화에 통달하여 재앙이 이르는 것을 알고 아끼는 곳을 가르고 악을 제거함이 마치 돌침으로 질병을 제거하여 비록 망함이 있을지라도 뒤에는 그 이로움을 얻어 질병으로 폐함이 되지 않은 것이다.'라고 했다.

次八은 눈은 미혹되고 배는 통달했다.
測에 이르기를 '눈은 미혹되고 배는 통달했다.'라고 한 것은 밖에서 그 안을 의혹한 것이었다.

次八 迷目達腹 測曰 迷目達腹 外惑其內也
※ 二는 안의 몸체에 있으므로 이르기를 '배가 미혹되었다.'라고 했다. 八은 밖의 몸체에 있으므로 이르기를 '눈이 미혹되었다.'라고 했다. 외물에 의혹이 되고 안의 밝음을 흔들어서 비록 마음으로 그 그른 것을 알지만 능히 스스로 이기지 못하여 마침내 실패한 것이다.

上九는 허물에 통달했다. 바르고 마침내는 영예롭다.

測에 이르기를 '허물에 통달했다. 마침내 영예롭다.' 라고 한 것은 선하여 도로써 물러난 것이었다.

上九 達于咎 貞終譽 測曰 達咎終譽 善以道退也
※ 九는 재앙의 끝이 되고 낮에 해당한다. 군자는 재앙의 다함을 알아서 바른 것을 지켜 물러나 좋은 이름을 잃지 않은 것이다.

☷ 교(交) : 양(陽)은 음(陰)에서 사귀고 음(陰)은 양(陽)에서 사귀었다. 물(物)이 명당(明堂)으로 올라 자라고 자라 성대하고 성대했다.

☷交[1] 陽交於陰 陰交於陽[2] 物登明堂 喬喬皇皇[3]
1) ☷交(☷교) : 괘는 일방(一方), 이주(二州), 삼부(三部), 일가(一家)이다. 교(交)는 음가(陰家)이고 화(火)이며 '주역'의 태(泰)괘에 준(準)한다.
2) 陽交於陰陰交於陽(양교어음음교어양) : 송유간 본(本)에는 '음양교태옹용무강(陰陽交泰雍容無疆)' 으로 되어 있다.
3) 喬喬皇皇(율률황황) : 자라고 자라며 성대하고 성대하다.
※ 송충(宋衷)은 '7분에 괘가 쉬어 태(泰)가 되고, 양(陽)이 올라 三에 있으면 이미 땅 위로 나간다.' 라고 했다.
육적(陸績)은 '땅 아래를 황궁(黃宮)이라 일컫고, 땅 위를 명당(明堂)이라고 일컫는다. 율률황황(喬喬皇皇)이란 아름다운 모양이다.' 라고 했다.
왕애(王涯)는 '율률황황은 밝고 성대한 모양이다.' 라고 했다.

初一은 어두운 것이 신(神)의 집과 사귄다. 그 바른 것을 사용하지 않았다.
測에 이르기를 '어두운 것이 사귀어 바르지 않았다.' 라고 한 것은 마음속으로 부끄러운 것을 품지 않은 것이다.

初一 冥[1]交于神齊[2] 不以其貞 測曰 冥交不貞 懷非含慙也

1) 冥(명) : 암매(暗昧). 곧 어둡다.
2) 齊(제) : 재(齋)와 같다.
　※ 범망(范望)은 '명(冥)은 어두운 것이다. 귀신과 사귀어 비록 어둡고 어두운 곳에 있으나 정성으로써 하지 않아 귀신이 복을 주지 않은 것이다.'라고 했다.
　사마광은 '一은 생각의 시작이 되고 밤에 해당하므로 이러한 象이 있다.'고 했다.

　次二는 어두운 것과 사귀어 믿음이 있다. 밝은 듯하다.
　測에 이르기를 '어두운 것과 사귀어 믿음이 있다.'라고 한 것은 믿음이 신명(神明)과 접속한 것이었다.

　　次二 冥交有孚 明如 測曰 冥交之孚 信接神明也
　　※ 二는 생각의 중(中)이 되고 낮에 해당한다. 군자는 능히 밝게 믿어서 귀신과 사귀는 것이다.

　次三은 나무와 돌과 사귀었다.
　測에 이르기를 '나무와 돌과 사귀었다.'라고 한 것은 능히 사람에게 향하지 아니한 것이었다.

　　次三 交于木石 測曰 交于木石 不能嚮人也
　　※ 三은 뜻이 이루어져서 처음으로 밖과 사귀고 당일의 밤에 해당하여 어리석은 사람과 사귀는 것이, 마치 나무나 돌과 사귀는 것과 같아 능히 서로 보태지 못한다. 공자(孔子)께서는 '자신보다 못한 자를 벗하지 말라.'라고 했다.

　次四는 가고 오는 무리들이 많고 많다. 얻기도 하고 잃기도 하는 문이다.
　測에 이르기를 '가고 오는 무리들이 많고 많다.'라고 한 것은 신(神)과 함께 사귀어 행한 것이다.

　　次四 往來熏熏 得亡之門 測曰 往來熏熏 與神交行也

※ 왕애(王涯)는 '훈훈(熏熏)은 무리가 많은 모양이다.' 라고 했다.
※ 해설이 궐(闕)했다.

次五는 앵무새와 원숭이가 사귄다. 그 영광을 얻지 못했다.
測에 이르기를 '앵무새와 원숭이가 사귄다.' 라고 한 것은 새와 짐승이 방향을 함께 한 것이었다.

次五 交于鸚猩 不獲其榮 測曰 交于鸚猩 鳥獸同方也
※ 앵무새가 능히 말을 하면 나는 새가 떠나지 않고 성성(猩猩 : 원숭이)이 능히 말을 하면 새와 짐승이 떠나지 않는다. 五는 성대한 지위에 있어 밤에 해당하여 사물이 사귀는데 예로써 하지 못했다. 사귀는 것을 예로써 하지 못하고 영화로움을 구하니 어찌 가히 얻을 것인가? '시경' 소아(小雅)의 상호(桑扈)편에 '굽은 쇠뿔잔에 맛있는 술까지 부드럽네. 저 사귐이 오만하지 않으니 만복이 모여들리!' 라고 했다.

次六은 큰 우리는 크고 크다. 작은 우리와 사귄다. 나의 좋은 뼈와 몸체가 있어 너와 함께 씹다.
測에 이르기를 '작고 큰 것이 사귄다' 라고 한 것은 어진 이를 대우함이 빛나고 빛난 것이었다.

次六 大圈閎閎 小圈交之 我有靈肴 與爾肴之 測曰 小大之交 待賢煥光也
※ 왕애(王涯)는 '권(圈)이란 안주를 담는 그릇이다. 어진 이를 대접하는 도가 환연(煥然)하게 빛이 있어 사귀는 도가 왕성한 것이다' 라고 했다.
사마광은 '권(圈)은 가축을 기르는 마굿간이다. 굉굉(閎閎)은 큰 모양이다. 영(靈)은 선(善)이다. 효(肴)는 골체(骨體)이다. 효지(肴之)는 씹다의 뜻이다. 큰 우리는 부(富)를 둔 군자와 비교하고, 작은 우리는 녹봉이 없는 선비와 비교했다. 六은 성대하고 많음이 되어서 낮에 해당하여 군자가 녹봉이 있고, 즐거움을 어진 이와 함께 하는 것이다. '주역'의 중부(中孚)의 九二효에 '내 좋아하는 벼슬이 있어 내가 너와 더불어 나누어 가질 것이다' 라고 했다.

次七은 새와 쥐가 사귄다. 그 밑천인 기장을 허비했다.
測에 이르기를 '새와 쥐가 사귄다'라고 한 것은 쓸데없이 허비한 것이었다.

次七 交于鳥鼠 費其資黍 測曰 交于鳥鼠 徒費也
　※ 七은 패손(敗損)이 되어 밤에 해당한다. 사귀는 것이 그 사람이 아니므로 쓸데없이 허비할 따름이다.
　'법언(法言)'에 이르기를 '자주자주하는 무리들은 큰 까마귀보다 심하여 또한 지아비의 양식을 해칠 따름이다.'라고 했다.

次八은 창과 가지없는 창이 갔다 왔다 했다. 그것을 바르게 사용하여 후회하지 않는다.
測에 이르기를 '창과 가지없는 창이 왔다 갔다 했다.'라고 한 것은 정벌을 가히 폐하지 않은 것이다.

次八 戈矛¹⁾往來 以其貞 不悔 測曰 戈矛往來 征不可廢也
1) 戈矛(과모): 과는 창이고 모는 가지가 없는 창이다.
　※ 八은 재앙의 중(中)이 되어 사귀는 것을 좋아하지 않고 병기로써 한다. 그러므로 이르기를 '창과 가지 없는 창이 왔다 갔다 했다.'라고 했다. 그러나 당일의 낮에 해당하여 군자가 전쟁과 사귀어 어지러운 것을 저지하고 폭력을 금지해서 부득이할 경우만 사용하고 바른 것을 어기지 않았다. 그러므로 후회가 없다. 대저 회초리는 가정에서 놓지 아니하고, 형벌을 국가에서 폐지하지 않고 정벌로 천하를 쓰러뜨리지 않아 사용하는 데 근본과 끝이 있고 행동하는 데 거역하고 순함이 있는 것이다.

上九는 서로 싸우고 정벌했다. 바르지 않다. 성을 전복시키고 맹렬하면 삼켰다.
測에 이르기를 '서로 싸우고 정벌했는데 어떻게 가히 이루어질 수 있겠는가?'라고 했다.

上九 交于戰伐 不貞 覆于城 猛則噉 測曰 交于戰伐 奚可逐也
　※ 九는 재앙의 다함이 되고 밤에 해당한다. 소인이 서로 전쟁을 하여 다투어 이겼는데 그것이 바르지 않아 국가를 전복하고 가정을 잃었다. 걸(桀)임금이 걸임금을 공격는 것으로써, 덕이 서로 다르지 않았다. 맹렬함이 약한 것을 삼킬 따름이요. 우열이 있지 않은 것이다.

☰ 연(羡) : 양기는 능히 강하고 능히 부드러우며 능히 일어나고 능히 휴식했다. 어려운 것을 만나면 쭈그러든다.

☰羡[1] 陽氣能剛能柔 能作能休 見難而縮
1) ☰羡(☰연) : 괘는 일방(一方), 이주(二州), 삼부(三部), 이가(二家)이다. 연(羡)은 연(軟)과 같고, 양가(陽家)이며 목(木)이고 '주역'의 수(需)괘에 준(準)한다. 연(羡)의 初一에서 들어가고 태양은 규수(奎宿)에서 머물다 次九의 8분 20초에 들어가면 태양이 누(婁)성으로 내려가 머물고, 우수(雨水)의 기와 응한다. 두(斗)는 묘위(卯位)에 세우고 율(律)은 협종(夾鍾)에 맞춘다.

初一은 풀과 나무의 싹이 바야흐로 예리했다. 물러남으로써 하면 나아가는 데 이롭다.
測에 이르기를 '풀과 나무의 싹이 바야흐로 예리했다.' 라고 한 것은 물러나서 움직인 것이었다.

初一 赤卉[1]方銳 利進以退 測曰 赤卉方銳 退以動也
1) 赤卉(적훼) : 풀과 나무의 싹이다.
　※ 사마광은 '풀과 나무의 싹이 태어나는데 반드시 먼저 굽는 것은, 마치 군자가 사양하고 물러나면 자신이 더욱 나아가는 것과 같은 것이다.

次二는 그 마음이 부드럽다. 질병이 일어났다.
測에 이르기를 '그 마음이 부드럽다.' 라고 한 것은 안에 용맹이 없는 것이다.

次二 耎其心 作疾 測曰 耎其心 中無勇也
　※ 二는 생각의 중(中)이 되고 밤에 해당한다. 집안의 본성은 연(耎)이 되어 용맹이 없게 되면 질병이 되는 것이다. 춘추전(春秋傳)에 이르기를 '인자하고 굳세지 아니하면 능히 통달함이 없다.' 라고 했다.

次三은 그 무릎이 부드럽다. 그 절개를 지킨다. 비록 방자하지 않아서 마침내 거슬림이 없다.
　測에 이르기를 '그 무릎이 부드럽다.' 라고 한 것은 몸이 가히 방자하지 않았기 때문이었다.

次三 耎其䣛[1] 守其節 雖勿肆 終無拂[2] 測曰 耎其䣛 體不可肆也
1) 䣛(슬) : 슬(膝)과 같다.
2) 拂(불) : 거슬리다.
　※ 사마광은 '三은 하체(下體)에 있으므로 '그 무릎이 부드럽다' 고 했다. 스스로 방자함을 얻지 아니하여 끝까지 떳떳한 도를 어기지 않았다' 라고 했다.

次四는 그 목구멍이 부드럽다. 3세(三歲)를 부리로 하지 않다.
　測에 이르기를 '그 목구멍이 부드럽다. 부리로 하지 않다.' 라고 한 것은 때의 수(數)를 잃어버린 것이었다.

次四 耎其哇[1] 三歲不噣[2] 測曰 耎哇不噣 時數失也
1) 哇(와) : 왕애는 목구멍의 뜻이라 했다.
2) 噣(주) : 부리이다.
　※ 사마광은 '四는 낮은 녹봉이 되고 또 편안하고 느긋함도 되어 밤에 해당하여 가히 말할 때 침묵한 자이다. 공자(孔子)께서는 '말을 했는데도 대꾸하지 않는 것은 속을 감추는 것이다.' 라고 했다.

次五는 누런 버섯이 태어나지 않았다. 경사로운 구름을 기다렸다.

測에 이르기를 '누런 버섯이 태어나지 않았다.' 라고 한 것은 짝을 만나려고 기다린 것이었다.

次五 黃菌不誕 俟于慶雲 測曰 黃菌不誕 俟述耦也
※ 왕애(王涯)는 '五는 중(中)의 몸체가 바른 곳에 있어 부드러운 것의 주인이 된 것이다. 또 지위를 얻고 낮에 해당하여 누런 버섯이 영지(靈芝)를 기다렸다. 탄(誕)은 태어나다. 영지(靈芝)가 태어나지 않고 장차 경사로운 구름을 기다려 아름다운 상서로움을 함께 표하여 기다리는 뜻이다.' 라고 했다.
사마광은 '구(逑)는 짝이다. 지초가 태어나지 않고 경사스런 구름을 기다린 것은, 선비가 나아가지 않고 명군(明君)을 기다려 명군과 현신이 서로 짝하는 것' 을 뜻한다 했다.

次六은 물러날 때를 잃었다. 혹은 이어진 재앙이다.
測에 이르기를 '물러날 때를 잃었다' 라고 한 것은 앉았다가 달아난 뒤였기 때문이다.

次六 縮¹⁾失時 或承之菑²⁾ 測曰 縮失時 坐逋後也
1) 縮(축) : 물러나다.
2) 菑(재) : 재(災)와 같다.
※ 왕애는 '땅에 사는데 지나치게 가득차고, 또 그 지위를 잃고 밤을 만났다. 부드러운 곳의 마땅함에 처한 것이 괴이하여 이에 물러날 때를 잃었다.' 고 했다.
사마광은 '군자는 나아가고 물러나고 쉬고 일하는 것을 때와 함께 행동한다. 六이 중(中)을 지나쳐 밤에 해당하여 물러나는 것을 제 때의 뒤에 하여 재앙이 이어졌다.' 라고 했다.

次七은 그 절개를 굽혔다. 그 술(術)을 가지고 함께 죽었다.
測에 이르기를 '절개를 굽히고 함께 죽었다.' 라고 한 것은 안에 주인이 있었다는 것이다.

次七 詘¹⁾其節 執其術 共所殉²⁾ 測曰 詘節共殉 內有主也

1) 詘(굴) : 굽히다.
2) 殁(몰) : 몰하다. 죽다.
　※ 왕애(王涯)는 '능히 그 마음을 잡음으로써 주인이 있음이 된 것이다.' 라고 했다.
　사마광은 '七은 재앙의 시작이 되고 낮에 해당한다. 군자가 몸을 굽히고 도를 편 것이다. 그러므로 이르기를 '그 절개를 굽히고 그 술(術)을 가졌다.' 라고 했다. 군자는 밖으로 비록 손순하지만 안으로는 정직을 주관하여 도를 가졌으니 더불어 그의 몸을 함께 몰해 변하지 않았다.' 라고 했다.

　次八은 마른 나무를 장정이 움직여 그 가지를 정돈했다. 소인이 부드러움이 있어 세 번이나 물러나 그물을 얽었다.
　測에 이르기를 '마른 나무를 정돈했다.' 라고 한 것은 소인(小人)이 모욕을 당한 것이었다.

　次八 蔟枯木 丁衝振其枝 小人有耎 三卻鉤羅 測曰 蔟木之振 小人見侮也
　※ 해설이 궐(闕)했다.

　上九는 후회하고 물러났다. 가면 떠나고 오면 돌아왔다.
　測에 이르기를 '후회하고 물러났다 돌아왔다' 라고 한 것은 얻은 것이 뒤에 있는 것이다.

　上九 悔縮 往去來復 測曰 悔縮之復 得在後也
　※ 물(物)의 위에 있어 재앙의 지극함에 함몰되어 진실로 능히 후회하고 스스로 물러난 것이 오히려 도를 잃지 않은 것이다. 그러므로 가게 되면 떠나서 돌아오지 않아 다시 그 곳을 얻은 것이다.

　▤ 혜(傒) : 양기는 기다림이 있어 가히 나아갈 때 나아갔다. 사물이 모두 그 원하는 것을 얻다.

▤ 徯¹⁾ 陽氣有徯 可以進而進 物咸得其願

1) ▤徯(▤혜): 괘는 일방(一方), 이주(二州), 삼부(三部), 삼가(三家)이다. 혜(徯)는 음가(陰家)이며 금(金)이고 '주역'의 수(需)에 준(準)한다. 육적(陸績)은 '혜는 기다리다의 뜻'이라 했다.

初一은 어둠이 해쳐서 하늘을 기다렸다. 흉하다.
測에 이르기를 '어둠이 해쳐서 기다렸다.'라고 한 것은 때가 길함이 없는 것이다.

初一 冥賊徯天 凶 測曰 冥賊之徯 時無吉也
※ 一은 생각의 시작이 되고 밤에 해당한다. 소인(小人)이 재앙과 해치는 마음을 포장하여 숨기고 있어서 반드시 그의 재앙을 받는 것이다.

次二는 어두운 덕이 하늘에서 기다렸다. 창성했다.
測에 이르기를 '어두운 덕이 기다렸다.'라고 한 것은 창성하여 날마다 나아간 것이다.

次二 冥德徯天 昌 測曰 冥德之徯 昌將日也
※ 왕애(王涯)는 '덕으로써 때를 기다리니 창성함이 장차 하루도 빠지지 않고 이르를 것이다.'라고 했다.
사마광은 '二는 생각의 중(中)이 되고 낮에 해당한다. 군자는 숨어서 덕을 쌓아 나타나면 복을 받고 창성하고 아름다움이 이르러서 장차 하루도 빠지는 날이 없을 것이다.'라고 했다.

次三은 기다린 뒤에 때에 했다.
測에 이르기를 '기다린 뒤에 간 것은 게으른 것이다.'라고 했다.

次三 徯後時 測曰 徯而後之 解¹⁾也

1) 解(해) : 해(懈)와 같다.
　　※ 三은 생각의 끝마침이 되어 그 중(中)을 얻지 못하고 밤에 해당한다. 게으르고 태만한 뒤의 때에 한 것이다.

　次四는 그 뿔은 굽고 그 발은 곧았다. 오직 녹봉을 기다렸다.
　測에 이르기를 '뿔이 굽고 발이 곧았다.' 라고 한 것은 거스르지 않은 것이었다.

　次四 詘其角 直其足 維以徯穀¹⁾ 測曰 屈角直足 不伎刺²⁾也
1) 穀(곡) : 녹봉이다.
2) 伎刺(기랄) : 흔려(很戾)이다. 거스르다. 기(伎)는 기(忮)와 같고 거스르다의 뜻.
　　※ 四는 뿔이 되고 낮은 녹봉도 되어 낮에 해당한다. 그 뿔을 굽힌 것은 물(物)과 함께 교정하지 않았다. 그 발이 곧았다라고 한 것은 행동이 바른 것을 잃지 않았다. 거스르지 아니하고 가히 복록을 기다린 것이다. 그러므로 이르기를 '오직 녹봉을 기다렸다.' 라고 한 것이다.

　次五는 큰 벼슬이 궁용(宮庸)에 모였다. 소인(小人)이 낮은 데서 공허하게 기다렸다.
　測에 이르기를 '궁용(宮庸)의 벼슬이란 가히 공허하게 얻는 것이 아니다.' 라고 했다.

　次五 大爵集于宮庸¹⁾ 小人庫徯空 測曰 宮庸之爵 不可空得也
1) 宮庸(궁용) : 궁중의 뜻. 또는 궁중 안의 뜻.
　　※ 五는 궁(宮)도 되고 택(宅)도 된다. 소인이 성대한 복을 만난 것이 마치 큰 벼슬이 궁 안에 모인 것과 같다. 벼슬이 창고에 모이면 먹을 것을 얻는데 궁용에 모이면 무엇을 기다리는 것일까? 소인이 덕이 낮고 지위만 높은 것을 상징한 것이다.

　次六은 복을 기다림이 바르고 밝았다. 금(金)을 먹었다.

測에 이르기를 '복을 기다림이 바르고 발랐다.' 라고 한 것은 바른 것에 가히 복종한 것이다.

次六 徯福貞貞 食于金 測曰 徯福貞貞 正可服也
※ 금(金)이란 굳고 단단한 물건이다. 六은 상복(上福)이 되고 낮에 해당하여 기다림의 성대함이다. 바르게 복을 기다려 비록 금(金)을 가히 먹었으니 하물며 그 나머지에 있어서랴! 바른 것에 가히 복종했다고 한 것은 가히 복종하고 행동하여 복을 기다린 것이다.

次七은 재앙을 기다리는 것이 간사했다. 흉인(凶人)의 허물이다.
測에 이르기를 '재앙을 기다리는 것이 간사했다.' 라고 한 것은 함께 재앙을 기약한 것이다.

次七 徯禍介介[1] 凶人之郵[2] 測曰 徯禍介介 與禍期也
1) 介介(개개) : 사벽한 모양이다.
2) 郵(우) : 허물이다.
※ 七은 재앙의 시작이 되고 밤에 해당한 것이다. 그러므로 이러한 이치가 있다.

次八은 재앙을 재앙으로 삼지 않았다. 기다리는 하늘이 나를 살렸다.
測에 이르기를 '재앙을 재앙으로 삼지 않았다.' 라고 한 것은 그의 죄가 아니었다.

次八 不禍禍 徯天活我 測曰 禍不禍 非厥訧[1]也
1) 訧(우) : 죄이다.
※ 八은 재앙의 중(中)이 되고 낮에 해당한다. 군자가 죄가 없는데 재앙을 만났다. 문득 자기의 도를 살펴서 재앙을 재앙으로 여기지 않았다. 하늘의 도는 복되고 선하여 반드시 나를 살게 했다. '주역' 에 이르기를 '곤해도 그 곳을 잃지 아니하면 형통하리라.' 라고 했다.

上九는 곱사등이와 곱사등이를 기다렸다. 하늘이 이마를 쳤다. 測에 이르기를 '곱사등이를 기다려 쳤다'라고 한 것은 끝까지 가히 다스리지 못한 것이었다.

上九 徯尫尫¹⁾ 天撲之顙²⁾ 測曰 徯尫之撲 終不可治也
1) 尫(왕) : 곱사등이의 뜻.
2) 天撲之顙(천박지상) : 하늘이 이마를 쳤다. 박은 치다. 상은 이마의 뜻.
 ※ 사마광(司馬光)은 소인이 그 처음을 신중하게 하지 않고 재앙의 지극함에 빠졌다. 이에 처음부터 곱사등이와 같이 하늘이 자신을 구제할 것을 기다리는데 하늘이 또 더욱 재앙을 내린 것이다. 그러므로 이르기를 '하늘이 이마를 쳤다.' 라고 했다.

☰ 종(從) : 양(陽)은 연못에서 활약했다. 연못에서 하고 밭에서 하고 큰 산에서 했다. 사물들이 그의 발을 발돋움했다.

☰從¹⁾ 陽躍于淵 于澤 于田 于嶽 物企其足
1) ☰從(☰종) : 괘는 1방(一方), 삼주(三州), 일부(一部), 일가(一家)이다. 종(從)은 양가(陽家)이고 수(水)이며 '주역'의 수(隨)괘에 준(準)한다.
 ※ 송충(宋衷)은 '양기(陽氣)가 용약(踴躍)하여 연못과 밭과 산악에 있는 것이란 그 높고 낮은 것을 갖춘 것이며, 만물도 또한 그 발을 발돋움하여 따른다는 것을 이른 것이다.' 고 했다.

初一은 날이 어두워지면 아내에게 갔다. 달이 어두워지면 따라갔다. 처음이다.
測에 이르기를 '날이 어두워지면 아내에게 갔다. 달이 어두워지면 따라갔다.' 라고 한 것은 신하가 처음에 응한 것이었다.

初一 日幽嬪¹⁾之 月冥隨之 基²⁾ 測曰 日嬪月隨 臣應基也

1) 嬪(빈) : 부(婦)의 뜻이다.
2) 基(기) : 시(始)의 뜻이다.

　※ 一은 생각의 시작이다. 그러므로 이르기를 '유명(幽冥)이라고 했다. 달이 처음으로 초하루를 지나게 되면 몰래 태양을 따라 행하는 것이, 마치 부인이 지아비를 따르는 것과 같다. 인군(人君)이 하는 것이 있어 처음으로 생각이 마음에서 발동하면 덕을 함께 한 신하들이 이미 따라 응하여 도모하지 않아도 협조하는 것이다.

　次二는 방향에서 나오는 것이 욱욱(旭旭)했다. 벗들이 너의 무리를 따랐다.
　測에 이르기를 '방향에서 나와 벗들이 따랐다.'라고 한 것은 가는 곳을 알지 못한 것이었다.

　次二 方出旭旭¹⁾ 朋從爾醜²⁾ 測曰 方出朋從 不知所之也
1) 旭旭(욱욱) : 아침 해가 처음으로 나오는 모양.
2) 醜(추) : 류(類)의 뜻. 무리.

　※ 二는 생각의 中이 되고 당일의 밤에 해당한다. 소인(小人)의 마음이 잡되어 장차 밖으로 나타나는 것이, 마치 태양이 동쪽에서 나올 때 욱욱연(旭旭然)한 것처럼 사려(思慮)를 반복하여 가는 곳을 알지 못하고 선으로 가면 좋은 벗들이 따르고, 악으로 가면 나쁜 벗들이 따르는 것과 같다. 그러므로 이르기를 '벗들이 너의 무리를 따랐다.'라고 했다.

　次三은 사람들이 공격해도 가지 않았다. 스스로 이끌려 따라왔다.
　測에 이르기를 '사람들이 공격해도 가지 않았다.'라고 한 것은 자연히 바르게 된 것이었다.

　次三 人不攻之 自牽從之 測曰 人不攻之 自然證¹⁾也
1) 證(증) : 정(正)으로 봐야한다고 했다.

　※ 三은 생각의 끝마침이 되고 또 나아가는 사람이 되어 낮에 해당한다. 군자

는 성(性)을 거느려 선(善)을 스스로 따르고 남의 다스림을 기다리지 않는다.

次四는 울며 따랐으나 어질지 못했다. 여자가 있어서 그 광주리를 받았다. 망했다.
測에 이르기를 '울며 따랐으나 망했다. 어찌 족히 벗할 것이겠는가?'라고 했다.

次四 鳴從不臧 有女承其血匡[1] 亡 測曰 鳴從之亡 奚足朋也
1) 匡(광) : 筐(광)과 같다.
※ 군자(君子)는 덕을 닦아 사람들이 스스로 따른다. 울면서 따르는 것을 구하는 것은 족히 선하지 않은 것이다. 베푸는 것이 부부(夫婦)에게 하여 짝을 상실했다면 다시 구하는 것을 얻지 못한 것이다. '주역'의 귀매(歸妹)괘 上六효에 이르기를 '여자가 광주리를 받았는데 아무것도 없다. 선비는 양을 찔렀는데 피가 없다. 이로운 것이 없다.'라고 했다.

次五는 물(水)이 구덩이를 따랐다. 가득했다.
測에 이르기를 '물이 구덩이를 따랐다.'라고 한 것은 스스로 넘치지 않은 것이었다.

次五 從水之科 滿 測曰 從水之科 不自越也
※ 왕애(王涯)는 '물(水)이 아래를 따르는 것은 자연의 이치이다. 五는 이미 지위를 얻어 낮에 해당하여 따르는 주인이 된 것이다. 물(物)이 따른다고 한 것은 물(水)이 구덩이를 따르는 것과 같다. 과(科)는 구덩이다. 구덩이에 가득할 따름이요, 다시 지나쳐서 넘치지 않아 중(中)의 도를 얻었다.'라고 했다.

次六은 그의 눈을 따랐다. 그의 배에서 잃었다.
測에 이르기를 '눈을 따랐다. 배에서 잃었다.'라고 한 것은 크게 따르고자 한 것이었다.

次六 從其目 失其腹 測曰 從目失腹 欲丕從也

※ 왕애(王涯)는 '그 귀와 눈이 좋아하는 것을 따라 그 마음과 배의 편안함을 잃고, 크게 그 하고자 하는 것을 따른 것은 망한 도이다.' 라고 했다.
　사마광은 '六은 중(中)을 지나쳐 밤에 해당했다. 밖의 욕심을 따라 그 안의 덕을 망친 것이다.' 라고 했다.

　次七은 그 악을 털고 그 맑은 것을 따랐다. 웅황(雄黃)이 고기를 먹었다.
　測에 이르기를 '악을 털고 맑은 것을 따랐다.' 라고 한 것은 흉(凶)한 것을 구제한 것이었다.

　次七 拂其惡 從其淑 雄黃[1]食肉 測曰 拂惡從淑 救凶也
1) 雄黃(웅황) : 천연적인 계관석(鷄冠石)이 분해되어 만들어지는 광물. 석웅황(石雄黃).
　※ 七은 재앙의 시작이 되고 낮에 해당한다. 군자가 악을 버리고 선을 따르는 것이, 마치 웅황이 능히 사나운 살을 버리고 새로운 살로 돋아나는 것과 같다. 그러므로 이르기를 '흉한 것을 구제한다.' 라고 했다.

　次八은 따르는 것이 맑지 않다. 재앙이 나는데 쫓지 않았다.
　測에 이르기를 '따르는 것이 맑지 않다.' 라고 한 것은 재앙을 가히 송사하지 못한 것이었다.

　次八 從不淑 禍飛不逐 測曰 從不淑 禍不可訟也
　※ 송충(宋衷)은 '송사를 변론해서 풀지 못한 것이다.' 라고 했다.
　사마광은 '소인이 불선을 따라서 재앙이 발동한 것이 나는 것과 같아 가히 추격하여 다스리지 못한 것이다.' 라고 했다.

　上九는 따르는 것이 아름답고 아름답다. 뒤에는 이에 계단에 올랐다. 끝마쳤다.
　測에 이르기를 '따르는 것이 아름답고 아름답다.' 라고 한 것은 뒤에 공로를 얻은 것이었다.

上九 從徽徽¹⁾ 後乃升于階 終 測曰 從徽徽 後得功也
1) 徽徽(휘휘) : 아름답고 아름답다.
  ※ 해설이 궐(闕)했다.

䷢진(進) : 양(陽)을 끌어서 나아갔다. 사물이 나와 많고 많았다. 열어서 밝혀 앞에 했다.

䷢進¹⁾ 陽引而進 物出溱溱²⁾ 開明而前
1) ䷢進(䷢진) : 괘는 일방(一方), 삼주(三州), 일부(一部), 이가(二家)이다. 진(進)은 음가(陰家)이고 화(火)이며 '주역' 진(晋)괘에 준(準)한다. 진은 次六에서 들어가고 태양은 누(婁)성에서 머문다.
2) 溱溱(진진) : 성대한 모양.
  ※ 송충(宋衷)은 '만물이 따라서 나가는 것이 성하고 성하여 왕성한 것이다.'라고 했다.

初一은 어둠이 나아가다 막혔다. 일어나 어머니에게로 물러났다.
測에 이르기를 '어둠이 나아가다 막혔다.' 라고 한 것은 사특한 것이 일어나 물러난 것이었다.

初一 冥進否 作退母 測曰 冥進否 邪作退也
  ※ 왕애(王涯)는 '나아가는 도를 잃은 것은 물러나는 근본이다. 그러므로 '일어나 어머니에게로 물러났다.' 라고 했다.
  사마광은 '一은 생각의 시작이 되고 밤에 해당한다. 몰래 나아가는데 그것이 바르지 않은 것이다.' 라고 했다.

次二는 나아가서 형(刑)에 적중했다. 대인을 홀로 보았다.
測에 이르기를 '나아가서 형에 적중했다.' 라고 한 것은 형벌이 가히 밖으로 하지 않은 것이었다.

次二. 進以中刑 大人獨見 測曰 進以中刑 刑不可外也
 ※ 해설이 궐(闕)했다.

 次三은 미쳐서 의지할 곳을 잃었다. 중(中)에서 행함을 얻지 못했다.
 測에 이르기를 '미쳐서 의지할 곳을 잃었다.' 라고 한 것은 나아가는 것에 적중하지 못한 것이었다.

次三 狂章章[1] 不得中行 測曰 狂章章 進不中也
1) 章章(장장) : 의지할 곳을 잃은 모양.
 ※ 三은 생각의 밖이 되고 중(中)을 지나쳐서 밤에 해당하여 망령되게 나아간 것이다. 그러므로 '미쳐서 의지할 곳을 잃었다.' 라고 했다.

 次四는 해가 날아서 음에 매달렸다. 만물이 융융(融融)했다.
 測에 이르기를 '해가 날아서 음에 매달렸다.' 라고 한 것은 군주의 도가 융성한 것이었다.

次四 日飛懸陰 萬物融融[1] 測曰 日飛懸陰 君道隆也
1) 融融(융융) : 화락한 모양. 또는 온화한 모양.
 ※ 四는 복의 시작이 되고 낮에 해당한다. 군주의 덕이 성대하게 나아가고 밝은 것이 비추지 아니함이 없는 것이, 마치 태양이 날아서 하늘로 올라 음을 떠나서 멀리까지 하니 만물이 융융(融融)연하여 밝게 비추지 아니함이 없는 것과 같은 것이다.

 次五는 나아가는데 성기게 서렸다. 혹은 지팡이로 붙잡았다.
 測에 이르기를 '나아가는데 성기게 서렸다.' 라고 한 것은 높은 데서 제지한 것이었다.

次五 進以欋疏[1] 或杖之扶 測曰 進以欋疏 制于宗也

1) 欋疏(구소) : 성기게 서리다. 곧 성기게 얽히다.
　※ 해설이 궐(闕)했다.

　次六은 나아가는데 높고 밝은 것으로 했다. 복을 받음이 끝이 없다.
　測에 이르기를 '나아가는데 높고 밝은 것으로 했다.' 라고 한 것은 그 도(道)가 멀리한 것이었다.

　次六 進以高明 受祉無疆 測曰 進以高明 其道迂¹⁾也
1) 迂(우) : 멀다.
　※ 사마광은 '六은 융성한 복이 되고 낮에 해당한다. 군자가 덕으로 나아감이 높고 밝아서 복을 받는 것이 끝이 없다.' 라고 했다.

　次七은 나아가는데 그것을 쓰지 않았다. 허물을 듣고 귀를 막았다.
　測에 이르기를 '나아가는데 그것을 쓰지 않았다.' 라고 한 것은 비방함이 불어나 빛난 것이었다.

　次七 進非其以 聽咎窒耳 測曰 進非其以 毀滋章也
　※ 七은 재앙의 시작이 되고 밤에 해당한다. 소인이 그 도로써 아니하고 나아가 높은 지위에 올랐으니 모든 비방들이 불어나 빛나서 귀를 막아도 가득했다는 것이다.

　次八은 연못으로 나아갔다. 군자는 배(船)를 사용했다.
　測에 이르기를 '연못으로 나아가 배를 사용했다.' 라고 한 것은 도(道)로써 행한 것이었다.

　次八 進于淵 君子用船 測曰 進淵用船 以道行也
　※ 연못이란 험난한 상징이다. 八은 재앙의 중(中)이 되었다. 그러므로 이르기를 '연못으로 나아갔다.' 라고 했다. 배를 사용하면 연못에서 구제할 수 있으

나 도(道)에 의지하면 가히 건너기가 어려운 것이다.

上九는 거슬러 산과 개울에 의지했다. 3년 동안 돌아오지 않았다.
測에 이르기를 '거슬러 산과 개울에 의지했다.' 라고 한 것은 마침내 가히 자라지 못한 것이었다.

上九 逆馮[1]山川 三歲不還 測曰 逆馮山川 終不可長也
1) 馮(빙) : 빙(憑)의 고자(古字)이다. 비기다. 의지하다.
   ※ 九는 재앙의 지극함이 되고 밤에 해당한다. 소인이 나아가는 것을 도로써 하지 않고 위의 지극함에 이르러 재앙에 빠져서 능히 스스로 돌아오지 못한 것이다.

▤ 석(釋) : 양기(陽氣)는 움직여 화(和)했다. 양이 따뜻하게 하여 만물을 풀리게 했다. 모두가 그 마른 것에서 벗어나 그의 껍질을 풀었다.

▤釋[1] 陽氣和震[2] 圜煦[3]釋物 咸稅[4]其枯 而解其甲
1) ▤釋(▤석) : 괘는 일방(一方), 삼주(三州), 일부(一部), 삼가(三家)이다. 석(釋)은 양가(陽家)이고, 목(木)이며, '주역'의 해(解)괘에 준한다. 석(釋)은 次三(차삼)의 26분 11초에 들어가고 춘분(春分)의 기와 응한다. 그러므로 겸하여 진(震)괘와도 준(準)한다.
2) 震(진) : 움직이다의 뜻.
3) 圜煦(환후) : 환은 양(陽)의 형상이다. 후(煦)는 따뜻하다의 뜻.
4) 稅(탈) : 탈은 탈(脫)과 뜻이 같다.

初一은 움직여도 이름이 없다. 나아가기만 했다.
測에 이르기를 '움직여도 이름이 없다.' 라고 한 것은 가히 이름을 얻지 못한 것이었다.

初一 動而無名 酋[1] 測曰 動而無名 不可得名也
1) 酋(추) : 나아가다. 성공함을 이른 것이다.
　※ 一은 생각의 시작이 되고 낮에 해당한다. 군자는 미묘하게 움직여 만물을 화육(化育)시키는데 백성들은 그 성공을 보아도 능히 이름이 없다. 그러므로 이르기를 '움직여도 이름이 없다. 나아가기만 한다.' 라고 한 것이다.

　次二는 메아리와 그림자만 움직였다.
　測에 이르기를 '메아리와 그림자만 움직였다.' 라고 한 것은 족히 보고 듣지도 못한 것이었다.

次二 動于響景 測曰 動于響景 不足觀聽也
　※ 메아리는 소리가 응하는 것이고, 그림자는 형체가 따르는 것이다. 모두가 움직여 자신에게서 말미암지 않는 것이다. 二는 생각의 중(中)이 되고 밤에 해당한다. 소인이 사람을 따라 움직이는 것이 마치 메아리와 그림자가 그러한 것과 같다. 그러므로 '족히 보고 듣지도 못한 것이다.' 라고 했다.

　次三은 바람이 움직이고 우레가 일어났다. 그 높고 높은 것을 따랐다.
　測에 이르기를 '바람이 움직이고 우레가 일어났다.' 라고 한 것은 움직이는데 위(爲)함이 있는 것이었다.

次三 風動雷興 從其高崇 測曰 風動雷興 動有爲也
　※ 三은 뜻이 이루어지고 낮에 해당한다. 군자의 동작의 자취가 처음으로 밖에 나타나는 것이, 마치 바람과 우레가 만물에게 이익이 되는 것과 같다. 그러므로 그 공업이 날로 나아가 높고 높은 것이다. 그러므로 이르기를 '움직이는데 위함이 있다.' 라고 했다.

　次四는 움직이는 것을 언덕에서 했다. 연못에서 벗을 잃었다.
　測에 이르기를 '움직이는 것을 언덕에서 했다.' 라고 한 것은 아래가 위태하여 잃은 것이었다.

　次四 動之丘陵 失澤朋 測曰 動之丘陵 失下危也
　※ 언덕을 높은 것에 비교하고, 연못은 낮은 데 비교했다. 四는 복의 시작이 되어 밤에 해당한다. 소인의 움직임이란 힘쓰는 것이 높은 데 오르는 데 있어, 그 아래를 돌아보지 않아 외롭고 위태함을 면치 못하는 것이다.

　次五는 화(和)하여 풀린 기름이다. 사방의 나라가 평화로웠다. 測에 이르기를 '화하여 풀린 기름이다.' 라고 한 것은 백성들이 기뻐함이 끝이 없는 것이었다.

　次五 和釋之脂 四國之夷 測曰 和釋之脂 民說無疆也
　※ 범망(范望)은 '화지(和脂)는 적셔서 협력하다와 비유했다. 이(夷)는 평(平)이다.' 라고 했다.
　사마광은 '五는 중화(中和)로써 성대한 지위에 있어 당일의 낮에 해당한다. 성인(聖人)이 지위를 얻어 그 덕택을 베풀고 사방의 나라들을 화평하게 하여 기뻐하지 않음이 없는 것이다.' 라고 했다.

　次六은 정원이 진동했다. 그 화(和)하고 바른 것을 상실했다. 測에 이르기를 '정원이 진동했다.' 라고 한 것은 화평하고 바른 것을 함께 잃은 것이었다.

　次六 震于庭 喪其和貞 測曰 震于庭 和正俱亡也
　※ 六은 이체(二體)의 안에 있고 五에 가까워 정원의 象이다. 대저 덕으로써 중국을 부드럽게 하고 형벌로써 사방의 오랑캐들에게 위엄있게 한다. 덕으로써 가까운 것을 품어 가까운 곳부터 화합하고 위엄으로써 먼 곳을 두렵게 하여 먼 곳을 바르게 한다. 지금 정원이 진동함을 사용한 것은 그 마땅한 바를 잃은 것이다. 그러므로 '화합하고 바르게 한 것을 함께 상실했다.' 라고 했다.

　次七은 진동하고 진동하여 무시하지 못했다. 그 부끄러운 것을 빨고 씻었다.
測에 이르기를 '진동하고 진동하여 무시하지 못했다.'라고 한 것은 부끄러움을 푸는 데 방향이 없는 것이었다.

次七 震震¹⁾不侮 濯漱²⁾其詬³⁾ 測曰 震震不侮 解恥無方也
1) 震震(진진) : 위엄이 있는 모양.
2) 濯漱(탁수) : 세탁하다.
3) 詬(후) : 부끄럽다.
　※ 七은 재앙의 시작이 되고 낮에 해당한다. 군자가 위엄의 덕을 두어 사람들이 감히 무시하지 못하는 것이다. 그러므로 가히 그 부끄러운 것을 빨고 씻는다고 했다.

次八은 이로움이 진동했다. 엎드려 넘어져 죽었다.
測에 이르기를 '이로움이 진동했다.'라고 한 것은 함께 죽고 함께 행한 것이었다.

次八 震于利 顚仆死 測曰 震于利 與死偕行也
　※ 소인이 이로운 것을 보고 움직여서 재앙의 중(中)에 빠졌다. 이로움에 죽어 함께 행동하여 스스로 알지 못한 것이다.

上九는 지금은 옥살이를 하지만 뒤에는 살았다. 마침내 질곡(桎梏)에서 벗어났다.
測에 이르기를 '지금은 옥살이를 하지만 뒤에는 살았다.'라고 한 것은 저들이 재앙에서 풀려난 것이었다.

上九 今獄後穀¹⁾ 終說²⁾桎梏 測曰 今獄後穀 于彼釋殃也
1) 穀(곡) : 생(生)의 뜻.
2) 說(탈) : 탈(脫)의 뜻이다.
　※ 九는 재앙이 다한 것이 된다. 그러므로 지금 감옥에 있다. 석(釋)은 낮에 해당한다. 그러므로 뒤에 살아났다고 했다.

☰ 격(格) : 양기는 안에서 장성했다. 능히 모든 음(陰)을 방어했다. 음을 물리쳐서 물러나게 했다.

☰格¹⁾ 陽氣內壯 能格乎群陰 攘而卻之²⁾
1) ☰格(격) : 괘는 일방(一方), 삼주(三州), 이부(二部), 일가(一家)이다. 격(格)은 음가(陰家)이며, 금(金)이고, '주역'의 대장(大壯)괘에 준(準)한다. 격(格)은 막다이다.
2) 攘而卻之(양이각지) : 물리쳐서 물러나게 하다.

初一은 안의 선(善)을 막았다. 바른 법을 잃었다.
測에 이르기를 '안의 선을 막았다.'라고 한 것은 중(中)에 법하지 못한 것이었다.

初一 格內善 失貞類¹⁾ 測曰 格內善 中不宵²⁾也
1) 類(류) : 법(法)의 뜻.
2) 宵(소) : 류(類)와 같다. 법(法)의 뜻.
   ※ 사마광은 '선과 악의 근원은 모두 생각으로 말미암는 것이다. 一은 생각의 시작이며 밤에 해당한다. 선을 막고 악을 받아들였다. 그러므로 바른법을 잃었다.'라고 했다.

次二는 안으로 악을 막았다. 바른 것을 깊숙히 했다.
測에 이르기를 '안으로 악을 막았다.'라고 한 것은 바른 것의 미묘함이 깊숙히 한 것이었다.

次二 格內惡 幽¹⁾貞 測曰 格內惡 幽貞妙也
1) 幽(유) : 안에서 마음에 몰래한 것을 이른 것이다.
   ※ 二는 생각의 중(中)이 되고 낮에 해당하여 악을 막고 안으로 선했다. 그러므로 바른 것을 깊숙히 했다고 했다.

次三은 치마가 가죽띠와 쇠띠를 막았다. 변했다.
測에 이르기를 '치마가 가죽띠와 쇠띠를 막았다.' 라고 한 것은 제재함이 없는 것이었다.

次三 裳格鞶鉤 渝 測曰 裳格鞶鉤 無以制也
  ※ 범망(范望)은 '가죽띠를 반(鞶)이라 한다. 구는 가죽띠에 소속된 것이다.' 라고 했다.
  왕애(王涯)는 '가죽띠는 그 의상(衣裳)을 묶는 것인데 도리어 막았다. 그러므로 변화되어 마땅한 것을 잃었다.' 고 했다.
  사마광은 '三이 하체(下體)에 있다. 그러므로 상(裳)이라고 했다. 三은 아래의 상(上)이 되고 밤에 해당한다. 신하가 군주의 명을 막아서 약속을 받지 못했으니 반드시 변화가 있는 것이다.' 라고 했다.

次四는 그물이 새를 막았다. 새가 바르다.
測에 이르기를 '그물이 새를 막았다.' 라고 한 것은 정법(正法)이 제 위치에 한 것이었다.

次四 畢[1]格禽 鳥之貞 測曰 畢格禽 正法位也
1) 畢(필) : 그물이다.
  ※ 사마광은 '四는 하록(下祿)이 되고 낮에 해당한다. 군자가 처음으로 지위를 얻었다. 지위를 얻으면 가히 법을 사용하여 사특한 것을 바르게 하고 포악을 금지하는 것이다.' 라고 했다.

次五는 아교와 칠이 풀렸다. 활은 쏘지 못했다. 뿔과 나무는 흩어졌다.
測에 이르기를 '아교와 칠이 풀렸다.' 라고 한 것은 신용이 맺어지지 못한 것이었다.

次五 膠漆[1]釋 弓不射 角木離 測曰 膠漆釋 信不結也

1) 膠漆(교칠) : 아교와 칠.
　※ 왕애(王涯)는 '물(物)이 서로 합하게 하는 것은 아교나 칠 같은 것이 없다. 뿔과 나무로 활을 만드는데 막고 흩어지게 하면 가히 쏠 수 있겠는가?' 라고 했다.
　사마광은 '五의 본성이 믿음이고, 또 아교도 되고, 칠도 되고, 활과 화살도 된다. 격(格)이란 물이 서로 거부하여 합하지 않는 象이다. 활은 아교와 칠로 뿔과 나무를 부합시킨 것이다. 그러므로 가히 쏘는 것이다. 군주가 믿음으로써 신하와 백성들을 단결시킴으로써 부릴 수 있는 것이다. 五는 소인으로써 성대한 지위에 거하여 능히 믿음으로써 사물을 결집하지 못하고 위와 아래가 마음이 떠났다. 그러므로 '아교와 칠이 풀리어 활을 쏘지 못했다. 뿔과 나무가 흩어졌다.' 고 했다.

　次六은 금(金)은 나오고 석(石:돌)은 사라졌다. 작은 것은 가고 큰 것이 왔다.
　測에 이르기를 '금은 나오고 돌은 사라졌다.' 라고 한 것은 아름다운 것이 날마다 커진 것이다.

　次六 息金消石 往小來奕 測曰 息金消石 美日大也
　※ 범망(范望)은 '혁(奕)은 크다이다.'
　왕애(王涯)는 '새로 나온 것은 금(金)이고 사라진 것은 돌이다. 잃어버린 것은 지극히 작고 얻은 것은 빛나고 큰 것이다.' 라고 했다.
　사마광은 '식(息)은 생(生)이다. 금은 나오고 돌은 사라졌다고 한 것은 아름다운 것으로써 악을 막은 象이다. 六은 상록(上祿)이 되어 낮에 해당한다. 군자의 도는 자라고 소인은 사라졌다. 그러므로 이르기를 '작은 것은 가고 큰 것이 왔다.' 라고 했다.

　次七은 그 보배들을 막았다. 도장과 인끈이 위태했다.
　測에 이르기를 '그 보배들을 막았다.' 라고 한 것은 스스로 바로잡지 못한 것이었다.

　次七 格其珍類 龜縞[1]厲 測曰 格其珍類 無以自匡也

1) 龜縞(귀왜) : 귀는 도장이고 왜는 인끈이다.
　※ 사마광은 '군자는 선으로써 스스로 바르게 한다. 그러므로 능히 그의 복록을 보호한다. 七은 인끈이 되고 또 재앙의 시작이 되어 밤에 해당하는데 소인이 선을 거부하고 받지 않았다. 그 선을 막았다는 것은 그 복록을 막은 것이다. 선을 버리고 녹봉도 잃었으니 위태함이 누가 심할 것인가?' 라고 했다.

　次八은 저 가죽띠가 단단한 것을 막았다. 군자는 때를 얻었다. 소인은 머리를 깎고 근심했다. 막혔다.
　測에 이르기를 '저 가죽띠가 단단한 것을 막았다.' 라고 한 것은 옳은 데로 행함을 얻지 못한 것이었다.

　次八 格彼鞼堅 君子得時 小人髡[1]憂 否 測曰 格彼鞼堅 誼不得行也
1) 髡(척) : 머리를 깎다.
　※ 해설이 궐(闕)했다.

　上九는 그 눈을 크게 뜨고 그 뿔은 높이 했다. 그의 몸체는 낮아지지 않아서 쳤다.
　測에 이르기를 '눈을 크게 뜨고 뿔을 높이 했다.' 라고 한 것은 도리어 스스로 손상된 것이었다.

　上九 郭[1]其目 觩[2]其角 不庳其體 撲[3] 測曰 郭目觩角 還自傷也
1) 郭(곽) : 벌리다. 곧 크게 하다.
2) 觩(교) : 뿔이 높다.
3) 撲(박) : 박(撲)과 같다. 치다.
　※ 왕애는 '곽목(郭目)은 눈을 크게 뜨다. 곧 벌리다의 뜻. 교각(觩角)은 그 뿔을 높이 한 것이다.' 라고 했다.
　사마광은 '격(格)이란 씩씩한 것을 사용하여 물(物)을 막은 것이다. 九는 상(上)의 상에 있으면서 씩씩함의 지극함을 사용하여 재앙의 다함을 만나 당일의 밤에 한 것이다. 소인이 눈을 부릅뜨고 뿔을 높여 사람들을 막아서 그의 몸을 낮게 하지 않은 것이다. 그러므로 물의 공격한 바가 되어 도리어 스스로 손상된 것이다.'라고 했다.

☷ 이(夷) : 양기(陽氣)는 손상되고 깎아서 음(陰)은 병들어 구제함이 없다. 물은 손상되어도 평이(平易)했다.

☷夷[1] 陽氣傷髢 陰無救瘲 物則平易

1) ☷夷(☷이) : 괘는 일방(一方), 삼주(三州), 이부(二部), 이가(二家)이다. 이(夷)는 양가(陽家)이고, 토(土)이며, '주역'의 예(豫)괘에 준(準)한다. 이(夷)는 次三에서 들어가고 태양은 위성(胃星)에서 머문다. 이(夷)는 손상된 것이며 평이하다. 물(物)에 손상되지 않는 것은 능히 평이하지 못한 것이다. 옛날에는 '주역'의 대장(大壯)괘에 준(準)했는데 잘못된 것이다.

※ 육적(陸續)은 '양기가 씩씩함으로써 음을 손쉽게 손상시켜서 떠나가게 했다. 외(瘲)는 병이 들다. 양의 손상된 바가 되어서 병이 든 것이다. 만물은 음의 피해가 없으므로 평이한 것이다.'라고 했다.

사마광은 '척(髢)은 머리를 깎다. 대인(大人)은 곤(髠)이라고 하고, 어린 아이는 체(髦)라고 하여 몸의 털이 다하고 다한 것을 척(髢)이라고 한다. 양기가 모든 음을 깎고 깎아서 음이 능히 스스로 그의 병을 구제하지 못한 연후에 물이 번식함을 얻어서 평이한 것이다.'라고 했다.

初一은 처음으로 둘에 숨었다. 안에서 평이함을 가졌다.
測에 이르기를 '처음으로 숨었다. 평이함을 가졌다.'라고 한 것은 그 안에서 평이한 것이었다.

初一 載幽貳[1] 執夷內 測曰 載幽執夷 易其內也

1) 載幽貳(재유이) : 처음으로 의(義)와 이(利)의 두 가지에 숨었다. 범망은 재(載)는 시(始)라고 했다.

※ 사마광은 '一은 생각의 시작이고 낮에 해당하여 생각을 발동하는 처음으로 숨어서 드러나지 않았다. 이(貳)는 의(義)와 이(利)를 이른 것이다. 의와 이

의 두 가지는 서로 다투어 군자는 능히 의를 취하고 이로움을 놓고 평탄한 마음을 가져 호연(浩然)의 기를 길러서 안에서 스스로 얻어 밖에서 구하는 것이 없다. 이것은 자하(子夏)가 '나는 싸워서 이겼으므로 살쪘다.' 라고 했고 '법언(法言)'에 '우주(紆朱)가 금을 가지고 즐거워한 것은 밖이고, 안회(顔回)가 즐거워한 것은 안이었다.' 라고 한 것이다.

次二는 음이 평이했다. 하늘의 그물을 무릅썼다.
測에 이르기를 '음(陰)이 평이했다. 그물을 무릅썼다.' 라고 한 것은 성기어도 잃지 아니한 것이었다.

次二 陰夷 冒于天罔[1] 測曰 陰夷冒罔 疏不失也
1) 天罔(천망) : 천망(天網)이다. 곧 하늘의 그물.
 ※ 육적(陸績)은 '하늘의 그물이 비록 성기어도 악을 잃지 않는다.' 고 했다.
 사마광(司馬光)은 '二는 그물이 되고 또 二는 생각의 중(中)이 되고 밤에 해당한다. 소인이 악을 숨기는 것이 되어, 음이 물을 손상시켜도 스스로 사람이 능히 알지 못한다. 그러나 하늘의 그물을 무릅써서 하늘이 반드시 주벌한다. 노자(老子)에 이르기를 '하늘의 그물은 굉장히 넓어서 그물의 눈이 성기지만 선한 자에게는 선을 주고 악한 자에게는 재앙을 내려 조금도 빠뜨리지 않는다.' 라고 했다.

次三은 부드럽다. 어린 아이가 울부짖었다. 3일 동안 목이 쉬지 않았다.
測에 이르기를 '어린 아이가 울부짖었다.' 라고 한 것은 중심(中心)이 화락한 것이었다.

次三 柔 嬰兒于號 三日不嗄[1] 測曰 嬰兒于號 中心和也
1) 嗄(사) : 목이 쉬다. 곧 소리가 변하다.
 ※ 사마광은 '三은 뜻이 성취되고 낮에 해당한다. 군자가 덕을 머금은 것이 두텁고 지극히 공평하여 평이한 것이다. 이는 마치 어린 아이가 비록 3일 동안을 울었으나 소리가 변하지 않은 것과 같은 것이며, 화락하고 부드럽기 때문이었다.

노자(老子)에 이르기를 '어린 아이가 종일토록 울부짖어도 목이 쉬지 않는 것은 화(和)함이 지극한 것이다.' 라고 했다.

次四는 그 이가 평이했다. 혹은 실컷 먹은 무리들이다.
測에 이르기를 '그 이가 평이했다.' 라고 한 것은 먹은 것이 족히 아름답지 못한 것이었다.

次四 夷其牙 或飫之徒 測曰 夷其牙 食不足嘉也
※ 왕애는 '이빨이 이미 평탄하여 가히 먹을 것이 없다. 도(徒)는 공(空)과 같다. 혹은 실컷 먹은 것은 한갓 비었을 뿐이다.' 라고 했다.
사마광은 '四는 골(骨)이 되고 이빨도 되고 또 복의 시작도 되어 밤에 해당한다. 소인(小人)이 녹봉을 탐하여 스스로 손상된 것이다. 그러므로 이르기를 '그 이가 평이하다.' 라고 했다. 이가 손상되면 비록 아름다운 음식이 있더라도 능히 먹지 못하고 그의 무리들이 실컷 먹는데 적당할 따름이다.' 라고 했다.

次五는 중(中)이 평이했다. 이롭지 아니함이 없다.
測에 이르기를 '중이 평이한데 이롭다.' 라고 한 것은 그 도가 많은 것이었다.

次五 中夷 無不利 測曰 中夷之利 其道多也
※ 왕애는 '중(中)이 평이하여 물(物)을 거느리면 물이 돌아갈 것이다. 어찌 이롭지 않는 것이 있겠는가? 五는 이미 중(中)의 정체에 있고 지위를 얻어 낮에 해당한다. 이는 그 중이 평탄하고 평이한 것이다.' 라고 했다.
사마광은 '五는 성대한 지위에 있고 낮에 해당한다. 능히 그 마음이 평이한 상태에서 물을 기다린다면 물이 멀고 가까운 것들이 없이 모두 돌아간다. '주역'의 계사(繫辭)에 '쉽고 간단한 것에서 천하의 이치를 얻는다.' 라고 했다.

次六은 오두막집이 평이했다. 그의 집 언덕이 비었다.
測에 이르기를 '오두막집이 평이했다.' 라고 한 것은 그 덕이 망한 것이었다.

次六 夷于廬 其宅丘虛 測曰 夷于廬 厥德亡也
※ 덕이란 군자(君子)가 항상 거하는 곳이다. 六은 중(中)에서 지나치고 밤에 해당한다. 소인이 처음으로 그 덕을 손상시키고 그 편안히 사는 데를 상실한 것이다.

次七은 줄기는 부드러운데 줄기가 약했다. 나무를 가르고 금을 다스렸다. 평이했다.
測에 이르기를 '줄기가 부드럽다.' 라고 한 것은 부드러운 것이 강한 것을 이긴 것이었다.

次七 幹柔幹弱 離木艾金 夷 測曰 幹柔 柔勝彊也
※ 왕애(王涯)는 '비록 지나치게 가득한 데 있어서 지위를 얻고 낮에 해당하여 평이한 도를 얻었으나, 이것은 능히 부드럽고 약한 물건으로써 단단하고 굳센 것에 평이한 것이었다.' 라고 했다.
사마광은 '이목(離木)이란 두레박줄이 우물의 난간을 끊는 것과 같은 것이요, 예금(艾金)은 월나라 숫돌이 칼날을 예리하게 하는 것과 같다. 약한 것으로써 강한 것을 이기니 끝까지 평이함으로 나아가는 것이다.' 라고 했다.

次八은 그 뿔은 평이했다. 위태롭다.
測에 이르기를 '그 뿔은 평이했다.' 라고 한 것은 위엄이 손상된 것이었다.

次八 夷其角 厲 測曰 夷其角 以威傷也
※ 八은 재앙의 중(中)이 되고 밤에 해당한다. 소인이 위엄을 사용했는데 손상되었으니 스스로를 위험하게 한 도이다.

上九는 평이한 늙은이다. 병이 든 해에 공경하면 이롭다. 바르다.
測에 이르기를 '평이한 늙은이가 바르다.' 라고 한 것은 수레에 매달려 향한 것이었다.

上九 夷于耇 利敬病年 貞 測曰 夷耇之貞 懸車鄕也

※ 육적(陸績)은 '벼슬을 바치고 고을로 돌아가는 것이다.' 라고 했다.

왕애(王涯)는 '그 쇠약하고 병들고 나이도 많은 것을 공경하는 것은 바른 도이다.' 라고 했다.

사마광은 '九는 90세가 된다. 또 지극함도 된다. 군자는 늙으면 지위를 사양하고 스스로 평이한 곳에 처하는 것이다. 어진 이가 늙고 병들어 고향으로 돌아가면 인군(人君)이 마땅히 공경하고 받들어야 한다.' 고 했다.

▤ 락(樂) : 양(陽)이 처음으로 따뜻한 아랫목에서 나왔다. 펴서 포개어 따뜻하게 했다. 사물이 모두 기뻐했다.

▤樂[1] 陽始出奧 舒疊[2] 得以和淖[3] 物咸喜樂

1) ▤樂(▤락) : 괘는 일방(一方), 삼주(三州), 이부(二部), 삼가(三家)이다. 락(樂)은 음가(陰家)이고 수(水)이며, '주역'의 예(豫)괘에 준(準)한다. 락(樂)이 次七인 3분 18초에서 들어간다. 태양은 대량(大梁)에 머물러 곡우(穀雨)의 기와 응한다. 두(斗)는 진위(辰位)에 세우고 율(律)은 고선(姑洗)에 맞춘다.

2) 舒疊(서첩) : 펴서 포개다. 곧 펴서 쌓이다.

3) 和淖(화뇨) : 화평하고 따뜻하게 하다. 요(淖)는 화(和)와 같다.

※ 청명(淸明)의 초에 양(陽)이 비로소 깊숙한 아랫목에서 나온다. 기를 펴서 포개어 사물을 쪼이면 모두가 화락하고 따뜻함을 얻어서 기뻐한다.

초일은 홀로 즐기는 것을 관관(款款)했다. 이르는데 멀리하지 못했다.

측에 이르기를 '홀로 즐기는 것을 관관(款款)했다.' 라고 한 것은 그 안이 음란한 것이었다.

初一 獨樂款款[1] 及不遠 測曰 獨樂款款 淫其內也

1) 款款(관관) : 홀로 즐기는 모양.
　※ 사마광은 '一은 생각의 시작이며 밤에 해당한다. 소인이 홀로 그 자신을 즐겨 능히 대중과 함께 하지 못함을 뜻함.'고 했다.

　次二는 즐거움을 가히 알지 못했다. 하늘의 때에 했다.
　測에 이르기를 '즐거움을 가히 알지 못했다.'라고 한 것은 세월로써 한 것이었다.

　次二 樂不可知 辰于天 測曰 樂不可知 以時歲也
　※ 육적(陸續)은 '덕정(德政)을 행하고 백성들로 하여금 환락하게 하여 하늘의 때와 같이 하는 것은 백성들로 하여금 정치의 하는 바를 알지 못하게 하는 것과 같은 것이다.'라고 했다.

　次三은 편안하지 않고 바르지도 않았다. 부르짖고 울고 웃고 큰소리쳤다. 울부짖고 울며 문에 의지했다.
　測에 이르기를 '편안하지도 않고 바르지도 않았다.'라고 한 것은 예악(禮樂)이 폐지된 것이었다.

　次三 不宴不雅¹⁾ 嘄呱啞咋²⁾ 號咷³⁾ 倚戶 測曰 不宴不雅 禮樂廢也
1) 不宴不雅(불연불아) : 편안하지 않고 바르지도 않다.
2) 嘄呱啞咋(규고액색) : 떠들고 울고 웃고 큰소리치다. 규는 떠들다. 고는 울다. 액은 웃다. 색은 큰소리치다.
3) 號咷(호도) : 부르짖고 울다.
　※ 사마광은 '三은 뜻이 성취되어 밤에 해당한다. 예를 버리고 음악을 폐지하여 가라앉아 잠기고 음란해진 것이다. 예를 폐지하면 그 편안함을 얻지 못하고 음악을 폐지하면 그 바른 것을 얻지 못한다. 비록 떠들고 울고 웃고 큰소리 치더라도 구차하게 눈앞의 즐거움을 다하는데 그 근심이 어떻게 멀어지겠는가? 대문 밖에 가까이 의지할 따름이다. '시경'의 어조(魚藻)편은 유왕(幽王)을 풍자한 것으로 만물이 그의 본성을 잃고 왕이 호경(鎬京)에 있어 장차 능히 스스로 즐기지 못할 것이라는 것을 말한 것이다.'라고 했다.

次四는 그 맨 것을 버리고 그 맨 것을 끊었다. 그 마음이 편안했다.
測에 이르기를 '맨 것을 버리고 맨 것을 끊었다.' 라고 한 것은 마음이 진실로 상쾌해진 것이었다.

次四 拂[1]其繋 絶其繻[2] 佚厥心 測曰 拂繋絶繻 心誠快也
1) 拂(불) : 거(去)의 뜻.
2) 繻(휴) : 계(繋)의 뜻. 또는 유(維)이며 그물의 노끈이라 했다.

※ 四는 편안하고 느긋하여 낮에 해당한다. 군자는 도에 뜻하고 즐거운 것으로써 근심을 잊고, 외물이 능히 더럽히지 못하는데 즐거움보다 먼저함이 없다. 그러므로 '그 맨 것을 버리고 그 맨 것을 끊어서 그 마음이 편안하다.' 라고 했다.

次五는 종고(鐘鼓 : 음악)는 개개(喈喈)했다. 관악기와 현악기는 제제(嚌嚌)했다. 혹은 계승하여 쇠약했다.
測에 이르기를 '종고(鐘鼓)가 개개했다.' 라고 한 것은 즐거운 뒤에는 슬픈 것이었다.

次五 鐘鼓喈喈[1] 管弦嚌嚌[2] 或承之衰 測曰 鐘鼓喈喈 樂後悲也
1) 喈喈(개개) : 듣기 좋은 새소리의 형용. 또는 종이 울리는 소리.
2) 管弦嚌嚌(관현제제) : 관현은 관악기와 현악기. 제제는 슬픔을 생각하는 소리.

※ 五는 소인(小人)으로써 성대한 복을 누리고 그 음란한 음악에 제멋대로 하여 즐거움이 극에 달하면 반드시 슬픔에 이르고, 성대함이 지극함에 이르면 반드시 쇠락한다는 것이다.

次六은 크게 즐거워 중단하지 않았다. 백성들과 신(神)과 새와 짐승들이 즐겼다.
測에 이르기를 '크게 즐거워 중단하지 않았다.' 라고 한 것은 생각하지 않은 것이 없는 것이었다.

次六 大樂無間 民神禽鳥之般$^{1)}$ 測曰 大樂無間 無不懷也
1) 般(반) : 즐겁다의 뜻.

　※ 왕애는 '六은 성대한 지위에 있고 낮의 때에 해당하여 머리의 주인이 되었다. 무간(無間)이란 하늘과 땅 사이에서 만물이 모두 즐거워하여 사람과 신(神)과 새와 짐승들이 각각 그의 성을 이루어서 즐겨 노는 것이다.'라고 했다.

　사마광은 '반(般)은 즐기다. 六은 융성한 복이 되고 또 성대하고 많아 지극히 큰 것이 된다. 태평의 군자로써 만물의 이로움을 겸하여 중단됨이 없고, 백성과 신과 새와 짐승들이 그 곳을 얻지 아니함이 없으니 어떤 즐거움이 이보다 크겠는가? 四는 낮은 녹봉이 되고 홀로 그 몸을 선하게 한 것이다. 六은 상록(上祿)이 되고 천하의 이로움을 겸한 것이다.'고 했다.

　次七은 사람이 탄식하고 귀신이 탄식했다. 하늘의 약속을 기약했다.
　測에 이르기를 '사람이 탄식하고 귀신이 탄식했다.'라고 한 것은 즐거움을 마치는 것이 알맞은 것이었다.

次七 人噫$^{1)}$鬼噫 天要$^{2)}$之期 測曰 人噫鬼噫 稱樂畢也
1) 噫(희) : 한숨쉬다. 곧 탄식하다.
2) 要(요) : 약(約)의 뜻.

　※ 七은 재앙의 시작이 되고 밤에 해당한다. 소인이 즐거움을 다하고 재앙이 와서 사람과 귀신이 함께 탄식하고 대명(大命)이 가까이 머물렀는데도 스스로 알지 못하는 것이다.

　次八은 탄식하고 탄식하여 스스로 두려워했다. 저들에게는 허물과 근심이 없다.
　測에 이르기를 '탄식하고 탄식하여 스스로 두려워했다.'라고 한 것은 마침내 스스로 보전한 것이었다.

次八 噫噫自懼 亡彼愆虞 測曰 噫噫自懼 終自保也

※ 왕애(王涯)는 '즐기는 도가 장차 지극하고 또 재앙의 중(中)에 있어 위태한 도이다. 그러나 지위를 얻고 낮에 해당하여 선(善)으로 허물을 보충한다. 이에 탄식하고 탄식하며 웃고 즐기는 가운데 능히 스스로 두려워한다면 허물이나 근심이 없게 된다.'라고 했다.

上九는 지극한 즐거움으로 위태했다. 날을 옮기지 않아서 슬퍼했다. 곧 소리내어 울며 한탄했다.
測에 이르기를 '지극한 즐거움으로 위태했다.'라고 한 것은 믿음을 가히 뉘우친 것이었다.

上九 極樂之幾¹⁾ 不移日而悲 則哭泣之璒資 測曰 極樂之幾 信可悔也
1) 幾(기) : 위(危)이다.

※ 왕애(王涯)는 '즐거움의 지극함에 있어 또 밤에 해당한다. 그러므로 날을 옮기는 것을 기다리지 않아도 슬픔이 이르러서 소리내어 울고 탄식한다.'고 했다.
사마광은 '三은 경계하여 생각하는 것이요, 五는 경계하여 복이 된 것이요, 九는 경계하여 재앙이 된 것이다. 크게 지적한 것은 모든 즐거움은 가히 지극하지 못하고, 사람으로 하여금 처음부터 끝까지 반복하고 항상 생각하게 하는 것을 말한 것이다.'라고 했다.

☳ 쟁(爭) : 양기는 넘쳐 베풀어 편벽되지 않고 치우치지도 않았다. 사물과 더불어 서로 다투고 송사하여 각각 그의 마땅함을 따랐다.

☳爭¹⁾ 陰氣氾施 不偏不頗²⁾ 物與爭訟 各遵其儀³⁾
1) ☳爭(☳쟁) : 일방(一方), 삼주(三州), 삼부(三部), 일가(一家)이다. 쟁(爭)은 양가(陽家)이며, 화(火)이고 '주역'의 송(訟)괘에 준(準)한다.
2) 不偏不頗(불편불파) : 편벽되지 않고 치우치지도 않다.
3) 儀(의) : 의(宜)의 뜻.

※ 양기는 넘쳐 평균하게 베풀어져 물이 모두 다투어 나아가 그 마땅한 것들을 구하여 이루어진다. '시경(詩經)' 유의(由儀)편의 '만물이 태어남에 각각 그의 마땅함을 얻은 것'을 아름답게 여긴 것이다.

初一은 다투어야 하는데 다투지 않았다. 어두운 곳에 숨었다.
測에 이르기를 '다투어야 하는데 다투지 않았다.'라고 한 것은 도의 본질이었다.

初一 爭不爭 隱冥 測曰 爭不爭 道之素[1] 也
1) 素(소) : 질(質)의 뜻.
※ 왕애(王涯)는 '다투어야 하는데 다투지 않았다.'라는 것은 형체가 이루어지지 않았을 때에 다투어 그 자취를 보지 못하는 것을 이른 것이다.'고 했다.
사마광은 '一은 생각의 시작이며 낮에 해당한다. 군자는 도의 본질을 잡아서 다투지 않는 땅에서 다투어 밖으로 그 자취가 없고, 물(物)은 능히 승리함도 없다.'라고 했다.

次二는 하수(河水)를 으르다 파리해졌다.
測에 이르기를 '하수를 으르다 파리해졌다. 어찌 가히 믿을 것인가?'라고 했다.

次二 嚇河臞[1] 測曰 嚇河之臞 何可怙[2] 也
1) 嚇河臞(하하구) : 하(嚇)는 으르다. 구는 파리하다. 입으로 사람을 막는 것을 뜻한다.
2) 怙(호) : 호(怙)와 같다. 믿다.
※ 하수(河水)가 무너져 넘쳐흐르면 누가 능히 막겠는가? 파리한 사람이 그의 힘을 헤아리지 않고 이에 입으로 으르려고 하면 누가 족히 믿겠는가? '시경(詩經)'의 대아 탕편에 이르기를 '도리어 내게 화를 내네.'라고 했다.

次三은 활 쏘기를 다투어 부지런히 했다.
測에 이르기를 '활 쏘기를 다투어 부지런히 했다.'라고 한 것은 군자는 이웃에게 사양한 것이었다.

次三 爭射䂳䂳 測曰 爭射䂳䂳 君子讓隣也
※ 왕애는 '군자의 다투는 것은 활 쏘기일 뿐이다. 은은은 부지런히 이르는 모양이다. 양인(讓隣)이란 더불어 사양하여 서로 가까이하면, 그 뜻이 부지런히 하고 간절한 것을 읽을 수 있는 것이다.' 라고 했다.
사마광은 '은은(䂳䂳)은 공손히 사양하는 모양이다.' 라고 했다. 공자께서는 '군자는 다투는 것이 없다. 다툰다면 반드시 활 쏘기이다. 읍양하여 당에 오르고 내려와 술을 마시니 그 다투는 것이 군자답도다!' 라고 했다.〈예기 사의편〉

次四는 작은 이로움을 다툰다. 오래도록 바르지 못했다.
測에 이르기를 '작은 이로움을 끊지 못한 것이다. 바른 도가 이에 어두운 것이다.' 라고 했다.

次四 爭小利 不酋貞 測曰 小利不絶 正道乃昏也
※ 왕애는 '다투는 것을 도로써 하지 않고 작은 이익으로 다툰다면, 그 곧고 바른 도를 이루어나가지 못하는 것이 마땅하다.' 고 했다.

次五는 아홉 곳으로 통하는 길에서 다퉜다. 이로움이 장소가 없다.
測에 이르기를 '아홉 곳으로 통하는 길에서 다퉜다.' 라고 한 것은 다투는 것이 중(中)에 처한 것이었다.

次五 爭于逵 利以無方 測曰 爭于逵 爭處中也
※ 범망은 '五는 중위(中位)에 처했으므로 규(逵)라고 칭했다. 규(逵)는 아홉 곳으로 통하는 길이다.' 라고 했다.
사마광은 '五는 중화(中和)가 되어 낮에 해당한다. 군자(君子)는 도의 요체를 잡아서 이치가 모이는 것을 통제하여, 변화에 응하는 것이 장소가 없고 물(物)도 능히 다툼이 없는 것이다.' 라고 했다.

次六은 팔뚝과 어깨가 정강이 같다. 넓적다리와 다리가 부은 듯

하다. 오직 몸의 질병이다.
測에 이르기를 '팔뚝과 어깨의 정강이다.' 라고 한 것은 신하가 크게 융성한 것이다.

次六 臂髆脛¹⁾如 股脚膞²⁾如 維身之疾 測曰 臂髆之脛 臣大隆也
1) 臂髆脛(비박경) : 팔뚝와 어깨와 정강이.
2) 股脚膞(고각진) : 넓적다리와 다리가 붓다.

※ 범망은 '가지가 줄기보다 크고, 신하가 군주보다 큰 것은 모두가 병이 되는 것이다.' 고 했다.
사마광은 '팔뚝과 어깨가 정강이 같다고 한 것은 팔뚝의 크기가 정강이와 같아서 가히 사용하지 못함을 이른 것이다. 진(膞)은 살이 부은 것이다. 六이 음(陰)으로써 중(中)을 지나쳐 지극히 커진 것이, 마치 신하가 강성하여 군주가 능히 제어하지 못하는 것과 같은 것이다. 한(漢)나라의 가의(賈誼)가 이르기를 '천하가 바야흐로 대종(大腫)처럼 병들어 하나의 정강이 크기가 거의 허리와 같고 하나의 손가락 크기가 거의 넓적다리와 같다.' 라고 했다.

次七은 방패와 창과 투구가 다퉜다. 왕의 앞의 잔치의 행렬에서 사용했다.
測에 이르기를 '방패와 창이 다퉜다.' 라고 한 것은 군주의 몸을 호위한 것이다.

次七 爭干及矛軸¹⁾ 用亨于王前行 測曰 干矛之爭 衛君躬也
1) 軸(주) : 주(冑)와 같다. 투구.
※ 七은 재앙의 시작이 되고 병사를 사용하여 다투는 것이다. 그러므로 '방패와 창과 투구가 다투었다.' 고 했다. 병사를 써서 다투는 것은 그 사사로움으로써 아니하고 일을 따라서 하는 것이니 길함이 무엇이 크겠는가? '시경(詩經)'의 소아 유월편에 '큰 병거 열 채가 앞장서서 길을 여네.' 라고 했다.

次八은 이리가 입을 채웠다. 화살이 그 뒤에 있다.
測에 이르기를 '이리가 입을 채웠다.' 라고 한 것은 해(害)를 돌아보지 아니한 것이었다.

次八 狼盈口 矢在其後 測曰 狼盈口 不顧害也
　※ 왕애는 '이리가 물건을 물어 입을 채운 것은, 다투는 것의 뒤에 해가 있다는 것을 알지 못한 것이다.' 라고 했다.
　사마광은 '이리의 성질이 탐욕스러워 다만 그 입을 채우는 데 힘쓰는 것만 알고 화살이 그 뒤에 있는 것을 알지 못한 것이, 마치 소인이 이로움만을 다투고 그 해로운 것을 돌아보지 않는 것과 같은 것이다. 천문(天文)에는 호시성(弧矢星)이 낭성(狼星)의 뒤에 있다.' 고 했다.

　上九는 두 마리 호랑이가 서로 깨물었다. 당기는 것을 아는 자는 온전했다.
　測에 이르기를 '두 마리 호랑이가 서로 깨물었다.' 라고 한 것은 당기는 바를 아는 것이었다.

上九 兩虎相牙 知掣者全 測曰 兩虎相牙 知所掣也
　※ 왕애는 '다투는 것이 지극한 것이란 호랑이가 다투어 서로 깨무는 것과 같은 것이 없다. 반드시 죽거나 손상되는 근심이 있는 것으로 마치 우환과 해로움에 떨어 스스로 당겨서 물러나야 이에 가히 물(物)을 온전하게 하고 끝까지 다투지 아니하는 것과 같다. 그러므로 다툼이 지극하여 스스로 물러나는 象을 나타낸 것이다. 능히 스스로 물러나는 도를 아는 것이란 양(陽)으로써 낮에 해당하는 까닭이기 때문이다.' 라고 했다.

　▤ 무(務) : 양기는 힘쓰고 힘썼다. 만물이 모두 그 마음을 똑같이 하여 그 일을 거느렸다.

　▤務[1] 陽氣勉務 物咸若其心而摠其事
1) ▤務(▤무) : 괘는 일방(一方), 삼주(三州), 삼부(三部), 이가(二家)이다. 무(務)는 음가(陰家)이며, 목(木)이고, '주역'의 고(蠱)괘에 준(準)한다.

무(務)는 次四에서 들어가고 태양은 묘(昴)에서 머문다.
※ 양기는 힘쓰고 힘써 만물을 태어나게 한다. 만물은 모두가 그의 마음을 따라서 스스로 기뻐하며 그 일을 거느려 둘이 아닌 것이다.

初一은 처음부터 힘을 썼는데 방향이 없다. 소인(小人)도 또한 쓰는 것이 없다.
測에 이르기를 '처음부터 힘을 썼는데 방향이 없다.' 라고 한 것은 소인(小人)이 다스릴 바가 아닌 것이었다.

初一 始務無方 小人亦用罔[1] 測曰 始務無方 非小人所理也
1) 罔(망) : 무(無)의 뜻이다.
※ 一은 생각의 시작이 되고 변화에 응하여 방향이 없으나 당일의 밤에 해당한다. 소인이 능히 할 바가 아닌 것이다. 그러므로 이르기를 '소인이 또한 쓰는 것이 없다.' 라고 했다.

次二는 새롭고 산뜻하여 스스로 구했다. 보배는 깨끗하고 그 향기는 정(精)했다. 군자가 행하는 바이다.
測에 이르기를 '새롭고 산뜻하여 스스로 구했다.' 라고 한 것은 몸에 빛이 난 것이었다.

次二 新鮮自求 珍潔精其芳 君子攸行 測曰 新鮮自求 光于己也
※ 二는 생각의 중(中)이 되고 낮에 해당한다. 군자는 그의 마음을 정결하게 하여 장차 하는 일이 있는 것이다.

次三은 거리끼지도 않고 이끌지도 않는다. 그 마음이 썩고 또 무너진 것이다.
測에 이르기를 '거리끼지도 않고 이끌지도 않는다.' 라고 한 것은 그 몸체가 온전하지 못한 것이었다.

次三 不拘不掣 其心腐且敗 測曰 不拘不掣 其體不全也

※ 三은 생각의 끝마침이 되고 밤에 해당한다. 소인이 정을 부딪쳐서 움직였는데 마음을 상실하고 신체를 이그러뜨린 것이었다.

次四는 화살을 보고 스스로 올랐다. 깃의 벗들이 이롭다. 수레에 실은 것을 이어 덮었다.
測에 이르기를 '화살이 이르고 수레를 덮었다.' 라고 한 것은 그 도가 그러한 것이었다.

次四 見矢自升 利羽之朋 蓋戴車載 測曰 矢及蓋車 厥道然也
※ 범망(范望)은 '화살이 스스로 올랐다고 한 것은 깃의 힘이다. 깃과 금(金)이 벗으로 합한 뒤에 이에 나는데, 이는 군주와 신하가 마음을 함께하여 이에 풍화(風化)를 달리는 것과 같은 것이다. 수레에 짐을 실었다고 한 것은 군자(君子)가 세상을 구제하는 것과 같은 것이다.' 고 했다.

次五는 거미의 힘쓰는 것이다. 누에의 비단과 같지 못한 것이다.
測에 이르기를 '거미의 힘쓰는 것이다.' 라고 한 것은 사람에게 보탬이 없는 것이다.

次五 蜘蛛¹⁾之務 不如蠶之緰²⁾ 測曰 蜘蛛之務 無益人也
1) 蜘蛛(지주) : 거미.
2) 緰(수) : 여자의 적삼을 만드는 비단.
※ 범망은 '거미가 실을 뽑는 것이 비록 힘쓰는 일이지만 사람에게 사용되는 것이 아니므로 누에에서 실을 뽑아 하나의 적삼을 만드는 이로움만 같지 못하다.' 라고 했다.
사마광은 '五는 짜는 것이 되고 옷도 되고 누에고치도 된다. 소인의 일이란 그 일이 아니면 노력해도 공로가 없으므로 이러한 象이 있다고 했다. '서경' 의 여오(旅獒)편에 이르기를 '무익한 일을 일으켜 유익한 일을 해치지 않으면 공은 이에 이루어진다.' 라고 했다.

次六은 꽃과 열매가 향기로운 듯 했다. 사용하면 좋은 듯 했다.

測에 이르기를 '꽃이 향기로워 사용하면 좋은 듯 하다.' 라고 한 것은 당년(當年)에 이로운 것이었다.

次六 華實芳若[1] 用則臧若 測曰 華芳用臧 利當年也
1) 若(약) : 어조사이다.
　※ 六은 지극히 큰 것이 되어 힘쓰면 크게 이루어진다. 힘쓰면 크게 이루어진다는 것은 온전한 덕과 같은 것이 없다. 꽃과 열매가 겸하여 왕성하고 해의 때가 아름답게 왕성하면 어디에 사용한 들 착하지 않겠는가?

次七은 그 향기를 잃었다. 갈 곳이 없다.
測에 이르기를 '그 향기를 잃었다.' 라고 한 것은 덕이 쇠한 것이었다.

次七 喪其芳 無攸往 測曰 喪其芳 德以衰也
　※ 범망은 '七은 뜻을 잃은 것이 된다. 그러므로 덕이 쇠했다.' 고 했다.

次八은 누런 가운데서 재앙을 면했다. 바른 것이다.
測에 이르기를 '누런 가운데서 재앙을 면했다.' 라고 한 것은 화(和)하여서 바르게 된 것이다.

次八 黃中免于禍 貞 測曰 黃中免禍 和以正也
　※ 왕애는 '八은 허물이 가득한 곳에 있어 재앙에 가깝다. 또한 지위를 얻어 낮에 해당하여 상체(上體)의 가운데 있다. 이는 누런 가운데의 도를 얻어 허물과 뉘우침을 면한 것이다.' 라고 했다.
　사마광은 '八은 재앙의 중(中)에 있고 낮에 해당한다. 군자(君子)는 중정으로써 임무를 삼아야 비록 재앙이 있더라도 해롭지 않다.' 고 했다.

上九는 힘써 이루어 스스로 무너졌다. 비가 이루어져 스스로 떨어졌다.
測에 이르기를 '힘써 이루어 스스로 무너졌다.' 라고 한 것은 그의 명이 아니었다.

上九 務成自隊 雨成自隊¹⁾ 測曰 務成自隊 非厥命也
1) 隊(추) : 추(墜)와 같다.
　※ 왕애는 '힘쓰는 지극함에 처하여 지위를 잃고 밤에 해당한다. 그 힘쓰는 바의 업이 비록 이루어졌으나 반드시 무너졌다. 이것은 마치 음(陰)이 비를 만들어서 비를 떨어뜨리면 반드시 이르는 이치와 같으니 그것을 가히 구제할 수 있겠는가?' 라고 했다.
　사마광은 '만물이 영위(營爲)하여 힘써 이루지만 마침내는 무너지는데 그러한 바는 소인은 교만하고 게을러 성공하더라도 능히 그 천명을 다하지 못하기 때문이다.' 라고 했다.

　䷳ 사(事) : 양기(陽氣)는 크게 힘써서 맡은 것들을 밝게 한다. 만물들은 곧 펴고 펴서 각각 그의 힘을 이룬다.

　䷳事¹⁾ 陽氣大勖²⁾昭職 物則信信³⁾ 各致其力
1) ䷳事(䷳사) : 괘는 일방(一方), 삼주(三州), 삼부(三部), 삼가(三家)이다. 사(事)는 양가(陽家)이며, 금(金)이고, '주역(周易)'의 고(蠱)괘에 준(準)한다.
2) 勖(옥) : 힘쓰다.
3) 信信(신신) : 신신(伸伸)이라 했다. 펴고 펴주다.
　※ 양기(陽氣)가 만물을 힘써 전하여 씨의 꼬투리 검은 기름으로 각각 그의 일을 밝게 하면 만물들은 곧 스스로 그의 힘을 다하여 펴주고 펴서 각각 그의 일에 따른다. 무(務)란 영위(營爲)함이 있는 것이요, 사(事)란 각각 그의 일을 맡는 것이다.

　初一은 일인데 일이 없다. 이르러 일하지 아니함이 없다.
　測에 이르기를 '일인데 일이 없다.'라고 한 것은 도로써 행한 것이었다.

初一 事無事 至無不事 測曰 事無事 以道行也
　※ 왕애는 '모든 일에는 모두 이치가 있는데 어찌 하는 것이 있으랴! 그 근본을 바르게 할 따름이다. 그렇기때문에 양(陽)에 처하고 낮에 해당하여 일의 시작에 있어서 능히 그 근본을 바르게 한다.'라고 했다.
　사마광은 '一은 생각의 시작이 된다. 마음은 정(精)의 근원이며, 모든 일의 근본이다. 군자는 그의 근원을 맑게 하고 그 근본을 바르게 하면 곧 일이 다스려지지 않는 것이 없다. 노자(老子)에 이르기를 '하는 것이 없으면서도 하지 아니함도 없다.'라고 했다.

　次二는 일이 근본에 있다. 자문도 하지 않고 묻지도 않았다. 그 지혜로운 부신을 잃었다.
　測에 이르기를 '자문도 하지 않고 묻지도 않았다.'라고 한 것은 그 아는 것이 없기 때문이었다.

　次二 事在樞[1] 不咨不諏[2] 喪其哲符[3] 測曰 不咨不諏 其知亡也
1) 樞(추) : 지도리. 근본.
2) 諏(주) : 추(諏)의 뜻.
3) 哲符(철부) : 지혜로운 부신. 부는 지키는 바의 상서로운 것.
　※ 二는 생각의 중(中)이 되므로 '일이 근본에 있다.'고 했다. 추(樞)란 영화와 욕됨과 편안함과 위태함이 매어 있는 땅이다. 일의 방법이 중심인 근본에 있는데 생각이 행해지지 않는다면 마땅히 선을 찾아 물어서 지극히 마땅함을 구해야 한다. 그러나 당일의 밤에 해당하여 어리석고 스스로를 써서 자문도 하지 않고 묻지도 아니하여 그 지혜로운 부신을 잃은 것이다. 요(堯)임금이 모든 이에게 상고하고, 순임금은 남에게 취하는 것을 즐거워하는 것으로 선을 삼았고 공자는 모든 일을 물어서 했다.'고 했다.

　次三은 제 때에 갔고 제 때에 왔다. 사이에 털끝도 용납하지 않았다.
　測에 이르기를 '제 때에 갔고 제 때에 왔다.'라고 한 것은 취지를 잃지 아니한 것이었다.

次三 時往時來 間不容氂¹⁾ 測曰 時往時來 不失趣也
1) 氂(리) : 터럭. 곧 털의 뜻.

※ 三은 뜻이 성취되고 생각이 이미 이루어져 마땅히 뜻을 결정하여 행한 것이다. 一은 그 때를 잃고 이르는 곳이 없는 것을 뉘우친 것이다. 그러므로 이르기를 '제 때에 가고 제 때에 왔다. 사이에 털끝도 용납하지 못했다.' 라고 했다. 얻고 잃은 사이가 서로 벌어져서 미약함을 말한 것이다.

次四는 남자에게 여자의 일이다. 낳아 기르는 것은 대신하지 못한다.
測에 이르기를 '남자에게 여자의 일이다.' 라고 한 것은 그가 힘쓸 일이 아닌 것이었다.

次四 男女事 不代之字¹⁾ 測曰 男女事 非厥務也
1) 字(자) : 낳는 일. 곧 여자의 일.

※ 왕애는 '일이 그의 일이 아니라 반드시 흉하다. 남자에게 여자의 일이니 일이 실패함이 심하다. 어찌 낳아 기르는 일을 대신할 것인가? 四는 지위를 잃고 밤에 해당하여 그의 마땅함이 괴이쩍은 것이므로 그러하다고 말했다.' 고 했다. 사마광은 '남자가 여자의 일을 대신하면 집안이 흉하고, 군주가 신하의 직분을 빼앗으면 국가가 어지러워진다. 밝은 일에는 각각의 떳떳함이 있다.' 고 했다.

次五는 일은 그의 일이다. 왕이 하사한 음식이다.
測에 이르기를 '일은 그의 일이다.' 라고 한 것은 맡은 바의 직분이었다.

次五 事其事 王假¹⁾之食 測曰 事其事 職所任也
1) 假(가) : 주다. 하사하다의 뜻.

※ 사마광은 '일이 그의 일이란 그가 마땅히 일한 것의 일이다. 삼가하여 그의 맡은 바에 있으므로 왕이 음식을 주어 복과 녹봉을 받은 것이다.' 라고 했다.

次六은 큰 일을 맡아 스스로 일했다. 사방에서 와서 구제하지 않았다.
測에 이르기를 '큰 일을 맡아 스스로 일했다. 어찌 가히 감당할 것인가?'라고 했다.

次六 任大自事 方來不救 測曰 任大自事 奚可堪也
※ 六은 중(中)을 지나쳐 지극히 커져서 힘은 작고 책임은 무거웠다. 그러므로 '큰 일을 맡아 스스로 일했다.'라고 했다. 일이 사방에서 크게 왔으므로 전복되어서 구제하지 않는 것이다.

次七은 장인(丈人 : 어른)은 고아를 보살폈다. 더벅머리 아이는 병을 끌어 왔다.
測에 이르기를 '장인(丈人)은 고아를 보살폈다.'라고 한 것은 어린 아이가 방향을 알게 한 것이었다.

次七 丈人扶孤 竪子提壺 測曰 丈人扶孤 小子知方也
※ 왕애는 '七은 비록 지나치게 가득하지만 지위를 얻고 낮에 해당하여 일마다 마땅한 것을 잃지 않았다. 이것은 장인(丈人)이 고약(孤弱)한 일을 붙잡아 가진 것이며, 소자(小子)는 또한 병을 끌어 와서 봉양이 이르는 길을 알게 된 것이다.'라고 했다.

次八은 여자에게 남자의 일이다. 10년을 가르치지 않았다.
測에 이르기를 '여자에게 남자의 일이다.'라고 한 것은 마침내 집에서 흠향하지 않은 것이었다.

次八 女男事 十年不誨 測曰 女男事 終家不亨也
※ 왕애(王涯)는 '지위에 있어 지나치게 가득하여 지위를 잃고 밤에 해당한다. 괴이한 일이 마땅한 것으로 이는 여자가 남자의 일을 대신한 것이다. 10년이란 수치가 다한 것이다. 불회(不誨)란 가히 가르치지 않은 것이다.'라고 했다.

사마광은 '여자가 남자의 일을 맡으면 집에서 흠향하지 않는 것이다. 신하가 군주의 권한을 침범하면 나라가 창성하지 아니한다. 10년이 이미 지나면 힘과 세력이 이미 이루어져 가히 다시 제재하지 못하므로 여자는 남자의 가르침을 받들지 못하고 신하는 군주의 명을 받지 못하는 것이다.' 라고 했다.

上九는 귀가 순해짐에 이르러 그쳤다. 일이 바르게 되었다.
測에 이르기를 '귀가 순해지는데 이르러 그쳤다.' 라고 한 것은 거슬리는 것을 듣고 따라 행했기 때문이다.

上九 到耳順止 事貞 測曰 到耳順止 逆聞順行也
※ 九는 재앙의 끝이 되고 낮에 해당한다. 능히 충성을 받아들이고 허물을 보충하여 바르게 따르는 것을 잃지 아니한다. 곧 충성된 말은 귀에 거슬려도 행동에는 이롭게 되고 좋은 약은 입에는 쓰지만 병에는 이롭게 된다고 했다.

제 3권 태현경
(太玄集注卷第三)

☷ 경(更) : 양기(陽氣)는 이미 날았다. 형세는 변화하고 형체는 바뀌었다. 만물이 그 신령스러운 것을 고쳤다.

☷更[1] 陽氣旣飛 變勢易形 物改其靈
1) ☷更(☷경) : 괘는 이방(二方), 일주(一州), 일부(一部), 일가(一家)이다. 경(更)은 음가(陰家)이며 수(水)이고 '주역'의 혁(革)괘에 준한다. 경(更)은 初一인 20분 9초에 들어가고 청명(淸明)의 기와 응하며 次八에서 태양이 하늘의 필성(畢星)에 머문다.
※ 송충(宋衷)은 '하늘에 있어 날 수 있다고 일컬었다.'고 했다.

初一은 어두운 것이 변화하여 바른 것이 막혔다. 성(性)인 듯했다.
測에 이르기를 '어두운 것이 변화하여 바른 것이 막혔다.' 라고 한 것은 젊어서 방향을 바꾼 것이었다.

初一 冥化否貞 若性 測曰 冥化否貞 少更方也
※ 一은 생각의 시작이 되고 밤에 해당한다. 어리고 젊은 때에는 바르지 않은 것에 익숙한데 그것은 천성(天性)과 같아서 가히 다시 고치지 못하는 것이다. 가의(賈誼)는 '어려서 이루어진 것은 천성과 같고 습관은 자연(自然)과 같다.' 라고 했다. '젊어서 방향을 바꾸었다' 라고 한 것은 도(道)가 어릴 때에 변화한 것이다.

次二는 七의 때에 하고 九의 때에서 했다. 바퀴가 그의 도에 따라 굴렀다.
測에 이르기를 '七의 때에 하고 九의 때에 했다.' 라고 한 것은 마땅한 것을 잃지 아니한 것이었다.

次二 時七¹⁾時九²⁾ 軫³⁾轉其道 測曰 時七時九 不失當也
1) 七(칠) : 양(陽)이 왕성함이다.
2) 九(구) : 양(陽)이 쇠약함이다.
3) 軫(진) : 수레바퀴이다.
 ※ 二는 생각의 중(中)이 되고 낮에 해당한다. 군자는 없어지고 생기고 가득 차고 비는 것들이 시간을 따라서 쇠하고 성하는 것이, 마치 수레바퀴의 회전하여 변화에 응함이 다함이 없어서 정당함을 잃지 않은 것과 같은 것이다.

次三은 하얀 것이 진흙에서 화(化)했다. 검게 되었다.
測에 이르기를 '하얀 것이 진흙에서 화(化)했다.' 라고 한 것은 변화한 것이 밝지 아니한 것이었다.

次三 化白于泥 淄 測曰 化白于泥 變不明也
 ※ 왕애(王涯)는 '무릇 고치는 도(道)는 악을 변화시켜서 선을 따르게 하는 것을 귀하게 여긴다. 지금은 도리어 진흙의 검은 것이 되어 고치는 것의 마땅함을 잃은 것이다.' 라고 했다.
 사마광은 '치(淄)는 검은 것이다. 三은 생각의 象이 되고 밤에 해당한다. 선하지 못한 사람과 함께 사는 것이, 마치 하얀 물건이 진흙 속에 물들어 더불어 모두 검어진 것과 같다.' 고 했다.

次四는 변경하여 조금 얻었다. 사용함에 이롭지 않은 것이 없다.
測에 이르기를 '변경하여 조금 얻었다.' 라고 한 것은 백성들이 바라는 것들이었다.

次四 更之小得 用無不利 測曰 更之小得 民所望也
　※ 四는 복의 시작이 되고 낮에 해당하여 변경하여서 조금 얻은 것이다. 변경하여 조금 얻은 것은 백성들의 바람에 합하여 사용함에 이롭지 않은 것이 없다는 것이다.

次五는 소는 뿔이 없고 말은 뿔이 났다. 지금도 아니고 옛날도 아니다.
　測에 이르기를 '소는 뿔이 없고 말은 뿔이 났다.' 라고 한 것은 하늘의 떳떳한 것이 변한 것이었다.

次五 童牛角馬 不今不古 測曰 童牛角馬 變天常也
　※ 왕애는 '五는 성대한 지위에 있어 밤에 해당한다. 이는 고쳐 바꾸는 도가 커서 그 곳을 얻지 못한 것이다. 소는 도리어 뿔이 없고, 말은 도리어 뿔이 있으니 지금도 아니고 옛날에도 아니라는 것은 그러한 일이 없었다.' 라고 했다.
　사마광은 '뿔이 없는 것을 동(童)이라 한다. 소인(小人)이 지위를 얻어 법도를 망령되게 변경시켜 도리어 하늘의 떳떳한 것을 바꾸었으니 이미 지금에도 적합하지 않고 또 옛날에도 합치하지 않는 것으로 마치 한(漢)나라의 유흠(劉歆)이나 왕망(王莽)과 같은 부류가 이들이라는 것이다.' 라고 했다.

次六은 물에 들어가 수레에 싣고 물에서 나와 배에 실었다. 왕이 바뀌는 것이 마땅하다.
　測에 이르기를 '수레와 배가 들어가고 나왔다.' 라고 한 것은 그 도가 바뀐 것이었다.

次六 入水載車 出水載杭[1] 宜于王[2]之更 測曰 車杭出入 其道更也
1) 杭(항) : 주(舟)의 뜻. 물에는 배이고 육지에는 수레이다.
2) 王(왕) : 여러 본(本)에 이 글자가 없다. 지금은 범망본(范望本)을 따랐다.
　※ 물에는 배로 하고 육지는 수레로 하는 것이 이치의 정상적이다. 이는 신발이 비록 새 것이어도 반드시 발에 베풀고 관이 비록 떨어졌더라도 반드시 머리

에 쓰는 것과 같다. 그러나 은(殷)나라의 탕(湯)임금이나 주(周)나라의 무왕(武王)은 절개에 통달하고 하늘에 순응하며 사람을 따르게 하여 군주와 신하가 지위를 바꿨어도 그 도는 당연한 것이 되어 곧 얻어서 변화시키지 아니함이 없었다.

次七은 바꾸는데 바뀌지 않았다. 병이 일어났다.
測에 이르기를 '바꾸는데 바뀌지 않았다.' 라고 한 것은 능히 스스로 어질지 못한 것이었다.

次七 更不更 以作病 測曰 更不更 不能自臧也
※ 七은 재앙의 시작이 되고 밤에 해당하는데 풍속의 변화에서 오는 폐단을 마땅히 바꿔야 하는 것을 잃어서 바꾸지 못했기 때문이다. 한(漢)나라의 동중서(董仲舒)는 '정치를 하는데 행하지 않게 되면 심한 자는 반드시 변화시키고 바꾸어 변화시켜야 이에 가히 다스리게 되는 것이다.' 라고 했다.

次八은 네 마리의 말이 머뭇머뭇거렸다. 능히 그 어거(운전)하는 자를 바꿨다.
測에 이르기를 '네 마리의 말이 머뭇머뭇거렸다.' 라고 한 것은 어거하는 자를 바꾸어 이에 좋아진 것이다.

次八 駟馬跙跙[1] 能更其御 測曰 駟馬跙跙 更御乃良也
1) **駟馬跙跙**(사마저저) : 사마는 네 마리의 말이 끄는 수레. 저저는 나아가지 못하고 주저주저하다.
※ 왕애는 '지위를 얻고 낮에 해당하여 바꾸는 것을 도로써 했다. 네 마리의 말이 주저주저한 것은 행하는데 나아가지 못한 것이다. 좋은 운전자로 바꾼 것은 이에 그 마땅한 것을 얻은 것이다.' 라고 했다.
사마광이 '八은 재앙의 중(中)이 된다. '그 운전자를 바꾸었다.' 고 했다. 운전자를 바꾸는 象으로써 어진 사람으로 바꾸어 임명하여 그 정치를 닦게 한 것이다.' 라고 했다.

上九는 그 덕을 끝마치지 않았다. 3년에 대신함을 보았다.

測에 이르기를 '끝마치지 않고 대신했다.'라고 한 것은 가히 오래 길이하지 못한 것이었다.

上九 不終其德 三歲見代 測曰 不終之代 不可久長也
※ 九는 재앙의 지극함이 되고 밤에 해당한다. 소인이 그 덕을 끝마치지 못하고 교만하고 음란하여 지위를 잃어서 사람을 대신한 것이다.

☰ 단(斷): 양기(陽氣)는 안에서 강(彊)하고 밖에서도 굳셌다. 움직이면 능히 재단하여 결정함이 있다.

☰斷[1] 陽氣彊內而剛外 動能有斷決
1) ☰斷(☰단): 괘는 이방(二方), 일주(一州), 일부(一部), 이가(二家)이다. 단(斷)은 양가(陽家)이고 화(火)이며 '주역'의 쾌(夬)괘에 준(準)한다.

初一은 마음으로 단절하고 도끼로 없앴다. 그 먹줄과 곡척(曲尺)은 어두웠다.
測에 이르기를 '마음으로 단절하고 도끼로 없앴다.'라고 한 것은 안에서 스스로 다스린 것이었다.

初一 斷心滅斧 冥其繩矩 測曰 斷心滅斧 內自治也
※ 一은 생각의 시작이 되고 낮에 해당하여 능히 법도로써 안에서 마음으로 단절하여 사람들이 그의 자취를 보지 못하게 한 것이다.

次二는 어두운데 단절하여 막았다. 귀를 막은데 있었다.
測에 이르기를 '어두운데 단절하여 막았다.'라고 한 것은 속마음에서 의심한 것이었다.

次二 冥斷否 在塞耳 測曰 冥斷否 中心疑也
※ 二는 생각의 중(中)이 되고 밤에 해당하여 마음에서 어둠을 무릅쓴 것을

알고 능히 결단하지 못했다. 비록 좋은 꾀가 있을지라도 적당히 따르는 것을 알지 못하고 들어도 총명하지 못했다. 그러므로 이르기를 '귀를 막았다.' 고 했다.

次三은 그 귀는 먹고 콧병난 것을 터뜨렸다. 이로움으로써 더러운 것을 다스렸다.

測에 이르기를 '그 귀는 먹고 콧병난 것을 터뜨렸다.' 라고 한 것은 이로운 것에 계략이 있는 것이었다.

次三 決其聾鼽[1] 利以治穢 測曰 決其聾鼽 利有謀也

1) 鼽(제) : 콧병이다.

※ 사마광은 '三은 뜻을 성취하여 낮에 해당하는데 능히 가리고 닫힌 것을 결정하여 버려서 좋은 계획을 통하여 받아드린 것이다.' 라고 했다.

次四는 나의 막힌 것을 결단했다. 먹은 것이 그가 둔 것이 아니다. 부끄러웠다.

測에 이르기를 '나의 막힌 것을 결단했다.' 라고 한 것은 먹은 것이 가히 부끄러운 것이었다.

次四 斷我否 食非其有 恥 測曰 斷我否 食可恥也

※ 四는 하록(下祿)이 되고 밤에 해당하여 처한 곳이 그의 지위가 아니고 먹은 것이 그의 녹봉이 아니었다. 능히 스스로 판단하지 못하고 떠났으니 진실로 가히 부끄러운 것이었다.

次五는 대복(大腹 : 큰 배)이 터져 그 넓적다리가 이탈했다. 군자(君子)는 단절함이 있고 소인은 사는 것으로써 했다.

測에 이르기를 '대복(大腹)이 터져 이탈했다.' 라고 한 것은 결단하여 이치를 얻은 것이었다.

次五 大腹決 其股脫 君子有斷 小人以活 測曰 大腹決脫 斷得理也

※ 五는 나타나 밝은 것이 되고 낮에 해당하여 단절함이 왕성한 것이다. 대복결(大腹決)은 간사한 것을 용납하지 아니한 것이다. 기고탈(其股脫)은 큰 것이 보존된 것이다.

次六은 결단할 것을 결단하지 않았다. 너의 원수가 넓지 않았다. 이에 뒤에는 도끼가 있다.
測에 이르기를 '결단할 것을 결단하지 않았다.' 라고 한 것은 재앙이 몸에 이르른 것이었다.

次六 決不決 爾仇不闊 乃後有鉞 測曰 決不決 辜及身也
※ 六은 중(中)을 지나쳐 밤에 해당한다. 마땅히 결단해야 하는데 결단하지 못했다. 원수가 멀지 아니하니 반드시 장차 죽여 욕됨을 받을 것이다.

次七은 경(庚:義)으로 갑(甲:仁)을 결단했다. 나의 마음이 매우 컸다. 뒤에 아름다움이 있다.
測에 이르기를 '경(庚)으로 갑(甲)을 결단했다.' 라고 한 것은 마땅한 것으로써 인(仁)을 결단한 것이었다.

次七 庚斷甲[1] 我心孔碩[2] 乃後有鑠[3] 測曰 庚斷甲 誼斷仁也
1) 庚斷甲(경단갑) : 경(庚)은 의(義)이고 갑(甲)은 인(仁)이다.
2) 孔碩(공석) : 매우 크다.
3) 鑠(삭) : 아름다움이다.
※ 사마광은 '경(庚)은 금(金)이며 의(義)를 주관하고 갑(甲)은 목(木)이며 인(仁)을 주관한다. 七은 칼이 되어 형벌을 사용하는 象이 있다. 군자(君子)는 의(義)로써 인(仁)을 결단하고 작은 것을 놓고 큰 것을 취한 연후에 다스려 편안한 아름다움이 있는 것이다. '서경'의 하서(夏書)에 이르기를 '위엄이 그 사랑을 이기게 되면 진실로 구제하게 된다.' 라고 했다.

次八은 용맹한 난장이가 배반했다. 도둑이 무릅쓰고 결단하여 터놓았다.

測에 이르기를 '도둑이 무릅쓰고 결단했다.' 라고 한 것은 망령되게 결단한 것이었다.

次八 勇侏之儥[1] 盜蒙決夬 測曰 盜蒙之決 妄斷也
1) 侏之儥(주지벌) : 난장이가 배반하다. 벌은 배반하다의 뜻.
　※ 범망(范望)은 '도가 없으니 난장이가 되고, 의(義)에 반(反)한 것은 배반이 되는 것이다.' 라고 했다.
　※ 해설이 궐(闕)했다.

上九는 도끼의 날이 눈썹과 같다. 장인(匠人)의 바른 것이 이롭다.
測에 이르기를 '눈썹 같은 도끼다. 어지러운 것을 정벌하는 것이 이롭다.' 라고 했다.

上九 斧刃蛾蛾[1] 利匠人之貞 測曰 蛾蛾之斧 利征亂也
1) 蛾蛾(아아) : 의의(蟻蟻)의 뜻이 아닌가 한다. 뜻이 자세하지 않다.
　※ 九는 군사도 되고, 도끼도 되고 또 재앙의 지극함도 된다. 그러므로 이르기를 '도끼의 날이 아아(蛾蛾)하다.' 라고 했다. 장인(匠人 : 기술자)은 도끼를 가지고 나무를 베고, 군자는 의를 가지고 어지러운 곳을 정벌하는 것이다.

☷ 의(毅) : 양기(陽氣)는 바야흐로 진실했다. 의연(毅然)하게 감히 행하여 만물이 그의 뜻을 폈다.

☷ 毅[1] 陽氣方良 毅然敢行 物信[2]其志
1) ☷毅(☷의) : 괘는 이방(二方), 일주(一州), 일부(一部), 삼가(三家)이다. 의(毅)는 음가(陰家)이고, 목(木)이며, '주역'의 쾌(夬)괘에 준(準)한다. 과단성이 있는데 이르는 것이 의(毅)가 된다. '주역'의 쾌괘에 '쾌는 왕의 조정에서 이름을 날리다.' 라고 한 것이다. 그러므로 의(毅)는 언어(言語)의 象이 있는 것을 겸했다.

2) 信(신) : 신(伸)의 뜻.
　※ 송충(宋衷)은 '선하여 어진 것을 흔들지 않는다.' 라고 했다.

　初一은 위엄을 품어 빈 곳에 가득했다.
　測에 이르기를 '위엄을 품어 빈 곳에 가득했다.' 라고 한 것은 도덕이 없어진 것이었다.

　初一 懷威滿虛 測曰 懷威滿虛 道德亡也
　※ 一은 생각의 시작이 되고 밤에 해당한다. 소인이 위엄을 품어 마음에 가득하게 한 것은 힘을 믿고 의를 멸한 것이었다.

　次二는 마음과 배가 굳셌다. 바르다.
　測에 이르기를 '마음과 배가 굳셌다.' 라고 한 것은 안이 단단하고 굳센 것이었다.

　次二 毅于心腹 貞 測曰 毅于心腹 內堅剛也
　※ 二는 생각의 중(中)이 되고 낮에 해당한다. 군자는 바른 것을 지키고 단단하고 굳세게 하여 가히 빼앗기지 않는 자이다.

　次三은 위엄을 인 것이 머리에 가득했다. 군자는 부족하고 소인은 남음이 있다.
　測에 이르기를 '위엄을 인 것이 머리에 가득했다.' 라고 한 것은 소인(小人)이 자라는 바였다.

　次三 戴威滿頭 君子不足 小人有餘 測曰 戴威滿頭 小人所長也
　※ 三은 뜻이 이루어지고 굳세고 굳세어 밖으로 드러났다. 그러므로 이르기를 '위엄을 인 것이 머리에 가득하다.' 라고 했다. 군자(君子)는 살게 되면 스스로를 부족함으로 삼고 소인이 살게 되면 스스로를 여유로움이 있게 한 것이다.

　次四는 군자(君子)는 그릇을 설명했다. 그의 말은 부드러우면서 또 굳셌다.
　測에 이르기를 '군자는 그릇을 설명했다.' 라고 한 것은 말하는 데 방향이 있는 것이었다.

　次四 君子說器 其言柔且毅 測曰 君子說器 言有方也
　※ 四는 하록(下祿)이 되고 낮에 해당한다. 군자의 말은 모두가 법도가 있고 그릇같은 것을 적당히 사용하여, 부드럽되 나약하지 않고 굳세되 괴팍하지 않은 것이다.

　次五는 밭을 갈지 않아도 녹봉이 있다. 굳세게 녹봉을 가렸다.
　測에 이르기를 '밭을 갈지 않아도 녹봉이 있다.' 라고 한 것은 먹는 것이 마땅하지 않은 것이었다.

　次五 不田而穀 毅于揀祿 測曰 不田而穀 食不當也
　※ 五는 당일의 밤에 해당한다. 덕이 없이 성대한 녹봉을 누려 굳세고 과단성 있게 베푸는 것으로 녹봉을 가려서 베풀 따름이다. 그러므로 '밭갈지 않아도 녹봉이 있고 과감하게 녹봉을 선택한다.' 라고 했다. '시경'의 국풍 벌단(伐檀)편에 이르기를 '씨뿌리지 않고 거두지도 않았는데 어찌하여 3백석의 전세를 거두는가?' 라고 했다.

　次六은 마룻대와 기둥이 굳세다. 큰 주인이 이롭고 편안했다.
　測에 이르기를 '마룻대와 기둥이 굳세다.' 라고 한 것은 국가의 강력한 것을 맡은 것이다.

　次六 毅于棟柱 利安大主 測曰 毅于棟柱 國任彊也
　※ 六은 상록(上祿)이 되고 낮에 해당한다. 나라의 대신이 힘써 충성하고 굳세게 강하여 능히 그 임무를 이겨내고 사직을 편안히 한 것이다.

　次七은 큰 양의 굳센 것이다. 우는 것도 선하지 않았다.
　測에 이르기를 '큰 양의 굳센 것이다.' 라고 한 것은 말이 법도가 아닌 것이었다.

次七 觥羊[1]之毅 鳴不類 測日 觥羊之毅 言不法也
1) 觥羊(굉양) : 큰 양(大羊)이다.
 ※ 사마광은 '양(羊)은 사나운 동물이다. 류(類)는 선(善)이다. 七은 재앙의 계단이 되고 밤에 해당한다. 소인이 굳세고 사나워서 언어를 가리는 바가 없고, 법도를 돌아보지 않는 것이다.' 라고 했다.

次八은 굳센 재앙에 올발랐다. 군자가 이름하는 바이다.
測에 이르기를 '굳센 재앙에 올발랐다.' 라고 한 것은 가히 깊숙하게 덮지는 못한 것이었다.

次八 毅于禍貞 君子攸名 測日 毅于禍貞 不可幽蔀[1]也
1) 蔀(부) : 덮다. 복(覆)의 뜻.
 ※ 왕애는 '八은 재앙의 중(中)에 있으므로 재앙에 굳세다. 지위가 낮에 해당하고 그 바른 것을 잃지 않았다. 이는 군자가 이름하는 바이다.' 라고 했다.
 사마광은 '군자는 바른 것을 지켜 재앙을 만나면 굳세고 억세서 흔들리지 않는다. 몸이 비록 가히 죽을지라도 이름을 숨기지 않는 것이다.' 라고 했다.

上九는 돼지가 그의 이빨을 굳세게 했다. 활을 당겨서 쏘았다.
測에 이르기를 '돼지가 그의 이빨을 굳세게 했다.' 라고 한 것은 관리가 사냥을 한 것이었다.

上九 豨毅其牙 發以張弧 測日 豨毅其牙 吏所獵也
 ※ 왕애(王涯)는 '九는 굳센 것의 지극함에 있고 지위는 또 밤에 해당한다. 이는 마치 들의 돼지가 그 발톱과 이를 굳세게 하여 반드시 활을 당겨서 죽이는 것과 같은 것이다.' 라고 했다.
 사마광은 '희(豨)는 큰 돼지이다. 소인이 지극히 굳세어서 재앙을 취한 것이, 마치 돼지가 그 이빨을 굳세게 하여 적당하게 스스로 활을 불러들여 사냥하는 것과 같을 따름이다.' 고 했다.

☷ 장(裝) : 양기(陽氣)는 비록 크게 일을 사용했으나 미약한 음(陰)이 아래에 웅거했다. 치장하고 떠나고자 했다.

☷裝¹⁾ 陽氣雖大用事 微陰據下 裝而欲去
1) ☷장(裝) : 괘는 이방(二方), 일주(一州), 이부(二部), 일가(一家)이다. 장(裝)은 양가(陽家)이고, 금(金)이며, '주역'의 여(旅)괘에 준(準)한다. 장(裝)은 次四의 38분 32초에 들어가고 태양은 실심(實沈)에서 머물러 입하(立夏)의 기와 응한다. 두(斗)는 사위(巳位)에 세우며, 율(律)은 중려(仲呂)에 맞춘다. 장(裝)은 다스려 행하다.
 ※ 육적(陸績)은 '음기는 아래에 웅거한다. 그러므로 양은 꾸미고 단속하여 뜻이 떠나가는데 있다.' 고 했다.

初一은 꾸미는 것을 깊숙히 했다. 나타내지 아니하고 행했다.
測에 이르기를 '꾸미는 것을 깊숙히 했다. 나타내지 아니했다.' 라고 한 것은 마음은 이미 밖으로 한 것이었다.

初一 幽裝 莫見之行 測曰 幽裝莫見 心已外也
 ※ 一은 생각의 시작이 되고 낮에 해당한다. 군자는 미약하게 나타나는 것을 보고 몰래 가고자하는 뜻이 있다는 것을 사람들은 알지 못한 것이다.

次二는 기러기가 얼음에서 슬퍼했다. 저 남풍을 따라 날았다. 안으로 그의 짝을 생각했다.
測에 이르기를 '기러기가 슬퍼했다.' 라고 한 것은 근심을 품어 상쾌한 일이 없는 것이었다.

次二 鴚鵝慘于氷 翼彼南風 內懷其乘 測曰 鴚鵝之慘 懷憂無快也
 ※ 왕애(王涯)는 '가아(鴚鵝)는 기러기이다. 짝을 잃은 후 찬 얼음에 슬퍼한 연후에 바람의 남쪽을 날아 안으로 그 짝을 생각하고 근심하여 상쾌함이 없다.

승(乘)이란 기러기 네 마리이다.'라고 했다.

　사마광은 방언(方言)에는 '새가 나는 것을 쌍(雙)이라 하고 기러기가 날으는 것을 승(乘)이라 한다.'고 했다. 승(乘)은 짝(匹)이다. 기러기가 추위를 피하여 따뜻한 곳으로 나아가고 북쪽으로부터 남쪽으로 가는 것이, 사람들이 위험을 버리고 편안한 곳으로 나아가는 것과 같다. 二는 생각의 중(中)이 되고 밤에 해당한다. 소인이 은총을 품고 녹봉을 탐내어 능히 조그마한 근심도 피하지 못하는 것이, 마치 기러기가 안으로 그 짝을 생각하여 능히 멀리 놓지 못하는 것과 같다. '주역'의 둔괘 九三효에 '얽매어 있는 둔(遯)이다. 병이 있어 위태하다.'라고 했다.

　次三은 그 뜻이 갔다. 혹은 계승하여 기쁘다.
　測에 이르기를 '그 뜻이 갔다.'라고 한 것은 상쾌한 바를 만난 것이었다.

　次三 往其志 或承之喜 測曰 往其志 遇所快也
　※ 三은 생각의 상(上)이 되고 낮에 해당한다. 비록 나그네의 신세가 되었으나 가서 그 뜻을 얻었다. 그러므로 이르기를 '혹은 계승하여 기쁘다.'라고 했다.

　次四는 곤계(鶤雞)가 아침에 날아서 북쪽에 모였다. 앵앵(嚶嚶)거리고 서로 화합하지만 먹는 것을 그치지 않았다.
　測에 이르기를 '곤계가 아침에 날았다. 무엇이 족히 이익이 될 것이겠는가?'라고 했다.

　次四 鶤雞[1]朝飛踔于北 嚶嚶相和不輟食 測曰 鶤雞朝飛 何足賴也

1) 鶤雞(곤계) : 닭의 일종.

　※ 왕애는 '큰 새가 아침에 날았다는 것은 마땅히 양(陽)으로 나아가 스스로 편안한 것인데 도리어 북쪽에 한 것은 그 향하는 바를 잃은 것이다. 비록 서로 화목하여 앵앵(嚶嚶)거리지만 그러나 마침내 그 먹을 것을 구하는 뜻을 그치지 않았다. 이미 그의 도를 잃은 것인데 또한 무슨 이익이 될 수 있겠는가?'라고 했다.

次五는 기러기가 검게 치장했다. 음식으로 기르고 길렀다.
測에 이르기를 '기러기가 검게 치장했다.' 라고 한 것은 대장(大將)이 뜻을 얻은 것이었다.

次五 鴻裝于淄 飮食頤頤 測曰 鴻裝于淄 大將得志也
※ 해설이 궐(闕)했다.

次六은 여섯 거리를 지나고 아홉 길을 두루 했다. 그 다니는 것을 제한하지 않고 장사를 했다.
測에 이르기를 '여섯 거리를 지났다.' 라고 한 것은 장사꾼과 나그네의 일이었다.

次六 經六衢 周九路 不限其行 賈 測曰 經六衢 商旅事也
※ 왕애(王涯)는 '여섯 거리와 아홉 길을 거치지 않은 것이 없는 것이며 수고롭게 이익을 구하는 자는 소인의 일이다.' 라고 했다.
사마광은 '六은 성대하고 많은 것이 되고 밤에 해당한다. 소인(小人)은 천하를 두루하여 그 행동을 제한받지 않아도 도를 행하는 것은 아니다. 그의 뜻이 이익을 따를 따름이며 장사치와 다를 것이 없다.' 고 했다.

次七은 꾸미는데 짝이 없다. 허물을 치면 이롭다.
測에 이르기를 '꾸미는데 짝이 없다.' 라고 한 것은 재앙이 또 이르른 것이었다.

次七 裝無儷[1] 利征咎 測曰 裝無儷 禍且至也
1) 儷(리) : 려(儷)와 같다. 짝의 뜻.
※ 해설이 궐(闕)했다.

次八은 계중(季仲)이 법도를 버렸다. 길에서 울었다. 그가 가는 것을 전송하는데 썼다.

測에 이르기를 '계중(季仲)이 법도를 버렸다.'라고 한 것은 그의 죽음을 전송한 것이었다.

次八 季仲播軌 泣于道 用送厥往 測曰 季仲播軌 送其死也
※ 해설이 궐(闕)했다.

上九는 어두운 곳에서 치장했다.
測에 이르기를 '어두운 곳에서 치장했다.'라고 한 것은 오히려 가히 피한 것이었다.

上九 裝于昏 測曰 裝于昏 尙可避也
※ 왕애(王涯)는 '꾸미는 도에 처하여 마땅히 먼저 처해야 한다. 지금은 지극한 지위에 있어 자못 어지러운 도를 잃었다. 그러나 지위를 얻고 낮에 해당함이, 마치 정장(整裝)하고 어두운 때에 재앙을 피한 것과 같다. 비록 크게 늦었다고 이를지라도 오히려 가히 피한 것과 같다.'고 했다.
사마광은 '九는 재앙의 끝이 되고 낮에 해당한다. 군자가 재앙의 다함을 만나서 꾸미고 떠나니, 비록 때가 이미 늦었으나 오히려 편안할 때 떠나지 않은 것보다 낫다'고 했다.

☷ 중(衆) : 양기(陽氣)는 높게 펴서 가지런히 품었다. 만물이 밝게 베풀어졌다. 아름답게 크고 무리가 많았다.

☷衆[1] 陽氣信[2]高懷齊 萬物宜明 嫮[3]大衆多
1) ☷衆(☷중) : 괘는 이방(二方), 일주(一州), 이부(二部), 이가(二家)이다. 중(衆)은 음가(陰家)이고 토(土)이며, '주역'의 사(師)괘에 준(準)한다. 중(衆)이 次四에서 들어가고 태양은 자휴(觜觿)에서 머문다. 次八에 태양은 삼성(參星)에 머문다.
2) 信(신) : 신(伸)의 뜻.
3) 嫮(호) : 육적은 '아름답다의 뜻이다.'라고 했다.

初一은 병사(兵事)가 시작부터 어두었다. 불이 귀로 들어갔다. 농사꾼은 곡식을 거두었다. 시체를 장차 밭에 폈다.
測에 이르기를 '병사(兵事)가 시작부터 어두었다.' 라고 한 것은 시작부터 좋지 못한 것이었다.

初一 冥兵始 火入耳 農輒穀 尸將班¹⁾于田 測曰 冥兵之始 始則不臧也

1) 班(반) : 포(布)의 뜻.

※ 사마광은 '一은 그윽하고 미묘한 것으로 전쟁의 처음부터 전쟁의 발단이 이미 싹텄으나 나타나지는 않은 것이다. 그러므로 전쟁의 시작부터 어두웠다고 했다. 대저 전쟁이란 상서롭지 못한 그릇으로 사람이 듣고 갑자기 놀라는 것이다. 그러므로 불이 귀로 들어갔다고 했다. 농사에서 그 경작한 수확을 걷어 군량으로 공급하고, 말을 곡식으로 먹여 장차 사용할 것이다. '시체를 밭에 펴다' 라고 한 것은 죽은 사람이 많다는 것을 말한 것이다.' 고 했다.

次二는 병사들이 칼날이 없다. 군사에는 진지가 없다. 기린 혹은 손님을 맞이하는데 따뜻했다.
測에 이르기를 '병사들이 칼날이 없다.' 라고 한 것은 덕에 복종하여 방향이 없는 것이었다.

次二 兵無刃 師無陳 麟或賓之 溫 測曰 兵無刃 德服無方也

※ 범망(范望)은 '기린이란 짐승은 뿔이 있는데 치받지 않는다.' 라고 했다.
왕애(王涯)는 '二는 하체(下體)의 중(中)에 있고 또 지위를 얻어 낮에 해당하여 무리의 적당함을 얻었다. 그러므로 병사들이 칼날을 교환하지 않았고 군사들이 진지를 두지 않았으며 강한 이웃이나 적국이라도 모두 혹은 손님같이 했다.' 라고 했다.
사마광은 '二는 생각의 중(中)이 되고 낮에 해당한다. 군자는 마음으로 덕을 닦아서 온 세상을 모두 복종시켜 병사들을 쓸 곳이 없다. 그러므로 병사들이 칼날이 없고 군사에는 진지가 없다고 했다. 빈(賓)이란 밖으로부터 온 자이다. 기린 혹은 손님으로 했다고 한 것은 무(武)가 있는데 사용하지 않는 象이다. 온(溫)이란 위엄과 폭력으로 하지 않는 것을 이른 것이다.'고 했다.

次三은 군사들이 혹은 수레를 얽었다. 장인(丈人)이 아내와 아들을 밀쳤다. 안에서 밟은 것은 티였다.
測에 이르기를 '군사들이 혹은 수레를 얽었다.'라고 한 것은 사당에서 싸워 안이 손상된 것이다.

次三 軍或纍車 丈人摧孥 內蹈之瑕 測曰 軍或纍車 廟戰內傷也
※ 三은 생각의 끝이 되어 싸우지 않고 먼저 안에서 꾀하는 것이다. 수레가 연달아 걸림을 당한 것은 실은 것이 엎어진 것이다. 장인(丈人)은 집안의 어른이다. 노(孥)는 아내와 아들이다. 계획이 좋지 못한 것으로 마치 장인(丈人)이 스스로 그의 집안을 밀어 헐은 것과 같은 것이다. 대저 무너짐이 어찌 밖에서 오겠는가? 안에 있을 때에 이미 하자를 밟고 있으므로 말미암았다. 그러므로 적인(敵人)이 얻어서 세를 탔다. 손자(孫子)의 병법에 이르기를 '싸우지 않고 조정에서 계산하여 승리하지 못한 자는 계산이 적은 것을 얻은 것이다.'라고 했다.

次四는 범이 성내고 떨며 노했다. 표범이 그 사사로움을 이겨서 막았다.
測에 이르기를 '범이 성내고 떨며 노했다.'라고 한 것은 매가 날개 치는 것과 같은 것이었다.

次四 虎虓振厎[1] 豹勝其私 否 測曰 虎虓振厎 如鷹之揚也
1) 虓振厎(효진흠) : 범이 성내고 떨며 노했다는 뜻. 효는 범이 성난 소리. 진효는 지극히 성난 모양.
※ 왕애(王涯)는 '중(衆)에 처해 높은 지위에 가까워져서 장수로 임명되었다. 지위를 얻고 낮에 해당하여 그 무리들을 잘 사용함이 마치 범이 성나 떨쳐 일어나 포효함과 같은 것이다.'라고 했다.
사마광은 '四는 하록(下祿)이 되고 지위를 얻어 중(衆)을 사용한 자이다. 범과 표범은 모두 씩씩하고 용맹한 象이다. 군사를 사용하는 자는 으르렁거리는 것

이 범이 성을 내고 때에 매가 나는 것과 같다. 그러나 이익을 다투고 분노를 터뜨려 스스로 그의 사사로운 마음을 이기지 못한 것이다. 그러므로 가히 사용할 것을 사용하지 못한 것이다.'라고 했다.

양웅(揚雄)의 '법언(法言)'에 이르기를 '어떤 이가 '무(武)'를 물었다.' 대답하기를 '이기는 것이다. 능히 그의 사사로움을 이기는 것을 '극(克)'이라고 한다'고 했다.

次五는 심하게 싸워서 멀리까지 들렸다. 곰도 같고 용도 같다.
測에 이르기를 '심하게 싸워서 멀리까지 들렸다.'라고 한 것은 힘을 믿고 왕(王)을 일으킨 것이다.

次五 蘧[1] 戰嗜嗜 若熊若螭 測曰 蘧戰嗜嗜 恃力作王也
1) 蘧(거) : 거(踞)와 같고 극(劇)과도 같으며 심(甚)의 뜻이다. 매우 또는 심하게의 뜻.

※ 五는 성대한 지위에 있고 밤에 해당한다. 힘을 믿고 승리를 취했으나 족히 천하를 복종시키지는 못한 것이다.

次六은 큰 병력은 우레이다. 그의 귀를 진동했다. 오직 굴복함을 사용했다.
測에 이르기를 '큰 병력은 우레이다.'라고 한 것은 위엄이 진동하여 다함이 없는 것이었다.

次六 大兵雷霆 震其耳 維用詘腹[1] 測曰 大兵雷霆 威震無疆也
1) 詘腹(굴복) : 굴은 굴(屈)과 같다. 복은 배이다. 곧 굴복은 그의 마음을 복종시키는 것과 같은 뜻이다.

※ 六은 지극히 큰 것이 되고 낮에 해당한다. 왕자(王者)의 병력은 살상을 힘쓰지 않을 뿐만 아니라 그것을 꺼릴 뿐이다. 그러므로 우레와 같고 천둥과 같아 위엄의 소리를 진동시켜서 그 마음을 복종시키는 것이다. '시경(詩經)'의 대아(大雅)편에 '서주(徐州)땅을 격동시켰네. 벼락치고 천둥 울리 듯 하니 서주 땅 오랑캐 놀라 도망갔네.'라고 했다. 백호통(白虎通)에는 '전(戰)'이란 꺼리는

것이다.'라고 했다.

次七은 정기(旌旗)가 걸리어 벌려졌다. 방패와 도끼가 아아(蛾蛾)하다. 군사가 애를 배어 위문하고 곡하고 또 몰래 보았다.
測에 이르기를 '정기(旌旗)가 걸리어 벌려졌다.'라고 한 것은 백성들이 크게 한탄한 것이었다.

次七 旌旗絓羅[1] 干鉞蛾蛾 師孕唁之[2] 哭且瞷 測曰 旌旗絓羅 大恨民也
1) 絓羅(과라) : 나무에 걸리어 펴지다의 뜻.
2) 師孕唁之(사잉언지) : 군사가 임신하여 위문하다.
　※ 범망(范望)은 '살아있는 사람을 위로하는 것을 언(唁)이라고 하고 몰래보는 것을 매(瞷)라고 한다.'고 했다.
　사마광은 '七은 재앙의 시작이 되고 밤에 해당하므로 군사가 전복되어 쓰러졌다. 정기가 과라(絓羅)하고 간월(干鉞:방패와 창)이 아아(蛾蛾)하다는 것은 무너져 어지러운 모양이다. 사(師)는 군사들이다. 지아비가 죽고 지어미가 임신하면 백성들의 수심과 고통이 더욱 극심한 것이다. 군사가 임신하여 서로 위문하고 이미 곡하고 또 몰래 보았다고 한 것은 몰래 그의 윗사람을 엿본 것이니 원망하고 한탄한 것이다.'라고 했다.

次八은 군사가 쇠약하고 쇠약해졌다. 그의 병을 보았고 수레의 시체는 보지 못했다.
測에 이르기를 '군사가 쇠약하고 쇠약해졌다.'라고 한 것은 칼에 피를 묻히지 아니한 것이었다.

次八 兵衰衰[1] 見其病 不見輿尸 測曰 兵衰衰 不血刃也
1) 衰衰(쇠쇠) : 피곤하여 피폐한 모양.
　※ 八은 질병이 되고 소모함도 되고, 벗겨져 떨어지는 것도 되고, 재앙의 중(中)도 되어 낮에 해당했다. 능히 적국을 피폐시켜서 싸우지 않고 남의 병사들을 굴복시키는 것이다.

上九는 도끼의 칼날이 이그러졌다. 그 도끼 자루가 꺾였다. 가히 중지하고 가히 정벌하지 못했다. 가면 피를 흘린다.
測에 이르기를 '칼날이 이그러지고 도끼자루가 꺾였다.' 라고 한 것은 장차 족히 가지 못한 것이었다.

上九 斧刃缺 其柯折 可以止 不可以伐 往血 測曰 刃缺柯折 將不足往也
※ 왕애(王涯)는 '가면 반드시 피를 보고 스스로 손상된다.' 라고 했다.
사마광은 '九는 군사를 사용하는 지극함이고 재앙이 다하는 것을 만나 군사가 궁하여 중지하는 것을 알지 못하는 것이 된다.' 고 했다.

䷁ 밀(密) : 양기(陽氣)는 하늘과 친했다. 만물이 성대했다. 모두가 빽빽하여 간단함이 없다.

䷁密¹⁾ 陽氣親天 萬物丸蘭 咸密無間
1) ䷁密(䷁밀) : 괘는 이방(二方), 일주(一州), 이부(二部), 삼가(三家)이다. 밀(密)은 양가(陽家)이고 수(水)이며, '주역'의 비(比)괘에 준(準)한다. 밀(密)이란 비근(比近)하고 주밀(周密)한 것이다.
※ 왕애(王涯)는 '환란(丸蘭)은 성대한 모양이다. 만물이 양기(陽氣)를 타고 모두가 성대하고 주밀하여 간단함이 없는 것이다.' 라고 했다.
사마광은 '양기가 위로 하여 하늘과 친함은 높은 것을 다한 것이다.' 라고 했다.

初一은 엿보는 것이 사이가 없다. 크게 깊숙한 문이다.
測에 이르기를 '엿보는 것이 사이가 없다.' 라고 한 것은 가까이하여 방향이 없는 것이었다.

初一 窺之無間 大幽之門 測曰 窺之無間 密無方也
※ 송충은 '일마다 모두 가까이 한다. 그러므로 방향이 없다고 말했다.' 고 했다.

사마광은 '一은 생각의 시작이 되고 낮에 해당한다. 군자는 가까운 곳에 마음을 몰래하여 일을 세우고 공로를 정하여 사람이 능히 엿보지 못하는 것이다.' '주역'의 계사상에 이르기를 '기밀을 누설하면 일을 성취하지 못한다.' 라고 했다.

次二는 가까이 하지도 않고 가깝지도 않다. 나의 마음이 나아가 머물렀다.
測에 이르기를 '가까이 하지도 않고 가깝지도 않다.' 라고 한 것은 그 고향을 어긴 것이었다.

次二 不密不比 我心卽次[1] 測曰 不密不比 違厥鄕也
1) 卽次(즉차) : 나아가 머무르다. 곧 나아가서 여관에 머무르는 것.
  ※ 군자(君子)는 가까운 곳을 사랑하고 먼 곳을 품는데, 소인(小人)은 이와 반대로 한다. 二는 생각의 중(中)이 되고 밤에 해당한다. 능히 가까운 곳을 품지 못하고 마음을 먼 곳에 두어 수고롭게 한다. 즉(卽)은 나아가다. 차(次)는 여관이다. 그 고향을 어기고 떠나 여관에 나아가고자 함이니 가까운 것을 버리고 먼 곳을 도모한 것이다. '시경(詩經)'의 국풍 보전(甫田 : 큰 밭)편에 '큰 밭을 갈지 마라. 강아지풀만 무성하리라. 멀리 있는 사람을 생각마라! 마음만 괴로우리라!' 라고 했다.

次三은 어버이를 가까이 했다. 남을 일으키는 것이 이롭다.
測에 이르기를 '어버이를 가까이 했다.' 라고 한 것은 좋은 것이 이로움이 되는 것이다.

次三 密于親 利以作人 測曰 密于親 爲利臧也
  ※ 三은 생각의 상(上)이 되고 낮에 해당한다. 군자는 그의 어버이를 사랑하면 남의 어버이를 사랑함을 알아 그 마음을 미루어서 타인에게 미치게 한다. 그러므로 이르기를 '사람을 일으키는 것이 이롭다.' 라고 했다.

次四는 비린내와 누린내를 가까이 했다. 3일 동안 깨닫지 못했다. 섞어진 것이다.

測에 이르기를 '비린내와 누린내를 가까이 했다.' 라고 한 것은 작은 악(惡)이 통한 것이었다.

次四 密于腥臊 三日不覺 骰 測曰 密于腥臊 小惡通也
　※ 왕애(王涯)는 '비린내와 누린내를 가까이 했다는 것은 악취를 가까이 한 것이다.' 라고 했다.
　사마광은 '四는 밖의 다른 것이 되고 밤에 해당하는데 불선인(不善人)과 함께 서로 친한 것이다. 불선인과 함께 서로 친하여 오래되면 변화한다. 공자(孔子)께서는 '불선인과 함께 있는 것은 생선을 절이는 집에 들어가는 것과 같아서 오래되면 그 냄새를 알지 못하게 되고 곧 더불어 하나가 된다.' 라고 했다. 소악(小惡)이 통한 것이란 작은 나쁜 일부터 시작하여 떠나지 않고 오래되면 더불어 통하여 하나가 된다는 것이다. 효(骰)는 섞어진 것이다.' 라고 했다.

次五는 가깝고 가까워 틈이 없다. 하늘로 시집간 것이다.
測에 이르기를 '가깝고 가까워 틈이 없다.' 라고 한 것은 하늘의 공로와 함께 한 것이었다.

次五 密密不罅 嬪于天 測曰 密密不罅 並天功也
　※ 왕애(王涯)는 '중체(中體)의 바른데 있어 지위를 얻고 낮에 해당하여 때의 명군(明君)이 되어 가히 친할 곳에 친한 것이다. 그러므로 이르기를 '가깝고 가까워 틈이 없다.' 라고 하여 간극이 없는 것을 일렀다. 이와 같으면 능히 공로가 하늘에 짝한 것이다.' 라고 했다.
　사마광은 '가깝고 가까워 틈이 없다고 한 것은 군주와 신하와 백성들이 친밀하지 아니함이 없고 간극이 있음이 없는 것이다.' 라고 했다.

次六은 대악(大惡)이 가까이 했다. 혹은 더할까 근심했다.
測에 이르기를 '대악(大惡)이 가까이 했다.' 라고 한 것은 다르고 같은 것들이 짝한 것이었다.

次六 大惡之比 或益之恤 測曰 大惡之比 匹異同也

※ 六은 복의 끝이 되고 재앙에 가깝다. 그러므로 대악에 가까이하고 혹은 보탤까 근심한 것이다. 나의 가족들이 아니면 그 마음이 반드시 다르며, 다른 종류들과 서로 짝하여도 적당하게 스스로 겹친다. '주역'의 비괘(比卦)의 육삼(六三)효에 '서로 친하려고 한 것이 사람이 아니다.'라고 한 것이 이것이다.

次七은 가까운 곳에 입이 있다. 아가미가 작다. 대군(大君)이 있는데 후사가 없다.
測에 이르기를 '가까운 곳에 입이 있다. 아가미는 작다.'라고 한 것은 군주의 통달함을 힘입은 것이었다.

次七 密有口 小鰓 大君在 無後 測曰 密口小鰓 賴君達也
※ 해설이 궐(闕)했다.

次八은 이를 닦는데 잇몸을 의지했다. 3년 동안 군주가 없다.
測에 이르기를 '이를 닦는데 잇몸을 의지했다.'라고 한 것은 군주가 스스로 뽑은 것이었다.

次八 琢齒依齦 三歲無君 測曰 琢齒依齦 君自拔也
※ 왕애는 '이가 잇몸과 함께 한 것은 서로 친밀한 것이다. 혹은 그 이를 닦는데 그 잇몸에 의지했다면 그 친한 바를 잃은 것이다.'라고 했다.
※ 해설이 궐(闕)했다.

上九는 가까이 한 재앙이 가까워졌다. 먼저는 아래하고 뒤에는 그 죽음을 얻었다.
測에 이르기를 '가까이 한 재앙이 가까워졌다.'라고 한 것은 마침내 가히 빼앗지 못한 것이었다.

上九 密禍之比 先下後得其死 測曰 密禍之比 終不可奪也
※ 九는 재앙의 지극함이 되고 낮에 해당한다. 군자는 뜻을 함께 하고 서로 가까이 하여 견고함을 가히 빼앗지 못한다. 먼저는 스스로 겸손하여 아래했다면 그

뜻이 더욱 친밀해진 것이다. 그러므로 비록 큰 재앙을 만나더라도 마침내 그 죽을힘을 얻는다고 했다.

☰☷ 친(親) : 양은 바야흐로 인애(仁愛)했다. 오롯이 참되고 돈독(敦篤)했다. 만물이 모두 친목했다.

☰☷親[1] 陽方仁愛 全眞[2] 敦篤 物咸親睦
1) ☰☷親(☰☷친) : 괘는 이방(二方), 일주(一州), 삼부(三部), 일가(一家)이다. 친(親)은 음가(陰家)이고, 화(火)이며, '주역'의 비(比)괘에 준한다. 친(親)은 次八에서 들어가고, 태양의 동정(東井)에서 머물고, 86분 7초에 소만(小滿)의 기와 응한다. 친(親)이란 서로 사랑을 두터이 하다이다.
2) 全眞(전진) : 양기가 순수한 것을 뜻한다.

初一은 그 살이 아닌 것을 친히 했다. 그 뜻이 서어(齟齬)했다. 測에 이르기를 '그 살이 아닌 것을 친히 했다.'라고 한 것은 중심이 막은 것이었다.

初一 親非其膚 其志齟齬[1] 測曰 親非其膚 中心閑也
1) 齟齬(서어) : 서로 맞지 않다.
　※ 왕애(王涯)는 '친(親)이 처음에 있어 지위를 잃고 밤에 해당하여 그 친한 도를 잃었다. '그 살이 아니다'라고 한 것은 소원한 사람이 그 살을 가까이 하여 친해진 것이 아닌 것을 이른 것이요, 혹 친하더라도 그 뜻이 어그러져서 서로 들어가지 못한 것이다. 마음이 서로 방어하여 그 친한 도를 잃었다.'라고 했다.
　사마광은 '一은 생각의 시작이 되고 밤에 해당하여 친한 것이 그 친한 것이 아니었다. 밖으로 비록 서로 친하였으나 안으로는 뜻이 합하지 않고 끝까지 반드시 괴리했다. 한(閑)이란 벽을 만들어 막아서 통하지 아니한 것을 일렀다. 그러므로 '중심이 막았다.'라고 했다.

次二는 그 안을 믿었다. 그 뜻이 친한 이를 취했다.

測에 이르기를 '그 안을 믿었다.' 라고 한 것은 사람들이 이간함이 없었다는 것이다.

次二 孚其內 其志资戚 測曰 孚其內 人莫間也
 ※ 왕애(王涯)는 '자(资)는 취하다. 척(戚)은 친하다. 그 뜻이 오직 서로 친함을 취한 것이다.' 라고 했다.
 사마광(司馬光)은 '二는 생각의 중(中)이 되고 낮에 해당한다. 군자는 참된 마음으로써 서로 친하여 깊어지는 것이다. 그러므로 이르기를 '그 안을 믿었다.' 고 했다.

次三은 배추벌레가 이어지지 않았다. 나나니벌이 취했다. 맞이하여 모욕하지 않았다.
 測에 이르기를 '배추벌레가 이어지지 않았다.' 라고 한 것은 그 몸체를 잃어버린 것이었다.

次三 螟蛉[1]不屬[2] 蜾蠃[3]取之 不迓侮[4] 測曰 螟蛉不屬 失其體也
1) 螟蛉(명령) : 본래 배추벌레의 유충이다.
2) 屬(촉) : 철(綴)의 뜻이다.
3) 蜾蠃(과라) : 나나니벌.
4) 迓侮(아모) : 마중하여 모욕하다.
 ※ 三은 생각의 끝이 되고 밤에 해당한다. 소인이 그 친척들과 이어 접속하지 못하고 밖에서는 모욕을 당하는 수모를 당하여 하여금 괴리한 상태에서 타인들과는 함께 서로 합하는 것이, 마치 배추벌레가 능히 스스로 그의 새끼들을 기르지 못하고 나나니벌의 취하는 바가 되는 것과 같은 것이다. '시경'의 소아 소완(小宛)편에 '배추벌레 새끼를 나나니벌이 업고 다니네. 너의 자식 잘 가르쳐 착하고 선하게 하라.' 라고 했다.

次四는 빈(賓 : 손님)을 예로 친히 했다. 음식에 법도가 있다.
 測에 이르기를 '빈을 예로 친히 했다.' 라고 한 것은 빈과 주인이 함께한 것이었다.

次四 賓親于禮 飮食几几¹⁾ 測曰 賓親于禮 賓主偕也
1) 几几(궤궤) : 왕애는 법도가 있는 것이라 했다.

　※ 사마광은 '四는 편안하고 느긋하여 낮에 해당한다. 군자는 향연(饗宴)의 예로써 서로 통하고 친히 사랑한다. 손님이란 친한 이를 친히 하는 바이며, 그 예에 있고 음식을 먹는데 있지 않은 것이다.' 라고 했다. 공자(孔子)께서는 '나는 소시씨(少施氏)에게서 음식을 대접받아 배부르게 먹었는데 소시씨는 나에게 음식을 예에 맞게 주었다.' 라고 했다. 〈예기 잡기 하편에 있음〉 빈과 주인이 함께 한 것이란 모두 예가 있다는 것을 말한 것이다.

　次五는 두터울 곳에 두텁지 않았다. 가까운 사람들이 장차 달아났다.
　測에 이르기를 '두터울 곳에 두텁지 않았다.' 라고 한 것은 부류를 잃고 방향이 없는 것이었다.

次五 厚不厚 比人將走 測曰 厚不厚 失類無方也

　※ 왕애(王涯)는 '五는 비록 중(中)에 있으나 지위를 잃고 밤에 해당한다. 마땅히 두텁게 해야 할 곳에 두텁지 않게 되면 그와 가까운 사람들이 모두 떠나버릴 것이다.' 고 했다.
　사마광은 '그 마땅히 친할 곳에 친하지 않고 그 마땅히 두텁게 할 곳에 두텁지 않으면 가까운 사람들이 모두 버리고 도주하여 동료를 잃고 고립되어 위험함이 날이 없다.' 라고 했다. 자태숙(子太叔)은 '진(晉)나라가 동성의 나라에 친하게 하지 않는데 그 누가 돌아와 사이좋게 지내겠습니까?' 라고 했다. 〈좌전 양공 29년〉

　次六은 두터운 곳을 두텁게 했다. 군자는 두(斗)를 잡았다.
　測에 이르기를 '군자는 두터운 곳을 두텁게 했다.' 라고 한 것은 사람을 얻는 것이 다함이 없는 것이었다.

次六 厚厚 君子秉斗 測曰 厚厚君子 得人無疆也

※ 六은 성대하고 많은 것이 되고 낮에 해당하여 능히 그 친한 바를 친히 하고 그 두터운 바를 두텁게 한 것이다. 대저 군자는 가까운 곳을 두텁게 하여 먼 곳을 이르게 하고 친한 이를 친하게 하여 성긴 자를 따르게 한다. 이것은 마치 두성(斗星)이 중앙에 있어 뭇 별들이 함께 하는 것과 같다. 그러므로 이르기를 '군자는 두(斗)를 잡는다.'라고 했다.

次七은 높게 그의 지위에 올랐다. 일을 따라 낮게 했다.
測에 이르기를 '지위가 높고 일이 낮다.'라고 한 것은 덕이 능하지 못한 것이었다.

次七 高亢其位 庳於從事 測曰 位高事庳 德不能也
※ 왕애는 '七은 지나치게 가득 찬 위치에 있어 지위를 잃고 밤에 해당한다. 지위가 비록 높은데 올랐으나 행동하는 일은 매우 낮고 사소한 것들이다.'고 했다.

次八은 폐(肺)에 붙은 건후(乾餱)이다. 그 줄기는 이미 좋았다. 군자는 행하는 바다.
測에 이르기를 '폐(肺)에 붙은 것으로 행한다는 것은 나의 재목이 아닌 것이다.'라고 했다.

次八 肺附乾餱¹⁾ 其幹已良 君子攸行 測曰 肺附之行 不我材也
1) 肺附乾餱(폐부건후) : 폐부는 사람의 폐에 붙었다. 범망은 삭(削)을 폐(肺)라고 했다. 건후는 말린 밥. 군사용 식량.
※ 왕애(王涯)는 '폐부(肺附)의 친함이 있으면 건후(乾餱)의 원망이 생겨난다. 그러므로 군자는 떠나간다. '시경' 소아 녹명편에 '민심을 잃는 것은 접대하는 음식이 변변치 못함이라네.'라고 했다.
사마광은 '폐부(肺附)는 족인(族人)들이 종가의 주인에게 부착된 것을 비유한 것이다. 백성들이 비록 미천하나 오히려 건후(乾餱 : 건량)를 나누어 그 친척들을 구제하게 하는 것이 당연한 것이다. 폐부의 친(親)은 지극히 박한 것인데 오히려 건후로써 거두어 구제하거늘 하물며 어진 줄기를 버리겠는가? 이것은 은(殷)나라의 미자(微子)가 주(周)나라로 돌아간 이유이기도 하다.'고 했다.

上九는 어리고 친한 것이 바르지 않다.
測에 이르기를 '어리고 친한 것이 바르지 않다.' 라고 한 것은 스스로 뿌리로 돌아온 것이었다.

上九 童親不貞 測曰 童親不貞 還自荄也
　※ 송충(宋衷)은 '스스로 그의 뿌리를 다한 것을 이르다.' 라고 했다.
　왕애는 '친(親)의 지극함에 있어서 지위를 잃고 밤에 해당함이 마치 어리고 어두운 사람에게 친하게 하는 것은 반드시 바르지 못한 것과 같다.' 라고 했다.

☷ 렴(斂) : 양기(陽氣)는 밖에서 크게 가득했다. 미약한 음(陰)이 안에서 조금 수렴했다.

☷斂[1] 陽氣大滿於外 微陰小斂於內
1) ☷斂(렴) : 괘는 이방(二方), 일주(一州), 삼부(三部), 이가(二家)이다. 렴(斂)은 양가(陽家)이고 목(木)이며 '주역'의 소축(小畜)괘에 준(準)한다. 렴은 거두어들이다.
　※ 육적(陸績)은 '음(陰)이 만물의 뿌리를 조금 수렴한다.' 고 했다.

初一은 조금 거두어들이고 빌리지는 않는다. 사람을 편안하게 하고 국가를 바르게 함에 이용했다.
測에 이르기를 '조금 거두어들이고 빌리지는 않는다.' 라고 한 것은 그 도가 당연한 것이었다.

初一 小斂不貸 利用安人正國 測曰 小斂不貸 其道當也
　※ 一에서부터 三에 이르기까지는 미약하고 나타나지 않았다. 그러므로 모두 섬세하고 조그마한 象이 있다. 一은 당일의 낮에 해당한다. 군자(君子)는 부세를 거두어들이는 것에 박하고 떳떳함이 있어 백성들에게 빌린다고 일컫지 않는다. 그러므로 백성을 편안하게 하고 나라를 바르게 하는데 이용한다. 일설에 대

(貸)는 특(貣)과 같고 빌리다의 뜻이라 했다.

次二는 거두어들이는 것이 적고 적어 탐했다. 점점 나는 바르지 않았다.
測에 이르기를 '거두어들이는 것이 적고 적어 탐했다.' 라고 한 것은 빛나는 바가 아니었다.

次二. 墨斂韱韱[1] 篸[2] 我匪貞 測曰 墨斂韱韱 非所以光也
1) 韱韱(섬섬) : 작다의 뜻.
2) 篸(침) : 점점의 뜻.
 ※ 사마광은 '묵(墨)은 탐하다이다. 소인이 거두어들이는 것을 탐하여 작은 이익을 기쁘게 보고 점점 바르지 않는 곳으로 들어가는 것은 빛나고 아름다움이 되는 것이 아니다.' 라고 했다.

次三은 작은 것을 보고 사용하지 않았다. 나는 성기게 잡았다.
測에 이르기를 '작은 것을 보고 사용하지 않았다.' 라고 한 것은 나의 큰 것을 기다린 것이었다.

次三 見小勿用 以我扶疏 測曰 見小勿用 俟我大也
 ※ 왕애(王涯)는 '三은 지위를 얻고 낮에 해당하여 거두어들이는 것의 마땅함을 얻었다. 작은 것을 보고 사용하지 않은 것은 나의 것을 번식시켜서 성기게 잡아 성대함에 이른 것이다.' 라고 했다.
 사마광은 '사물이 바야흐로 미약하고 작은 것은 군자(君子)가 길러서 그것이 커지도록 기다린 뒤에 취하는 것이다. '예기(禮記)'의 왕제편에 '짐승의 어린 새끼를 잡지 않고, 알을 빼앗지 않으며, 새끼 밴 짐승을 죽이지 않고, 갓난 것을 죽이지 않으며, 풀과 나무의 잎이 떨어진 뒤에야 산에 들어가 나무를 했다.' 라고 했는데 모두 이러한 뜻이다.' 라고 했다.

次四는 이로운 것을 거두어들이고 형벌은 적게 했다. 나아가는 것은 조금하고 물러나는 것은 크게 했다.

測에 이르기를 '이로운 것을 거두어들이고 형벌을 적게 했다.'
라고 한 것은 그의 정사가 후퇴한 것이었다.

次四 斂利小刑 小進大退 測曰 斂利小刑 其政退也
※ 해설이 궐(闕)했다.

次五는 즐거운 것을 길러서 불렸다. 누에고치가 밭에 아름답다.
測에 이르기를 '즐거운 것을 기르고 누에고치가 아름답다.' 라
고 한 것은 때를 빼앗기지 않은 것이었다.

次五 畜槃[1]而衍 繭純[2]于田 測曰 畜槃繭純 不奪時也
1) 槃(반) : 즐기다.
2) 純(순) : 미(美)의 뜻.

※ 五는 누에고치가 되고 또 성대한 지위에 있어 낮에 해당한다. 세금을 부과
함이 망령되지 않고, 삶에 때가 있고 사용함에 절도가 있다. 그러므로 육축(六
畜 : 가축)이 번식하고 잠업(蠶業)이 풍요롭고 아름답다고 했다.

次六은 적고 적다. 크게 시작을 일으켰다. 소인은 경계하지 않
았다.
測에 이르기를 '적고 적어 경계했다.' 라고 한 것은 미약한 것
을 알지 못한 것이었다.

次六 閔而綿而[1] 作大元[2]而 小人不戒 測曰 閔綿之戒 不識微也
1) 閔而綿而(민이면이) : 민은 적다. 이(而)는 어조사. 면은 소(小)의 뜻.
2) 元(원) : 시(始)의 뜻이다.

※ 六은 거두어들이는 집에 있는데, 중(中)을 지나쳐 밤에 해당하여 원망을 거
두어드린 것이다. 원망이란 작은 곳에서 시작하여 큰 곳에 이르는데 소인(小人)
은 경계하지 아니한다. 그러므로 원망이 이르러도 스스로 알지 못한다고 했다.

次七은 지아비가 수레를 이끈다. 아내는 고채(苦茶 : 剝茶)를 만

들었다. 왕고(王姑)에게는 이롭고 공가(公家)에는 이롭지 않다. 병들었다.

測에 이르기를 '수레를 끌고 쓴 나물을 만들었다.' 라고 한 것은 거두어드린 것이 재물이었다.

次七 夫牽于車 妻爲剝荼 利於王姑 不利公家 病 測曰 牽車剝荼 斂之資也

※ 육적(陸績)은 '자(資)는 재물이다. 부부(夫婦)가 재물을 거두어 집안을 이롭게 하고 국가를 이롭게 하지 않았다.' 라고 했다.

왕애(王涯)는 '견거(牽車)는 무거운 사역이며 그 이익이 미세한 것이다. 박도(剝荼)는 쓴 나물이며 그 공로가 적은 것이다. 가히 사사로운 집안에 공급하여 왕고(王姑)에게는 이롭게 하고 족히 공상(公上 : 공가나 군주)에게는 공급하시 못한 것이다.' 라고 했다.

사마광은 '이아(爾雅)에서 왕부(王父)의 자매를 왕고(王姑)라 한다.' 고 했다.

次八은 크게 거두어들여 크게 쓰러졌다.

測에 이르기를 '크게 거두어들여 쓰러졌다.' 라고 한 것은 거두어드린 것이 잘못된 것이었다.

次八 大斂大顚 測曰 大斂之顚 所斂非也

※ 왕애(王涯)는 '八은 거두어들이는 지극함에 있어 지위를 잃고 밤에 해당하여 크게 거두어들인 것이다. 재앙의 가운에 처하여 크게 거두어들인 것을 구하였으니 반드시 쓰러지고 떨어지는 근심이 있다.' 라고 했다.

上九는 때에 거두어들였다. 이로움이 지극한 재앙을 막았다.

測에 이르기를 '때에 거두어들였다. 무엇 때문에 가히 풍자할 것인가?' 라고 했다.

上九 斂于時 利圉[1]極菑 測曰 斂于時 奚可幾也

1) 圉(어) : 어(禦)의 뜻이다.

※ 사마광은 '九는 재앙의 지극함이 되고 낮에 해당한다. 군자는 풍년의 때에 당하여 무겁게 거두어드리거나 백성들에게 포악으로써 하지 않아 흉년에 미리 대비하고 지극한 재앙을 막는 것이다. 기(幾)는 기(譏)가 마땅하다. 거두어 드리는 것이 그 때를 얻었으니 비록 무겁게 하여도 비난이 없음을 말한 것이다. 이것은 맹자(孟子)의 양혜왕 상편에 '개와 돼지가 사람이 먹는 것을 먹어도 제지하지 않았고, 길에는 굶어 죽은 시체가 널려 있어도 창고를 열어서 구원하지 않은 것'을 미워한 것이다.' 라고 했다.

☷ 강(彊) : 양기(陽氣)는 순일하고 굳세어 쉬지 않고 나아갔다. 만물이 강량(彊梁)하지 않는 것이 없다.

☷彊[1] 陽氣純剛乾乾[2] 萬物莫不彊梁[3]
1) ☷彊(강) : 괘는 이방(二方), 일주(一州), 삼부(三部), 삼가(三家)이다. 강(彊)은 음가(陰家)이고, 금(金)이며, '주역'의 건(乾)괘에 준(準)한다.
2) 乾乾(건건) : 쉬지 않고 나아가다.
3) 彊梁(강량) : 힘이 세서 제압할 수가 없다. 흉포(凶暴)하다.

初一은 중(中)이 강하고 바르지 않았다. 사용할 곳이 없다.
測에 이르기를 '중(中)이 강하고 바르지 않았다.' 라고 한 것은 가히 더불어 꾀하지 못한 것이었다.

初一 彊中否[1]貞 無攸用 測曰 彊中否貞 不可與謀也
1) 否(부) : 불(不)과 같다.
※ 一은 생각의 처음이 되고 밤에 해당하여 마음이 굳세고 바르지 않은 것이다. 그러므로 가히 사용할 곳이 없는 것이다.

次二는 봉황새가 날아서 그의 깃을 길게 폈다. 군자(君子)가 때에 하여 끝까지 중지하지 않았다.
測에 이르기를 '봉황새가 날았다.' 라고 한 것은 군자가 때를 얻은 것이었다.

　次二 鳳鳥于飛 修其羽 君子于辰 終莫之圉[1] 測曰 鳳鳥于飛 君子得時也
1) 圉(어) : 지(止)의 뜻.
　※ 사마광(司馬光)은 '진(辰)은 때이다. 二는 생각의 중(中)이 되고 낮에 해당한다. 군자는 때를 얻어 의(義)를 위하는데 강하여 사람들이 중지함이 없다. 이는 마치 봉황새가 날아 그 날개를 길게 펴는 것과 같아 사람들이 능히 제제하지 못했다. 대저 중(中)이란 모두 지위를 얻고 때를 얻은 象이 있는 것이다.' 라고 했다.

　次三은 기둥이 중앙에 하지 않았다. 들보가 성대하지 않았다. 큰 집이 허술했다.
　測에 이르기를 '기둥이 중앙에 하지 않았다.' 라고 한 것은 능히 터가 바르지 않은 것이었다.

　次三 柱不中 梁不隆 大廈微 測曰 柱不中 不能正基也
　※ 三은 하체(下體)의 머리에 있어 위를 받드는 들보와 기둥의 象이다. 당일의 밤에 해당한다. 소인이 굳세지 못하고 약하여 그의 임무를 이기지 못한 것이다. 그의 임무를 이기지 못했다면 국가의 기초가 실추된 것이다.

　次四는 이에 총명하고 이에 밝았다. 좌우가 성하고 성하다.
　測에 이르기를 '이에 총명하고 이에 밝았다.' 라고 한 것은 모든 선비들이 사방에서 온 것이었다.

　次四 爰[1]聰爰明 左右擅擅 測曰 爰聰爰明 庶士方來也
1) 爰(원) : 이에의 뜻.
　※ 범망은 '四는 그 행동함에 있어 수(數)를 행하여 서로 붙잡는 것이다. 강강(擅擅)은 성(盛)한 것이다.' 라고 했다.
　왕애는 '강강연(擅擅然)하여 대중을 붙잡는 모습이다.' 라고 했다.

오비(吳秘)는 '강(殭)은 수(手)변을 따른 글자는 없다. 목(木)변을 따르고 음(音)은 강이라 했다. 범망이 四로써 금(金)을 삼았는데 본래 머리에서 금(金)으로 삼았다. 그러므로 이르기를 수(數)를 행하여 서로 붙잡았다고 했다. 성대한 것으로써 붙잡지 않았다.' 라고 했다.

사마광은 '四는 편안하고 아무 일이 없어 낮에 해당한다. 군자는 총명의 덕이 있으므로 여러 신비가 사방에서 왔다고 했다. 좌우에서 돕는다는 것은 성대한 것으로 여긴 것이다.' 라고 했다.

次五는 군자(君子)는 강량(殭梁)함을 덕으로써 했다. 소인은 강량함을 힘으로써 했다.
測에 이르기를 '소인이 강량했다.' 라고 한 것은 지위를 얻어 허물을 더한 것이었다.

次五 君子殭梁以德 小人殭梁以力 測曰 小人殭梁 得位益尤也
※ 왕애(王涯)는 '五는 군주의 지위에 있어 때를 잃고 밤에 해당하여 군주의 덕이 없고 소인의 강량함 뿐이다. 강량함을 힘으로써 한 것은 반드시 넘어질 위태함이 있는 것이다.' 라고 했다.

次六은 나를 강량(殭梁)으로써 이겼다. 하늘에는 경계가 없다.
測에 이르기를 '나를 강량으로써 이겼다.' 라고 한 것은 크게 아름답고 경계가 없는 것이다.

次六 克我殭梁 于天無疆 測曰 克我殭梁 大美無基也
※ 송충(宋衷)은 '무기(無基)는 경계가 없는 것을 이르며 넓고 먼 것을 말했다.' 라고 했다.

왕애(王涯)는 '六은 강(殭)의 주인이 되고 지위를 얻어 낮에 해당하여 능히 강량으로 이겼다. 스스로 그 덕을 강하게 했다면 군주의 도가 더욱 빛나는 것이다. 그러므로 하늘에 이르러 다함이 없다.' 라고 했다.

사마광(司馬光)은 '五이상은 소멸되고 六은 중(中)을 지나쳐서 낮에 해당한다. 군자(君子)는 능히 계절과 소식(消息)을 함께 하여 스스로 그 강한 것을 이겼다. 이와 같으면 멀리 있는 복을 누리므로 하늘과 함께 하여 끝이 없다.'라고 했다.

次七은 쇠는 단단하고 살은 부드럽다. 피가 밭에서 흘렀다.
測에 이르기를 '쇠는 단단하고 살은 부드럽다.'라고 한 것은 법이 크게 손상된 것이었다.

次七 金剛肉柔 血流于田 測曰 金剛肉柔 法太傷也
※ 七은 무너져 떨어지는 것이 되고 밤에 해당한다. 소인이 법을 사용하여 크게 손상된 것이다. 굳센 쇠로 부드러운 살을 끊으면 이기지 못할 것이 있지 않다. '피가 밭에서 흘렀다.'라고 한 것은 불인(不仁)이 심한 것이다.

次八은 그 쇠약한 것이 강했다. 그 약한 것에 힘썼다.
測에 이르기를 '그 쇠약한 것이 강했다.'라고 한 것은 스스로 강해지려고 힘을 쓴 것이었다.

次八 彊其衰 勉其弱 測曰 彊其衰 勉白彊也
※ 八은 질병이 되고 낮에 해당한다. 군자는 능히 쇠약하면 굳세 지고 약하면 힘을 써서 스스로 빠지지는 않는 것이다.

上九는 태산(太山)이 뽑혔다. 들보와 기둥이 꺾였다. 그 사람이 넘어지고 또 넘어졌다.
測에 이르기를 '산이 뽑히고 들보가 꺾였다.'라고 한 것은 마침내 사나워진 것이었다.

上九 太山拔 梁柱折 其人顚且蹶 測曰 山拔梁折 終以猛也
※ 왕애(王涯)는 '강(彊)의 지극함에 처하여 지위를 잃고 밤에 해당하여 강(彊)이 지나치게 뻗질렀다.'라고 했다.
사마광(司馬光)은 '소인이 강량((彊梁)이 지나치게 심하여 산이 뽑히고 들보가 꺾여 스스로 넘어지고 넘어지는 것을 취했다.'라고 했다.

☰ 수(睟) : 양기(陽氣)는 고르게 순수하고 맑고 밝다. 만물이 모두 거듭 빛나서 그 밝은 양을 편안케 했다.

☰睟[1] 陽氣夠睟[2]淸明 物咸重光 保厥昭陽
1) ☰睟(☰수) : 괘는 이방(二方), 이주(二州), 일부(一部), 일가(一家)이다. 수(睟)는 양가(陽家)이고, 수(水)이며, '주역'의 건(乾)괘에 준(準)한다. 수(睟)는 수(粹)와 같다. 육적(陸績)은 '건(乾)은 순수한 정(精)이다.'라고 했다.
2) 夠睟(균수) : 고르게 순수하다. 균은 균(均)과 같다.
※ 송충(宋衷)은 '보(保)는 편안하다. 이 때에 음기는 아래에서 거두어 감추어지고, 양기는 고르게 순수하고 맑고 밝다. 그러므로 만물이 높이 있는 것이나 아래에 있는 것들이 모두 거듭 빛을 발산하고 그 성명을 편안하게 하여 양의 덕을 쬐는 것이다.'고 했다.
육적(陸績)은 '균수(夠睟)는 순수와 같다.'라고 했다.

初一은 안에서 순수했다. 맑아 더러운 것이 없다.
測에 이르기를 '안에서 순수했다.'라고 한 것은 맑아 더러운 것이 없는 것이었다.

初一 睟于內 淸無穢 測曰 睟于內 淸無穢也
※ 一은 생각의 시작이 되고 낮에 해당한다. 군자의 순수함은 마음에 있어서 맑고 밝은 것이 섞지 않는다. 그러므로 능히 모든 시작을 통솔하여 온갖 임무를 이루게 하는 것이다.

次二는 어둡고 얼룩얼룩하여 순수한 것을 무릅썼다. 가운데서 부끄러워 했다.
測에 이르기를 '어둡고 얼룩얼룩하여 순수한 것을 무릅썼다.'라고 한 것은 중(中)이 스스로 숨은 것이었다.

次二 冥駁[1]冒睉 睉[2]于中 測曰 冥駁冒睉 中自瘱[3]也
1) 駁(박) : 얼룩얼룩하다. 순수하지 못하다.
2) 睉(뉵) : 부끄럽다의 뜻.
3) 瘱(예) : 은(隱)의 뜻.
　※ 사마광은 '二는 생각의 중(中)이 되고 밤에 해당한다. 소인이 어둡고 어두운 속에서 혼잡한 마음으로 순수를 무릅쓰면 비록 밖으로 물(物)을 속일지라도 마음에서는 부끄러움을 면하지 못한다.'라고 했다.

　次三은 눈은 하늘의 위에 했다. 귀는 연못의 아래에 했다. 공손했다.
　測에 이르기를 '눈은 하늘의 위에 했다. 귀는 연못의 아래에 했다.'라고 한 것은 총명하여 살핌을 지극히 한 것이었다.

次三 目上于天 耳下于淵 恭 測曰 目上耳下 聰察極也
　※ 三은 생각의 끝이 되고 낮에 해당한다. 군자는 생각이 순수하면 총명이 통하지 않는 곳이 없다. 그러므로 이르기를 '눈은 하늘 위에 했고 귀는 연못 아래 했다.'고 했다. 그러나 감히 이로써 스스로 믿지 못하는 것이 마치 엄하고 공손하며, 공경하고 두려워하는 것과 같아 능히 그의 순수한 것을 오로지 한 것이다.

　次四는 소인은 순수함을 사모했다. 녹봉의 바른 것을 잃었다.
　測에 이르기를 '소인은 순수함을 사모했다.'라고 한 것은 도로써 얻지 못한 것이었다.

次四 小人慕睉 失祿貞 測曰 小人慕睉 道不得也
　※ 왕애는 '지위를 잃고 밤에 해당하여 그 도가 이미 섞였다. 비록 순수의 도를 사모함이 있으나 그 복록의 바르고 곧은 것을 잃었다.'라고 했다.

　次五는 순수함이 그윽하고 노랗다. 원(元)은 바르고 방향이 없다.

測에 이르기를 '순수함이 그윽하고 노랗다.' 라고 한 것은 땅의 법칙을 바르게 한 것이었다.

次五 睟于幽黃 元貞無方 測曰 睟于幽黃 正地則¹⁾也
1) 則(칙) : 법도이다.

※ 왕애는 '五는 중(中)에 있어 몸체가 바르고 지위를 얻어 낮에 해당하여 수(睟)의 주인이 되고, 순수한 덕을 크게 밝혔다. 순수함이 깊숙한 가운데하며 황중(黃中 : 땅)에서 이치를 통한 덕이 있다. 원(元)이 처음으로 바르게 되고 그 도가 방향이 없어서 가히 이름 하지 못한 것이다.' 라고 했다.

사마광은 '원(元)이란 선의 어른이다. 五는 중화(中和)가 되고 낮에 해당한다. 군자가 비록 깊숙이 숨어 있으나 중화의 도를 잃지 아니하여 순수함이 되는 것이다. 그 선의 바른 것을 지켜서 만물에 응하면 베푸는데 적중하지 아니함이 없는 것이, 마치 땅의 덕이 또한 깊숙하고 노랗게 되어 바르고 바른 것으로 만물을 성취한 것과 같다.' 라고 했다.

次六은 크게 순수한데 허물을 계승했다. 바뀌었다.
測에 이르기를 '크게 순수한데 허물을 계승했다.' 라고 한 것은 소인이 이기지 못한 것이었다.

次六 大睟承愆 易 測曰 大睟承愆 小人不克也

※ 왕애(王涯)는 '六은 성대한 지위에 있어 순수의 큰 것인데 지위를 잃고 밤에 해당했다. 그러므로 계승한 것을 허물로써 했다.' 라고 했다.

사마광은 '五이상은 소모함을 일으키고 六은 중(中)을 지나쳐 밤에 해당하여 능히 그 순수함을 오롯이 하지 못한 것이다. 대저 백옥(白玉)이 흠이 있는 옥돌로 바뀌고, 맑은 물이 더러운 물로 바뀐 것이다. 그러므로 '크게 순수하다' 라고 한 것은 소인이 능히 오롯이 할 바가 아니요, 반드시 장차 허물과 과오로써 계승하는 것이다.' 라고 했다.

次七은 순수한 때의 허물이다. 군자(君子)는 허물을 보충했다.
測에 이르기를 '순수한 때의 허물이다.' 라고 한 것은 선으로 허물을 보충한 것이었다.

次七 睟辰愆 君子補愆 測曰 睟辰愆 善補過也
　※ 왕애는 '七은 재앙의 시작에 있는 것으로 순수한 때의 허물이다. 그러나 지위를 얻어 낮에 해당하여 군자의 덕을 잃지 아니했다. 그러므로 능히 허물을 보충하여 허물을 없게 한 것이다.' 라고 했다.
　사마광은 '때에 허물이 있으면 오직 군자가 능히 보충하여 그 순수함을 성취하는 것이다. '시경'의 대아 증민(烝民)편의 시에 '왕의 일에 결함이 있으면 증산보가 도와주리라' 라고 했다.

次八은 순수한 악이다. 선(善)함은 없다.
測에 이르기를 '순수한 악이다. 선함이 없다.' 라고 한 것은 끝까지 가히 돕지 못한 것이었다.

次八 睟惡無善 測曰 睟惡無善 終不可佐也
　※ 왕애는 '지위를 잃고 밤에 해당한다. 나쁜 덕에 순수하여 선으로 말미암지 않고 들어간 것이다.' 라고 했다.
　사마광은 '八은 질병이 되어 밤에 해당한다. 순수한 악만 있고 선이 없는 사람이니 무엇으로 가히 도울 것인가?' 라고 했다.

上九는 순수함으로 끝마쳐 처음부터 길이 했다. 바르다.
測에 이르기를 '순수함으로 끝마쳐 바르다.' 라고 한 것은 진실로 가히 아름다운 것이었다.

上九 睟終永初 貞 測曰 睟終之貞 誠可嘉也
　※ 왕애는 '九는 수의 다함에 있어 지위를 얻고 낮에 해당한다. 이는 능히 그의 순수를 보존하고 선도(善道)를 잃지 않아서 길이 처음의 바른 것과 같이 한 것이다.' 라고 했다.
　사마광은 '九는 순수의 지극함이 되어 능히 끝을 삼가는 것을 처음과 같이하여 그 순수하고 바른 것을 오롯이 했다.' 라고 했다.

▆▆ 성(盛) : 양기(陽氣)는 융성하고 충색(充塞)했다. 만물이 전연(窴然)하여 그 뜻을 모두 가득히 했다.

▆▆盛[1] 陽氣隆盛充塞 物窴然[2]盡滿厥意
1) ▆▆盛(▆▆성) : 괘는 이방(二方), 이주(二州), 일부(一部), 이가(二家)이다. 성(盛)은 음가(陰家)이며, 화(火)이고, '주역'의 대유(大有)괘에 준(準)한다. 성(盛)은 次二의 33분 30초에 들어가고 태양이 순수(鶉首)에서 머물고 망종(芒種)의 기와 응한다. 두(斗)는 오위(午位)에 세우고 율(律)은 유빈(蕤賓)에 맞춘다.
2) 窴然(전연) : 가득한 모양.

初一은 성(盛)하고 어둡지 않다. 어두운 덕을 잃었다.
測에 이르기를 '성(盛)하고 어둡지 않다.'라고 한 것은 중(中)에서 스스로 이기지 못한 것이었다.

初一 盛不墨[1] 失冥德 測曰 盛不墨 中不自克也
1) 墨(묵) : 어둡다의 뜻.
 ※ 육적(陸績)은 '극(克)은 이기다. 능히 스스로 그의 즐기는 욕심을 이기지 못했다.'라고 했다.
 왕애는 '一은 성(盛)의 시작에 있고 밤에 해당하여 성(盛)이 능히 잠잠하지 못한 것이다. 이와 같으면 그 어두운 덕을 잃게 된다.'라고 했다.
 사마광은 '묵(墨)은 법이다. 대저 성(盛)의 도는 성(盛)의 어려움에 이르진 않았지만 성(盛)의 어려움에 처했다. 一은 생각의 시작이 되고 밤에 해당한다. 성(盛)이 법도가 없는데도 스스로를 제약한 것은 그 그윽이 숨어있는 덕을 상실한 것이다.'라고 했다.

次二는 일어났는데 믿지 않았다. 능히 크게 두었다.
測에 이르기를 '일어났는데 믿지 않았다.'라고 한 것은 현덕

(玄德)의 마땅한 것이었다.

次二 作不恃 克大有 測曰 作不恃 稱¹⁾玄德²⁾也
1) 稱(칭) : 당(當)의 뜻.
2) 玄德(현덕) : 숨어서 나타나지 않는 덕행.
　※ 왕애는 '성(盛)의 때에 있어 지위를 얻고 낮에 해당하여 자연의 도리에 밝다. 이는 작위(作爲)하는 공로가 있는데도 그의 공로를 믿지 아니한 것이다. 이와 같으면 능히 크게 둠에 이른 것이다.' 라고 했다.
　사마광은 '二는 생각의 중(中)이 되고 낮에 해당한다. 일어났는데 믿지 아니하고 하는데 두지 못하여 오직 그것을 두지 못했다. 그러므로 능히 크게 두었다' 고 했다.

　次三은 이로움을 품어서 가슴에 가득했다. 공(公)에는 이롭지 않다.
　測에 이르기를 '이로움을 품어서 가슴에 가득했다.' 라고 한 것은 경영하는 것이 문(門)에 이로웠기 때문이었다.

次三 懷利滿匈 不利于公 測曰 懷利滿匈 營利門也
　※ 三은 생각의 상(上)이 되고 밤에 해당한다. 군자는 의에 비유하고 소인은 이익에 비유한다. 소인의 사려는 성(盛)을 구함이 영리(營利)에 불과할 따름이다. 그러므로 이르기를 '이로움을 품어서 가슴에 가득했다.' 고 했다. 사사로운 것을 이롭게 하여 공적인 것을 해친 것이다.

　次四는 조금의 성(盛)함이 낮고 낮았다. 대인(大人)의 문이다.
　測에 이르기를 '조금의 성함이 낮고 낮았다.' 라고 한 것은 인(仁)하고 어진 이를 섬긴 것이었다.

次四 小盛臣臣 大人之門 測曰 小盛臣臣 事仁賢也
　※ 四는 복의 시작이 된다. 그러므로 소성(小盛)이라 했다. 신신(臣臣)은 스스로 낮추고 천히 여긴 뜻이다. 군자는 소성(小盛)의 처음에 당하여 능히 스스

로 낮추고 천히 여겨 인(仁)하고 어진 이를 섬겨 받들어 대성(大盛)함을 이룬다. 대저 대인(大人)이 된 자는 이러한 도로 말미암지 않고 나가는 자가 있지 아니할 따름이다. 그러므로 이르기를 '대인(大人)의 문'이라고 했다.

次五는 어떤 복이 어깨에 가득했다. 재앙을 끌어서 얽고 얽었다.
測에 이르기를 '어떤 복이 재앙을 끌었다.'라고 한 것은 소인의 도였기 때문이었다.

次五 何福滿肩 提禍揮揮[1] 測曰 何福提禍 小人之道也
1) 揮揮(탄탄) : 서로 얽어서 떠나지 않다.
　※ 진첩(陳漸)은 '五는 바른 자리에 있으므로 어떤 복인가라고 했다. 복은 지극히 성한 것으로 이르기를 '어깨에 가득하다.'고 했다. 지극히 성하면 반드시 되돌아가는 것이므로 이르기를 '재앙을 끌었다.'라고 했다.
　사마광은 '무릇 기르는 것이 밤에 해당하는 것은 모두 소인의 도이다. 소인이 성대한 복을 누리면 재앙이 반드시 따르는 것이다. 그러므로 이르기를 '어떤 복이 어깨에 가득하여 재앙을 이끌어 얽고 얽었다.'라고 했다.

次六은 하늘이 내려준 빛이다. 크게 열어준 지경이다. 겸손하면 경사가 있다.
測에 이르기를 '하늘이 내려준 빛이다.'라고 한 것은 겸손하여 크게 둔 것이었다.

次六 天賜之光 大開之疆 于謙有慶 測曰 天賜之光 謙大有也
　※ 六은 성(盛)함이 많고 지극히 커서 낮에 해당한다. 군자는 하늘의 밝은 명을 받아서 크게 토우(土宇)를 열었다. 대저 지극히 성하면 처하기 어렵다. 그러므로 반드시 겸손을 사용한 연후에 경사가 있다고 했다.

次七은 불을 타고 찬 샘에 이르렀다.
測에 이르기를 '불을 타고 찬 샘에 했다.'라고 한 것은 재앙이 멀지 아니한 것이었다.

次七 乘火寒泉至 測曰 乘火寒泉 禍不遠也
※ 왕애는 '성(盛)한 때에 당하여 七이 지나치게 가득한 데 있고 또 본수(本首)가 함께 화수(火數)가 되어 二火의 성(盛)이 활활 타서 위를 간여하여 六의 꺼리는 바가 되었다. 그러므로 찬 샘물이 장차 이르러 박멸의 근심이 있을 것이다.' 라고 했다.
사마광(司馬光)은 '七은 재앙의 시작이 되고 밤에 해당한다. 승화(乘火)란 성대한 것의 지극함이다. 한천지(寒泉至)란 멸함이 오래지 않은 것이다.' 라고 했다.

次八은 가득히 빛나는 것을 당겼다. 거의 뒤에 기울었다.
測에 이르기를 '가득한 것을 당겼다. 거의 면하지 못한 것이다.' 라고 했다.

次八 挹于滿燊 幾後之傾 測曰 挹于滿 幾不免也
※ 왕애(王涯)는 '지위를 얻고 낮에 해당한다. 처해 있는 성(盛)이 선하고 가득한데 능히 당겨서 반드시 뒤에 기울어졌다. 위태한데 기울어지지 않는 것은 대개 겸손을 당겨서 면하는 것이다. 성(盛)의 지극함에 처하여 가득한 것을 당기는 도가 아니라면 위태함을 면하지 못할 것이다. 형(燊)은 해석이 없다.' 라고 했다.

上九는 지극한 성(盛)이다. 구제하지 않았다. 재앙이 내리는 것을 하늘에서부터 했다.
測에 이르기를 '지극한 성(盛)이다. 구제하지 않았다.' 라고 한 것은 천도(天道)가 되돌아온 것이었다.

上九 極盛不救 禍降自天 測曰 極盛不救 天道反也
※ 九는 성(盛)의 지극한 곳에 있어 당일의 밤에 해당한다. 재앙의 궁함을 만나 성(盛)이 지극하여 반드시 쇠약한 것이다.

☷ 거(居) : 양(陽)이 바야흐로 움직이고 움직여 빛나고 빛난다. 물의 성곽(城郭)이 되어 만물이 모두 집으로 삼는다.

☷居[1] 陽方躩膚赫赫 爲物城郭 萬物咸度

1) ☷居(☷거) : 괘는 이방(二方), 이주(二州), 일부(一部), 삼가(三家)이다. 거(居)는 양가(陽家)이고 목(木)이며, '주역'의 가인(家人)괘에 준(準)한다.
   ※ 송충(宋衷)은 '위물성곽(爲物城郭)은 만물이 모두 그 사는데 편안하고자 함이다.'고 했다.
   육적(陸績)은 '거(躩)는 충실한 모양이다. 양(陽)이 성곽이 되어 만물이 모두 그 속에서 산다. 그러므로 '함도(咸度)'라 했다.
   왕애(王涯)는 '성곽(城郭)은 밖에 있는 象이다.'라고 했다.
   사마광(司馬光)은 '부(膚)는 거(躩)가 되어야 한다. 거거(躩躩)는 동작이 강량한 모양이다. 위물성곽(爲物城郭)이란 만물을 기르고 호위하여 음기로 하여금 손상되는 것을 얻지 않음을 말한 것이다. 도(度)는 택(宅)이 되고 또 도(度)는 옛날의 택(宅)자이기도 했다. 택(宅)은 '살다'이다.'라고 했다.

初一은 명예도 아니고 허물도 아니다. 능히 그 집을 지킨다.
測에 이르기를 '명예도 아니고 허물도 아니다.'라고 한 것은 그 도가 떳떳한 것이었다.

初一 匪譽匪咎 克守厥家 測曰 匪譽匪咎 其道常也
   ※ 一은 집안의 최하에 있어 자손의 象이다. 당일의 낮에 해당하고 능히 떳떳한 도를 지켜 허물도 없으며 명예도 없다. 집안의 주인을 보호할 뿐이다.

次二는 집에 병(壺)이 없다. 며느리가 시어머니를 계승했다. 혹은 길을 세척했다.
測에 이르기를 '집에 병(壺)이 없다.'라고 한 것은 서로 계승함이 없는 것이었다.

 次二 家無壺 婦承之姑 或洗之塗 測曰 家無壺 無以相承也
 ※ 호(壺)란 윗사람을 이어서 사람을 봉양하는 것이다. 집안에 병이 없다는 것은 아래에서 공양하지 못한 것이다. 二는 하체(下體)의 가운데 있어 며느리가 있는 象이다. 며느리란 시어머니를 받드는 것이다. 지금 도리어 시어머니를 승계해서 시어머니에게 길을 세척하고 수고롭고 욕된 일에 복무하게 하여 상하(上下)의 질서를 잃었으니 거역됨이 막대한 것이다.

 次三은 어른과 어린이가 차례 했다. 자식이 아버지를 이겼다.
 測에 이르기를 '자식이 아버지를 이겼다.' 라고 한 것은 이에 능히 일어남이 있는 것이었다.

 次三 長幼序 子克父 測曰 子克父 乃能有興也
 ※ 왕애는 '지위를 얻어 낮에 해당했다. 그러므로 집에는 질서가 있고 어른과 어린이가 각각 차례를 얻으며, 자식이 능히 아버지의 사업을 간여한다.' 고 했다.
 사마광은 '三은 하체(下體)의 상(上)에 있어 낮에 해당한다. 어린이가 능히 어른을 섬기고 자식이 능히 그 아버지의 일을 맡아한다.' 고 했다.

 次四는 돼지가 당(堂)에 있는 것을 보았다. 개가 매어 있는 자귀였다.
 測에 이르기를 '돼지가 당(堂)에 있는 것을 보았다.' 라고 한 것은 그 몸체가 선하지 않은 것이었다.

 次四 見豕在堂 狗繫之迒[1] 測曰 見豕在堂 其體不慶也
1) 狗繫之迒(구계지항) : 개가 매어 있는 발자국이었다는 뜻. 迒은 자귀. 곧 발자국이다.
 ※ 개와 돼지는 모두가 지저분한 동물이다. 당(堂)이란 높은 자가 거처하는 곳이다. 四는 하록(下祿)이 되고 중체(中體)에 있어 지위가 점점 높아진다. 그러나 당일의 밤에 해당하여 소인(小人)의 도(道)가 된다. 무릇 집안을 위하는

도는 그의 몸을 바르게 한 연후에 가히 가정을 가지런히 하는 것이다. 지금 四는 당(堂)에 있는데 스스로 돼지가 행동함이 있다면 아래에 있는 것이 또한 개가 매어 있는 발자국과 같아 나아가도 가히 중지하지 못하는 것이다. 경(慶)은 선(善)의 뜻이다.

次五는 배의 머리와 배의 꼬리가 고루 편안하다. 부자는 바른 것이 이롭다.
測에 이르기를 '배의 머리와 배의 꼬리가 편안하고 고르다.'라고 한 것은 그 경계가 순한 것이었다.

次五 舳艫[1]調安 利富貞 測曰 舳艫安和 順其疆也
1) 舳艫(축로): 고물과 이물이다. 곧 배의 머리와 배의 꼬리를 뜻한다.
　※ 왕애는 '그 살 곳을 잃지 않고 멀리 가지 아니함이 없는 것이 배가 처한 뜻이다. 五는 이미 지위를 얻어 낮에 해당하고 거(居)의 주인이 되어 가서 반드시 구제한다. 그러므로 배의 머리와 꼬리가 고루 편안하여 부자에게 이로운 바가 있고 그 집안에 거하는 도를 잃지 아니한 것이다.'라고 했다.
　사마광은 '축(舳)은 배의 뒤에 키를 사용하는 곳이다. 로(艫)는 배의 앞에 노를 두는 곳이다. 五는 성대한 자리에 있어 낮에 해당하여 군자는 능히 그의 집안을 다스리는 것이다. 배의 꼬리와 배의 머리가 고루 편안하면 모두가 편안함을 힘입어 상하(上下)가 화순하고 집안이 힘입어 가지런해진다. 부자는 집안의 복이다. 부자가 바른 것을 잃지 아니하면 아름다운 것이다. 그 마땅히 일으킬 것이 없다.'라고 했다.

次六은 그 우물과 부엌이 밖에 했다. 3년(三歲)동안 배반함을 보였다.
測에 이르기를 '그 우물과 부엌이 밖에 했다.'라고 한 것은 3년 동안 제사하지 못한 것이었다.

次六 外其井竈 三歲見背 測曰 外其井竈 三歲不享也
　※ 왕애는 '3년(三歲)은 수의 끝이다.'라고 했다.

사마광은 '우물과 부엌이란 음식의 바탕이며 집안의 중요한 임무인데 밖에 했다면 집안을 어떻게 봉양할 것인가? 六은 중(中)을 지나쳐 밤에 해당한다. 소인이 능히 그 종족의 어진 이와 화목하지 못하고 소원하여 밖에 한지 3년이 지나지 않았으나 친척들이 모두 배반했다. 불향(不享)이란 음식을 얻지 못한 것이다.' 라고 했다.

次七은 늙은 아버지가 수레를 꿰었다. 소녀(少女)는 병(壺)을 들었다. 이로움으로 집안을 이루었다.
測에 이르기를 '늙은 아버지가 수레를 꿰었다.' 라고 한 것은 그의 몸이 이에 씩씩해진 것이었다.

次七 老父擐[1]車 少女提壺[2] 利考[3]家 測曰 老父擐車 其體乃莊也
1) 擐(환) : 꿰다. 손으로 수레의 끌채를 꿰어서 행하여 물건을 싣는 것이다.
2) 提壺(제호) : 상사를 받들어 봉양하다.
3) 考(고) : 이루다.

※ 七은 상체(上體)에 있어 존장(尊長)의 象이 있다. 노부(老父)는 집안의 지존(至尊)이고, 소녀(少女)는 집안의 지극히 낮은 직급이다. 높은 이가 능히 무리를 싣고 낮은 이가 능히 위를 받드는 것이므로 이로움으로써 집안을 이루었다. 대저 제가(齊家)란 가히 엄하지 아니치 못한다. 그러므로 그 몸체가 장엄하여 그런 연후에 능히 무리를 싣는 것이다. '주역'의 가인(家人)괘 九三효에 '가인(家人)이 엄격한 것이다. 위태하여 뉘우치니 길하다. 부녀자가 히히대면 마침내 부끄러움이 있을 것이다.' 라고 했다.

次八은 그 안석이 반대로 했다. 그 수저가 둘이다. 그 집이 아름답지 않다.
測에 이르기를 '안석이 반대로 했다. 수저가 둘이다.' 라고 한 것은 집에서 사용하는 것이 좋지 않은 것이었다.

次八 反其几 雙其朼[1] 其家不旨 測曰 反几雙朼 家用不臧也
1) 朼(비) : 수저이다.

※ 안석은 위를 받드는 것이 당연하고 수저는 마땅히 하나를 사용하는 것이 이치의 떳떳한 것이다. 八은 재앙의 중(中)이 되고 밤에 해당한다. '그 안석이 반대로 했다' 라고 한 것은 어린이가 어른을 받들지 못하여 상(上)이 편안함을 얻지 못한 것이다. '그 수저가 둘이다.' 라고 한 것은 집안에서 높은 이가 거느리지 못하여 일을 사용한 자가 많은 것이다. 지(旨)는 아름답다. 아래서 위를 받들지 못하고, 높은 이는 낮은 자를 통솔하지 못하여 집안의 도가 무너져 어지러워졌다. 그러므로 아름답지 아니한 것이다.

上九는 나무에 싹이 났다. 그 심는 것이 끊이지 않았다.
測에 이르기를 '나무에 싹이 났다.' 라고 한 것은 그 종류들이 이에 자란 것이다.

上九 株生蘖 其種不絶 測曰 株生蘖 其類乃長也
※ 왕애는 '九는 지나치게 뻗지른 곳에 있어 말라버린 象이다. 지위를 얻어 낮에 해당하여 나무에 싹이 돋아난 것이다.' 라고 했다.
사마광은 '나무를 베어도 다시 살아나는 것을 얼(蘖)이라 이른다. 九는 재앙의 지극함이 되고 집안이 이미 끊어졌다. 당일의 낮에 해당하여 오히려 남아있는 것을 심어 능히 그 집안을 부흥시킨 것이 있는 것이다.' 라고 했다.

䷒ 법(法) : 양기(陽氣)는 높이 그 법을 매달았다. 만물이 그의 먹줄을 우러렀다. 법도의 혜택을 입지 아니함이 없다.

䷒法[1] 陽氣高縣厥法 物仰其墨[2] 莫不被則
1) ䷒法(䷒법) : 괘는 이방(二方), 이주(二州), 이부(二部), 일가(一家)이다. 법(法)은 음가(陰家)이며, 금(金)이고 '주역'의 정(井)괘에 준(準)한다. 읍(邑 : 고을)을 고치고 정(井)은 고치지 않으며 잃는 것도 없고 얻는 것도 없고, 가고 오는 것이 질서가 있어 법도가 있는 象이다.
2) 墨(묵) : 법의 먹줄이다.
※ 송충(宋衷)은 '묵(墨)이란 법의 먹줄이다.' 라고 했다.

사마광은 '이 때는 양기가 지극히 높아 물(物)이 모두 본받아 그 법도를 입지 아니함이 없다.'라고 했다.

初一은 법을 만들었는데 법이 아니다.
測에 이르기를 '법을 만들었는데 법이 아니다.'라고 한 것은 족히 사용하지 못할 것이었다.

初一 造法不法 測曰 造法不法 不足用也
※ 왕애는 '법을 만든 처음이 지위를 잃고 밤에 해당하여 족히 법하지 못할 것이다.'라고 했다.
사마광은 '一은 생각의 시작이 된다. 그러므로 조법(造法)이라 했다. 법언(法言)에 이르기를 '본뜰 것을 본뜨지 않고 법할 것을 법하지 않는 것은 젊어지지 않게 되는 것이다.'라고 했다.

次二는 법을 제정하여 적중했다. 이겼다.
測에 이르기를 '법을 제정하여 적중했다.'라고 한 것은 모든 사람들이 함께한 바였다.

次二 摹¹⁾法以中 克 測曰 摹法以中 衆之所共也
1) 摹(모) : 모(模)와 같으며 제(制)와도 같다.
※ 二는 생각의 중(中)이 되고 낮에 해당한다. 법을 제정하여 적중한 연후에 능히 이룬 것이다. '서경(書經)'의 홍범(洪範)에 황극(皇極 : 천자의 법칙)은 '모든 이가 함께 말미암는 바이다.'라고 했다.

次三은 수준기와 먹줄이 아름답지 않다. 그 그림쇠와 곡척이 없다.
測에 이르기를 '수준기와 먹줄이 아름답지 않다.'라고 한 것은 그 사용됨이 그른 것이었다.

次三 準繩不甫¹⁾ 亡其規矩 測曰 準繩不甫 其用爽²⁾也
1) 甫(보) : 아름답다. 미(美)의 뜻.

2) 爽(상) : 차(差)의 뜻.
   ※ 능히 그 자신을 바르게 하지 못했는데 그 타인에게야 어찌하겠는가?

　　次四는 수준기와 먹줄과 그림쇠와 곡척이다. 내가 베푸는데 어기는 것이 없다.
　　測에 이르기를 '수준기와 먹줄과 그림쇠와 곡척이다.' 라고 한 것은 몸으로 말미암아 행한 것이었다.

　　次四 準繩規矩 莫違我施 測曰 準繩規矩 由身行也
　　※ 군자(君子)는 먼저 그의 몸을 닦아 그의 몸을 바르게 하는 것으로 명령을 하지 않아도 행하게 된다.

　　次五는 두레박줄이 육륙(陸陸)했다. 단지의 배가 메워졌다. 우물의 물이 많고 많았다. 마침내 먹는 것을 얻지 못했다.
　　測에 이르기를 '단지의 배가 메워졌다.' 라고 한 것은 배우는 도(道 : 방법)가 아니었다.

　　次五 繘陸陸 缾窴腹¹⁾ 井潢洋 終不得食 測曰 缾窴腹 非學方也
1) 缾窴腹(병전복) : 단지의 배 속이 메워지다. 곧 물이 들어갈 수가 없다는 뜻.
　　※ 왕애는 '단지의 배가 메워졌다는 것은 가히 성(盛)하지 못한 것이다. 정황양(井潢洋)은 물(水)이 많은 모양이다. 종불득식(終不得食)이란 물을 긷는 도가 아니었다.' 고 했다.
　　사마광은 '율(繘)은 물 긷는 줄이다. 육륙(陸陸)은 두레박줄을 내리는 모양이다. 단지의 배가 먼저 채워졌으므로 물이 들어가지 못하고 우물에 물이 비록 많고 많을지라도 마침내 먹는 것을 얻지 못할 것이다. 학자가 비어있는 상태에서 사람을 받게 되면 사람들이 즐겨 고하게 된다. 五는 우물이 왕성함에 있어 당일의 밤에 해당한다. 소인이 먼저 스스로 교만하여 능히 물을 받아들이지 못한 것이다.' 라고 했다.

　　次六은 단서이며 법도이다. 바르고 빛나는 것으로써 보였다.

測에 이르기를 '단서이며 법도이다.'라고 한 것은 크게 거느려 밝힌 것이었다.

次六 于紀于綱 示以貞光 測曰 于紀于綱 大統明也
　※ 왕애는 '곧고 바르며, 빛나고 밝은 도로써 하여 사람으로 하여금 현혹되지 않게 했다.'고 했다.
　사마광은 '六은 상록(上祿)에 있어 그 법도를 베풀어 능히 천하의 기강으로 사람들에게 정광(正光)의 도를 보인 것이다.'고 했다.

次七은 빽빽한 그물을 연못에 늘어놓다. 비늘에 이롭지 않다.
測에 이르기를 '빽빽한 그물을 연못에 늘어놓다.'라고 한 것은 까다로운 법이 베풀어진 것이다.

次七 密網離于淵 不利于鱗 測曰 密網離淵 苛法張也
　※ 왕애는 '七은 지나치게 가득한 곳에 있어 밤에 해당한다. 법을 만든 것이 너무나 조밀하다. 그물을 샘에 붙였는데 비늘이 편안하지 못했다는 것은 법을 국가에 시행했는데 사람들이 편안하지 못한 것이다.'라고 했다.
　사마광은 '七은 그물이 되고 또 무너지고 손해된 것도 된다. 당일의 밤에 해당하여 법이 까다로워서 백성들이 놀랜 것이다. 그러므로 이르기를 빽빽한 그물을 연못에 늘어놓았다. 비늘에 이롭지 않다.'고 했다.

次八은 저 죄 있는 이를 바르게 했다. 나는 사특함이 없는데 이르렀다.
測에 이르기를 '저 죄 있는 이를 바르게 했다.'라고 한 것은 몰아서 이르른 것이다.

次八 正彼有辜 格我無邪 測曰 正彼有辜 歐[1]而至也
1) 歐(구) : 구(驅)의 뜻.
　※ 송충(宋衷)은 '백성들을 몰아서 하여금 사특함이 없는데 이르게 했다.'고 했다.

왕애는 '八은 상체(上體)의 중(中)에 있어 낮에 해당한다. 능히 그 법을 사용하고 그 죄 있는 것을 바르게 하여 사람들이 사특한 마음이 없게 하는데 이르렀다.'고 했다.

사마광은 '격(格)은 이르다. 죄가 있는 것을 바르게 하고 사특함이 없는데 이르게 한 것은 형벌을 사용한 것이 좋은 것이다. '서경'에 순(舜)임금이 '형벌로 다스려서 형벌이 없어지게 했다.'라고 했다.

上九는 우물에 막는 것이 없다. 물이 곧바로 불어났다. 골짜기도 아니고 계곡도 아니다. 마침내 허물이다.
測에 이르기를 '우물에 막는 것이 없다.'라고 한 것은 법이 망령되게 방자한 것이었다.

上九 井無幹 水直衍 匪谿匪谷 終于愆 測曰 井無幹 法妄恣也
※ 범망(范望)은 '간(幹)은 우물을 점검하여 막아서 새어나가는 것을 취하는데 때가 있게 한다.'라고 했다.

왕애(王涯)는 '법(法)이 지극한 곳에 처하고 밤에 해당하여 법이 없어졌다. 국가에 법이 없으면 사람들이 범하기 쉽고, 우물에 막는 것이 없으면 물이 불어나 넘친다.'라고 했다.

사마광은 '九는 재앙의 지극함이 되고 밤에 해당한다. 법이 망령되고 방자하여 떳떳함이 없는 것은 법이 없는 것과 같다. 백성들의 뜻이 미혹되어 따를 바를 알지 못하게 되면 범하는 것을 무릅써 마침내 어지러워진다. 이는 마치 우물에 막는 것이 없어 물이 장차 불어나 넘쳐 골짜기도 아니고 계곡도 아닌 곳으로 쏟아져 망령되게 행하여 허물에서 끝나는 것과 같을 뿐이다.'라고 했다.

䷆ 응(應) : 양기(陽氣)는 위에서 다하고 음(陰)은 소리를 내어 아래에서 싹이 튼다. 위와 아래가 서로 응한 것이다.

䷆應[1] 陽氣極于上 陰信[2]萌乎下 上下相應
1) ䷆應(䷆응) : 괘는 이방(二方), 이주(二州), 이부(二部), 이가(二家)이다.

응(應)은 양가(陽家)이고, 토(土)이며, '주역'의 함(咸)괘에 준(準)한다. 응(應)은 次六의 18분 5초에서 들어가고 하지(夏至)의 기와 응한다. 그러므로 겸하여 이(離)괘에도 준(準)한다.
2) 信(신) : 성조(聲兆)와 같다.

  初一은 여섯 줄기는 펼쳐진 듯하다. 다섯 가지는 흩어진 듯하다.
  測에 이르기를 '여섯 줄기는 펼쳐진 듯하다.'라고 한 것은 군주에게 붙었다 떠난 것이었다.

初一 六幹羅如 五枝離如 測曰 六幹羅如 附離君也
  ※ 해설이 궐(闕)했다.

  次二는 위에서는 때로써 베풀었다. 아래서는 율(律)로 화(和)했다. 그러면 막힌다.
  測에 이르기를 '위에서는 베풀고 아래서는 화(和)했다.'라고 한 것은 그 진실이 아닌 것이다.

次二 上歷¹⁾ 施之 下律²⁾ 和之 非則否 測曰 上施下和 匪其眞也
1) 歷(역) : 12진(十二辰)이다.
2) 律(율) : 12관(十二管)이다.
  ※ 두(斗)는 12진(十二辰)을 위에 세우고, 율(律)은 12관(十二管)을 아래에 펴는데 상하가 서로 응하여 진실로 그것이 합한 것이 아니라면 응하지 않는 것이다. 비기진(匪其眞)은 뜻이 궐(闕)했다.

  次三은 하나는 세로이고 하나는 가로이다. 하늘의 그물은 넓고 넓다.
  測에 이르기를 '하나는 세로이고 하나는 가로이다.'라고 한 것은 날줄과 씨줄이 펴진 것이다.

次三 一從一橫 天網罜罜¹⁾ 測曰 一從一橫 經緯²⁾陳也

1) 罠罠(랑낭) : 광대(廣大)한 모양.
2) 經緯(경위) : 날줄과 씨줄. 곧 세로와 가로의 뜻.

　※ 왕애는 '하늘의 그물이 넓고 넓다고 한 것은 성기어도 세어나가지 않는다는 뜻이다.' 라고 했다.
　사마광은 '三은 생각의 상(上)이 되고 낮에 해당하는데 군자는 날줄과 씨줄의 하늘과 땅에 능한 것이다. 분리하여 문명을 만드는데 또 그물의 象이 있기도 하다.' 라고 했다.

　次四는 나의 그물을 당겼다. 그물이 들에 걸렸다. 이르렀다.
　測에 이르기를 '나의 그물을 당겼다.' 라고 한 것은 능히 인(仁)으로써 아니한 것이었다.

　次四 援我罘罟[1] 絓羅于野 至 測曰 援我罘罟 不能以仁也
1) 罘罟(부고) : 그물이다.

　※ 四는 양기가 장차 사라지고 음기가 장차 태어나는 것으로 덕이 가고 형벌이 이르른 것이다. 또 그물을 벌려 놓은 象이 있다. 그러므로 '나의 그물을 당겼다. 그물이 들에 걸렸다.' 라고 했다. 지(至)란 그 일이 장차 이르는 것이 마치 '주역'에 '서리를 밟으면 단단한 얼음이 이른다.' 는 것과 같은 것을 말한 것이다.

　次五는 용이 하늘에서 날다. 그 비늘을 두려워함이 바르다.
　測에 이르기를 '용이 날아서 두렵다.' 라고 한 것은 두려움이 지극하여 떨어진 것이었다.

　次五 龍翰于天 貞栗其鱗 測曰 龍翰之栗 極懼墜也

　※ 왕애는 '중(中)에 있어 몸체가 바르고 지위를 얻어 낮에 해당하여 응(應)의 주인이 되었다. 그러므로 용이 하늘을 나는 象이다.' 라고 했다.
　사마광은 '용은 양(陽)과 비유된다. 한(翰)은 날다. 五는 순양(純陽)이 되어 성대함의 지극함이다. 그러므로 '용이 하늘에서 날다.' 라고 했다. 군자는 성대한 것의 지극함에 있어 가히 바르지 아니치 못하고 가히 두려워하지 아니치 못한다. 그러므로 '그 비늘을 두려워함이 바르다.' 라고 했다. 율(栗)은 두려워하다.

次六은 성대함이 하늘을 계승했다. 얼음이 땅에서 싹텄다.
測에 이르기를 '하늘을 계승하고 땅에서 싹텄다.'라고 한 것은 양(陽)이 비로소 물러난 것이다.

次六 熾[1]承于天 氷[2]萌于地 測曰 承天萌地 陽始退也
1) 熾(치) : 양의 성(盛)한 것이다.
2) 氷(빙) : 음의 지극한 것이다.
※ 六은 하지(夏至)의 처음에 당하여 양이 지극하고 음이 생겨나는 순간이다. 소인의 도는 자라나고 군자의 도는 사그라든다. 그러므로 이르기를 '성대함이 하늘을 계승하고 얼음이 땅에서 싹텄다.'라고 했다. 경계가 미약하여 모두가 이에 있는 것이다.

次七은 태양이 그 쇠하는데 강했다. 응함이 번성하여 바르다.
測에 이르기를 '태양이 그 쇠하는데 강했다.'라고 한 것은 종류를 무너뜨리는 것을 미워한 것이다.

次七 日彊其衰 應蕃貞 測曰 日彊其衰 惡[1]敗類也
1) 惡(오) : 미워하다.
※ 七은 재앙의 시작이 되고 낮에 해당한다. 군자는 능히 태양이 그 쇠하는데 강하다면 응하는 것은 번성하고 많아서 그 바른 것을 잃지 않는 것이다.

次八은 양(陽)이 지극하여 음(陰)을 불렀다. 날을 옮기지 않아 응했다.
測에 이르기를 '양이 지극하여 음을 불렀다.'라고 한 것은 그 피어나는데 응한 것이다.

次八 極陽徵陰 不移日而應 測曰 極陽徵陰 應其發也
※ 다스림이 지극하면 어지러움을 부르고 성대함이 지극하면 쇠약함을 부르며, 복이 지극하면 재앙을 부르는데 날을 옮기지 않아도 응하는 것이다.

上九는 크게 밝음이 지극했다. 군자는 크게 기울어지는 것으로써 응했다.

測에 이르기를 '크게 밝음이 지극했다.' 라고 한 것은 가히 저지하지 못한 것이다.

　　上九 元離之極 君子應以大稷¹⁾ 測曰 元離之極 不可遏²⁾也
1) 大稷(대직) : 왕애는 날이 장차 어두어짐이다. 곧 크게 기울어지다의 뜻.
2) 遏(알) : 지(止)의 뜻.

　　※ 사마광은 '원리(元離)는 크게 밝다' 이다. 크게 밝은 것이 지극한 것은 지극히 성대하면 반드시 쇠하기 때문이다. 군자는 때에 응하여 없어지고 태어나는 것을 함께 한다. 그러므로 군자는 대직(大稷)으로써 응한다.' 고 했다.

제 4권 태현경
(太玄集注卷第四)

☷ 영(迎) : 음기(陰氣)는 이루어져 아래에 형상했다. 사물이 모두 향하여 맞이했다.

☷迎¹⁾ 陰氣成形乎下 物咸遡²⁾而迎之
1) ☷迎(☷영) : 괘는 이방(二方), 이주(二州), 이부(二部), 삼가(三家)이다.
   영(迎)은 음가(陰家)이며, 수(水)이고, '주역'의 함(咸)괘에 준(準)한다.
   영(迎)은 次二에서 들어가고 태양은 여귀(輿鬼)에서 머문다.
2) 遡(소) : 송충은 향(向)의 뜻이라 했다.

초일은 다른 것을 맞이하는데 응하지 않았다. 바른 것은 없고 사특한 것만 있다.
測에 이르기를 '다른 것을 맞이하는데 응하지 않았다.' 라고 한 것은 함께 어울리는 바가 아니었다.

初一 迎他匪應 無貞有邪 測曰 迎他匪應 非所與幷也
※ 왕애(王涯)는 '영(迎)의 처음에 처하고, 지위를 잃고 밤에 해당하여 영(迎)이 그 도로써 하지 아니한 것이다. 물(物)이 그 마땅히 응할 것들이 아닌데 가서 맞이했다면 바른 것을 잃고 사특함에 빠진 것이다.' 라고 했다.
사마광은 '영(迎)은 '주역'의 함(咸)괘에 준(準)한다. 함(咸)이란 느낌이다. 一은 생각의 시작이 되고 밤에 해당하는데, 외물에 느끼어 바르게 응하는 것이 아니다.' 라고 했다.

次二는 교룡이 연못에 숨었다. 언덕에서 알이 부화했다. 사람들이 혹은 몰래 말을 했다. 백성들이 화(和)했다.
測에 이르기를 '교룡이 숨어서 화(化)했다.'라고 한 것은 중(中)의 정(精)이 진실한 것이었다.

次二 蛟潛於淵 陵卵化之 人或陰言 百姓和之 測曰 蛟潛之化 中精誠也
※ 범망은 '교룡이 물에 숨었다. 높은 언덕에 알을 낳고 아래로 연못에 엎드려 기가 응하고 서로 느낀 연후에 쪼개고 부화한 것이다.'고 했다.
사마광은 '二는 생각의 중(中)이 되고 낮에 해당한다. 군자(君子)는 정성이 지극하여 통하지 아니하는 곳이 없다. '주역'의 중부(中孚)괘 九二효에 '우는 학이 그늘에 있거늘 그 새끼가 화답하는 것이다.'라고 했다.

次三은 정미(精微)함이 가고 왔다. 요망함이 먼저 하여 신령스러운 것을 깨달았다.
測에 이르기를 '정미함이 가고 왔다.'라고 한 것은 요망한 허물을 부른 것이다.

次三 精微往來 妖先靈覺 測曰 精微往來 妖咎徵也
※ 三은 생각의 끝마침이 되고 밤에 해당한다. 하늘과 사람의 사이에서 정(精)이 침범하여 서로 느끼면 사람이 그의 도를 잃고 요상한 신령이 먼저 깨닫는다.

次四는 치마에 웃옷과 속옷이 있다. 남자는 구슬을 눈여기고 부인(婦人)은 잡아당겼다. 바르다.
測에 이르기를 '치마에 웃옷과 짧은 옷이 있다.'고 한 것은 음(陰)이 양(陽)을 느낀 것이다.

次四 裳有衣襦[1] 男子目珠 婦人啑鈎[2] 貞 測曰 裳有衣襦 陰感陽也

1) 襦(유) : 단의(短衣). 곧 속옷.
2) 嗾鉤(삽구) : 잡아당기다.
　　※ 해설이 궐(闕)했다.

　次五는 누런 것을 타서 바르지 않았다.
　測에 이르기를 '누런 것을 타서 바르지 않았다.' 라고 한 것은 가히 더불어 벗하지 못한 것이다.

　　次五 黃乘否貞 測曰 黃乘否貞 不可與朋也
　　※ 왕애(王涯)는 '五는 비록 중(中)에 있으나 음에 처하여 밤에 해당하고 바르지 않는데 중위(中位)를 탔다. 그러므로 이르기를 누런 것을 타서 바르지 않다.'고 했다.
　　사마광(司馬光)은 '바르지 않은 지위에 당하여 족히 합하지 못한 것이다.' 라고 했다.

　次六은 검고 누런 것이 서로 맞이했다. 그 뜻을 느끼고 느꼈다.
　測에 이르기를 '검고 누런 것이 서로 맞이했다.' 라고 한 것은 종류로써 응한 것이다.

　　次六 玄黃相迎 其意感感 測曰 玄黃相迎 以類應也
　　※ 범망은 '하늘은 검고 땅은 누렇다. 하늘과 땅이 서로 맞이하면 바람과 비가 때에 고르게 되고, 군주와 신하가 서로 맞이하면 정치와 교화가 법도로써 한다.'고 했다.
　　사마광은 '六은 지극히 큰 것이 되어 느낌이 성대한 것이다. 하늘과 땅으로부터 만물에 이르러 군주와 신하, 위와 아래, 부부와 친구가 무리로써 서로 응하지 아니함이 없는 것이다.' 고 했다.

　次七은 멀리서 눈은 부릅뜨고 가까이에서 쳤다. 아버지를 맞이함을 우연히 했다.
　測에 이르기를 '멀리서 눈을 부릅뜨고 가까이에서 쳤다.' 라고 한 것은 아버지의 부류를 잃은 것이다.

次七 遠之眲[1] 近之捊[2] 迎父迦逅[3] 測曰 遠眲近捊 失父類也
1) 眲(후) : 눈을 부릅뜨다. 곧 노목모(怒目貌)
2) 捊(부) : 격(擊)이다.
3) 迦逅(가후) : 해후(邂逅)이며, 기약하지 아니하고 모이다.
  ※ 해설이 궐(闕)했다.

次八은 피를 보고 문으로 들어갔다. 막아서 중정(中庭)에서 맞이했다.
測에 이르기를 '피를 보고 문으로 들어갔다.'라고 한 것은 어진 이로써 스스로 호위한 것이다.

次八 見血入門 捬[1] 迎中庭 測曰 見血入門 以賢自衛也
1) 捬(부) : 막다.
  ※ 八은 재앙의 중(中)이 된다. 그러므로 이르기를 '피를 보고 문으로 들어갔다.'라고 한 것은 손상된 것이 지극한 것이다. 당일의 낮에 해당하여 능히 어진 이로써 스스로를 호위하고 영접하는 것을 중정(中庭)에서 막아 물이 능히 손상되지는 않았다. 그러므로 이르기를 '막아서 중정에서 맞이했다.'라고 했다.

上九는 습한 것이 평상의 발을 맞이했다. 담과 집이 넘어졌다.
測에 이르기를 '습한 것이 평상의 발을 맞이했다.'라고 한 것은 넘어져서 안에 있는 것이다.

上九 濕迎牀足 累[1] 於于牆屋 測曰 濕迎牀足 顚在內也
1) 累(누) : 복(覆)의 뜻.
  ※ 九는 재앙의 지극함이 되고 밤에 해당한다. 소인이나 여자가 능히 국가를 기울어뜨리는 일이 하루 아침이나 하루 저녁의 연고가 아니며 그 말미암아 오는 것이 점점한 것이다. 마치 습한 기운이 평상의 발을 맞이하는데 점점 침투하여 오르며 장차 여러번 담과 집에 이르러 가히 어찌할 수 없게 되는 것이다. 그 넘

어지는 근원을 연구하면 안으로부터 일으킬 수 있는 것이다.

☷ 우(遇) : 음기(陰氣)는 처음으로 왔고 양기(陽氣)는 비로소 갔다. 가고 오는 것들이 서로 상봉했다.

☷遇[1] 陰氣始來 陽氣始往 往來相逢
1) ☷遇(☷우) : 괘는 이방(二方), 이주(二州), 삼부(三部), 일가(一家)이다. 우(遇)는 음가(陰家)이고, 화(火)이며, '주역'의 구(姤)괘에 준(準)한다. 우(遇)는 初一에서 들어가고 태양은 유성(柳星)에서 머문다.

初一은 그윽한 곳에서 신(神)과 스승을 만났다. 꿈을 꾸었는데 바르다.
測에 이르기를 '그윽한 곳에서 신을 만났다.'라고 한 것은 생각이 이치를 얻은 것이었다.

初一 幽遇神及師 夢貞 測曰 幽遇神 思得理也
 ※ 왕애는 '우(遇)의 처음에 있어 우(遇)가 형체를 나타내지 않고 어두운 곳에서 신(神)과 사귀어 만나는 象이다.'라고 했다.
 사마광은 '一은 생각의 시작이 되고 낮에 해당하여 정신이 느끼어 통한다. 그러므로 신(神)과 스승을 만난 것이 비록 혹은 꿈속에서 발하였어도 그 바른 것을 잃지 않았다. 이는 마치 은(殷)나라의 고종(高宗)이 꿈에서 부열(傳說)을 본 것과 같은 것이다.'라고 했다.
 몽(夢)이란 일을 의지하기 어려운 것이다. 정성의 지극함이 오히려 바른 것을 얻어 가히 의지한 것이다. 하물며 여러 가지의 계획을 스승이 준 것에 있어서랴!

次二는 아무 생각이 없이 아이를 만났다. 정해지지 않은 깨달음이다.
測에 이르기를 '아무 생각 없이 아이를 만났다.'라고 한 것은 어질지 못한 아들이다.

次二 衝衝兒遇 不定之諭 測曰 衝衝兒遇 不肖子也
　※ 왕애는 '생각이 없이 만난 것을 충충(衝衝)이라 한다. 아(兒)란 어린아이가 어둡고 무지한 것을 일컫는다. 곧 그 만난 바가 무엇이 정해짐이 있겠는가? 그러한 바는 지위를 잃고 밤에 해당하여 만남의 마땅함을 얻지 못한 것이다. 불초자(不肖子)는 아는 것이 있지 않은 아이라는 것을 밝힌 것이다.' 라고 했다.

　次三은 가지도 않고 오지도 않았다. 남자와 여자가 바른 것을 얻었다.
　測에 이르기를 '가지도 않고 오지도 않았다.' 라고 한 것은 남자와 여자가 본받은 것이다.

次三 不往不來 得士女之貞 測曰 不往不來 士女則¹⁾也
1) 則(측) : 법(法)의 뜻이다.
　※ 사마광은 '스스로 자랑하고 스스로 중매하는 것은 남자와 여자의 추한 행동이다. 그러므로 가지도 않고 오지도 않아 스스로 만났는데 이것이 남자와 여자의 바른 것이다.' 라고 했다.

　次四는 무례하고 무례했다. 기뻐하는 사람이 비를 만났다. 위태했다.
　測에 이르기를 '기뻐하는 사람이 비를 만났다.' 라고 한 것은 돌아와 스스로 해친 것이다.

次四 僴僴 兌人遇雨 厲 測曰 兌人遇雨 還自賊也
　※ 왕애는 '어어(僴僴)는 용감하고 예가 없는 모양이다.' 라고 했다.
　※ 해설은 궐(闕)했다.

　次五는 밭에서 새를 만났다. 사람들은 금지하지 않았다.
　測에 이르기를 '밭에서 새를 만났다.' 라고 한 것은 진실로 가히 힘쓴 것이다.

次五 田遇禽 人莫之禁 測曰 田遇禽 誠可勉也
　※ 五는 성대한 복이 되고 낮에 해당하여 마치 밭에서 새를 만난 것과 같았다. 이것을 얻어 취하더라도 누가 능히 막겠는가?

　次六은 거미로 하여금 거미줄을 치게 했다. 거미줄에 벌이 걸렸다. 이로움이 비록 크지만 따라 얻지는 못했다.
　測에 이르기를 '거미로 하여금 거미줄을 치게 했다.' 라고 한 것은 피해가 멀리 있지 않은 것이다.

次六 俾蛛罔[1] 罔遇蠭[2] 利雖大 不得從 測曰 俾蛛之罔 害不遠也
1) 蛛罔(주망) : 거미의 거미줄이다.
2) 蠭(봉) : 봉(蜂)의 뜻이다.
　※ 범망(范望)은 '거미로 하여금 거미줄을 치게 하여 벌을 얻었다. 벌은 독이 있는 벌레이나 제재하지 않더라도 비록 이로움이 되지만 따라서 취함을 얻지 못한 것이 된다.' 라고 했다.
　사마광(司馬光)은 '六는 상록(上祿)이 되고 밤에 해당한다. 소인은 이로움을 보고 나아가 취하는데 예리하게하여 하고자 하는 바를 얻지 못한 것이다.' 라고 했다.

　次七은 그 뿔을 진동시켰다. 군주와 아버지가 치욕스러움을 만났다. 바른 명(命)이 아니다.
　測에 이르기를 '그 뿔을 진동시켰다.' 라고 한 것은 곧바로 도를 행한 것이다.

次七 振其角 君父遇辱 匪正命 測曰 振其角 直道行也
　※ 七은 재앙의 시작이 되고 낮에 해당하는데 이는 마치 군주와 아버지가 불행하게도 치욕스러움을 당했다. 이에 군자가 뿔을 진동시켜 곧 도를 행하여 죽어도 가(可)한 것과 같은 것이다. 비록 명이 바르지 않아 죽더라도 의를 얻지 아니하면 안되는 것이다.

次八은 두 마리 외뿔소가 싸웠다. 하나는 뿔이 없어졌다. 이기지 못하고 상실했다.
測에 이르기를 '두 마리 외뿔소가 싸웠다.'라고 한 것은 뿔을 잃어 없어진 것이다.

次八 兩兕鬪 一角亡 不勝喪 測曰 兩兕鬪 亡角喪也
※ 八은 재앙의 중(中)이 되고 밤에 해당한다. 이것은 마치 두 마리의 외뿔소가 서로 만나 바야흐로 싸워서 하나는 그 뿔을 잃어 반드시 이기지 못하고 몸까지 상처를 입은 것과 같은 것이다. 뿔은 방어하는 사(士)와 비교한 것이다.

上九는 혹은 그 뿔을 숙였다. 아래에서 만나 발을 훼손했다.
測에 이르기를 '혹은 그 뿔을 숙였다. 무엇이 가히 마땅할 것인가?'라고 했다.

上九 或氏¹⁾其角 遇下毀足 測曰 或氏其角 何可當也
1) 氏(저): 저(羝)로 된 것도 있다고 했다.
※ 해설이 궐(闕)했다.

☷☷ 조(竈): 음(陰)은 비록 적셔 뿌렸으나 양(陽)은 오히려 열을 내어 화(鬻: 和)했다.

☷☷竈¹⁾ 陰雖沃而灑之 陽猶熱而鬻²⁾之
1) ☷☷竈(☷☷조): 괘는 이방(二方), 이주(二州), 삼부(三部), 이가(二家)이다. 조(竈)는 음가(陰家)이며, 목(木)이고, '주역'의 정(鼎)괘에 준(準)한다. 조(竈)는 上九인 28분 28초에 들어가고 태양은 순화(鶉火)에서 머물고 소서(小暑)의 기와 응한다. 두(斗)는 미위(未位)에 세우고 율(律)은 임종(林鐘)에 맞춘다. 정(鼎)은 크게 삶아서 성인(聖人)과 현인(賢人)을 기른다. 그러므로 조(竈)에는 어진 이를 기르는 상(象)이 많다.

2) 穌(화) : 화(和)의 뜻이다.
  ※ 송충은 '조(竈)는 음과 양을 화(和)하는 것이다. 그러므로 혹은 물을 뿌리고 혹은 화(和)하여 여기에 있는 것이다.' 라고 했다.
  사마광은 '음(陰)은 뿌려주고 양(陽)은 조화하여 밥을 짓는 象이 있다.' 라고 했다.

初一은 조(竈:부엌)에는 채워진 것이 없다. 이웃에서 빌었다.
測에 이르기를 '조(竈)에는 채워진 것이 없다.' 라고 한 것은 헛된 이름만 있는 것이다.

  初一 竈無實 乞于隣 測曰 竈無實 有虛名也
  ※ 왕애는 '조(竈)의 처음에 처하여 지위를 잃고 밤에 해당하여 실상이 없는 것이다. 이미 삶아 익히는 도를 잃어 공양하여 먹이는 것이 없다. 그러므로 이웃에서 빌었다.' 라고 했다.
  사마광은 '一은 생각의 시작이 되고 밤에 해당한다. 소인이 안으로는 그 진실이 없고 타인의 선을 훔쳐서 자신의 이름으로 삼는 것이다.' 라고 했다.

次二는 누런 솥이 홀로 섰다. 그 안에 후예들은 마시지도 못하고 먹지도 못했다. 진실로 해가 없다.
測에 이르기를 '누런 솥이 홀로 섰다.' 라고 한 것은 속은 청렴하고 바른 것이었다.

  次二 黃鼎介 其中裔 不飮不食 孚無害 測曰 黃鼎介 中廉貞也
  ※ 왕애는 '솥이란 부엌의 그릇이다. 개연(介然)은 특별히 서 있는 모양이다. 그 중예(中裔)란 너그럽게 용납하고 헛되이 받는 의이다.' 라고 했다.
  사마광은 '二는 하체(下體)의 중(中)에 있고 낮에 해당하여 지위가 바야흐로 막히게 되고 하록(下祿)에 이르지 못했다. 군자는 그의 중도(中道)를 지켜 숨어서 스스로 기르는데 있어 구차하게 먹지 않는 것이다. 안으로 그 뜻을 기르고 외물을 사모하지 않는다. 그러므로 비록 마시지 않고 먹지 않더라도 또한 진실로 해가 없다.' 라고 했다.

次三은 부엌에 땔 나무가 없다. 황금(黃金)이 다가섰다.
測에 이르기를 '부엌에 땔 나무가 없다.' 라고 한 것은 사용하지 못한 것이 있는 것이다.

次三 竈無薪 黃金瀨 測曰 竈無薪 有不用也
※ 해설이 궐(闕)했다.

次四는 솥에 가득한 음식이다. 그 수고로운 힘을 얻었다.
測에 이르기를 '솥에 가득한 음식이다.' 라고 한 것은 때마다 나를 받드는 것이었다.

次四 鬲¹⁾實之食 得其勞力 測曰 鬲實之食 時我奉也
1) 鬲(력) : 솥이 작은 것을 뜻한다.
※ 사마광은 '솥에 정성이 가득한 것을 역(鬲)이라 한다. 四는 하록(下祿)이 되어 낮에 해당한다. 군자는 녹봉으로써 어진 이를 봉양하는데 비록 자그나마 또한 그 수고로운 힘을 다하는 것이다. 때에 나를 받든다는 것은 어진 이가 그 때를 얻어서 벼슬하는 것이다.' 라고 했다.

次五는 솥이 커 가히 삶았다. 가지런하지 않고 장중하지 않다.
測에 이르기를 '솥이 커 가히 삶았다.' 라고 한 것은 대접하는 데 뜻이 없는 것이다.

次五 鼎大可觴 不齊不莊 測曰 鼎大可觴 饗無意也
※ 왕애는 '크게 잔치하여 가지런하고 장중하게 하는 뜻이 없다.' 고 했다.
사마광은 '상(觴)은 상(鬺)이며 삶다이다. 五는 성대한 지위에 있어 가히 어진 이를 기른다. 그러므로 이르기를 '솥이 크고 가히 삶았다' 라고 했다. 당일의 밤에 해당하여 능히 예로써 천하의 선비들을 대접하지 못하여 사(士)가 모두 즐겨 돌아오지 않은 것이다. '서경'의 홍범(洪範)편에 이르기를 '무릇 바른 사람에게는 항상 풍족한 녹을 내리고 보다 나은 처우를 해주어야 한다.' 라고 했다.

次六은 다섯 가지의 맛이 화(龢)하여 고른 듯하고 아름다운 듯하다. 대인(大人)을 대접한다.

測에 이르기를 '다섯 가지의 맛이 화(龢)하여 대접한다. 재보(宰輔 : 재상)의 일이다.'라고 했다.

次六 五味龢調如美如 大人之饗 測曰 味龢之饗 宰輔[1]事也

1) 宰輔(재보) : 재상(宰相)의 일이다.

※ 왕애는 '재상(宰相)의 일이란 다섯 가지의 맛을 조화시켜서 대인(大人)이 맡아 그 사람들을 대접하는 것이다.'라고 했다.

사마광은 '六은 상록(上祿)이 되고 낮에 해당한다. 군자(君子)는 국가를 보좌하여 옳은 것은 올리고 그른 것은 막아 어진 이는 진출시키고 불초는 물러나게 하여 그 정치를 변화시키는 것을, 국을 아름다운 맛으로 조화시키는 것과 같이하여 군주에게 드린다. 군주는 대접받으면 천하가 크게 다스려진다. '서경'의 고종열명(高宗說命)에 이르기를 '국물을 만들 때 그대에게 소금이나 식초가 되어주오.'라고 했다. 삼공(三公)이 군주를 받드는 것은 솥의 세발이 있는 것을 상징한다.'라고 했다.

次七은 기름진 소가 알맞게 살쪘다. 솥을 씻지 않고 삶았다. 곧 헛구역질의 질병이 이르렀다.

測에 이르기를 '기름진 소를 삶았는데 헛구역질했다.'라고 한 것은 뜻이 깨끗하지 못한 것이다.

次七 脂牛正肪[1] 不濯釜而烹 則歐欸[2]之疾至 測曰 脂牛歐欸 不絜志也

1) 脂牛正肪(지우정방) : 기름진 소가 알맞게 살이 쪘다.
2) 歐欸(구오) : 헛구역질하는 것. 곧 불결하여 나오는 것.

※ 사마광은 '방(肪)은 기름지다. 구(歐)는 토하다. 오(欸)는 마음에 싫어하는 바가 있어 토하다. 살이 찐 소의 지방이란 아름다운 녹봉과 비교한 것이다. 인군이 비록 미록(美祿)으로 사(士)를 기르지만 만약 진실로 깨끗한 마음이 장차

이르지 아니하면 선비가 이에 협오한다. 七은 재앙의 시작이 되어 비로소 뜻을 잃는 象이다.'라고 했다.

次八은 그 쌓아놓은 것을 먹었다. 비록 부르짖었으나 훼손되지 않았다.
測에 이르기를 '그 쌓아놓은 것을 먹었다.'라고 한 것은 그 덕을 무릅쓴 것이다.

次八 食其委¹⁾ 雖噭²⁾不毁 測曰 食其委 蒙厥德也
1) 委(위) : 쌓아놓은 것. 곧 저장해 놓은 것.
2) 噭(규) : 부르짖다의 뜻.
 ※ 해설이 궐(闕)했다.

上九는 부엌에 그 불이 꺼졌다. 오직 집안의 재앙이다.
測에 이르기를 '부엌에 그 불이 꺼졌다.'라고 한 것은 나라를 해친 것이었다.

上九 竈滅其火 唯家之禍 測曰 竈滅其火 國之賊也
 ※ 부엌에 불이 꺼졌다라고 한 것은 어진 이를 양성하지 않은 것을 비교한 것이다. 어진 이를 양성하지 않은 것은 스스로 그 나라를 해치는 것이다. 하(夏)나라의 걸(桀)이 관용봉(關龍逢)을 죽이고, 은(殷)의 주(紂)가 비간(比干)을 죽이고 부차(夫差)가 오원(伍員)을 죽이고 항우(項羽)가 범증(范增)을 쫓아낸 것들이 모두 이와 같은 것이라고 했다.

☷ 대(大) : 음(陰)은 허(虛)하여 안에 있다. 양(陽)은 그 밖에서 왕성했다. 만물이 모두 반개(盤蓋)와 같다.

☷大¹⁾ 陰虛在內 陽蓬外 物與盤蓋
1) ☷大(대) : 이방(二方), 이주(二州), 삼부(三部), 삼가(三家)이다. 대

(大)는 양가(陽家)이고 금(金)이며, '주역'의 풍(豐)괘에 준(準)한다.
※ 송충은 '봉(蓬)은 성(盛)과 같다.'고 했다.
사마광은 '여(輿)는 모두이다. 물(物)이 모두 반개(盤蓋)와 같아 밖으로는 웅대하고 안으로는 비어있다'고 했다.

初一은 연못이 황양(潢洋)했다. 감싸서 모난 곳이 없다. 어두웠다.
測에 이르기를 '연못이 황양했다.'라고 한 것은 바탕 속이 방향이 없는 것이다.

初一 淵潢洋 包無方 冥 測曰 淵潢洋 資裏無方也
※ 一은 수(水)가 되고 또 생각의 시작이 되어 낮에 해당한다. 군자의 마음은 연못이 넓고 넓은 것과 같아 감싸지 아니한 바가 없어 거대한 것이 되는 것이다. 一은 하체(下體)의 아래에 있어 어두운 것들은 숨어서 나타나지 않는 것이다.

次二는 그 생각을 크게 했다. 몸을 스스로 갈았다.
測에 이르기를 '그 생각을 크게 했다.'라고 한 것은 생각을 한 것이 손상된 바였다.

次二 大其慮 躬自鑢[1] 測曰 大其慮 爲思所傷也
1) 鑢(려) : 갈다. 곧 줄로 갈다. 다스리다의 뜻.
※ 왕애는 '대(大)에 처할 때에 지위를 잃고 밤에 해당하여 그 생각이 괴이쩍어 무턱대고 그 생각만을 크게 하려고 하는데 지혜가 능히 두루 하지 못하고 도리어 그의 몸을 손상시켰다. 여(鑢)란 깎고 가는 기구이다. 깎고 가는 것이 너무 지나치면 반드시 손상되는 바가 있다.'고 했다.
사마광은 '二는 생각의 중(中)이 되고 밤에 해당한다. 소인은 지혜가 작고 계략은 큰 것이다. '시경' 국풍 보전(甫田)편의 시에 '큰 밭을 갈지 마라! 강아지풀만 무성하리라. 멀리 있는 사람을 생각마라. 마음만 괴로우리라.'라고 했다.

次三은 큰 것인데 크지가 않았다. 크게 성취하는 것이 이롭다.

測에 이르기를 '큰 것인데 크지가 않았다.' 라고 한 것은 작은 것으로써 근본을 일으킨 것이다.

次三 大不大 利以成大 測曰 大不大 以小作基也
　※ 왕애는 '지위를 얻고 낮에 해당한다. 그러므로 능히 큰 것인데도 스스로 크지 못하여 겸허한 것으로써 스스로 보존하고, 이로운 것을 사용하여 조금씩 쌓아서 그 높고 큰 것을 이룬 것이다.' 라고 했다.
　사마광은 '三은 생각의 상(上)이 되고 낮에 해당한다. 군자는 뜻이 크고 마음이 작다. 그러므로 능히 그 큰 것을 이루는 것이다.' 라고 했다.

　次四는 그 문과 교외(郊外)를 크게 했다. 그 칼을 얻지 못했다. 우는 것이 공허했다.
　測에 이르기를 '그 문과 교외를 크게 했다.' 라고 한 것은 실질적인 것이 떠나가고 이름만이 온 것이다.

次四 大其門郊 不得其刀 鳴虛 測曰 大其門郊 實去名來也
　※ 왕애는 '명성은 있고 실질적인 것이 없다. 그러므로 우는 것이 공허했다.' 라고 했다.
　사마광은 '문은 밖에 있고 교외는 멀리 있어 칼로써 끊은 것이다. 명(鳴)이란 명성이 들리는 것을 이른 것이다. 四는 밖이 되고 밤에 해당한다. 소인이 그 안을 다스리지 않고 그 밖을 크게 힘썼다. 그러므로 이르기를 '그 문과 교외를 크게 했다.' 라고 한 것은 가까운 것을 버리고 멀리 있는 것을 힘쓴 것을 말한 것이다. 그 칼을 얻지 못했다고 한 것은 능히 단절하지 못한 것이다. 비록 명성이 멀리 들렸으나 그 실질은 안으로 허한 것이다.' 고 했다.

　次五는 거친 것을 싸서 가운데 했다. 능했다.
　測에 이르기를 '거친 것을 싸서 가운데 했다.' 라고 한 것은 아홉 오랑캐들을 독려한 것이다.

次五 包荒以中 克 測曰 包荒以中 督九夷也

※ 범망(范望)은 '극(克)은 능(能)의 뜻이다.'라고 했다.
사마광은 '五는 성대한 지위에 있어 낮에 해당한다. 성인이 대중(大中)의 도를 잡아서 능히 사해(四海)를 품어 복종시킨 것이다.'라고 했다.

次六은 큰 데서 조금 잃었다. 많은 데서 적게 잃었다.
測에 이르기를 '큰 데서 조금 잃었다.'라고 한 것은 재앙이 미세하게 말미암은 것이었다.

次六 大失小 多失少 測曰 大失小 禍由微也
※ 범망은 '六은 수(水)이다. 물이 잃는 것은 틈새나 구멍에 있다. 일은 미세한 것을 따라서 생겨나고 재앙은 미세한 곳으로부터 말미암는다.'라고 했다.
사마광은 '六은 중(中)을 지나쳐 밤에 해당하여 큰 것이 처음으로 잃는 것이다.'라고 했다.

次七은 크게 사치하여 멀어졌다. 스스로 깎아서 법했다. 혹은 더하여 먹었다.
測에 이르기를 '사치하여 멀어졌다. 스스로 깎았다.'라고 한 것은 능히 스스로 그르게 한 것이었다.

次七 大奢迂[1] 自削以觚[2] 或益之餔 測曰 奢迂自削 能自非也
1) 奢迂(사우) : 사치하여 멀어지다.
2) 觚(고) : 법(法)의 뜻.
※ 사마광은 '사(奢)는 치(哆)와 같다. 우(迂)는 원(遠)이다. 포(餔)는 먹다. 七은 재앙의 시작이 되고 낮에 해당하며 대(大)가 이미 지나치게 심하여 사치하고 먼 곳까지 이르렀다. 군자(君子)는 미약한 것을 보고 재앙이 장차 이르는 것을 알고 능히 법으로써 스스로 제재하여 다시 복록을 받는다. 그러므로 이르기를 '혹은 더하여 먹었다.'라고 했다.

次八은 풍성한 담과 높은 터다. 3년 동안 쌓지 않았다. 무너졌다.
測에 이르기를 '풍성한 담이 높다.'라고 한 것은 무너진 것이 더디게 하지 않은 것이다.

　　次八 豊牆峭阯¹⁾ 三歲不築 崩 測曰 豊牆之峭 崩不遲也
1) 豊牆峭阯(풍장초지) : 풍성한 담장과 높은 터.
　※ 범망은 '三은 마침이다. 담이 크고 터가 높아 한 해가 마치도록 판으로 쌓지 않게 되면 붕괴할 근심이 있는 것으로 마치 군자의 도가 그 근본이 융성하지 않으면 끝이 반드시 위태하게 되는 것과 같은 것이다.' 라고 했다.
　※ 사마광은 '八은 재앙의 중(中)이 되고 밤에 해당한다. 소인은 재앙이 이르는 것을 알지 못하고 스스로 광대함만을 힘써서 그 근본을 돌아보지 않는 것이다. 三이란 수가 이루어진 것이다.' 라고 했다.

上九는 크게 마쳐 없어졌다. 하늘 밖으로 나간 것이 아니다.
測에 이르기를 '크게 마쳐 없어졌다.' 라고 한 것은 작은 것이 큰 바탕이 된 것이었다.

　　上九 大終以蔑 否出天外 測曰 大終以蔑 小爲大資也
　※ 해설이 궐(闕)했다.

䷒ 확(廓) : 음기(陰氣)는 고요하게 합해졌다. 양(陽)은 오히려 넓고 넓어졌다.

　　䷒廓¹⁾ 陰氣瘱而僋之 陽猶恢²⁾而廓之
1) ䷒廓(䷒확) : 괘는 이방(二方), 삼주(三州), 일부(一部), 일가(一家)이다.
　확(廓)은 음가(陰家)이며, 수(水)이고, '주역'의 풍(豊)괘에 준(準)한다.
　확(廓)은 次四에서 들어가 태양이 칠성(七星)에서 머문다.
2) 恢(회) : 넓다의 뜻.
　※ 송충은 '흡(僋)은 흡(翕)을 말한다. 이 때는 음기가 때에 응하고 숨어 있는 것이 아래에 가려져 양이 오히려 왕성하고 씩씩하여 위에서 넓어지는 것이다.' 라고 했다. 도(圖)에서 '중(中)이 허하고 밖이 커서 넓게 존재하는 것이다.'

라고 했다.

범망은 '예(瘞)는 협(協)의 뜻이다. 흡은 합(合)이다.' 라고 했다.

왕애는 '음기가 오히려 약하고 몰래 고요하여 합한다.' 고 했다.

사마광은 '음기가 숨은 것을 가려주고, 만물이 닫히고 합하여 양기가 오히려 넓어지는 것을 힘쓴다. 그러므로 이르기를 '확(廓)' 이라 했다. 확이란 벌려서 커진 것이다.' 라고 했다.

初一은 넓히고 넓혔다. 그 터가 바르지 않았다.

測에 이르기를 '넓히고 넓혔다.' 라고 한 것은 처음부터 터가 기울어진 것이다.

初一 廓之恢之 不正其基 測曰 廓之恢之 始基傾也

※ 왕애는 '확(廓)의 처음에 처하여 지위를 잃고 밤에 해당한다. 비록 능히 넓히고 넓혔으나 능히 스스로 그 시작을 바르게 하지 못한 것이다.' 라고 했다.

사마광은 '一은 생각의 시작이 되고 밤에 해당한다. 소인이 스스로 넓히고 넓히는 것을 힘쓰지만 그 터가 바르지 못했다. 그러므로 움직이면 기울어진 것이다.' 라고 했다.

次二는 금으로 된 담치는 기구와 옥으로 된 담치는 기구로 했다. 성(城)을 넓혔다.

測에 이르기를 '금으로 된 담치는 기구와 옥으로 된 담치는 기구로 했다.' 라고 한 것은 번성하여 바른 것을 도운 것이다.

次二 金幹玉楨 廓于城 測曰 金幹玉楨 蕃輔正也

※ 범망은 '금과 옥은 모두 그 아름다운 것이 본바탕이다.' 라고 했다.

왕애는 '二는 하체(下體)의 중(中)에 있어 지위를 얻어 낮에 해당한다. 금과 옥(玉)이 담치는 기구의 근본이 되어 어진 이를 얻은 것을 이른 것이다. 정간(楨幹)이란 담을 쌓는 판의 기구이다.' 라고 했다.

사마광은 '담을 쌓은 기구는 옆을 쌓는 기구를 간(幹)이라 하고 표제를 정(楨)이라고 한다. 二는 생각의 중이 되고 낮에 해당한다. 군자(君子)는 능히 어질고 밝은 것으로 보좌를 하여 그 덕을 넓히고 넓혀서 스스로 호위한 것이다.' 라고 했다.

次三은 넓어서 자식이 없다. 아내는 석부(石婦 : 石女)이다.
測에 이르기를 '넓어서 자식이 없다. 언제 후생(後生)을 얻을 것인가?' 라고 했다.

次三 廓無子 室石婦 測曰 廓無子 焉得後生也
※ 왕애는 '석녀(石女)를 아내로 했으니 다시는 후사(後嗣)의 도가 없다.' 고 했다.
사마광은 '三은 생각의 위가 되고 밤에 해당한다. 소인의 생각이 넓고 넓어서 뒤를 능히 계승하지 못한다. 그러므로 이르기를 '넓어서 아들이 없다' 고 했다. 석부(石婦)를 아내로 했다고 한 것은, 아내를 구하였는데 석부(石婦)를 얻은 것을 이른 것이다.' 라고 했다.

次四는 그 문호(門戶)를 넓혔다. 도적과 포로들을 막는데 사용했다.
測에 이르기를 '그 문호를 넓혔다.' 라고 한 것은 크게 경영한 것이었다.

次四 恢其門戶 用圉¹⁾寇虜 測曰 恢其門戶 大經營也
1) 圉(어) : 어(禦)와 같다.
※ 四는 밖의 다른 것이 되고 낮에 해당한다. 군자는 그 예의를 넓혀서 소인을 방어하는 것이다. 그러므로 이르기를 '그 문호를 넓혀서 도적과 포로들을 막는데 사용했다.' 고 했다.

次五는 하늘의 문이 크게 열렸다. 당(堂)의 계단을 넓혔다. 혹은 사는 것이 그르다.
測에 이르기를 '하늘의 문이 크게 열렸다.' 라고 한 것은 덕이 능히 당(堂)에 가득하지 못한 것이었다.

次五 天門大開 恢堂之階 或生之差 測曰 天門大開 德不能滿堂也
　※ 五는 집을 넓히는데 있어 성대한 지위에 해당한다. 그러므로 이르기를 '하늘 문이 크게 열리고 당(堂)의 계단을 넓혔다.' 라고 했는데 이는 통달하여 지위가 높아진 것을 말한 것이다. 그러나 당일의 밤에 해당하여 소인이 능히 이 성대한 복을 누리지 못하고, 덕이 능히 그 지위를 채워주지 못하므로 반드시 그르고 잃어버리는 것이 있어서 전복하는데 이른 것이다.

　次六은 오직 풍성하고 오직 높다. 모든 제후들이 많고 많다. 너의 덕이 일어나는 바다.
　測에 이르기를 '오직 풍성하고 오직 높다.' 라고 한 것은 이에 태평한 것이었다.

次六 維豊維崇 百辟馮馮¹⁾ 伊德攸興 測曰 維豊維崇 玆太平也
1) 百辟馮馮(백벽빙빙) : 백벽은 많은 제후들. 빙빙은 성대하고 많은 모양.
　※ 六은 지극히 크게 되어 낮에 해당한다. 군자는 그 덕을 넓혀서 태평을 이루고, 풍성하고 크며 높고 높아 만방(萬邦)이 복종하고, 많고 많은 것들이 달려와 폭주한 것이다.

　次七은 밖이 크게 높고 씩씩하여 그 가운데를 잃었다. 군자는 들에 이르고 소인은 실(室)로 들었다.
　測에 이르기를 '밖이 크게 높고 씩씩하다.' 라고 한 것은 가운데는 사람이 없는 것이다.

次七 外大杚¹⁾ 其中失 君子至野 小人入室 測曰 外大杚 中無人也
1) 杚(골) : 사마광(司馬光)은 고장모(高壯貌)라고 했다. 오비(吳秘)는 평(平)의 뜻이라 했고, 왕애(王涯)는 평미레의 뜻이라 했고, 진점(陳漸)은 갈다의 뜻이라 했다.
　※ 사마광은 '七은 집안을 넓히는데 있어 상체(上體)에 있다. 그러므로 '밖이 크게 높고 씩씩하다.' 고 한 것은 넓고 크며 높고 씩씩한 것을 말한 것이다. 그

러나 당일의 밤에 해당한다. 소인(小人)이 그 곳에 처하여 교만하고, 어진 이와 능한 이를 멀리하며, 불초한 이를 가까이하여 어지러움이 안으로부터 일어났다. 그러므로 '그 가운데를 잃어 군자는 들에 이르고 소인은 실(室)로 들었다.' 고 했다. 일설에는 '골(扢)은 훌이며, 기쁘다는 뜻이다.' 라고 했다.

次八은 그 밖은 넓히고 그 안은 비웠다. 정(鉦)을 치는 것이 이롭다.
測에 이르기를 '밖은 넓히고 안은 비웠다.' 라고 한 것은 이에 능히 들은 것이 있는 것이다.

次八 廓其外 虛其內 利鼓鉦 測曰 廓外虛內 乃能有聞也
※ 八은 밖에 있고 낮에 해당한다. 군자는 밖을 넓혀서 덕을 밝히고 안을 허하게 하여 물(物)을 받아드린다. 그러므로 좋은 평판이 멀리까지 들린다. 이는 비유컨데 정(鉦)을 두드리는 것과 같아 또한 밖은 넓히고 안을 비워서 능히 명성이 있게 한 것이다. 군자의 덕이 밖에 있어서 넓히고 넓히는 자는 오직 좋은 평판 뿐이다.

上九는 높은 담을 지극히 넓혔다. 3년 동안 아이들이 없다.
測에 이르기를 '높은 담을 지극히 넓혔다.' 라고 한 것은 끝까지 신하하는 자가 없는 것이다.

上九 極廓于高庸[1] 三歲無童 測曰 極廓高庸 終無所臣也
1) 庸(용) : 용(墉)이라 했다.
※ 왕애는 '곽(廓)이 지극함에 처하여 지위를 잃고 밤에 해당한다. 비록 능히 그 담을 넓혔으나 중앙에 아이들의 사역을 가히 부릴 수가 없는 것이다. 높아서 사람이 없는 것은 뉘우쳐야 가히 알 것이다.' 라고 했다.
사마광은 '九는 상극(上極)에 있어 밤에 해당한다. 소인이 스스로 넓고 넓히며 높고 높은 것을 힘써서 중지함을 알지 못하는 것이다. 그러므로 '높은 담을 높였다.' 라고 했다. 능히 뜻을 낮추고 아래를 대접하지 않게 되면 아래가 장차 배반한다. 그러므로 '3년 동안 아이들이 없다.' 라고 했다.

☳ 문(文) : 음(陰)은 그의 본바탕을 거두었다. 양(陽)은 그 문체를 흩었다. 문체와 바탕이 명백했다. 만물이 찬연(粲然)했다.

☳文¹⁾ 陰斂其質 陽散其文 文質班班²⁾ 萬物粲然

1) ☳文(문) : 괘는 이방(二方), 삼주(三州), 일부(一部), 이가(二家)이다. 문(文)은 양가(陽家)이고, 화(火)이며, '주역'의 환(渙)괘에 준(準)한다. 양웅(揚雄)이 대개 환(渙)으로써 환(煥)을 삼았다. 그러므로 그 머리에 이름하여 '문(文)'이라 했다. 문(文)은 上九에서 들어가고 태양은 장수(張宿)에서 머문다.
2) 班班(반반) : 명백한 모양.

初一은 겹옷 그림에 비단을 입었다. 옥(玉)이 바르다.
測에 이르기를 '겹옷 그림에 비단을 입었다.'라고 한 것은 문채가 안에 있기 때문이었다.

初一 袷襀¹⁾ 何縵²⁾ 玉貞 測曰 袷襀何縵 文在內也
1) 袷襀(겹귀) : 겹옷의 그림. 곧 겹옷의 수놓은 것.
2) 何縵(하만) : 하는 피(被)의 뜻. 만은 비단이며 무늬가 없는 것.
※ 一은 생각의 시작이 되고 낮에 해당한다. 군자는 문채는 안으로 하고, 질박한 것은 밖으로 하는 것이다. 이는 마치 겹옷에 수를 놓은 것을 입고 무늬 없는 비단옷을 입어 본바탕이 순수하여 빛나는 것을 머금은 것 같이 하는 것을 옥이 바르면 아름다움이 이르는 것과 같이 하는 것이다. '중용(中庸)'의 33장에 '비단 옷을 입고 경(絅)을 더했다. 그 무늬가 나타나는 것을 싫어한 것이다.'라고 했다.

次二는 무늬가 성한데 바탕은 막혔다.
測에 이르기를 '무늬가 성한데 바탕은 막혔다.'라고 한 것은 능히 함께 순수하지 못한 것이었다.

次二 文蔚質否 測曰 文蔚質否 不能俱睟¹⁾也
1) 睟(수) : 순수한 아름다움.
 ※ 왕애는 '문(文)의 체(體)가 되므로 당연히 문(文)의 본질은 빈빈(彬彬)해야 한다. 二는 지위가 밤에 해당하여 이미 그 본질이 없고 문채는 비록 왕성하나 족히 아름답지 않은 것이다. 수(睟)는 순수하게 아름다운 것이다.'고 했다.
 사마광은 '울(蔚)은 곱게 수를 놓은 모양이다. 二는 생각의 중(中)이 되고 밤에 해당한다. 소인(小人)은 문채가 화려하고 비록 아름다우나 실질적으로 능히 돕지 못하는 것이다.'라고 했다. '춘추'에 영영(寧嬴)이 양처보(陽處父)에게 이르기를 화려하지만 실질적인 것이 없으면 원망이 모이는 바이다.'라고 한 것이 이것이다.

次三은 크게 빛나고 더욱 질박했다. 믿는데 부족한 듯 했다.
測에 이르기를 '크게 빛나고 더욱 질박했다.'라고 한 것은 바탕에 여유로움이 있는 것이었다.

次三 大文彌樸 孚¹⁾似不足 測曰 大文彌樸 質有餘也
1) 孚(부) : 대신(大信)이다.
 ※ 三은 생각의 끝이 되고 낮에 해당한다. 군자는 크게 빛나서 질박한 듯 하고 크게 믿어도 부족한 듯 한 것이다.

次四는 문채 나는 듯 하고 빛나는 듯 했다. 호랑이와 표범의 문채와 같다. 하늘이 향하는 바가 아니다. 막혔다.
測에 이르기를 '문채가 나고 빛난다는 것이 막혔다.'라고 했는데 어찌 족히 명예로운 것이었겠는가?

次四 斐如邠¹⁾如 虎豹文如 匪天之享 否 測曰 斐邠之否 奚足譽也
1) 邠(빈) : 빈(彬)과 같다.
 ※ 범망은 '호랑이와 표범의 짐승은 그 문채가 귀하다. 비빈(斐邠)이란 문채

왕애는 '四는 지위를 잃고 밤에 해당한다. 대개 호랑이와 표범은 문채가 동일하여 그 몸체를 해치는데 하늘의 향하는 바가 아니었다. 그러므로 '막혔다.' 라고 했다. 향(享)은 향(嚮)함을 말한 것이다.' 라고 했다.

次五는 빛나는 듯 하고 문채 나는 듯 했다. 문채의 바탕이 밝은 듯 하다. 수레와 의복이 등용하는 듯 하다.
測에 이르기를 '문채 나는 듯 위에 하다.' 라고 한 것은 하늘의 문채가 빛나는 것이었다.

次五 炳如彪如 尙文¹⁾昭如 車服庸如 測曰 彪如在上 天文炳也
1) 尙文(상문) : 문채의 본바탕을 뜻한다.
※ 왕애는 '五는 중(中)에 있어 체(體)를 바르게 하고 지위를 얻어 밤에 해당하며, 문명(文明)의 주체가 되어 빛나는 것을 가히 볼 수가 있는 것이다.' 라고 했다.
사마광은 '상문소여(尙文昭如)는 성인(聖人)이 예와 문장을 높이는 것을 귀하게 여겨 밝게 나타내어 분별한 것이다. 거복용여(車服庸如)는 수레와 복식으로써 어진 이들이 공로와 일을 표현한 것이다. 문채를 쓰는 거대함이 이에 지나지 않는 것이다. '서경' 의 순전(舜典)에 '널리 말을 받아들이고 공로를 백성에게 밝히며, 수레와 의복을 줘서 중히 쓰십시오.' 라는 뜻이다.' 라고 했다.

次六은 기러기의 문채가 개울에 방자하여 법도가 없다.
測에 이르기를 '기러기의 문채에 법도가 없다.' 라고 한 것은 방자한 뜻이 가버린 것이었다.

次六 鴻文無范¹⁾恣于川 測曰 鴻文無范 恣意往也
1) 范(범) : 법(法)이다.
※ 사마광은 '기러기가 나는데 그 짝에는 문자(文字)의 象이 있고 법은 없다. 개울을 만나면 스스로 방자할 따름이다. 六은 중(中)을 지나쳐서 밤에 해당한다. 소인의 문채는 법도가 없고 망령된 것이다.' 라고 했다.

次七은 꿩이 녹봉에 하지 않았다. 닭이 곡식으로 나아갔다.
測에 이르기를 '꿩이 녹봉에 하지 않았다.' 라고 한 것은 깊숙한 곳에서 기르는 것이 어렵다는 것이다.

次七 雉之不祿 而鷄盡穀 測曰 雉之不祿 難幽養也
※ 왕애는 '七은 비록 가득한 것을 지나쳐서 지위를 얻고 낮에 해당하는 것이 마치 꿩이 문채가 있고 밝고 깨끗한 성품을 가져서 사람들이 길들여 기르는 것을 받아들이지 않는 것과 같다. 그러므로 이르기를 불록(不祿)이라 했다. 마침내 닭이 그 곡식을 먹으러 나아가는 것만 같지 못한 것이다. 신(蓋)은 진(進)의 뜻이다.' 라고 했다.
사마광은 '七은 외체(外體)에 있고 낮에 해당한다. 군자는 문채가 있고 지조도 있어 변하지 않는 것으로 세상을 피하여 벼슬하지 않는 자이다. 七은 재앙의 계단이 되는 것으로 어진 이가 숨은 것이다.' 라고 했다.

次八은 새긴 것이 섬세한데 곡식을 폈다. 망한 때에 문채가 나서 어지러워졌다.
測에 이르기를 '새긴 것이 섬세한 문채이다. 쓸데없이 날만을 허비한 것이다.' 라고 했다.

次八 彫戠穀布 亡于時 文則亂 測曰 彫戠之文 徒費日也
※ 왕애는 '八은 장차 지극한데 있어 지위를 잃고 밤에 해당한다. 이는 마치 그 새기는 것이 섬세한 문채만을 힘쓰는 것과 같아 쓸데없는 날만을 허비하여 하여금 곡식을 함께 펴고 함께 망한 때에 그 문채의 폐단으로 이에 어지러움이 된 것이다.' 라고 했다.
사마광은 '八은 소모함이 되고 밤에 해당한다. 그러므로 이러한 象이 있다.' 고 했다.

上九는 지극한 문채는 조밀하고 조밀하다. 보불(黼黻)로써 바꿨다.

測에 이르기를 '지극한 문채로 바꿨다. 마땅히 본바탕으로써 한 것이다.'라고 했다.

上九 極文密密 易以黼黻¹⁾ 測曰 極文之易 當以質也
1) 黼黻(보불) : 고대에 예복(禮服)에 놓은 수. 보는 도끼모양을 수놓은 것이고 불은 기(己)자 두개를 겹쳐 수놓은 것. 곧 군주의 예복이다.

※ 왕애는 '九는 문(文)의 지극함에 있어 지위를 얻고 낮에 해당하여 능히 지극한 문(文)의 폐단을 바꾼 것이다. 문채의 꾸밈이 지극하여 조밀하고 조밀한데 이르렀으나 지극히 섬세하고 지극히 미묘하여 능히 바꾼 것이, 하여금 보불(黼黻)이 제도가 있는 것과 같이 했다.'는 뜻이다.

사마광은 '九는 폐단을 다함이 되고 낮에 해당한다. 그러므로 이러한 象이 있다. 백(白)과 흑(黑)은 보(黼), 흑(黑)과 청(靑)은 불(黻)이라고 이른다. 보불이 비록 문채나 조각의 섬세함을 교정하면 바탕이 되는 것이다.'라고 했다.

☷ 예(禮) : 음은 아래에 있고 양은 위에 있다. 위와 아래가 몸체를 바르게 했다. 만물이 함께 예(禮)가 있다.

☷禮¹⁾ 陰在下而陽在上 上下正體 物與有禮
1) ☷禮(☷예) : 괘는 이방(二方), 삼주(三州), 일부(一部), 삼가(三家)이다. 예(禮)는 음가(陰家)이고, 목(木)이며, '주역'의 이(履)괘에 준(準)한다. 예(禮)는 次四의 6분 3초에 들어가고 대서(大暑)의 기와 응한다.

初一은 발돋움하여 밟았다. 그 할아버지와 아버지의 뒤에 했다. 測에 이르기를 '발돋움하여 밟았다.'라고 한 것은 그 친한 이가 물러난 것이었다.

初一 履于跂 後其祖禰 測曰 履于跂 退其親也
※ 왕애는 '예(禮)의 처음에 있어 지위를 잃고 밤에 해당한다. 이는 시작부터 예가 어긋난 것이다. 발돋움하여 밟았다고 한 것은 공경하는 도가 아니다.'라고

했다.

　사마광은 '기(跂)는 발돋움하다'이다. 一은 하체(下體)의 아래에 있어 밟아서 낮은 곳으로 이르는 자이다. 이에 발돋움하고 강제로 높여 아래에 있으면서 위를 참람하는 象이다. 무릇 신하가 군주를 섬김은 아버지를 섬기는 것과 같이 하고, 대군(大君)을 섬기는 것은 할아버지를 섬기는 것과 같이한다. 아래 지위에 있으면서 예가 위를 참람하는 것은 그 할아버지와 아버지를 물러나게 하고 하여금 자신이 뒤에 있게 하는 것과 같은 것이니 또한 거스른 것이 아니겠는가?'라고 했다.

　次二는 눈은 목목(穆穆)하고 발은 숙숙(肅肅)했다. 이에 그 본심을 취하여 꿰었다.
　測에 이르기를 '목목하고 숙숙했다.'라고 한 것은 공경하는 것이 마음에서 나온 것이었다.

　次二. 目穆穆 足肅肅 乃貫以棘 測曰 穆穆肅肅 敬出心也
　※ 왕애는 '극(棘)은 그 적심(赤心 : 본심)을 취하다.'라고 했다.
　사마광은 '목목숙숙(穆穆肅肅)은 모두가 공손하고 삼가는 모양이다. 二는 생각의 중(中)이 되고 낮에 해당하여 외모의 공손함은 반드시 정성으로 꿰뚫은 연후에 선해지는 것이다.'라고 했다.

　次三은 그림의 상(象)이 형체를 이루었다. 진실로 이루어진 것은 없다.
　測에 이르기를 '그림의 상이 형체를 이루었다.'라고 한 것은 그 참이 아닌 것이었다.

　次三. 畫象成形 孚無成 測曰 畫象成形 非其眞也
　※ 왕애는 '충신(忠信)은 예의 근본이다. 이미 근본이 괴이한데 무슨 예가 있을 것인가?'라고 했다.
　사마광은 '三은 생각의 끝이 되고 밤에 해당한다. 겉모습만 꾸미고 안으로는 실상이 없는 것이다. 그러므로 '그림의 상이 형체를 이루었는데 진실로 이루어진 것이 없다.'라고 했다. 여숙제(女叔齊)가 노(魯)나라 소공(昭公)에게 이르기를 '자잘하게 거동을 익혀 빨리 한다.'라고 한 것은 가히 예라 이르지 못할 것이다.'라고 했다.

次四는 공작과 기러기의 거동이다. 계단에 올라서 사용하는 것이 이롭다.
測에 이르기를 '공작과 기러기의 거동이다.'라고 한 것은 가히 법을 법한 것이었다.

次四 孔鴈之儀 利用登于階 測曰 孔鴈之儀 可法則也
※ 우씨(虞氏)는 '기러기가 나는 것은 행동이 이루어진 것이고 공작(孔雀)도 또한 행동이 성취된 것이다.'라고 했다.
사마광은 '공작(孔雀)은 문장(文章)이 있고 기러기는 줄의 질서가 있어 모두가 위의(威儀)의 象이다. 계단에 나아가는 것을 깨달아 지위에 오르는 것이다. 四는 하록(下祿)이 되어 낮에 해당한다. 군자가 지위에 있어 그 백성에게 임하면 위엄이 있어서 가히 두려워한다. 위엄이 있으면 가히 본받아 그 아래서는 두려워하고 사랑하여 법으로 여겨 본받는데, 이것은 정치와 교화가 엄숙하지 않아도 이루어지고 엄하지 않아도 다스려지는 것이다.'라고 했다.

次五는 그 어기는 것을 생각하고 그 수저를 꺾었다. 지나치게 상실하여 아홉 개의 화살을 주었다.
測에 이르기를 '어기는 것을 생각하고 수저를 꺾었다.'라고 한 것은 그의 녹봉을 낮춘 것이었다.

次五 懷其違 折其匕 過喪錫九矢 測曰 懷違折匕 貶其祿也
※ 해설이 궐(闕)했다.

次六은 물고기의 비늘이 들쑥날쑥했다. 이에 크게 베풀었다. 제왕(帝王)이 사용하여 하늘로 올랐다.
測에 이르기를 '물고기의 비늘이 들쑥날쑥했다.'라고 한 것은 귀하고 천한 것들이 자리에 한 것이었다.

次六 魚鱗差之 乃大施之 帝用登于天 測曰 魚鱗差之 貴賤位也
※ 六는 지극히 큰 것이 되고 낮에 해당한다. 군자는 예를 제정하여 귀하고 천한 이들이 질서가 있게 하고, 들쑥날쑥한 것이 물고기의 비늘과 같게 한다. 이러한 도를 가져서 천하에 베풀면 천하가 다스려지지 않는 것이 없다. 제왕이 이러한 것을 사용하면 가히 황천(皇天)에 이르는 것이라고 했다.

次七은 나가는 것을 예로 하여 두려워하지 않았다. 두려워하는 곳으로 들어갈 것이다.
測에 이르기를 '나가는 것을 예로 하여 두려워하지 않았다.' 라고 한 것은 사람들이 버린 것이었다.

次七 出禮不畏 入畏 測曰 出禮不畏 人所棄也
※ 七은 재앙의 시작이 되고 밤에 해당한다. 소인이 예법을 뛰어넘어 돌아보지 않은 것이다. 그 두려워하지 않는 것으로 말미암아 두려워하는 곳으로 들어가서 형벌로 처형당함에 빠진 것을 이른 것이다. '서경'의 주관(周官)편에 '두려워하지 않으면 두려워할 일에 당면할 것이다.' 라고 했다.

次八은 관이 부셔졌다. 밟아 온전한데도 밟았다.
測에 이르기를 '관이 부서지고 밟아 천해졌다.' 라고 하더라도 가히 위에 하지 아니치 못하는 것이었다.

次八 冠戚胹 履全履 測曰 冠戚履賤 不可不上也
※ 범망은 '척주(戚胹)는 부서지다와 비교한 것이다. 관이 비록 부서졌어도 마땅히 머리에 올리는 것이다. 밟아서 비록 온전하더라도 밟는 것은 발로 하는 것이 마땅한 것이다.' 라고 했다.
사마광은 '八은 상체(上體)에 있고 재앙의 중(中)이 되며 관이 부서진 象이다. 당일의 낮에 해당한다. 그러므로 아래에서는 능히 능멸하지 못한 것이다. 그러므로 '가히 위에 하지 아니치 못한다.' 라고 했다.

上九는 인 것이 머리에 없다. 어찌 이 九를 쓰겠는가?
測에 이르기를 '머리에 인 것이 없다. 어찌 가는 곳이 있으랴!' 라고 했다.

上九 戴無首 焉用此九 測曰 無首之戴 焉所往也
　※ 九는 양의 왕성함이다. 예의 주인이 낮게 사양하므로 비록 천자라도 반드시 높이는 것이 있다. 九는 뻗지르는 것의 지극함이 되어 밤에 해당한다. 위에는 이는 것이 없고 높아서 반드시 위험함이, 비유컨데 마치 관을 이어서 머리가 없는 것과 같으니 어찌 이 성대함이 지극한 지위를 쓰겠는가?

▤ 도(逃): 음기(陰氣)는 밝고 커졌다. 양기(陽氣)는 몰래 물러났다. 만물이 장차 없어진다.

▤逃[1] 陰氣章彊 陽氣潛退 萬物將亡
1) ▤逃(▤도): 괘는 이방(二方), 삼주(三州), 이부(二部), 일가(一家)이다. 도(逃)는 양가(陽家)이고 금(金)이며, '주역'의 둔(遯)괘에 준(準)한다.
　※ 송충은 '만물이 양(陽)과 성하고 쇠함을 함께 하는 것을 이른 것이다. 7분에 머물러 괘를 없애고 둔(遯)이 되어 미쇠한 음이 안에 있어 땅으로 나가고자 한다.'라고 했다.
　왕애는 '장(章)은 명(明)이고 강(彊)은 대(大)이다.'라고 했다.

初一은 달아나는 물(水)이 평이하다. 그 처음의 자취가 없다.
測에 이르기를 '달아나는 물이 평이하다.' 라고 한 것은 자취가 시작되지 않은 것이었다.

初一 逃水之夷 減其創迹 測曰 逃水之夷 迹不創也
　※ 一은 생각의 시작이 되고 낮에 해당한다. 군자는 재앙이 움트기 전에 피하고 악은 형상이 이루어지지 않았을 때 피한다. 생각의 처음을 사용하여 사람들

이 그의 자취를 보지 못했다면 근심과 어려움이 어디에서 말미암아 미치겠는가? 비유컨대 물 속으로 도망하여 피하는 것과 같아서 물을 따라 그 시작된 자취를 평이하게 하면 모든 사람들로 하여금 능히 그 사이를 보지 못하게 되는 것이라고 했다.

次二는 마음을 조심하고 조심했다. 발은 금 신발이다. 봇도랑이나 구렁에 뜻하지 않았다.
測에 이르기를 '마음을 조심하고 조심했다.' 라고 한 것은 의가 나아가지 못한 것이었다.

次二 心偒偒¹⁾ 足金舃 不志溝壑 測曰 心偒偒 義不將也
1) 偒偒(척척) : 척척(惕惕)과 같다. 조심하고 조심하다.
　※ 송충은 '장(將)은 행(行)하다. 능히 의로써 마음을 단절하여 행하지 못한 것이다.' 라고 했다.
　사마광은 '금(金)이란 견고한 象이다. 二는 생각의 중(中)이 되고 밤에 해당한다. 소인이 비록 재앙이 장차 이르는 것을 보더라도 두려워하고 두려워하여 능히 의로써 스스로 단절하지 못하고, 그 사람과 녹봉만을 생각하여 지체하고 머물러 떠나지 못하며, 봇도랑과 구렁이 발 아래 있는 것을 알지 못하여 갑자기 넘어진 것이다. 공자께서는 '의를 보고도 하지 아니하는 것은 용맹이 없는 것이다.' 라고 했다. 그러므로 '의로써 나아가지 못한 것이다.' 라고 했다.

次三은 그 넓적다리를 조심하고 그 말은 채찍질했다. 도적이 그 문을 바라보았다. 도망치는 것이 이롭다.
測에 이르기를 '넓적다리를 조심하고 말을 채찍질 했다.' 라고 한 것은 가까이에서 보고 있는 것이었다.

次三 兢其股 鞭其馬 寇望其戶 逃利 測曰 兢股鞭馬 近有見也
　※ 송충(宋衷)은 '가까이에서 보고 있었다' 고 한 것은 도둑이 이미 가까이 한 것을 이른 것이다.' 라고 했다.
　사마광은 '三은 생각의 끝이 되고 낮에 해당하여 도망하는데 그 적당한 것을 얻은 것이다. '그 넓적다리를 조심했다'고 한 것은 두려워서이다. '그 말을 채찍질한다'고 한 것은 신속하게 떠나고자 함이다. '도적이 그 문을 바라보았다'고 한 것은 근심이 장차 이른 것이다. 이때에 당해서는 도망치는 것이 이롭다.'라고 했다.

次四는 큰 나무가 오직 흔들렸다. 나는 새가 지나쳤다. 혹은 내려서 머물렀다.
測에 이르기를 '큰 나무의 새다.'라고 한 것은 머무르고자하여 내려온 것이었다.

次四 喬木維摐 飛鳥過之 或止降 測曰 喬木之鳥 欲止則降也
※ 범망은 '위에서 어지러워진 것을 창(摐)이라 이른다. 위에서 어지러워진 나무에는 새가 모여들지 않는다. 그러므로 지나쳐 갔다.'고 했다.
사마광은 '창(摐)은 길게 조밀한 모양이다. 四는 하록(下祿)이 되고 밤에 해당한다. 소인은 도망갈 뜻이 견고하지 못하여 아름다운 녹봉을 만나면 머물러 떠나지 않는다. 그러므로 재난을 면하지 못한다.'고 했다.

次五는 매가 수풀에 모였다. 수달이 연못으로 들어갔다. 떠나갔다.
測에 이르기를 '매와 수달이 보였다.'라고 한 것은 깊게 살며 흉(凶)한 것에서 도망친 것이었다.

次五 見鸎踤¹⁾ 于林 獺²⁾入于淵 征 測曰 見鸎及獺 深居逃凶也
1) 鸎踤(응취) : 응취(鷹踤). 매가 모이다. 일설에는 응은 준(準)이라 했다.
2) 獺(달) : 수달이다.
※ 송충은 '응(鸎 : 鷹)은 새를 해치고 수달은 물고기를 해친다.'라고 했다.
오비는 '취(踤)는 답(踏)이다'라고 했다.
사마광은 '五는 중록(中祿)이 되고 낮에 해당한다. 군자는 비록 현달한 지위에 있어 두터운 녹봉을 받지만 소인이 조정에서 일을 맡은 것을 보고 그 반드시 재앙과 어지러움이 되는 것을 알아서 행하여 떠나가는 것'이라 했다.

次六는 밭이 많은데 자주 하지 않았다. 나의 익힌 음식과 공로만 허비했다.
測에 이르기를 '밭이 많은데 자주 하지 않았다.'라고 한 것은 힘만 소비하고 공로는 없는 것이었다.

次六 多田不婁 費我朕¹⁾功 測曰 多田不婁 費力亡功也
1) 朕(해) : 범망은 익힌 음식을 해라고 했다.
　※ 왕애(王涯)는 '六은 지나치게 가득한데 있어 지위를 잃고 밤에 해당하여 도망칠 곳의 마땅한 곳을 얻지 못한 것이다. 이는 많은 밭을 가는데 자주 다스리지 않아 쓸데없이 음식과 공로만 소비하고 이익이 없는 것과 같은 것이다.'라고 했다.
　사마광은 '六은 상록(上祿)이 되고 성대함이 많은 것이 되며, 지극히 큰 것도 되어 밤에 해당했다. 소인의 덕이 엷고 지위는 높으며, 힘은 적고 맡은 것은 무거워 비록 크게 성대한 사업을 두었으나 능히 닦아 다스리지 못하고 어진 이들은 모두 버리고 도망쳐서 쓸데없이 음식과 힘만 소비했으니 어찌 성공을 얻을 수 있겠는가?'라고 했다.

次七은 간힘을 보았다. 뒤에 이에 능히 날아갔다.
測에 이르기를 '간힘을 보았다.'라고 한 것은 가까이 했는데 족히 높아지지 못한 것이었다.

次七 見于纍¹⁾ 後乃克飛 測曰 見于纍 幾不足高也
1) 纍(루) : 간히다.
　※ 송충(宋衷)은 '기(幾)는 가깝다는 뜻이다. 간힘을 보았는데 겨우 면함을 얻어 이에 밝은 곳으로 가까이함을 사용한 것이다.'라고 했다.
　왕애(王涯)는 '도망하여 어려운 때에 七은 재앙의 시작에 있어 도망한 뒤에 때한 것이다. 그러므로 간힘을 보았다.'라고 했다. 그러나 지위를 얻고 낮에 해당하여 능히 보존하여 끝내는 길했다. 그러므로 '뒤에 능히 날았다.'라고 하여 그 근심을 면한 것이다. 군자는 비록 얽혀 이어지는 것을 보더라도 어지러운 나라에 살지 않고 마침내 마땅히 스스로 먼 곳으로 떠난다. 그러므로 '뒤에 능히 날아갔다.' 라고 했다.

次八은 목에 주살을 더했다. 날개를 그 먹줄로 맸다.
測에 이르기를 '목에 주살을 더하고 날개를 맸다.' 라고 한 것은 스스로 수고로움이 없는 것이었다.

次八 頸加于矰[1] 維翊[2]其繩 測曰 頸加維翊 毋自勞也
1) 矰(증) : 주살이다.
2) 翊(익) : 익(翼)과 같다.
 ※ 왕애는 '八은 지위를 잃고 밤에 해당하여 능히 근심을 피하지 못한다. 그러므로 머리에 주살을 가한 것이다. 비록 먹줄의 망 안에서 날개를 치지만 마침내 능히 날아가는 도리가 없다.' 라고 했다.
 사마광은 '증(矰)은 주살을 쏘는 화살이다. 八은 재앙의 중(中)이 되고 밤에 해당하여 능히 멀리 재앙을 달아났지만 피하지 못하여 주살이 이미 목에 가해진 것이다. 비록 다시 분기하여 그 먹줄을 이끌어 날개짓 해보지만 어떻게 떠나감을 얻겠는가? 쓸데없는 스스로의 수고로움 뿐이다.' 라고 했다.

上九는 도망하는데 발에 못이 박혀도 이롭다. 도둑의 덕이 성을 둘렀다.
測에 이르기를 '도둑의 덕이 성을 둘렀다. 어디로 도망하여 이르겠는가?' 라고 했다.

上九 利逃胼胼[1] 盜德嬰城 測曰 盜德嬰城 何至逃也
1) 胼(변) : 발이 못이 박히다. 곧 군살이 붙은 것. 곧 껍질이 단단해진 것이다.
 ※ 해설이 궐(闕)했다.

▤ 당(唐) : 음기(陰氣)는 이에 오고 양기(陽氣)는 이에 갔다. 만물이 또 광대하고 광대했다.

䷀唐¹⁾ 陰氣玆²⁾來 陽氣玆往 物且溏溏³⁾
1) ䷀唐(䷀당) : 괘는 이방(二方), 삼주(三州), 이부(二部), 이가(二家)이다. 당(唐)은 음가(陰家)이며, 토(土)이고 '주역'의 둔(遯)괘에 준(準)한다. 육적(陸續)은 '당(唐)은 넓다. 천하는 모두 넓다. 둔(遯)도 또한 넓고 넓은 뜻이 있다.'고 했다. 사마광은 '당(唐)은 넓고 넓어 잡혀 검거되는 것이 없는 것과 같아서 상실하는 뜻이 있다.'고 했다.
2) 玆(자) : 익(益)의 뜻이라 했다.
3) 溏溏(탕탕) : 공간을 다한 모습이다. 곧 넓고 넓다의 뜻.

初一은 안이 넓다. 위태함을 일으키지 말라.
測에 이르기를 '안이 넓다.'라고 한 것은 잡아 지킬 것이 없는 것이다.

初一 唐于內 勿作厲 測曰 唐于內 無執守也
※ 一은 생각의 처음이 되고 밤에 해당한다. 안에서 지키는 바가 없어 움직이면 위태한 것이다.

次二는 넓은 곳이 어둡다. 동쪽으로 가는 것을 사용함이 이롭다.
測에 이르기를 '넓은 곳이 어두워 가는 것이 이롭다.'라고 한 것은 도를 밝히는 것이 이로운 것이다.

次二 唐處冥¹⁾ 利用東²⁾征 測曰 唐冥之利 利明道也
1) 冥(명) : 매(昧)의 뜻.
2) 東(동) : 태양이 솟아오르는 곳이다.
※ 二는 생각의 중(中)이 되고 하체(下體)의 안에 처해있다. 그러므로 '당처명(唐處明)'이라 하고 그 중심이 탕탕하여 가는 곳이 미혹됨을 말한 것이다. 그러나 당일의 낮에 해당하여 군자는 능히 밝은 도를 구하여 스스로 나아간 것이다.

次三은 넓은 것이 본디 바르지 않다. 저 롱령(瓏玲)한 것이 없다.

測에 이르기를 '저 롱령(瓏玲)한 것이 없다.'라고 한 것은 너의 곳이 아닌 것이었다.

次三 唐素不貞 亡彼瓏玲[1] 測曰 亡彼瓏玲 非爾所也
1) 瓏玲(롱령) : 옥(玉)의 소리이다.
※ 해설이 궐(闕)했다.

次四는 넓은 곳을 갈 수 없다. 도의(道義)의 임금이다.
測에 이르기를 '넓은 곳을 갈 수 없다.'라고 한 것은 오직 의(義)를 주었기 때문이다.

次四 唐無適 道義之辟 測曰 唐無適 惟義予也
※ 왕애는 '四는 지위를 얻어 낮에 해당한다. 당(唐 : 넓다)의 마땅함을 얻어 탕탕연(蕩蕩然)하여 가는 것도 없고 정해진 것도 없다. 오직 도의로써 군주가 되어 곳의 가는 것을 아는 것으로 당(唐)의 아름다움이다. 벽(辟)은 군(君)이다.'라고 했다.
사마광은 '적(適)은 필연(必然)이다. 四는 편안하고 느긋하여 낮에 해당한다. 공자께서는 '군자(君子)는 천하에서 자기 마음대로 전단하는 것이 없으며 정해진 것도 없으며 오직 의(義)만을 쫓아 견줄 따름이다.'라고 했다. 그러므로 '도의의 군주'라고 이른 것은 그 최고의 높은 것을 존경함을 말한 것이다.'라고 했다.

次五는 사슴이 달아나자 생쥐를 생각했다. 얻었으나 도움이 되지 않았다.
測에 이르기를 '사슴이 달아나자 생쥐를 생각했다.'라고 한 것은 족히 공로가 되지 못한 것이었다.

次五 奔鹿懷鼷[1] 得不訾[2] 測曰 奔鹿懷鼷 不足功也
1) 鼷(혜) : 소서(小鼠)이며 생쥐이다.
2) 訾(자) : 자(資)와 뜻이 같다.

※ 왕애는 '五는 성대한 지위에 해당하여 머리의 주인에 해당하고 지위를 잃고 밤을 맞았다. 군주의 덕이 없고 탕연(蕩然)하게 지키는 것도 없어 이롭고 해로운 잔치에 미혹되어 사슴을 쫓았으나 달아나니까 또 생쥐를 이에 돌아보는 것으로 그 얻는 것이 족히 도움이 되지 못한 것이다.' 라고 했다.

次六은 넓은 것에 홀로 만족하지 못했다. 하늘을 대신하고 녹봉을 고르게 했다.
測에 이르기를 '넓은 것에 홀로 만족하지 못했다.' 라고 한 것은 사사로이 용납함이 없는 것이었다.

次六 唐不獨足 代天班祿 測曰 唐不獨足 無私容也
※ 왕애는 '지위를 얻어 낮에 해당하여 당(唐)의 주인이 되었다. 탕연(蕩然)히 사사로움이 없고 홀로 만족함을 구하지 못하여 천하와 함께 그 이로움을 아름답게 여겼다. 그러므로 가히 하늘을 대신하고 녹봉을 고르게 하여 명군(明君)의 시기로 삼은 것이다. 당(唐)의 아름다움에 처하여 이보다 지나친 것은 없다.' 라고 했다.
사마광은 '六은 상록(上祿)이 되고 성대하고 많은 것도 되어 낮에 해당했다. 군자는 홀로 천록(天祿)을 누리지 않고 천하의 어진 준걸들과 함께 했다.' 라고 했다.

次七은 저 세 번 나는 것을 쏘았다. 밝은 것을 가서 밝혔다. 종일토록 돌아가지 않았다. 없었다.
測에 이르기를 '저 세 번 나는 것을 쏘았다.' 라고 한 것은 적당하게 따르는 바가 없는 것이다.

次七 弋彼三飛 明明于征 終日不歸 亡 測曰 弋彼三飛 適無所從也
※ 왕애는 '지나치게 가득한 곳에 있어 지위를 잃고 밤에 해당한다. 도에 밝지 못하여 스스로 위험하고 망하는 것을 취했다. 한번 쏘았는데 세 번이나 나는 것을 구했다면 적당히 따르는 바가 없는 것이다. 밝은 것으로부터 행하여 늦게

이르러 돌아가는 것을 잊었다. 탕연(蕩然)히 혼미한데 다시 무슨 이익이 되겠는가?'라고 했다.

사마광은 '七은 뜻을 잃은 것이 되어 밤에 해당한다. 소인이 그 덕을 왔다갔다 하여 이곳을 따르다 저곳을 잃고 넓은 곳에서 지키는 바가 없어 쓸데없이 수고로움만을 스스로 하여 어려서부터 늙음에 이르기까지 마침내 얻은 바가 없는 것이다.'라고 했다.

次八은 당(唐)에서 녹봉을 걷었다. 사직의 귀신이 곡을 그쳤다. 혹은 그 목욕함을 얻었다고 했다.

測에 이르기를 '당(唐)에서 녹봉을 걷었다.'라고 한 것은 망(亡)한데로 돌아온 것이었다.

次八 唐收祿 社鬼輟哭 或得其沐 測曰 唐收祿 復亡也

※ 왕애는 '지위를 얻고 낮에 해당하여 당(唐)의 도에 처기기를 잘했다. 그러므로 능히 그 녹봉을 거두어 돌아왔다.'라고 했다.

사마광은 '八은 재앙의 중(中)이 되고 복록(福祿)이 이미 흩어졌다. 그러나 당일의 낮에 해당하여 능히 쇠약함을 일으키고, 쓰러진 것을 일으켰다. 그러므로 '당(唐)이 녹봉을 걷었다.'라고 했다. 사직의 신령이 다시 혈식(血食)을 얻었으므로 곡을 철회했다. 백성들이 이미 말라 야위었으나 다시 윤택함을 무릅썼다. 그러므로 '혹은 그 목욕함을 얻었다.'라고 했다.

上九는 밝은 구슬을 나는 새에 쏘았다. 그것을 얻고 다시 하지 않았다.

測에 이르기를 '밝은 구슬을 새에 쏘았다.'라고 한 것은 마땅하지 않은데 소비한 것이었다.

上九 明珠彈于飛肉[1] 其得不復 測曰 明珠彈肉 費不當也

1) 飛肉(비육) : 나는 새를 뜻한다.

※ 범망은 '비육(飛肉)은 새이다. 구슬은 지극히 중요하고 새는 지극히 가벼운 것이다. 중요한 것으로써 가벼운 것을 구했다. 그러므로 다시 하지 않았다.'

라고 했다.

 왕애는 '九는 지나친 것이 지극함에 있어 지위를 잃고 밤에 해당하며 탕탕연하여 큰 계획에 어두운 것이다. 이는 마치 구슬로써 참새를 쏘아 얻은 바가 없어 다시 하지 않은 것이다.' 라고 했다.

 사마광은 '九는 재앙의 지극함이 되고 밤에 해당한다. 소인이 정을 놓고 욕심만을 다하여 탕연히 돌아오는 것을 잊은 것이다.' 라고 했다.

 ䷙ 상(常) : 음(陰)은 알아서 신하를 하고 양(陽)은 알아서 군주를 한다. 군주와 신하의 도는 만세토록 바뀌지 않는다.

 ䷙常[1] 陰以知臣 陽以知辟 君臣之道 萬世不易
1) ䷙常(䷙상) : 괘는 이방(二方), 삼주(三州), 이부(二部), 삼가(三家)이다. 상(常)은 양가(陽家)이며, 수(水)이고, '주역'의 항(恒)괘에 준(準)한다. 常은 次七의 23분 26초에 들어가고, 입추(立秋)와 기가 응하며, 태양은 순미(鶉尾)에서 머물며, 두(斗)는 신위(申位)로 세우고, 율(律)은 이칙(夷則)에 맞춘다. 次九에서 태양은 익성(翼星)에 머문다.
 ※ 송충은 '벽(辟)은 군주이며 이는 입추(立秋)의 머리라고 했다. 가을이 여름을 계승하여 하늘의 떳떳한 것을 떳떳하게 여긴다. 그러므로 이 때에 음이 신하되는 것을 알고 양은 군주가 되는 것을 아는 것이다.' 라고 했다.
 사마광은 '가을이 여름을 계승하고, 음이 양을 계승하고, 신하가 군주를 계승하는 象이다.' 라고 했다.

 初一은 신비한 법을 이고 신령한 법을 밟았다. 하나로써 만(萬)을 짝했다. 마침내 기울어지지 않았다.
 測에 이르기를 '신비한 법을 이었다.' 라고 한 것은 몸체가 하나의 형상이었다.

 初一 戴神墨[1] 履靈式[2] 以一耦萬 終不稷 測曰 戴神墨 體一形也
1) 神墨(신묵) : 신비한 법(法)의 뜻. 곧 존엄을 뜻한다.

2) 靈式(영식) : 신령스런 법의 뜻. 곧 존엄을 뜻한다.
　※ 왕애와 오비는 모두 '직(稷)과 측(昃)은 같다.'라고 했다.
　一은 생각의 시작이 되고 낮에 해당한다. 군자의 마음은 하나를 잡고 상법(常法)으로 삼아서 만물의 변화에 응하고 끝까지 이끌어 기울어지는 것이 없다. '주역'의 계사 하편에 이르기를 '천하가 움직이는 것은 하나를 바르게 하는 것이다.'라고 했다.

　次二는 안에는 항상 미천한 계집이다. 바르더라도 위태하다.
　測에 이르기를 '안에는 항상 미천한 계집이다.'라고 한 것은 바르지 않은 것이었다.

　次二 內常微女 貞厲 測曰 內常微女 不正也
　※ 왕애는 '상(常)의 때에 처하여 마땅히 군주와 신하와 지아비와 지어미의 도를 바르게 한다. 二는 지위를 잃고 밤에 해당하여 이 상(常)이 미천한 계집으로 안에 처하여 부정(不正)의 象이고 또 위태함에 가깝다. 그러므로 바르더라도 위태하다.'라고 했다.

　次三은 날마다 그 덕이 떳떳했다. 3년 동안 먹지 않았다.
　測에 이르기를 '날마다 그 덕이 떳떳했다.'라고 한 것은 군주의 도(道)인 것이다.

　次三 日常其德 三歲不食 測曰 日常其德 君道也
　※ 三은 스스로 가는 것이 되어 낮에 해당한다. 날마다 그 덕이 떳떳하므로 엷게 먹히는 재앙을 면했다. 군주가 항상 그 덕에 떳떳함으로써 광망하게 참람하는 허물이 없다. 은(殷)나라의 이윤(伊尹)이 태갑(太甲)을 경계하여 함유일덕(咸有一德)을 지은 것이다.

　次四는 달이 떳떳하지 못했다. 혹은 도를 잃었다.
　測에 이르기를 '달이 떳떳하지 못했다.'라고 한 것은 신하가 도를 잃은 것이었다.

次四 月不常 或失之行 測曰 月不常 臣失行也
　※ 달은 찼다가 이지러짐이 있다. 그러므로 '불상(不常)'이라 했다. 행(行)은 도(道)이다. 四는 외타(外他)가 되고 밤에 해당하여 신하의 덕이 떳떳하지 못하여 도를 잃은 것이다.

　次五는 그 종(縱)으로 하고 그 횡(橫)으로 했다. 하늘과 땅의 떳떳한 것이다.
　測에 이르기를 '그 종으로 하고 그 횡으로 했다.'라고 한 것은 군주와 신하가 떳떳한 것이었다.

次五 其從其橫[1] 天地之常 測曰 其從其橫 君臣常也
1) 其從其橫(기종기횡) : 곧 세로와 가로를 뜻한다. 종은 종(縱)이다.
　※ 범망은 '하늘은 세로로 하고 땅은 가로로 한 것은 하늘의 도의 떳떳한 것이다.'라고 했다.
　왕애는 '五는 중위(中位)에 있어 상(常)의 주(主)가 되고 지위를 얻어 낮에 해당한다. 그러므로 세로와 가로와 씨줄과 날줄이 모두 하늘과 땅의 떳떳한 것과 합하고, 만세 동안 바뀌지 않는 도를 얻은 것이다.'라고 했다.
　사마광은 '五는 중화(中和)가 되고 상(常)의 왕성한 것이다. 군주와 신하의 도는 서로 씨줄과 날줄 같은 것이다. 그러므로 그 세로로 하고 그 가로로 한 것은 군주와 신하의 떳떳한 것이다.'라고 했다.

　次六은 7(七)을 얻어서 9(九)가 됐다. 나약한 것이 그 굳센 것을 흔들었다. 그 떳떳한 것을 이기지 못했다.
　測에 이르기를 '七을 얻어서 九가 됐다.'라고 한 것은 성한 것을 버리고 쇠약한 것을 탄 것이었다.

次六 得七而九[1] 懦撓其剛 不克其常 測曰 得七而九 棄盛乘衰也
1) 七而九(칠이구) : 七은 양(陽)이 왕성한 것이다. 九는 양이 쇠약한 것이다.
　※ 六은 중(中)을 지나쳐서 밤에 해당하여 성대한 것을 버리고 쇠약한 것을

탄 것이다. 소인이 나약한데 그 강력한 것을 흔들어 쓰러뜨려서 능히 그의 상도(常道)를 지키지 못한 것이다.

次七은 도도(滔滔)하게 가고 왔다. 항상 쇠약한 듯 함이 있다. 능히 계승하여 바르다.
測에 이르기를 '도도(滔滔)하게 가고 왔다.' 라고 한 것은 바른 것으로써 그른 것을 계승한 것이다.

次七 滔滔往來 有常衰如 克承貞 測曰 滔滔往來 以正承非也
※ 해설이 궐(闕)했다.

次八은 항상 병인 것은 병이 아니다. 허물이 이루어졌는데도 꾸짖지 않았다.
測에 이르기를 '항상 병인 것은 병이 아니다.' 라고 한 것은 능히 스스로 다스리지 못하는 것이었다.

次八 常疾不疾 咎成不詰 測曰 常疾不疾 不能自治也
※ 八은 재앙의 중(中)이 되고 밤에 해당한다. 상도(常道)가 오래하여 폐함이 있는 것이다. 그러므로 '상질(常疾)'이라 했다. 병이 아니라고 한 것은 스스로 그 병을 안다면 오히려 가히 다스릴 수 있는 것이다. 만약 그 병을 알지 못하고 나쁜 소문이 들리면 반드시 다스리지 못하는 것이다. 소인이 그 재앙을 알지 못하고 나쁜 것만 듣게 되어 흉한 허물이 이미 이루어지는데 이르면 가히 다시 꾸짖지도 못하게 되는 것이다.

上九는 그 병을 병으로 여겼다. 무당과 의원을 잃지 않았다.
測에 이르기를 '그 병을 병으로 여겼다.' 라고 한 것은 능히 스스로 고친 것이었다.

上九 疾其疾 巫毉¹⁾不失 測曰 疾其疾 能自毉也
1) 毉(의) : 의(醫)와 같다.

※ 왕애는 '九는 지나친 지극함에 있어 지위를 얻고 낮에 해당하여 능히 그 병을 병으로 여긴 것이다. 스스로 공경함을 잘하면 의사나 무당의 치료를 잃지 않는다. 여기서 의사와 무당은 어진 이를 비유한 것이다.' 라고 했다.

사마광은 '九는 재앙의 종말이 되고 낮에 해당한다. 군자는 능히 근심을 생각하고 예방하여 충성하는 이를 받아들이고 어진 이를 구하여 스스로 도와서 재앙의 까닭을 가히 풀어내는 것이다.' 라고 했다.

▦ 도(度) : 음기는 날마다 움직이고 양기는 날마다 감췄다. 움직이고 움직이며 감추고 감추어 각각 그의 도(度)를 얻다.

▦度[1] 陰氣日躁[2] 陽氣日舍[3] 躁躁舍舍 各得其度
1) ▦度(▦도) : 괘는 이방(二方), 삼주(三州), 삼부(三部), 일가(一家)이다. 도(度)는 음가(陰家)이고, 화(火)이며, '주역'의 절(節)괘에 준(準)한다. 법(法)이란 모범(模範)이 되고, 도(度)란 분촌(分寸)이 된다.
2) 躁(조) : 송충은 움직이다의 뜻이라고 했다.
3) 舍(사) : 송충은 감추다의 뜻이라고 했다. 왕애는 머무르다의 뜻이라 했다.
※ 사마광은 '조(躁)는 음이 왕성하게 나아가는 것을 뜻한다. 사(舍)는 양이 물러나는 것을 이른다. 조(躁)란 더욱 움직이고 사(舍)란 더욱 더 물러나는 것으로 각각 떳떳한 법도를 지키는 것이다.' 라고 했다.

初一은 가운데한 도(度)가 홀로 잃었다.
測에 이르기를 '가운데한 도가 홀로 잃었다.' 라고 한 것은 능히 성취함이 있지 아니한 것이었다.

初一 中度獨失 測曰 中度獨失 不能有成也
※ 一은 생각의 시작이 되고 밤에 해당한다. 소인의 마음에 있는 법도가 먼저 이미 괴이하여 잃었으니 어찌 능히 성취함이 있겠는가? 상서(商書 : 書經)의 태갑 상편에 이르기를 '사냥을 관장하는 관리가 쇠뇌의 시위를 당겨 놓고 가서 살펴 화살의 꼬리가 각도에 맞으면 쏘는 것이다.' 라고 했다.

次二는 연못이 머무르지 않았다. 어두워도 도(度)에 맞았다.
測에 이르기를 '연못이 머무르지 않았다.' 라고 한 것은 이에 능히 바른 것이 있는 것이다.

次二 澤不舍 冥中度 測曰 澤不舍 乃能有正也
※ 해설이 궐(闕)했다.

次三은 작은 도(度)가 어긋나고 어긋났다. 크게 훼손된 계단이다.
測에 이르기를 '작은 도(度)가 어긋나고 어긋났다.' 라고 한 것은 대도(大度)가 기울어진 것이다.

次三 小度差差[1] 大攂[2]之階 測曰 小度差差 大度傾也
1) 差差(차차) : 어그러지고 어긋나다.
2) 攂(뢰) : 훼손되어 찢어지다의 뜻.
※ 사마광은 '뢰(攂)는 훼손하여 무너지다. 三은 생각의 끝이 되고 밤에 해당한다. 생각이 도(度)에 맞지 않아서 일이 어그러져 잃은 것이다. 그러므로 '소도(小度)가 어그러지고 어그러졌다. 크게 무너진 계단이다.' 라고 했다. 모두가 잃은 것이 비록 작지만 훼손된 것이 장차 큰 것이다.' 라고 했다.

次四는 담치는 나무가 성(城)에 이롭다.
測에 이르기를 '담치는 나무가 이롭다.' 라고 한 것은 경영하는 데 이로운 것이었다.

次四 幹楨利于城 測曰 幹楨之利 利經營也
※ 四는 하록(下祿)이 되고 낮에 해당한다. 군자는 이미 그 지위를 얻어 마땅히 법도로써 담치는 나무로 삼은 즉 가히 그 백성들을 보호하고 경영하는 바가 있을 것이다.

次五는 담치는 나무가 담치는 나무가 아니다. 경영하는데 훼손됐다.
　測에 이르기를 '담치는 나무가 담치는 나무가 아니다.'라고 한 것은 능히 편안함이 있지 아니한 것이었다.

　次五 幹不幹 攔于營 測曰 幹不幹 不能有寧也
　※ 왕애는 이르기를 '지위를 잃고 밤에 해당하여 우두머리의 주인이 되지 못한다. 담치는 나무인데 담치는 나무의 재목이 아니라면 반드시 그 경영하는 바는 기울어질 것이다.'고 했다.
　사마광은 '법도가 없는 사람은 백성에게도 법이 없다. 이것은 담치는 나무가 담치는 나무가 아닌 것과 같다. 경영하는 것이 훼손되어 능히 편안함이 있지 않을 것이다.'라고 했다.

　次六은 큰 도(度)는 단속하고 단속한다. 하늘의 상을 보여 그 법을 드리웠다.
　測에 이르기를 '큰 도(度)는 단속하고 단속한다.'라고 한 것은 상을 드리워 바르게 한 것이었다.

　次六 大度檢檢[1] 于天示象 垂其范[2] 測曰 大度檢檢 垂象貞也
1) 檢檢(검검) : 단속하고 단속하다.
2) 范(범) : 범(範)과 같다.
　※ 왕애는 '六은 성대한 지위에 있어 도(度)의 큰 것이다. 지위를 얻고 낮에 해당하여 법제(法制)를 밝히고, 법으로써 물(物)을 단속하여 하늘의 상으로 사람들에게 법을 드리운 것이다.'라고 했다.
　사마광은 '군자가 법도를 세우는 것은 모든 마음에서 취한 것이 아니다. 이에 하늘에서 상을 보고 세상에 법을 드리웠다. 그러므로 '하늘의 상을 보여 그 법을 드리웠다.'라고 했다. '주역'의 계사상편에 '하늘의 상을 매달아 성인(聖人)이 본받았다.'라고 했다.

　次七은 도규(度規 : 법규)로 하지 않았다. 귀신이 나아가 비웃었다.

測에 이르기를 '도규(度規)로 하지 않았다.' 라고 한 것은 밝게 살펴서 비웃은 것이었다.

次七 不度規之 鬼卽訾之 測曰 不度規之 明察笑也
※ 왕애(王涯))는 '七은 지나치게 가득한데 있어 지위를 잃고 밤에 해당한다. 이로써 법이 아닌 법으로써 규제를 삼은 것이다. 자(訾)는 훼소(毁笑)이다. 찬(贊)에 이르기를 귀자(鬼訾)라고 하고, 測에 명찰(明察)이라고 한 것은 유명(幽明)이 함께 웃은 것이다. 그러므로 호문(互文)으로 뜻을 나타냈다.' 라고 했다.
사마광은 '七은 패손(敗損)이 되고 밤에 해당한다. 소인은 교만이 넘치고, 법도로써 스스로 규제하지도 않아 귀신이 비웃는 바가 되었으니 장차 내려오는 재앙이다. 밝게 살피는 것은 귀신과 같은 것이 없다. 사람의 어리석은 자는 혹은 알지 못하고, 귀신이 밝게 살펴서 먼저 그 재앙을 보이는 것이다.' 라고 했다.

次八은 돌의 붉은 것은 빼앗지 못했다. 절개 있는 선비는 반드시 한다.
測에 이르기를 '돌의 붉은 것은 빼앗지 못했다.' 라고 한 것은 가히 더불어 언약이 있는 것이었다.

次八 石赤不奪 節士之必 測曰 石赤不奪 可與有要也
※ 범망(范望)은 '돌의 단단한 것은 빼앗을 수가 없고, 단사(丹砂)에서는 붉은 것을 빼앗지 못한다.' 라고 했다.
왕애는 '八은 도(度)의 장차 끝마침에 있어 지위를 얻고 낮에 해당한다. 반드시 능히 잡아 지키는 바가 있어서 그 법을 고치지 못한 것이다.' 라고 했다.
사마광은 '요(要)는 약(約)이다. 八은 재앙의 중(中)이 되어 낮에 해당한다. 군자는 비록 재앙이나 어지러움을 만나더라도 그 법도를 고치지 않는다. 뜻을 가지고 밝은 것을 굳게 하여 빼앗겨 옮기지 않는다. 그러므로 가히 더불어 언약이 있다고 했다. 이러한 것은 백리(百里)의 명을 부탁하고, 육척(六尺)의 고아를 의탁할 수 있는 것을 이른다.' 라고 했다.

上九는 그른 것을 쌓아서 빌렸다. 10년 동안 돌아오지 않았다.

測에 이르기를 '그른 것을 쌓아서 빌렸다.' 라고 한 것은 이르는 것을 얻지 못한 것이었다.

上九 積差之貸 十年不復 測曰 積差之貸 不得造[1]也

1) 造(조) : 육적(陸績)은 조(造)는 지(至)의 뜻이라 했다.

※ 왕애는 '도(度)'의 끝에 있어 지위를 잃고 밤에 해당하여 도(度)의 지극함을 잃었다. 그 그른 것을 쌓아서 잃고, 빠져서 괴이하게 멀어졌다. 대(貸)란 너그럽게 늘어져서 시대에 뒤에 한 것이다. 비록 10년의 오래함이라도 또한 그 법도에 다시하지 못한 것이다.' 라고 했다.

사마광은 '대(貸)는 특(貣)과 같고, 차(差)의 심한 것이다. '주역'의 복괘(復卦) 上六효에 되돌아오는데 길을 잃었다. 흉한 것이다. 10년에 이르러도 능히 정벌하지 못할 것이다.' 라고 했다.

▦ 영(永) : 음(陰)은 무(武)로써 취하고 양은 문(文)으로써 함께 했다. 도(道)는 가히 길이 오래도록 하리라.

▦永[1] 陰以武取 陽以文與 道可長久

1) ▦永(▦영) : 괘는 이방(二方), 삼주(三州), 삼부(三部), 이가(二家)이다. 영(永)은 양가(陽家)이고 목(木)이며, '주역'의 동인(同人)괘에 준(準)한다. 두 송씨(宋氏)와 육적과 범망과 왕애는 모두 항(恒)괘를 본떴다고 했다. 오비는 '상(常)의 수(首)는 항괘(恒卦)를 본떴다. 次七에서 입추(立秋)가 일어나고 初一이면 226일에 해당하여 15도를 역(易)의 기일(朞日)에 벌려서 행하여 항(恒)괘의 九四효에 한다. 도(度)의 수(首)에 머물러 절(節)괘를 본받고 次二에서 태양이 2도를 날개 펴 행한다. 영(永)의 수(首)에 머물러 次七인 238일에 해당하여 역(易)의 기일에 9도로 날개하고 행하여 동인괘(同人卦)에 한다.' 라고 했는데 지금 따른다.

※ 송충(宋衷)은 '음(陰)이란 형벌의 기이다. 그러므로 무(武)로써 말한 것이다. 양(陽)이란 덕(德)의 기이다. 그러므로 문(文)으로써 말한 것이다. 무(武)로써 문(文)을 구제하고 문(文)으로써 무(武)를 구제하는 것이 음(陰)과 양

(陽)이 취하여 주는 도(道)이다. 그러므로 그 도가 가히 길이 오래하는 것이다.'라고 했다.

初一은 폐하지도 않고 상하지도 않았다. 장자(長子)의 떳떳함이다.
測에 이르기를 '폐하지도 않고 상하지도 않았다.' 라고 한 것은 오래도록 도(道)를 높인 것이었다.

初一 不替不爽[1] 長子之常 測曰 不替不爽 永[2] 宗道也
1) 不替不爽(불체불상) : 폐(廢)하지도 않고 상하지도 않았다의 뜻.
2) 永(영) : 장구(長久)이다. 계속 이어지는 상이다.
※ 一은 당일의 낮에 해당하여 영(永)의 도를 얻은 것이다. 선왕(先王)의 제도는 적자(嫡子)를 세워서 오래도록 종묘를 편안하게 하고, 사직을 중하게 여겨 폐하지도 않고 상하게도 아니하여 만세의 상법(常法)으로 여긴다. 영구한 도(道)가 이보다 큰 것이 없다.

次二는 안으로 폐하고 상한 것을 품었다. 길이 바른 상서로움을 잃었다.
測에 이르기를 '안으로 폐하고 상한 것을 품었다. 어찌 가히 오래할 것인가?' 라고 했다.

次二 內懷替爽 永失貞祥 測曰 內懷替爽 安可久也
※ 二는 당일의 밤에 해당하여 길이 하는 도를 잃었다. 어둡고 의혹된 군주가 예를 어기고 사랑하는 자를 세워 서자로써 종(宗)을 대신하여 안으로 폐하고 상하는 마음을 품게 했다. 그 장자에게 이와 같이 했다면 장자가 바르고 선한 도를 잃게 되는 것이다.

次三은 그 도(道)를 길이 했다. 허물이 없어 얻지 못했다.
測에 이르기를 '그 도를 길이 했다.' 라고 한 것은 진실로 가히 보존한 것이었다.

次三 永其道 未得無咎 測曰 永其道 誠可保也
　※ 三은 뜻이 성취되고 낮에 해당한다. 군자는 도업(道業)이 이미 이루어졌지만 녹봉을 받는 지위에는 오르지 못한 것이다. 대저 군자는 지위가 없는 것을 근심하지 않고 서는 바를 근심한다. 날마다 그 도를 새롭게 하고 오래도록 게을리하지 않아 비록 복과 녹봉을 얻지 못했다고 한들 또 무엇을 허물할 것인가?

　次四는 아들의 차례인데 차례하지 못했다. 먼저 빈(賓)이 길이 주인을 잃었다.
　測에 이르기를 '아들의 차례인데 차례하지 못했다.'라고 한 것은 길이 하는 방법이 아니었기 때문이었다.

次四 子序不序 先賓永失主 測曰 子序不序 非永方也
　※ 왕애는 '四는 五에 가깝고 음(陰)이 양(陽)의 자리에 있다. 또 밤에 해당하여 그 가히 오래하는 도를 잃었다. 아들이 아들의 차례에 있지 못하면 제사나 빈객에 길이 주인이 없게 된다. 그러므로 '먼저 빈(賓)이 길이 주인을 잃었다.'라고 했다.

　次五는 삼강(三綱)이 중(中)에 지극함을 얻었다. 하늘이 그 복을 길이 했다.
　測에 이르기를 '삼강(三綱)이 길이 했다.'라고 한 것은 그 도가 길이한 것이었다.

次五 三綱[1] 得于中極 天永厥福 測曰 三綱之永 其道長也
1) 三綱(삼강) : 군위신강(君爲臣綱), 부위자강(父爲子綱), 부위부강(夫爲婦綱)이다.
　※ 왕애는 '중체(中體)의 바른 곳에 있어 수(首)의 주인이 되고 지위를 얻어 낮에 해당하여 군주의 덕이 있다. 이는 능히 삼강(三綱)으로 하여금 모두 그 중을 얻어 하늘이 돕는 바이다. 그러므로 그 복이 길이 한다.'고 했다.
　사마광은 '삼강(三綱)이란 군주는 신하의 벼리가 되고, 아버지는 아들의 벼리가 되고, 지아비는 지어미의 벼리가 되는 것이다. 五는 중화(中和)가 되어 낮에 해당한다. 왕자(王者)는 삼강(三綱)을 바르게 하여 황극(皇極)을 세워서 길이 하늘의 녹봉을 보존하는 것이다.'라고 했다.

次六은 크게 길이 복이 되었다. 도리어 뜰이 비었다. 오랜 어둠으로 들어갔다.
測에 이르기를 '크게 길이 복이 되었다.'라고 한 것은 복이 도리어 없어진 것이었다.

次六 大永于福 反虛庭 入于酋冥 測曰 大永于福 福反亡也
※ 六은 중(中)에서 지나쳐 밤에 해당한다. 소인은 복의 영원한 것을 믿어서 교만하고 음탕하며 자랑하고 허황되어 복이 끝나면 재앙이 이르는 것이다. 그러므로 '도리어 뜰이 비었다.'라고 하여 얻은 것이 없는 것을 말한 것이다. '오랜 어둠으로 들어갔다'라고 한 것은 뉘우치고 두려워하는 것을 알지 못하고 재앙의 틈으로 나아가면 어둠에 이르는 것을 말한 것이다.

次七은 늙은 나무에서 새싹이 났다. 길이 그 없는 것을 묶었다.
測에 이르기를 '늙은 나무에서 새싹이 났다.'라고 한 것은 그 몸체가 길이 한 것이었다.

次七 老木生蒔 永以纏其所無 測曰 老木生蒔 永厥體也
※ 왕애는 '七은 지나치게 가득한 곳에 있어 늙은 나무의 象이다. 그러나 지위를 얻고 낮에 해당하여 그 도가 길이함을 얻었다. 그러므로 새싹이 돋았다라고 했다. 시(蒔)란 곁에서 태어난다는 뜻이다. 이미 화려한 잎이 있고 다시 길고 오래함을 얻어 처음부터 이제까지 둠이 없다. 그러므로 그 없는 것을 묶었다.'라고 했다.

次八은 길이 법하지 않았다. 흉하고 망하여 뒤에 흘렀다.
測에 이르기를 '길이 법하지 않았다.'라고 한 것은 그 명을 자른 것이었다.

次八 永不軌 凶亡流于後 測曰 永不軌 其命劑也
　※ 왕애는 '장차 지극한 지위에 있어 음(陰)으로써 양(陽)에 있는 것이다. 때는 또 밤에 해당한다. 이는 곧 길이 불법(不法)한 일이다. 어찌 그 몸에서 재앙을 그치게 할 수 있겠는가? 흉하고 망하는 일이 이에 뒤에서 흐른다.' 라고 했다.
　사마광은 '八은 재앙의 중(中)이 되고 밤에 해당한다. 소인이 길이 불법을 저질러 자신이 이미 흉망(凶亡)하고 남은 재앙이 뒤에 흐른다.' 라고 했다.

上九는 길이 끝마쳐 머리를 따랐다.
測에 이르기를 '길이 끝마쳐 머리를 따랐다.' 라고 한 것은 길이 즐겁고 평이한 것이었다.

　上九 永終馴[1]首 測曰 永終馴首 長愷悌[2]也
1) 馴(순) : 순(順)의 뜻.
2) 愷悌(개제) : 즐겁고 평이하다의 뜻.
　※ 九는 영(永)의 끝마침에 있고 낮에 해당한다. 군자의 도(道)는 길이길이 즐겁고 평이하다. 끝마침도 신중히 하여 처음과 같다. 머리와 꼬리를 한결같이 하여 영(永)의 도가 이에 온전한 것이다.

▓▓ 곤(昆) : 음(陰)은 장차 떠나고 양(陽)은 오히려 함께 했다. 곤(昆)의 도(道)는 오히려 함께 했다.

　▓▓昆[1] 陰將離之 陽尚昆之 昆道尚同
1) ▓▓昆(▓▓곤) : 괘는 이방(二方), 삼주(三州), 삼부(三部), 삼가(三家)이다. 곤(昆)은 음가(陰家)이고 금(金)이며, '주역'의 동인(同人)괘에 준(準)한다. 육적은 이르기를 '곤(昆)은 또한 동(同)이다.' 라고 했다.
　※ 송충은 '음기(陰氣)가 오히려 살기(殺氣)를 띤다. 그러므로 만물에 흩어지고 양기는 장차 감추어진다. 그러므로 만물이 함께 돌아간다.' 라고 했다.
　왕애는 '음기가 살기를 주도하여 장차 만물이 떠나게되면 양기는 인애(仁愛)

하고 오히려 곤(昆)하여 함께하는 것이다.' 라고 했다.

初一은 검은 것과 함께 했다. 흰 것을 알지 못했다.
測에 이르기를 '검은 것과 함께 했다.' 라고 한 것은 가히 사람을 이른 것이 아닌 것이었다.

初一 昆于黑 不知白 測曰 昆于黑 不可謂人也
 ※ 송충은 '백(白)은 지혜이고, 흑(黑)은 어리석은 것이다.' 라고 했다.
 사마광은 '흑(黑)은 때의 더러운 것의 비유이고, 백(白)은 청결하고 깨끗한 것의 비유이다. 一은 생각의 시작이 되어 밤에 해당한다. 소인이 스스로 더러운 것과 함께하여 깨끗한 것이 아름다움이 되는 것을 알지 못한 것이다.' 라고 했다.

次二는 흰 것과 검은 것이 서로 섞였다. 세 마리의 새에 하나의 뿔이 꼬리를 함께 했다.
測에 이르기를 '세 마리의 새에 하나의 뿔이다.' 라고 한 것은 해치는 마음이 없는 것이었다.

次二 白黑菲菲 三禽一角同尾 測曰 三禽一角 無害心也
 ※ 왕애는 '지위를 얻어 낮에 해당한다. 흰 것과 검은 것이 섞여 난잡한 것은 명백(明白)의 뜻을 분별한 것이다. 세 마리의 새는 세 사람에 비유되고, 하나의 뿔이 꼬리와 같다고 한 것은 끝과 시작이 모두 동일하여 괴이한 것이 없는 것이다.' 라고 했다.
 사마광은 '비비(菲菲)는 흰 것과 검은 것이 서로 섞인 모양이다. 뿔은 머리에 있어 막아 싸우는 것이다. 꼬리는 몸체의 끝이다. 二는 생각의 중(中)이 되고 낮에 해당한다. 군자(君子)가 사람과 함께 사귐에는 날카로운 데도 상처내지 않고 탁한 데에도 더럽히지 않고 섞이고 섞여 무리 속에 있어 어지럽지 않다. 일각(一角)이란 함께 모욕을 방어하는 것이다. 동미(同尾)란 그 끝을 온전히 하는 것이다. 공자께서는 '군자(君子)는 화(和)하되 함께하지 않는다.' 라고 했다.

次三은 흰 것과 함께했다. 잃었어도 검지 않았다. 하나의 꼬리가 세 개의 뿔의 사이에 하지 못했다.
測에 이르기를 '흰 것과 함께하고 검지 않았다.' 라고 한 것은 서로 친하지 않은 것이었다.

次三 昆于白 失不黑 無際一尾三角 測曰 昆白不黑 不相親也
※ 해설이 궐(闕)했다.

次四는 새가 집을 더부룩한 곳에 의탁했다. 사람은 명(命)을 균등하게 의탁했다.
測에 이르기를 '새가 집을 의탁했다.' 라고 한 것은 공정하여 가난함이 없는 것이었다.

次四 鳥託巢于菆[1] 人寄命于公[2] 測曰 鳥託巢 公無貧也
1) 菆(추) : 총(叢)과 같다.
2) 公(공) : 균(均)의 뜻이다.

※ 사마광은 '공(公)이란 도(道)가 크게 동일하고 피아(彼我)가 없는 것이다. 四는 하록(下祿)이 되고 낮에 해당한다. 군자(君子)가 능히 대동(大同)하고 지공(至公)한 마음을 미루어 사람을 기다리면 모두가 돌아가서 명에 의지한다. 그러므로 '새는 집에 의지하고 가난함이 없도록 고르게 한 것이다.' 라고 했다.

次五는 바퀴가 성긴 수를 잃었다. 모든 꼬리가 옥(玉)을 훼손했다.
測에 이르기를 '바퀴가 성긴 수를 잃었다.' 라고 했는데 어찌 족히 균일하겠는가?

次五 轂[1]失疏數 衆氂毁玉 測曰 轂失疏數 奚足旬[2]也
1) 轂(곡) : 곡(轂)이다.
2) 旬(순) : 균(均)과 같다.

※ 왕애는 '五는 성대한 지위에 있고 마땅히 물(物)의 주인이 되어 양(陽)으

로써 음의 자리에 있다. 또 마땅히 밤에 해당하여 혼동의 도를 얻지 못했다. 바퀴는 모든 바퀴살이 모아지는 것이다. 五는 이미 도를 잃고 능히 포용하지 못했다. 그러므로 '바퀴가 바퀴가 아닌 것이다.'라고 했다. 꼬리의 가벼운 것을 象하여 쌓아서 많은 것을 이루었으니 반드시 옥(玉)을 훼손하는 근심이 이를 것이다. 많은 입이 쇠를 녹이는 것과 같다.'고 했다.

사마광은 '바퀴가 바퀴살을 받아 소통하는 수(數)가 반드시 균일하여야 능히 운행된다. 五는 소인으로써 성대한 지위에 있어 지극히 공정한 마음이 없고 악을 좋아하고 사사로운 것에 맡겼다. 그러므로 참소와 사특함이 함께 나아가 모든 꼬리에서 옥을 훼손한 것이다.'라고 했다.

次六은 우물이나 시장에서 함께 했다. 문(文)과 수레가 궤(軌)를 함께 했다.
測에 이르기를 '우물이나 시장에서 함께 했다.'라고 한 것은 하나의 차례를 함께 한 것이었다.

次六 昆于井市[1] 文車同軌 測曰 昆于井市 同一倫也
1) 井市(정시) : 우물이나 시장은 사람들이 모이는 곳이다.

※ 六은 성대함이 많고 낮에 해당한다. 군자는 도(道)가 융성하고 덕이 성대하여 온 천하가 회동한다. 서(書)는 문(文)을 함께 하고 수레는 바퀴를 함께 하여 멀고 가까운 것이 있지 아니하므로 혼합하여 하나의 종류가 되는 것이다.

次七은 덮개는 한쪽도 덮지 못했다. 늦은 비는 구제하지 못했다.
測에 이르기를 '덮개는 한쪽도 덮지 못했다.'라고 한 것은 덕이 고르지 못한 것이었다.

次七 蓋偏不覆 晏雨[1]不救 測曰 蓋偏不覆 德不均也
1) 晏雨(안우) : 늦은 비. 곧 늦게 내린 비.

※ 늦게 비를 얻은 것은 어린 것들은 번창하고 자란 것들은 훼손되는 것이다. 七은 쓰러지고 덜어져 밤에 해당한다. 소인의 덕은 크게 동일하지 못하고 마음

을 쓰는 것이 치우치고 편벽되어 사랑도 있고 미워함도 있는 것이 마치 덮는 것이 기울어 물(物)을 덮어주지 못하는 것과 같은 것이다.

次八은 위태하고 어려움을 함께 했다. 이에 덮어서 편안했다.
測에 이르기를 '위태하고 어려움에 편안했다.' 라고 한 것은 본래 인(仁)을 베푼 것이었다.

次八 昆于危難 乃覆之安 測曰 危難之安 素施仁也
※ 八은 재앙의 중(中)이 되고, 소모함도 되고, 벗겨져 떨어지는 것도 되어 위태하고 어려운 象이 있다. 그러나 당일의 낮에 해당한다. 군자는 본래 함께하는 도로써 널리 사랑하고 모든 이를 포용하여 한결같이 인(仁)을 함께 하는 것이다. 그러므로 위난(危難)의 사이에도 능히 물(物)을 도와 덮어서 하여금 편안한 곳으로 나아가게 한다.

上九는 죽음도 함께 했다. 도적이 남긴 것을 버렸다.
測에 이르기를 '죽음도 함께 했다.' 라고 한 것은 그 몸을 버린 것이었다.

上九 昆于死 棄寇遺 測曰 昆于死 棄厥身也
※ 왕애는 '몸을 버리고 도적을 잃었다는 것은 흉한 것이 매우 심한 것이다.' 라고 했다.
사마광은 '악을 하는 것이 동일하지 않고 함께 어지러운 곳으로 돌아갔다. 九는 재앙의 지극함에 있어 밤에 해당한다. 그러므로 이러한 象이 있다.' 라고 했다.

제 5권 태현경
(太玄經集注卷第五)

☷ 감(減) : 음기는 자라고 (숨을 쉬고) 양기는 사라졌다. 음(陰)은 왕성하고 양은 쇠약했다. 만물이 미약해졌다.

☷減[1] 陰氣息 陽氣消 陰盛陽衰 萬物以微
1) ☷減(☷감) : 괘는 삼방(三方), 일주(一州), 일부(一部), 일가(一家)이다. 감(減)은 양가(陽家)이고, 수(水)며, 손(損)괘에 준(準)한다. 감(減)의 초일인 41분 17초에 들어가고 처서(處暑)의 기와 응하며, 次九에서 태양이 진수(軫宿)에 머문다.

初一은 잘 덜어야 하는데 덜어지지 않았다. 어두웠다.
測에 이르기를 '잘 덜어야 하는데 덜어지지 않았다.'라고 한 것은 항상 스스로 비는 것이었다.

初一 善減不減 冥 測曰 善減不減 常自沖[1]也
1) 沖(충) : 허(虛)의 뜻.
※ 사마광은 '一은 생각의 시작이 되고 낮에 해당하여 항상 스스로 겸손하고 비어 잘 덜어내는 것이다. 스스로 덜어내는 자는 사람이 더해준다. 그러므로 덜어지지 않았다.'고 했다.
一은 하(下)의 하(下)가 되고 잘 덜어내는 겸손이며, 덜지 않고 더한다는 것은 모두가 어두움 속에 있어서 사람들이 보는 것을 얻지 못한 것이다. 그러므로 이르기를 명(冥)이라고 했다.

次二는 마음을 덜어 스스로 중(中)에 했다. 몸의 형상을 썼다.
測에 이르기를 '마음을 덜어 몸에 형상했다.' 라고 한 것은 모든 중(中)에 곤궁한 것이었다.

次二 心減自中 以形于身 測曰 心減形身 困諸中也
※ 사람은 덕으로 나아가고 업을 닦아서 반드시 스스로 마음이 강해진 연후에 밖에 환히 나타나는 것이다. 二는 생각의 중이 되고 밤에 해당하여 뜻이 먼저 덜은 것이다. 덕업(德業)을 어디를 따라서 보낼 것인가? 이것은 그 속이 스스로 곤궁함을 먼저 한 것이다. 공자께서는 염구(冉求)에게 '힘이 부족한 자는 중도에서 폐지하는 것이다. 지금 너는 스스로 선을 긋고 있다.' 라고 했다.

次三은 그의 거동을 덜었다. 빛내는 것을 계단에서 사용함이 이롭다.
測에 이르기를 '그의 거동을 덜었다.' 라고 한 것은 스스로 금하고자 한 것이었다.

次三 減其儀 利用光于階 測曰 減其儀 欲自禁也
※ 三은 하(下)의 상(上)이 되고, 생각의 끝이 되고, 남에게 나아가는 것도 되어 상(上)에 있으면 교만함이 넘치게 되고 생각을 마치면 밖에 형상하여 거동의 모양에서 발한다. 그 거동에서 덜었다는 것은 스스로 낮추고 덜어 약속을 금한 것이다. 계단이란 나아가는 곳이다. 스스로 덜어 나아감을 얻은 것은 광채가 있는 것이다.

次四는 다스리는 것을 덜었다. 그의 지위가 폄하되었다.
測에 이르기를 '다스리는 것을 덜었다.' 라고 한 것은 모든 이에게 다다르는 것이 없는 것이었다.

次四 減於艾[1] 貶其位 測曰 減於艾 無以苊衆也
1) 艾(애) : 범망은 다스리다이다.
※ 사마광은 '四는 하록(下祿)이 되고 밤에 해당한다. 소인이 다스리는 것을

부지런히 하지 않고 모든 민중에게도 다다르는 것이 없으면 능히 그의 녹봉의 지위를 보전하지 못한다. 그러므로 '다스리는 것을 덜었다. 그 지위가 폄하되었다.' 라고 했다.

次五는 누런 것을 덜어서 바르다. 아래에서 위를 계승하여 편안했다.

測에 이르기를 '누런 것을 덜어서 바르다.' 라고 한 것은 신하의 도가 마땅한 것이었다.

次五 減黃貞 下承于上 寧 測曰 減黃貞 臣道丁[1]也
1) 丁(정) : 당(堂)의 뜻이다.

※ 왕애(王涯)는 '지위를 얻고 낮에 해당하여 능히 감(減 : 덜어내다)의 주인이 되었다. 또 누런 것의 속에서 바르고 바른 도를 얻어 모든 이가 함께 돌아가는 바이다. 그러므로 아래에서 위를 계승하여 편안한 복을 얻었다.' 라고 했다.

사마광은 '중화(中和)가 五보다 성대함이 없다. 그러므로 황(黃)이라 했다. 양(陽)으로써 마땅한 자리이다. 그러므로 정(貞)이다. 대저 성대함이 지극하면 쇠약하여 가히 덜어내지 아니치 못한다. 신하는 이러한 도를 써서 그 위를 계승하여 스스로 편안한 것이다. 그러므로 신하의 도가 마땅하다.' 라고 했다.

次六은 그윽한 곳을 열어 쌓았다. 덜지도 않고 베풀지도 않았다. 돌이다.

測에 이르기를 '그윽한 곳을 열고 베풀지 않았다.' 라고 한 것은 혜택이 공평하지 못한 것이었다.

次六 幽闡[1]積 不減不施 石 測曰 幽闡不施 澤不平也
1) 闡(천) : 크게 열다의 뜻.

※ 범망은 '六은 수(水)가 된다. 그러므로 그윽한 곳에 쌓았다.' 라고 했다.

사마광은 '六은 가정의 본성이 수(水)가 된다. 그러므로 유(幽)라고 했다. 六은 상록(上祿)이 된다. 그러므로 천(闡)이라 했다. 또 성대하고 많은 것도 되고 지극히 큰 것도 된다. 그러므로 적(積)이라 했다. 군자는 마땅히 많은 것을 모으고 적은 것을 더하여 물에 맞추어 공평하게 베푸는데 이제 덜지도 않고 베풀지도 않아서 그 완악함이 돌과 같다. 그러므로 혜택이 공평하지 않다.'라고 했다.

次七은 그의 질병을 덜었다. 그의 근심을 덜었다. 위태함이 이르지 않았다.
測에 이르기를 '그 질병을 덜었다.'라고 한 것은 위험함에 이르지 않은 것이었다.

次七 減其疾 損其卹[1] 厲[2] 不至 測曰 減其疾 不至危也
1) 卹(휼) : 근심하다.
2) 厲(여) : 위험하다.

※ 왕애는 '七은 지나치게 가득한데 있어 위험한 도(道)이다. 지위를 얻어 낮에 해당하는데 이는 능히 그 질환을 스스로 덜어내고 그 근심을 덜어냈다면 위태한 것이 따라서 이르지 않는 것'이라 했다.
사마광은 '七은 재앙의 시작이 되고 낮에 해당한다. 덜어내는 집안에 있으므로 이러한 象이 있다.'고 했다. '주역'의 손괘(損卦) 六四효에 '그 병을 덜게 하지만 하여금 빨리하면 기쁨이 있다.'라고 했다.

次八은 맑게 흐르고 흘렀다. 자라는 뿌리를 덜었다.
測에 이르기를 '맑게 흐르는 것을 덜었다.'라고 한 것은 자라는 뿌리를 훼손시킨 것이었다.

次八 瀏漣漣[1] 減于生根 測曰 瀏漣之減 生根毀也
1) 瀏漣漣(유연연) : 맑은 물이 줄줄 흐르는 것. 유는 유(流)와 같다. 연연은 줄줄 흐르는 모양.

※ 범망은 '八은 목(木)이며 가을에 나무가 비로소 쇠약해진다.'라고 했다.
사마광은 '八은 목(木)이 되고, 침천(沈天)도 되고, 질병도 되고, 부셔져 떨어지는 것도 된다. 침천(沈天)이란 가을과 겨울이 사귀는 것이다. 목(木)이 자라나는 것은 뿌리이다. 영화로운 것은 영양분의 액체이다. 지금 영양분의 액체가 아래로 줄줄 흐르는 상태처럼 그 바탕의 자라는 뿌리를 덜어주게 된다면 무엇이

다시 능히 성대하게 영화로워 지겠는가?' 라고 했다.

上九는 더는 것이 끝났다. 이로움으로 서산(西山)에 올라 대천(大川)에 다다랐다.
測에 이르기를 '더는 것이 끝나 오른다. 진실로써 가히 하는 것이다.' 라고 했다.

上九 減終 利用登于西山 臨于大川 測曰 減終之登 誠可爲也
※ 범망(范望)은 '서쪽에 있는 것은 금(金)이 된다. 그러므로 서산(西山)이다. 금(金)은 수(水)를 낳는다. 그러므로 대천(大川)이다.' 라고 했다.
사마광은 '물(物)이 다하면 되돌아온다. 그러므로 더는 것이 끝나면 반드시 더해진다. 산에 오르고 냇가에 다다른 것은 높은 것으로써 아래에 다다른 것이다. 서(西)란 만물이 성취한 것이다. 대저 높은 곳을 올라 아래에 임하면 위험하지 아니함이 있는 것이 적으므로 덜어서 처한 것이다. 그러므로 가히 하는 것이다.' 라고 했다.

☰ 금(唫): 음(陰)은 변화하지 않았다. 양(陽)은 베풀지 않았다. 만물이 각각 입을 다물었다.

☰唫¹⁾ 陰不之化 陽不之施 萬物各唫
1) ☰唫(☰금): 괘는 삼방(三方), 일주(一州), 일부(一部), 이가(二家)이다. 금(唫)은 음가(陰家)이며, 화(火)이고 '주역'의 비(否)괘에 준(準)한다. 설문(說文)에는 구급(口急)이라 했고 육적은 폐색(閉塞)이라 했다.
※ 대저 양이 그 정(精)을 베풀고 음(陰)이 그 형상을 변화하여 만물이 이에 태어난다. 처서(處暑)의 기에는 음은 변화하지 않고 양은 베풀지 않아 만물이 각각 폐색하는 때이다.

初一은 닫혀 있어 함께 하지 못했다. 장부(丈夫)는 부인과 처했다.

測에 이르기를 '닫혀 있어 함께 하지 못했다. 사람들이 어기는 바였다.' 라고 했다.

初一 唅不予[1] 丈夫婦處 測曰 唅不予 人所違也
1) 予(여) : 與(여)와 동일하다.
　※ 왕애는 '금(唅)이 닫혀 물(物)과 함께 접하지 못하는 것은 장부(丈夫)가 부인의 방에 처한 것을 나타낸 것이다.' 라고 했다.
　사마광은 '一은 생각의 시작이 되고 밤에 해당한다. 궁색한 아래에 처하여 군자가 도를 생각함이 장차 사람들에게 이르러야 하는데 이제 이에 닫고 함께 하지 않은 것이, 마치 장부가 부인의 처소에 있는 것과 같은 것이다. 지아비가 고립되어 친한 이가 없게 되면 사람들이 모두 어기고 떠나간다. 그러므로 '사람들이 어기는 바였다.' 라고 했다.

次二는 피가 닫혔다. 바탕이 마른 뼈이다.
測에 이르기를 '피가 닫혔다.' 라고 한 것은 파리한데 스스로 살이 찐 것이었다.

次二 唅于血 資乾骨 測曰 唅于血 朧自肥也
　※ 왕애는 '그 피가 닫히고 바탕이 말라서 뼈뿐이라는 것은 파리하게 마른 것을 두려워하여 스스로 살찌기를 생각한 것이다.' 라고 했다.
　사마광은 '二는 생각의 중(中)이 되고 낮에 해당하여 능히 그 덕을 쌓아서 그 몸을 아름답게 한 것이다. 대학에 이르기를 '부자는 집을 윤택하게 하고 덕은 몸을 윤택하게 한다.' 라고 했다.

次三은 모양이 사귀지 않았다. 입은 소리가 있는데 닫혀 말이 없다.
測에 이르기를 '모양이 사귀지 않는다.' 라고 한 것은 사람의 도가 미약한 것이었다.

次三 貌不交 口嗔嚘[1] 唅無辭 測曰 貌不交 人道微也

1) 唭嘰(기의) : 소리는 있는데 말이 없다.
   ※ 왕애(王涯)는 '사람의 도가 위태하여 가늘어 끊어지는데 이른 것이다.' 라고 했다.
   사마광은 '三은 생각의 끝마침이 되고 또 뜻이 성취된 것도 된다. 사려(思慮)가 이미 이루어지면 말과 모양이 가히 사람과 접한다. 가정의 본성이 금(唫)이 되고, 당일의 밤에 해당하여 오히려 폐색되어 사귀지 못했다면 사람의 도가 거의 끊어진 것이다. '주역'의 절(節)괘의 九二효에 '문안의 정원을 나가지 않는 것이다. 흉하다.' 라고 했다.

次四는 그 곡식이 닫혔다. 떨치지도 못하고 속되지도 않다. 늙은이와 가족들이 고달프다.
測에 이르기를 '그 곡식이 닫혔다.' 라고 한 것은 서로 바라는 것을 얻지 못한 것이었다.

次四 唫其穀 不振不俗 橐老及族 測曰 唫其穀 不得相希也
※ 해설이 궐(闕)했다.

次五는 알맞지도 않고 가운데도 아니다. 좀이 먹어 인색했다.
測에 이르기를 '알맞지도 않고 가운데도 아니다.' 라고 한 것은 그 닫힌 것이 잘못된 것이었다.

次五 不中不督 腐蠹¹⁾之嗇 測曰 不中不督 其唫非也
1) 腐蠹(부두) : 좀이 먹다.
   ※ 송유간(宋惟幹)은 '녹봉으로써 어진 이를 대우하고, 창고의 곡식이 붉게 흘러나와서 좀이 먹는데도 오히려 인색한 것은 그 닫힌 것이 잘못된 것이다.' 라고 했다.
   사마광은 '독(督)은 또한 중(中)의 뜻이다. 군자(君子)는 쌓아서 능히 흩어트리고 가히 닫을 때는 닫고 가히 베풀때는 베푼다. 五는 성대한 지위에 있어 집안의 본성이 금(唫)이 되고 당일의 밤에 해당하여 그 중도를 잃었다. 그러므로 좀이 먹어 인색한 것과 같은 것이다.' 라고 했다.

次六은 샘의 근원이 양양(洋洋)하다. 언덕과 정원에서 닫혔다.
測에 이르기를 '샘의 정원이 닫혔다.'라고 한 것은 가히 비방하지 못할 것이었다.

次六 泉原洋洋¹⁾ 唫于丘園 測曰 泉園之唫 不可譏也
1) 洋洋(양양) : 물이 세차게 솟는 모양.
 ※ 범망은 '六은 물이다. 그러므로 샘의 근원이 된다. 언덕과 정원은 높은 것과 비교한 것이다.'라고 했다.
 사마광은 '六은 성대하게 많은 것이 되고, 지극히 큰 것이 되어 물(水)을 높은 곳에 저축하여 때를 기다려 베풀면 미치는 곳이 멀리까지 한다. 오늘의 닫힌 것은 다른 날의 혜택이 되는 바이다. 그러므로 가히 비난하지 못하는 것이다.'라고 했다.

次七은 몸에서 닫혔다. 누런 살이 훼손되었다.
測에 이르기를 '몸에서 닫혔다.'라고 한 것은 뼈와 살이 훼손된 것이었다.

次七 唫于體 黃肉毀 測曰 唫于體 骨肉傷也
 ※ 七은 사라진 것이 되고, 무너져 손해된 것도 되고 또 밤에 해당한다. 황(黃)은 중(中)이다. 뼈와 살이 중(中)에 있으므로 '황육(黃肉)'이라 했다. 대저 기혈(氣血)은 신체를 기르는 것이다. 닫혀서 팔과 다리에 이르지 못하면 뼈와 살이 훼손되는 것이다. 은혜와 덕택은 어버이에게서 이어지는 것인데 닫혀지면 구족(九族)에게 이르지 않게 되어 안과 밖이 괴리(乖離)되는 것이라고 했다.

次八은 닫혀서 재앙을 만났다. 비는 것을 소로써 했다. 풀었다.
測에 이르기를 '닫혀서 재앙을 만났다.'라고 한 것은 크게 소비함이 마땅한 것이었다.

次八 唫遇禍 禱以牛 解 測曰 唫遇禍 大費當也

※ 범망은 '소(牛)는 크게 소비함이 되는 것이다.' 라고 했다.

왕애는 '비록 닫힘을 만나 재앙을 초래했지만 능히 소를 가지고 빌어 그 흉한 것이 풀렸다.' 라고 했다.

사마광은 '八은 재앙의 중(中)이 된다. 그러므로 닫혀서 재앙을 만났다고 했다. 당일의 낮에 해당한다. 그러므로 '소로써 빌어서 풀렸다'고 했다. 소비하는 것을 아끼지 않아 재앙이 풀렸으니 그 도가 당연하다. 그러므로 '크게 소비한 것이 마땅하다'고 했다.

上九는 닫혀서 비가 오지 않았다. 믿고 육포(肉脯)를 말렸다.
測에 이르기를 '닫혀서 비가 오지 않았다. 어찌 가히 바랄 것이 겠는가?' 라고 했다.

上九 唫不雨 孚¹⁾乾脯 測曰 唫不雨 何可望也
1) 孚(부) : 신(信)의 뜻이다.

※ 왕애는 '九는 금(唫)의 지극함에 있어 밤에 해당한다. 음과 양이 함께 닫혔으므로 비가 내리지 않았다.' 고 했다.

사마광은 '윤택함이 이미 마르고 바랄 것이 없어 살코기를 말리는 것을 믿어서 포를 만들었다. 왕의 덕택이 다하고 백성들과 물(物)이 초췌해진 것을 말한 것이다.' 라고 했다.

▤ 수(守) : 음(陰)은 호(戶)를 지키고 양(陽)은 문(門)을 지켰다. 만물이 서로 간여함이 없다.

▤守¹⁾ 陰守戶 陽守門 物莫相干
1) ▤守(▤수) : 괘는 삼방(三方), 일주(一州), 일부(一部), 삼가(三家)이다. 수(守)는 양가(陽家)이고, 목(木)이며, '주역'의 비(否)괘에 준(準)한다.

初一은 벗들의 격자창문이 닫혔다. 처음부터 둔 것을 지켰다.
測에 이르기를 '벗들의 격자창문이 닫혔다.' 라고 한 것은 잘 가지고 있는 것이었다.

初一 閉朋牖[1] 守元有 測曰 閉朋牖 善持有也
1) 朋牖(붕유) : 벗들의 격자창문.
　※ 사마광은 '주역'의 함괘 九四효에 마음이 정해지지 않아 이리저리 왔다갔다한다면 친구만이 그대의 생각을 따르리라.' 라고 했다. 이것은 마음에 느끼는 바가 있으면 사물이 그 종류로써 응하는 것이다. 유(牖)란 밖을 엿보는 것이다. 원(元)은 시작이다.' 라고 했다.
　악기(樂記)에 이르기를 '사람이 태어나 고요한 것은 하늘의 성(性)이요, 물에 느끼어 움직이는 것은 성(性)의 하고자 하는 것이다.' 라고 했다. 一은 생각의 시작이 되고 낮에 해당하여 능히 밖의 무리들의 유혹을 닫고 그 처음을 지켜서 둔 것이 인간의 성(性)인 것이다.

　次二는 스스로 지키는 것에 미혹되었다. 하나를 두는 것만 같지 못하다.
　測에 이르기를 '스스로 지키는 것에 미혹되었다.' 라고 한 것은 중(中)에서 사용한 바가 없는 것이었다.

次二 迷自守 不如一之有 測曰 迷自守 中無所以也
　※ 송충(宋衷)은 '이(以)는 용(用)이다. 사용한 바가 없이 스스로 지킨 것이다.' 라고 했다.
　왕애(王涯)는 '二는 그 미혹된 것을 지키고 한결같이 그 도를 지켰으므로 하나의 둔 바와 같지 못하다.'고 했다.
　사마광은 '二는 생각의 중(中)이 되고 밤에 해당하여 외물을 유혹하고, 미혹되어 그 지키는 바를 잃었다.' 라고 했다. 서경의 군진(君陳)편에 '오직 백성들은 나면서부터 두터우니 사물로 말미암아 바뀌는 것이다.' 라고 했다.

　次三은 잃은 것도 없고 얻은 것도 없다. 가고 와도 묵묵하다.
　測에 이르기를 '잃은 것도 없고 얻은 것도 없다.' 라고 한 것은 그 연고를 지킨 것이었다.

次三 無喪無得 往來默默 測曰 無喪無得 守厥故也
　※ 三은 나아가는 사람이 되기도 하고, 스스로 가는 것도 되고, 뜻을 성취하는 것도 된다. 또 당일의 낮에 해당하여 덕을 안에서 이루어 능히 지켜 잃어버림이 없는 것이다. 외물이 가는데 내가 무엇을 잃을 것인가? 외물이 오는데 내가 무엇을 얻을 것인가? 묵묵히 이루고, 말하지 않아도 믿는 것이다. '주역'의 정괘(井卦)의 괘사에 '잃은 것도 없고 얻은 것도 없어 가는 사람 오는 사람들이 우물을 우물로 삼았다.'라고 했다.

次四는 간(艮 : 어려움)의 지킴이 있는 것을 본받았다.
測에 이르기를 '간(艮)의 지키는 것을 본받았다.'라고 한 것은 날카로워서 금지시켜도 막을 것이 없는 것이다.

次四 象艮有守 測曰 象艮之守 廉無悟[1]也
1) 悟(호) : 호(怙)와 같다.
　※ 육적은 '호(悟)는 금지하여 막다이다. 개를 본뜬 것은 능히 날카롭게 살피고 금지하여 막는 바가 있지 아니한 것을 말한 것이다.'라고 했다.
　범망(范望)은 '象은 사(似)의 뜻으로 같다이며, 추구(芻狗 : 짚으로 만든 개)와 같다.'라고 했다.
　사마광은 '모(兒)의 음은 구(狗)이다. 마땅히 간(艮)은 구(狗)가 된다고 이른 것은 글자의 잘못이다. 상구(象狗)는 상룡(象龍)을 말한 것과 같다.'고 했다.

次五는 중(中)을 화(和)로써 지켰다. 제후의 바른 것이 중요했다.
測에 이르기를 '중(中)을 화(和)로써 지켰다.'라고 한 것은 제후가 향하는 것이었다.

次五 守中以和 要侯貞 測曰 守中以和 侯之素也
　※ 범망은 '五는 천자(天子)가 되고 중화(中和)의 도를 지켜서 제후의 바른 주인이다.'라고 했다.

사마광은 '소(素)는 향(向)이다. 중화(中和)가 五보다 왕성함이 없어 중화의 도를 지켜서 제후를 묶어서 제후가 바른 것을 취하는 바로 향하여 돌아가게 한 것이다.'라고 했다.

次六은 수레를 멈추는데 버팀목으로 했다. 규벽(圭璧)에 먼지가 끼었다.

測에 이르기를 '수레를 멈추는데 버팀목으로 했다.'라고 한 것은 이웃에 접하지 아니한 것이었다.

次六 車案軔¹⁾ 圭璧塵 測曰 車案軔 不接隣也
1) 案軔(안인) : 멈추어 버팀목을 끼운 것.

※ 송유간(宋惟幹)은 '인(軔)은 수레바퀴를 막는 나무이다. 곧 버팀목. 예(禮)에 제후는 비년(比年)에 소빙(小聘)하고 3년에 대빙(大聘)을 하여 서로 예로써 권장한다고 했다. 이는 천자(天子)가 제후들을 기르는 바이며 군사를 사용하지 않고 제후들을 스스로 바르게 하는 도구이다. 지키는 것을 가지고 바른 것을 잃게 되면 이웃나라와 접속하지 못하고, 수레바퀴를 중지하여 버팀목을 괴고 행하지 못하게 하면 규벽(圭璧)에 먼지가 나서 사용하지 못하게 된다.'라고 했다.

사마광은 '집안의 본성이 수(守)가 되어 六은 중(中)에 지나치고 밤에 해당한다. 스스로 너무 지나친 것을 지키는 것이다.'라고 했다.

次七은 여러 양(陽)이 지키지 못했다. 남자의 바른 것이다.
測에 이르기를 '여러 양(陽)이 지켰다.'라고 한 것은 바르게 믿는 것을 지킨 것이었다.

次七 群陽不守 男子之貞 測曰 群陽之守 守貞信也
※ 해설이 궐(闕)했다.

次八은 학에 절구가 없다. 그 방아대를 들었다. 하늘의 구름이 비를 내리지 않았다. 쨍쨍 쬐는 햇볕에 훼손되어 더웠다.

測에 이르기를 '학에 절구가 없다.'라고 한 것은 그 지키는 것이 가난이었다.

次八 曰無杵 其確擧 天陰不雨 白日毀暑 測曰 曰無杵 其守貧也
※ 왕애는 '학에 절구가 없다는 것은 지키는 것이 끝내 소용이 없는 것이다. 방아대를 들어 내리지 않은 것은 지켜서 끝내 성취한 바가 없는 것이다.'라고 했다.
사마광은 '그 방아대를 들은 것은 쌀을 가히 방아 찧지 못한 것이다. 하늘의 구름이 비를 내리지 않은 것은 혜택을 가히 바랄 것이 없는 것이다. 八은 재앙의 중앙이 되고 소모함도 된다. 그러므로 이러한 象이 있다.'고 했다.

上九는 도(荼:띠)와 함께 지킴이 있다. 검은 머리에 사양했다. 위태하지 않다.
測에 이르기를 '도(荼)와 함께 지킴이 있다.'라고 한 것은 옛 것이 새로운 것을 이긴 것이었다.

上九 與荼有守 辭于盧首 不殆 測曰 與荼有守 故愈[1]新也
1) 愈(유) : 승(勝)의 뜻이다.
※ 범망은 '도(荼)는 백(白)이다. 노(盧)는 흑(黑)이다. 九는 서방이다. 그러므로 백(白)이다.'라고 했다.
사마광은 '도(荼)는 띠와 가리지풀이다. 그 색이 희다. 九는 재앙의 끝이 되고 낮에 해당하여 능히 그 재앙을 후회하는 자이다. 그러므로 늙으면 흰머리의 사람이 이루어진 것을 생각하여 그 옛날의 도를 지키고, 검은 머리의 말만 잘하는 선비를 사양하여 제거한다면 국가가 위태함에 이르지 않게 된다. '서경'의 진서(秦書)에 '머리 샌 어진 신하들은 이미 근력을 잃었지만 나는 그대들을 중용할 것이요, 괄괄하고 용맹스런 사람들은 활쏘기와 말달리기에 어김이 없겠지만 나는 그래도 욕심내지 않는다.'라고 했다.

☷ 흡(翕) : 음(陰)은 와서 변화를 거역한다. 양(陽)은 가서 변화를 따른다. 만물이 물러가 내려서 모였다.

☰翕[1] 陰來逆變 陽往順化 物退降集

1) ☰翕(흡) : 괘는 삼방(三方), 일주(一州), 이부(二部), 일가(一家)이다. 흡(翕)은 음가(陰家)이고 금(金)이며, '주역'의 손(巽)괘에 준(準)한다. 흡(翕)이 次五의 18분 24초에 들어가고 백로(白露)의 기와 응한다. 태양은 수성(壽星)에서 머물고 두(斗)는 유위(酉位)에 세우고 율(律)은 남여(南呂)에 맞춘다. 육적은 '손(巽)괘는 들어가다이고 흡(翕)도 또한 들어가는 것이다.'라고 했다. 왕애는 '흡(翕)은 합하다.'라고 했다. 사마광은 '손(巽)은 닭이 된다. 그러므로 흡(翕)은 나는 새의 象이 많다.'고 했다.

※ 송충(宋衷)은 '음이 와서 아래를 따르므로 역(逆)으로써 말했다. 양이 가서 위를 따르는 것이므로 순(順)으로써 말했다.'라고 했다.

사마광(司馬光)은 '음은 올라서 사물을 해치므로 역(逆)이라고 했다. 양은 내려서 사물을 길러주므로 순(順)이라고 했다.'고 했다.

初一은 미쳐서 어두운 곳에 부딪쳤다. 그 뜻이 합했으나 비록 제멋대로 하고자 했다. 하늘이 더하지 않았다.
測에 이르기를 '미쳐서 어두운 곳에 부딪쳤다.'라고 한 것은 하늘이 함께 하지 아니한 것이었다.

初一 狂衝于冥 翕其志 雖欲梢搖[1] 天不之玆 測曰 狂衝于冥 天未與也

1) 梢搖(소요) : 소요(逍遙)와 같다.

※ 사마광은 '一은 생각의 시작이 되고 밤에 해당한다. 소인이 불선한 마음이 있어 미쳐 날뛰고 어두운 가운데서 부딪쳐 그 뜻이 합하였으나 밖에는 형상하지 않았다. 소요(逍遙)는 제멋대로 하는 모습이다. 비록 그의 뜻을 제멋대로 하고자 하는데 하늘이 함께 하지 않아서 더욱 자라는 것을 얻지 못함을 말한 것이다.'라고 했다.

次二는 어두운 속에서 합했다. 활을 쏘아야 바르다.
測에 이르기를 '어두운 속에서 합했다.'라고 한 것은 바른 것이 함께 한 것이었다.

次二 翕冥中 射貞 測曰 翕冥中 正予[1]也
1) 予(여) : 여(與)와 같다.
　※ 二는 생각의 중(中)이 되고 낮에 해당한다. 군자는 선한 마음이 있고 또 어두운 가운데서도 합하여 수렴하는데 이는 마치 활을 쏘는데 뜻이 있어 자신을 바르게 하여 발사하면 발사해서 적중하지 않는 것이 없는 것과 같은 것이다. 그러므로 '사정(射貞)'이라 했다. 정여(正予)는 오직 바르게 이를 함께 했다와 같은 말이다.

次三은 먹는 것을 합해 빨리빨리 했다.
測에 이르기를 '먹는 것을 합해 빨리빨리 했다.'라고 한 것은 춤추는 것과 같이함이 이로운 것이었다.

次三 翕食嘬嘬 測曰 翕食嘬嘬 利如舞也
　※ 범망(范望)은 '최최(嘬嘬)는 먹는 것을 신속하게 하는 모양이다.'라고 했다. 왕애(王涯)는 '최최(嘬嘬)는 다 저민 고기이고 탐하는 것이 심한 것이다. 이로운 것을 신속하게 하고자 하는 것이 마치 춤을 추어 엎드리는 절도와 같은 것이다.'라고 했다.
　사마광은 '三은 뜻이 성취되고 밤에 해당한다. 위에는 녹봉에 가까워져서 소인이 녹봉을 보고 탐하여 들어가기를 힘쓰는데 이르지 못할 곳이 없는 象이다.'라고 했다.

次四는 그 깃과 합했다. 들어서 쓰는 것이 이롭다.
測에 이르기를 '그 깃과 합했다.'라고 한 것은 벗들이 도운 것이었다.

次四 翕其羽 利用擧 測曰 翕其羽 朋友助也
　※ 四는 하록(下祿)이 되고 또 밖의 다른 것도 되어 당일의 낮에 해당하는 것이 마치 새가 그 깃을 합하여 들어 사용하는 것이 이로운 것과 같다. 사(士)가 벗

들의 도움을 얻어 나아가는데 이로운 것이다.

次五는 그 배와 합했다. 곡식을 물리쳤다.
測에 이르기를 '그 배와 합했다.' 라고 한 것은 명예로운 것이 아니었다.

次五 翕其腹 辟穀¹⁾ 測曰 翕其腹 非所以譽也
1) 辟穀(벽곡) : 여기서는 곡식을 물리치다의 뜻. 火食(화식)을 하지 않고 생식 (生食)을 하는 것.

※ 五는 중록(中祿)도 되고 또 배도 되어 당일의 밤에 해당한다. 다만 능히 그 복록을 합하여 스스로 함께 한 것이다. 그러므로 '그 배와 합했다.' 라고 했다. 대저 스스로 함께 한 자들은 사람들이 반드시 빼앗아 간다. 이는 이에 복록의 도리를 물리쳐 버린 것이다. 하물며 좋은 이름은 어디를 따라서 얻을 것인가?

次六은 누런 마음은 기러기 날개다. 하늘과 합했다.
測에 이르기를 '누런 마음은 기러기 날개다.' 라고 한 것은 도움을 얻는데 이로운 것이었다.

次六 黃心鴻翼 翕于天 測曰 黃心鴻翼 利得輔也
※ 六은 중(中)의 상(上)이 된다. 그러므로 황(黃)이라고 일컬었다. 홍(鴻)은 새가 나는 것을 높이 하는 것이다. 六은 또 성대하고 많은 것이 되고 복의 융성한 곳에 있으며 당일의 낮에 해당한다. 군자가 중용(中庸)으로써 마음을 삼으면 돕는 자는 많아진다. 이것은 마치 기러기가 날개를 펴서 그 높이 날아 이르지 아니함이 없는 것과 같은 것이다.

次七은 실과 합하고 몹시 슬퍼했다.
測에 이르기를 '실과 합하고 몹시 슬퍼했다.' 라고 한 것은 걸려 피해를 당한 것이었다.

次七 翕繳¹⁾ 惻惻²⁾ 測曰 翕繳 惻惻 被離害也

1) 繳(작) : 실의 뜻.
2) 惻惻(측측) : 몹시 슬퍼하다.
　　※ 범망은 '七은 노곤이 되고 쏘는 것도 된다. 쏘는 것에 끈을 쓰는 데 실을 이른 것이다.' 라고 했다.
　　사마광은 '七은 재앙의 계단이 되고 밤에 해당한다. 그러므로 걸려 피해를 입은 것이다.' 라고 했다.

　次八은 그 그물은 옮겼다. 그 올무는 끊었다. 위태하다.
　測에 이르기를 '그물은 옮겼다. 올무는 끊었다.' 라고 한 것은 위태해서 이루는 것을 얻은 것이다.

　次八 攗其䍜 絶其羂 殆 測曰 攗䍜絶羂 危得遂也
　　※ 왕애는 '낮에는 스스로 위태했으나 비록 흉(凶)으로 끝마침에 이르지 않아 또한 위태함이 심했다.' 라고 했다.
　　송유간은 '부(䍜)는 덮은 수레이다. 견(羂)은 그물이다.' 라고 했다.
　　사마광은 '八은 재앙의 중(中)이 되고 낮에 해당한다. 그러므로 면함을 얻었다.' 라고 했다.

　上九는 그 뿔은 옮겼다. 오직 종족을 치는데 사용했다.
　測에 이르기를 '그 뿔은 옮겼다.' 라고 한 것은 그의 종류를 멸한 것이었다.

　上九 攗其角 維用抵¹⁾族 測曰 攗其角 殄厥類也
1) 抵(지) : 범망은 격(擊)의 뜻이라 했다.
　　※ 왕애는 '그 뿔을 옮겨 물(物)을 막은 것은 물이 함께 싫어하는 바였다.' 라고 했다.
　　사마광은 '九는 멸하여 끊은 것이 되고 재앙의 지극함도 되고 사나운 것도 되고 뿔도 된다. 또 밤에 해당하여 재앙과 합하여 그치지 않고 궁극에 이르러서는 사나운 것을 사용하여 승리를 취하고자 함으로써 종족을 멸하는데 이르게 되는 것과 같은 것이다.' 라고 했다.

☷ 취(聚) : 음기(陰氣)는 거두어 모아졌다. 양(陽)은 방어하여 금지하지 않았다. 만물이 서로 모이고 모였다.

☷聚¹⁾ 陰氣收聚 陽不禁禦 物相崇²⁾聚
1) ☷聚(☷취) : 괘는 삼방(三方), 일주(一州), 이부(二部), 이가(二家)이다. 취(聚)는 양가(陽家)이고, 토(土)이며, '주역'의 췌(萃)괘에 준(準)한다. 취(聚)는 次七에서 들어간다. 태양은 각수(角宿)에서 머문다. '주역'의 췌(萃)괘의 괘사에는 '췌는 왕이 종묘에 이르다.'라고 했다. 그러므로 취(聚)는 많은 귀신의 象이다.
2) 崇(숭) : 모이다의 뜻.

初一은 귀신이 신령이 없다.
測에 이르기를 '귀신이 신령이 없다.'라고 한 것은 형상이 나타나지 않은 것이었다.

初一 鬼神以無靈 測曰 鬼神無靈 形不見¹⁾也
1) 見(현) : 나타나다의 뜻.
　　※ 왕애는 '귀신은 형상이 없어야 신령스러움이 되는 것이다.'라고 했다.
　진점(陳漸)은 '취(聚)라는 것은 음기가 거두어 모여지고 만물이 쇠락하여 형상이 있는 것이 다시 형상이 없어져 물이 그의 근본으로 돌아간 것이다. 근본이 없는 것이 신령스런 것이 아니고 무엇이겠는가? 대저 정기는 물(物)이 되고 돌아다니는 혼(魂)은 변화가 되어 모여지면 물이 되고 흩어지면 형상이 없게 된다. 그러므로 귀신이란 형상이 없는 것이 신령스러운 것이 되는 것이다.'라고 했다.
　사마광은 '一은 下의 下가 되고 또 물(水)도 되어 깊숙하고 깊은 象이다.'라고 했다.

次二는 잔치에 모여 화락했다.
測에 이르기를 '잔치에 모여 화락했다.'라고 한 것은 즐거운 것이 넘쳐 허물이 된 것이었다.

次二. 燕聚嘻嘻[1] 測曰 燕聚嘻嘻 樂淫愆也
1) 嘻嘻(희희) : 화락한 모양. 자득(自得)한 모양.

※ 二는 생각의 중(中)이 되고 평인(平人)도 되고 밤에 해당하여 서로 모여서 잔치를 즐기는데 지나치면 허물이 이루어지는 것이다.

次三은 그 높은 나이들이 모였다. 여러 귀신들의 문(門)이다. 測에 이르기를 '그 높은 나이들이 모였다.'라고 한 것은 귀신을 기다려 공경한 것이었다.

次三 宗其高年 群鬼之門 測曰 宗其高年 鬼待敬也
※ 범망은 '三은 문(門)이 된다.'고 했다.
※ 해설이 궐(闕)했다.

次四는 양(羊)을 이끌어 총사(叢社)에 보였다. 규(圭)을 가지고 그 왼쪽 넓적다리를 폈다. 들이었다.
測에 이르기를 '양(羊)을 이끌어 총(叢)에서 했다.'라고 한 것은 족히 영광스럽지 못한 것이었다.

次四 牽羊示于叢社[1] 執圭信[2]其左股 野 測曰 牽羊于叢 不足榮也
1) 叢社(총사) : 숲 속에 있는 사당.
2) 信(신) : 신(伸)과 같다.

※ 양(羊)은 중간의 희생이다. 숲 속에 의지한 사(社)란 귀신의 미약한 것이다. 집규(執圭)는 예를 무겁게 한 것이다. 절할 때는 마땅히 오른쪽 넓적다리를 편다.
四는 당일의 밤에 해당하여 비록 복록이 있더라도 능히 사용하지 못했다. 이는 마치 양을 이끌지만 숲의 사(社)에 보이는 것과 같을 따름으로 족히 영광이 되지 않는 것이다. 규(圭)를 잡고 이에 그 왼쪽 넓적다리를 펴는 것은 더러운 들을 면치 못한 것이다.

次五는 솥의 피로 화톳불을 했다. 구종(九宗)이 좋아했다. 이에 뒤에 믿음이 있다.
測에 이르기를 '솥의 피로 화톳불을 했다.' 라고 한 것은 왕명(王命)을 믿은 것이었다.

次五 鼎血之蕕[1] 九宗之好 乃後有孚 測曰 鼎血之蕕 信王命也
1) 蕕(유) : 유(櫾)의 뜻. 화톳불.
※ 해설이 궐(闕)했다.

次六은 그 귀신을 두려워했다. 그 몸을 높였다. 미쳐서 일어나 눈을 잘 못뜨는데 음란했다. 망(亡)했다.
測에 이르기를 '귀신이 미친 것을 두려워했다.' 라고 한 것은 그 바른 것이 지나친 것이었다.

次六 畏其鬼 尊其體 狂作眯淫 亡 測曰 畏鬼之狂 過其正也
※ 왕애(王涯)는 '미(眯)란 눈으로 보는 바가 없는 것이다. 미친 소경이 음란한 제사를 구했으나 망하여 어두운 것이다.' 라고 했다.

次七은 모여서 무덤에 공경했다.
測에 이르기를 '모여서 무덤에 공경했다.' 라고 한 것은 예가 폐하여지지 않은 것이었다.

次七 竦萃[1]于丘冢 測曰 竦萃丘冢 禮不廢也
1) 竦萃(송췌) : 모여서 공경하다. 송은 공경하다.
※ 사마광(司馬光)은 '七은 높은 것도 되고, 예(禮)도 되고 또 재앙의 시작도 되어 낮에 해당한다. 공경함으로써 무덤에 모여 예로써 장례를 치르는 象이다.' 라고 했다.

次八은 올빼미와 비둘기가 수풀에 있다. 저 모든 새들이 요란

했다.

測에 이르기를 '올빼미와 비둘기가 수풀에 있다.' 라고 한 것은 무리들이 떠드는 것이었다.

次八 鴟鳩[1]在林 呎[2]彼衆禽 測曰 鴟鳩在林 衆所呎也
1) 鴟鳩(치구) : 올빼미와 비둘기.
2) 呎(벌) : 많은 소리의 뜻. 곧 많은 새가 지저귀는 소리.

※ 왕애는 '치구(鴟鳩)는 악조(惡鳥)이다. 수풀 속에 모여서 많은 새가 지저귀는 바이다.' 라고 했다.

사마광은 '八은 재앙의 중(中)이 되고 밤에 해당한다. 소인의 사나운 소리가 이미 나타난 것이며, 이는 마치 올빼미와 비둘기가 수풀에 있어서 모든 새들이 반드시 모여 떠드는 것과 같다.' 고 했다.

上九는 눈물이 흘러 코에 매달렸다. 집에 무리들이 모였다.
測에 이르기를 '눈물이 흘러 코에 매달렸다.' 고 한 것은 때의 명(命)이 끊어진 것이었다.

上九 垂涕纍鼻 聚家之彙[1] 測曰 垂涕纍鼻 時命絶也
1) 彙(휘) : 무리이다.

※ 사마광은 '九는 재앙의 지극함이 되고, 다 끊어진 것도 된다. 이는 마치 군자가 살아서 좋은 덕을 두어 그가 죽으면 슬퍼하는 것과 같은 것이다.' 라고 했다.

조문자(趙文子)가 가정을 이루고 이르기를 '이곳에서 노래하고 이곳에서 곡하고 이곳에서 국가의 겨레를 모은다.' 라고 했다.

☷ 적(積) : 음(陰)은 장차 크게 닫았다. 양(陽)은 오히려 적게 열었다. 산과 개울과 늪과 연못에서 만물이 돌아가는 바이다.

☷積[1] 陰將大閉 陽尙小開 山川藪[2]澤 萬物收歸

1) ䷀積(䷀적) : 괘는 삼방(三方), 일주(一州), 이부(二部), 삼가(三家)이다. 적(積)은 음가(陰家)이고 수(水)이며, '주역'의 대축(大畜)괘에 준(準)한다.
2) 藪(수) : 수풀이 많은 늪지대.
 ※ 왕애는 '산의 수풀은 만물을 기르고 감추는 곳이다.' 라고 했다.
 사마광은 '음(陰)이 왕성하고 양(陽)이 미약한 것으로 만물이 양의 끝에서 다하여 모두가 산과 개울과 늪지와 연못으로 돌아가 감추어 그 속에 쌓고 쌓는 것이다.' 라고 했다.

初一은 어둠이 쌓여 막혔다. 밝은 것의 터를 일으켰다.
測에 이르기를 '어둠이 쌓여 막혔다.' 라고 한 것은 시작이 나쁜데 있는 것이었다.

初一 冥積否 作明基 測曰 冥積否 始而在惡也
 ※ 범망은 '비(否)는 선하지 않은 것이다.' 라고 했다.
 사마광은 '一은 생각의 시작이 되고 밤에 해당한다. 소인은 악은 깊숙한 곳에 쌓고 재앙은 밝은 곳에서 취하여 어둡고 어두운 악이 이에 밝은 형벌의 기초가 되는 것이다. 그러므로 밝은 터를 일으켰다.' 라고 했다.

次二는 쌓아 사용하지 않았다. 크게 사용하는데 이르렀다. 군자는 마음이 크다.
測에 이르기를 '쌓아 사용하지 않았다.' 라고 한 것은 가히 계략을 꾸미지 않은 것이었다.

次二 積不用 而至于大用 君子介¹⁾心 測曰 積不用 不可規度²⁾也
1) 介(개) : 대(大)의 뜻.
2) 規度(규탁) : 계략. 꾀.
 ※ 송충(宋衷)은 '오래도록 쌓아서 사용하지 않고 밝은 덕을 깊이 감추어 과연 그 때를 만나서 크게 사용하는데 이르렀다.' 라고 했다.
 사마광은 '二는 생각의 중(中)이 되고 낮에 해당한다. 군자가 선을 속에 쌓았더라도 낮은 지위에 있어 곤궁한 것은 그 재덕을 제 때에 사용하지 못한 것이다.

그러나 쌓아서 중지하지 않아 그 사용함이 반드시 커졌다. 군자는 그의 덕심(德心)을 넓힐 따름이요 쓰임을 구하는 것에 급급하지 않는 것이다.'라고 했다.

次三은 돌을 쌓아서 먹지 못했다. 그 수고로운 힘만 낭비했다.
測에 이르기를 '돌을 쌓아서 먹지 못했다.'라고 한 것은 가히 얻은 것이 없는 것이다.

次三 積石不食 費其勞力 測曰 積石不食 無可獲也
※ 三은 생각의 상(上)이 되고 밤에 해당하여 쓸데 없는 곳에 마음을 허비했다. 수고로운 힘은 힘쓰지 않아도 되는 것으로 마치 돌을 쌓아서 가히 먹지도 못하는 것과 같다. 비록 부지런히 했으나 얻은 것이 없는 것이다.

次四는 군자(君子)는 선을 쌓는다. 차이(車耳)에 이르렀다.
測에 이르기를 '군자는 선을 쌓는다.'라고 한 것은 번성함에 이른 것이었다.

次四 君子積善 至于車耳 測曰 君子積善 至于蕃¹⁾也
1) 蕃(번) : 수레바퀴의 흙받기라고 했다. 번성하다.
※ 사마광은 '차이(車耳)는 양쪽 수레바퀴의 흙받기이다. 차이에 이르렀다고 한 것은 그 성대하게 쌓아서 나타난 것을 말한다.'라고 했다.

次五는 감춘 것이 가득하지 않았다. 도둑이 남기지 않았다.
測에 이르기를 '감춘 것이 가득하다. 도둑이 남겼다.'라고 한 것은 돌아와 스스로 덜어진 것이었다.

次五 藏不滿 盜不贏 測曰 藏滿盜贏 還自損也
※ 五는 높은 지위에 있어 성대한 복을 받는데 덕을 베푸는 것을 힘쓰지 않고 쌓아서 중지하지 않아 도적의 남은 이익이 되기에 적당한 것이다. 진(秦)나라가 오창(敖倉)에 쌓아서 초(楚)나라와 한(漢)나라의 재물이 되었고, 수(隋)나라가 낙구(洛口)에 쌓아서 이밀(李密)이 사용하게 된 것들이 모두 그의 종류이다.

次六은 크게 가득하여 크게 베풀었다. 사람을 얻었는데 대적할 자가 없다.
測에 이르기를 '크게 가득하여 크게 베풀었다.' 라고 한 것은 사람들이 오기 때문이었다.

次六 大滿碩施 得人無亢 測曰 大滿碩施 人所來也
※ 왕애는 '六은 성대한 지위에 있어 때를 얻고 낮에 해당한다. 쌓은 바도 크게 가득하고 능히 크게 베풀어 물(物)을 구제했다. 그러므로 사람을 얻어 모두가 돌아가 그 도가 무궁한 것이다.' 라고 했다.
사마광은 '재물을 흩으면 사람들이 모여든다. 그러므로 사람을 얻는다. 항(亢)은 적(敵)과 같다. '시경'의 대아 억(抑)편에 '지극히 선한사람' 이라고 한 것은 이는 천하에 대적할 자가 없는 것이다.' 라고 했다.

次七은 머리에서 나와 얼굴에 했다. 옥과 비단으로 폈다. 상쾌하게 도둑을 초청하고자 했다.
測에 이르기를 '머리에서 나와 얼굴에 했다.' 라고 한 것은 도둑을 부른 것이었다.

次七 魁而顔而[1] 玉帛班[2]而 決[3]欲招寇 測曰 魁而顔而 盜之招也
1) 魁而顔而(괴이안이) : 머리에서 나와 얼굴에 나타났다.
2) 班(반) : 포(布)의 뜻.
3) 決(결) : 쾌(快)의 뜻.
※ 괴(魁)는 그 머리에서 나온 것을 말했다. 안(顔)이란 그 현저한 것을 말한다. 七은 재앙의 시작이 되고 밤에 해당하여 쌓아지는 것이 그치지 않았다. 머리에서 나와 현저하고, 옥과 비단을 펴서 비록 한 때의 욕심을 다했으나 도적이 그 뒤를 따른다는 것을 알지 못한 것이다.

次八은 선을 쌓는 때에 재앙이 했다. 오직 먼저의 죄이다.
測에 이르기를 '선을 쌓은 때에 재앙이 했다.' 라고 한 것은 자신의 죄가 아니기 때문이었다.

次八 積善辰¹⁾禍 維先之罪 測曰 積善辰禍 非己辜也
1) 辰(진) : 시(時)의 뜻.
※ 불선(不善)을 쌓는 집안에는 반드시 남은 재앙이 있다. 八은 재앙의 중(中)이 되고 낮에 해당한다. 몸이 비록 선을 쌓았으나 때에 재앙을 만났는데 이는 대게 먼저 사람의 죄악이다.

上九는 소인(小人)이 잘못을 쌓았다. 먼 자손에게까지 이른다. 測에 이르기를 '소인이 잘못을 쌓았다.'라고 한 것은 재앙이 모여드는 것이었다.

上九 小人積非 至于苗裔¹⁾ 測曰 小人積非 禍所𩐋²⁾也
1) 苗裔(묘예) : 먼 후손의 뜻.
2) 𩐋(위) : 모이다의 뜻.
※ 범망(范望)은 '악(惡)이 큰 자는 이에 먼 후손의 집안까지 이른다.'라고 했다.
사마광은 '나쁜 것을 쌓아 지극하면 재앙도 지극함을 만난다. 재앙이 쌓여있는 바이므로 먼 후손에게까지 뻗친다'라고 했다.

☲ 식(飾) : 음(陰)은 희고 양(陽)은 검다. 나누어 그 직분을 행했다. 나가고 들어오는데 꾸밈이 있다.

☲飾¹⁾ 陰白陽黑 分行厥職 出入有飾
1) ☲飾(☲식) : 괘는 삼방(三方), 일주(一州), 삼부(三部), 일가(一家)이다. 식(飾)은 양가(陽家)이고 ,화(火)이며, '주역'의 분(賁)괘에 준(準)한다. 식(飾)은 次八의 36분 15초에 들어가고 추분(秋分)의 기와 응한다. 그러므로 겸하여 태(兌)괘와 준(準)한다. 태(兌)는 구설(口舌)이 되는 것이고 식(飾)은 말이 많은 象이다.

※ 송충(宋衷)은 '음기(陰氣)가 나와서 위에서 다스린다. 그러므로 백(白)으로써 꾸미게 된다. 양기(陽氣)는 들어와 아래를 다스린다. 그러므로 검은 것으로써 꾸미는 것이다.' 라고 했다.

육적(陸績)은 '음(陰)은 때에 서쪽을 다스린다. 그러므로 백(白)이라 말했다. 양(陽)은 북쪽에서 물러난다. 그러므로 흑(黑)이라고 말했다.' 라고 했다.

왕애(王涯)는 '백(白)은 나타나는 것이 되고, 흑(黑)은 숨은 것이 된다. 백(白)과 흑(黑)이 형체를 나누어 꾸미는 象이다.' 라고 했다.

初一은 말해야 하는데 말하지 않았다. 말로써 아니한 것이다.
測에 이르기를 '말해야 하는데 말하지 않았다.' 라고 한 것은 입 다물고 있어도 믿은 것이었다.

初一 言不言 不以言 測曰 言不言 默而信也
※ 一은 생각의 시작이 되고 낮에 해당한다. 군자는 안으로 그의 지성(至誠)을 지켜서 깊이 생각하고 잠잠하여 말하지 않아도 말한 것이 된다. 그러한 바는 말하지 않아도 믿기 때문이다.

공자(孔子)께서는 '하늘이 무슨 말을 하는가? 네 계절이 행하고 모든 만물이 자라난다.' 라고 했다.

次二는 본바탕이 없는데 꾸몄다. 먼저 문채로 하여 뒤에 입는 것을 잃었다.
測에 이르기를 '바탕이 없다. 먼저 문채로 했다.' 라고 한 것은 바른 것을 잃은 것이었다.

次二 無質飾 先文後失服 測曰 無質先文 失貞也
※ 왕애는 '그 본바탕이 없는데 꾸미고자 한 것은 먼저 문채로써 하여 뒤에 반드시 그 입는 바를 잃은 것이다.' 라고 했다.

사마광은 '二는 생각의 중(中)이 되고 밤에 해당한다. 소인은 안으로 성실함이 없고 아무 일이나 밖을 꾸민다. 시작하면 문채로써 아름다운 것을 믿게 하고 끝마치면 그 바르게 입는 것을 잃어버린다. 입는다는 것은 덕이 밖에 형용한 것

次三은 누런 혀를 토했다. 누런 붓을 잡았다. 철인(哲人)을 보는 것이 이롭다.
測에 이르기를 '혀와 붓이 이롭다.' 라고 한 것은 지혜 있는 사람을 보는 것이 이롭다는 것이다.

次三 吐黃舌 拑黃聿[1] 利見哲人 測曰 舌聿之利 利見知人也
1) 拑黃聿(겸황률) : 겸(拑)은 잡다. 율(律)은 붓이다.
※ 군자는 발언이나 저서가 중도(中道)를 잃지 않는다. 오직 지혜로운 자는 능히 알고 어리석은 자는 족히 말하지 못한다. 양웅(揚雄)의 '법언(法言)'에 '언(言)은 마음의 소리이다. 서(書)는 마음의 그림이다. 소리와 그림의 형상에서 군자와 소인이 나타난다.' 라고 했다.

次四는 혀는 큰 소리로 떠드는 것이 이롭다. 장사치가 바르다.
測에 이르기를 '큰 소리로 떠드는 것이 바르다.' 라고 한 것은 장사에 이로운 것이었다.

次四 利舌哇哇[1] 商人之貞 測曰 哇哇之貞 利于商也
1) 哇哇(와와) : 큰 소리로 떠드는 소리.
※ 왕애는 '글로 허사(虛辭)를 꾸며 자신의 재능을 자랑하여 써주기를 구한다. 그러므로 장사치의 바른 것이 되지만 군자의 정도(正道)는 아닌 것이다.' 라고 했다.
사마광은 '四는 부자가 되고 밤에 해당한다. 그러므로 상인(商人)의 象이 있다.' 라고 했다.

次五는 아래에서 말하는 것이 물과 같다. 하늘의 골짜기를 채웠다.
測에 이르기를 '아래에서 말하는 것이 물과 같다.' 라고 한 것은 능히 스스로 비운 것이었다.

次五 下言如水 實以天牝 測曰 下言如水 能自沖也
　※ 송유간은 '굳센 것이 중(中)에 처해 능히 스스로 빈 것을 품고 그 시끄러운 의논을 듣고 간하는 것을 따르는 것이 흐르는 것과 같다. 어찌 받아들이지 않겠는가?'라고 했다.
　사마광은 '빈(牝)은 골짜기이다. 천빈(天牝)은 바다를 이른 것이다. 五는 높은 지위에 있어 낮에 해당한다. 능히 스스로 아래에서 남의 말을 받아들이는 것을 이와 같이하면 사람들이 착한 도로써 고하여 마치 흘러서 바다를 채우는 것과 같다. 바다는 스스로 아래 하여 온갖 개울들이 다다른다. 그러므로 능히 그 큰 것을 이룬다. 군주는 아래로부터 모든 선(善)이 돌아간다. 그러므로 능히 그 성(聖)을 이룬다.'라고 했다.

　次六은 말을 따르는 듯 함이 없다. 눌러도 또한 나는 듯하다. 대인(大人)은 벼락과 바람이다.
　測에 이르기를 '말을 따르는 듯 함이 없다.'라고 한 것은 눌렀어도 또한 드러난 것이었다.

　次六 言無追如 抑亦飛如 大人震風 測曰 言無追如 抑亦揚也
　※ 대인(大人)은 귀한 지위에 있는 사람을 이른 것이다. 六은 중(中)에서 지나쳐 밤에 해당하여 실언(失言)한 것이다. 한 마디의 실수는 사마의 수레도 혀에 미치지 못하는 것이다. 그러므로 이르기를 '말을 따르는 듯함이 없다.'고 했다. 맑아도 더욱 혼탁한 것은 입이다. 비록 누르고자 하나 이미 날려 드러났다. 그러므로 이르기를 '눌러도 또한 날아간 듯 하다.'라고 했다. 하물며 위엄과 복은 자신에게 있다. 입에서 한마디가 발산되면 빠른 것이 바람이나 우레와 같아 물(物)의 기쁨과 근심이 되니 가히 삼가지 않으랴?

　次七은 말이 때에 마땅하지 않았다. 미약한 말에 위에서 의심을 나타냈다.
　測에 이르기를 '말이 때에 마땅하지 않았다. 언제 가히 빛날 것인가?'라고 했다.

次七 不丁言時 微于辭 見上疑 測曰 不丁言時 何可章也

※ 범망은 '정(丁)은 당(當)의 뜻이다. 깨우침이 간절할 뿐이요, 가히 빛내지는 못한다.' 라고 했다.

사마광은 '七은 재앙의 시작이 되고 낮에 해당한다. 군자가 사나운 임금을 섬겨 가히 곧은 말을 할 때가 아니다. 그러므로 미약한 말로써 깨우침이 간절할 뿐이다. 진실로 빛이나 나타나게 되면 상(上)이 반드시 의심한다.' 고 했다. 공자께서는 '군자는 믿음이 있은 뒤에 간하고 믿음이 없으면 비방이 될 뿐이다.' 라고 했다.

次八은 매미가 옹옹(喁喁)하고 울었다. 피가 그 입에서 나왔다. 測에 이르기를 '매미가 옹옹하고 울었다.' 라고 한 것은 입을 스스로 훼손시킨 것이었다.

次八 蛁[1]鳴喁喁[2] 血出其口 測曰 蛁鳴喁喁 口自傷也

1) 蛁(조) : 애매미. 왕애는 잘 우는 벌레라고 했다.
2) 喁喁(옹옹) : 매미가 요란스럽게 우는 소리.

※ 사마광은 '옹옹(喁喁)은 순순(諄諄)과 같다. 八은 재앙의 중(中)이 되고 밤에 해당한다. 군주가 간언을 받아들이지 않는데 신하가 강하게 말로써 떠들썩하게 한다면 치욕을 당하지 않으면 형벌을 당한다. 이는 마치 매미가 우는데 옹옹하여 그치지 않는 것과 같아서 비록 다시 그 입에서 피가 나오더라도 누가 듣겠는가? 다만 스스로 훼손할 뿐이다.' 라고 했다.

上九는 흰 혀가 굴복했다. 뿌리도 굴했다. 군자는 믿지 않았다. 測에 이르기를 '흰 혀가 굴복했다.' 라고 한 것은 진실히 가히 자란 것이었다.

上九 白舌于于[1] 屈于根 君子否[2]信 測曰 白舌于于 誠可長也

1) 于于(우우) : 굴한 모양이다.
2) 否(비) : 불(不)의 뜻.

※ 九는 재앙의 지극함이 되어 낮에 해당한다. 군자가 무도한 세상에 있어 말이 믿음을 보지 못하고 바르고 당연한 것이라도 혀를 굽히고 입을 봉할 따름이다. 이것은 진실이 가히 길고 오래하는 도이니 능하지 못한 것이 병은 아니다. '주역'의 곤(困)괘 단사(彖辭)에 이르기를 '말이 있으나 믿지 않는다. 입을 숭상한 것이 더욱 곤궁해졌다.' 라고 했다.

▤ 의(疑) : 음(陰)과 양(陽)이 서로 예리했다. 만물이 모두 상처받아 흩어졌다. 옳은 것도 같고 그른 것도 같다.

▤疑¹⁾ 陰陽相磑²⁾ 物咸彫離³⁾ 若是若非

1) ▤疑(▤의): 삼방(三方), 일주(一州), 삼부(三部), 이가(二家)이다. 의(疑)는 음가(陰家)이고, 목(木)이며, 또한 '주역'의 분(賁)괘에 준(準)한다. 저쪽에서 꾸미면 이쪽에서 의심하다. 의(疑)는 次四에서 들어가고 태양은 항수(亢宿)에서 머문다. 두 송씨와 왕애와 육적이 모두 손(巽)괘로써 본받는다고 했고 범망은 진(震)괘를 본받는다고 했는데 모두 그르다.
2) 磑(애) : 예리하다. 날카롭다의 뜻.
3) 彫離(조이) : 손상되어 흩어지다의 뜻.

※ 송충(宋衷)은 '물(物)이 서로 갈고 깎는 것을 애(磑)라고 한다. 이 때에는 음과 양이 서로 깎아서 수를 나누는 것이 균등하고 밤과 낮이 동등하다.' 라고 했다.

육적(陸績)은 '조(彫)는 상하다. 이(離)는 흩어지다. 음은 낮은데 주인이 되고, 양은 높은데 쓰러졌다. 그러므로 옳은 것도 같고 그른 것도 같다. 의심스러운 것이다.' 라고 했다.

사마광(司馬光)은 '기(氣)의 운행으로 말한다면 음이 옳고 양이 그른 듯하고 물(物)의 정으로 말한다면 양이 옳고 음이 그른 듯하다. 그러므로 의심스러운 것이다.' 라고 했다.

初一은 의심이 희미하고 흐리다. 바르고 곧은 것을 잃었다.
測에 이르기를 '바르지 않은 것이 의심스럽다면 무엇으로 가히 정할 것인가?' 라고 했다.

初一 疑恛恛[1] 失貞矢[2] 測曰 不正之疑 何可定也

1) 恛恛(회회) : 흐리고 희미하다. 곧 혼란스러운 모양이다.

2) 矢(시) : 직(直)의 뜻.

※ 사마광은 '一은 생각의 시작이 되고 밤에 해당한다. 소인은 마음이 정직하지 못하고, 의심이 많아 결정하는 것이 적어서 끝내 정하는 것이 없다.' 고 했다.

次二는 의심스러워 스스로 반성했다. 믿음이 멀지 않다.

測에 이르기를 '의심스러워 스스로 반성했다.' 라고 한 것은 맑고 고요한 곳으로 돌아온 것이다.

次二 疑自反 孚不遠 測曰 疑自反 反淸靜也

※ 二는 생각의 중(中)이 되고, 반복이 되어 낮에 해당한다. 군자는 의심이 있으면 마땅히 이익과 욕심을 아울러 버리고, 애증을 평상시에 제거하며, 그 마음을 청정하게 하여 스스로 몸에 반성하는 것으로 의(義)면 행하고 불의(不義)면 버린다. 이러한 것으로 의심을 결정하니 대저 무엇이 멀리 있겠는가?

次三은 강하게 밝은 것을 의심했다. 이에 근심하고 근심하는 것을 받았다. 그의 마음에 근본했다.

測에 이르기를 '강하게 밝은 것을 의심했다.' 라고 한 것은 속마음이 어두운 것이었다.

次三 疑强[1]昭 受玆閔閔[2] 于其心祖 測曰 疑强昭 中心冥也

1) 强(강) : 타본에는 강(彊)으로 되어있다.

2) 閔閔(민민) : 근심하는 모양.

※ 왕애는 '의심하는데 강하게 밝고, 어두운데 강하게 밝으면 그것을 받는 것이 마땅하다. 이 근심하고 근심하는 것이 마음에 근본하는 것이다. 조(祖)는 근본이다.' 라고 했다.

사마광은 '三은 뜻이 성취되고 밤에 해당하므로 이러한 象이 있다.' 라고 했다. 공자(孔子)께서는 '아는 것을 안다고 하고 모르는 것을 모른다고 하는 것이 이에 아는 것이다.' 라고 했고, '예기'의 곡례(曲禮)편에는 '의심나는 일을 결정하지 말라.' 라고 했다.

次四는 의심나면 옛날을 상고한다. 바르고 믿는 것을 만났다.
測에 이르기를 '의심하면 옛날을 상고한다.' 라고 한 것은 먼저 물은 것이었다.

次四 疑考舊 遇貞孚 測曰 疑考舊 先問也
　※ 왕애는 '마음에 의심하는 바가 있으면 옛날의 전적을 참고하여 밝혀서 곧 의심하는 것을 반드시 푸는 것이다.' 라고 했다.
　사마광은 '四는 밖의 다른 것이 되고, 편안하고 느긋함도 되고, 낮에 해당한다. 그러므로 이러한 象이 있다. 옛 전적과 옛 사람들이 모두 질문했다. 질문하여 바른 믿음을 만나면 이에 가히 따른다.' 라고 했다. 공자(孔子)께서는 '의심나면 묻는 것을 생각한다.' 라고 했다.

次五는 붉고 누런 것이 의심스럽게 금(金) 가운데 했다.
測에 이르기를 '붉고 누런 것이 의심스럽게 가운데 했다.' 라고 한 것은 사특한 것이 바른 것을 빼앗은 것이었다.

次五 赨¹⁾黃疑金中 測曰 赨黃疑中 邪奪正也
1) 赨(동) : 붉다의 뜻.
　※ 왕애는 '동(赨)은 동(彤)과 같다. 비록 성대한 지위에 있어 음에 처하여 밤에 해당하나, 능히 의심하는 바를 판단하여 분석하지 못하고 붉고 누런색이 그 금(金)이 되는 것에 의심한다.' 라고 했다.
　송유간은 '동(赨)은 음(音)이 웅(雄)이고, 웅황석(雄黃石)이라 했다. 붉고 누런색은 빛이 찬연한데 의(疑)는 금(金)을 겸하여 그 속에 있다.' 라고 했다.
　사마광은 '五는 높은 지위에 있어 밤에 해당한다. 의(疑)가 밝지 아니하고 크게 아첨하는 것이 충성과 같다. 그러므로 사특한 것이 바른 것을 빼앗았다.' 라고 했다.

次六은 맹세가 옳아 가히 들었다. 의심해도 진실이 있다.
測에 이르기를 '맹세가 옳아 가히 들었다.'라고 한 것은 왕명(王命)이 밝은 것이었다.

次六 誓貞可聽 疑則有誠 測曰 誓貞可聽 明王命也
　※ 왕애는 '六은 지위를 얻고 낮에 해당한다. 능히 모든 의(疑)를 풀고 바른 것으로써 맹세하려고 하여 사람들이 모두 듣고 의혹되는 것을 판단했다. 그 의(疑)를 깨닫지 못했는데 진실로 밝은 도가 있어서 꿰뚫었다면 어리석고 미혹되었어도 모두 풀린다. 왕명을 밝게 펴서 모든 의심을 단절한 것이다.'라고 했다.
　사마광은 '물(物)의 정(情)을 의심한 것이므로 맹세했다. 맹세가 바르면 사람이 들어준다. 맹세하여도 사람이 오히려 의심하면 마땅히 지성(至誠)으로써 펴는 것이다. 진실하면 사람이 따르고 진실하지 않으면 사람이 따르지 않는다. 六은 상록(上祿)이 된다. 그러므로 '왕명(王命)'이라 했다.'라고 했다.

次七은 귀신의 혼이 의심해 한숨쉬고 탄식했다. 나무에 까마귀를 쏘고 구멍 속의 여우를 쏘았다. 눈과 귀에서 반대로 했다. 위태했다.
測에 이르기를 '귀신의 혼이 의심했다.'라고 한 것은 진실로 가히 믿지 아니한 것이었다.

次七 鬼魂疑嘆嗚¹⁾ 弋木之烏 射穴之狐 反目耳 厲 測曰 鬼魂之疑 誠不可信也
1) 嘆嗚(우오) : 탄식하다.
　※ 사마광은 '귀신의 혼은 황홀하여 있는 듯 하고 없는 듯 하여 진실로 가히 의심스럽다. 검은 것은 까마귀 아닌 것이 없고 붉은 것은 여우 아닌 것이 없는 것은 쉽게 판단되는 것이다. 눈으로 보고 귀로 듣는 것은 이치의 떳떳한 것이다. 七은 뜻을 잃은 것이 되고 사라진 것도 되고 실패하여 손해난 것도 되고 밤에도 해당한다. 자신이 이미 밝지 못하고 의혹하는 자는 많아 귀신같기도 하고 영혼 같기도 하여 능히 판단하여 분별하지 못하고 한탄할 따름이다. 까마귀와 여

우는 판단이 쉽고 혹은 얻고 잃는 것은 오히려 의심을 면하지 못한다. 자신의 귀와 눈이 또 스스로 믿지 못하고 도리어 귀로 보고 눈으로 듣게 되는 것은 그 위태한 것이 마땅하다.' 라고 했다.

次八은 넘어져 의심했는데 근본 손님을 만났다. 3년간 싫어하지 않았다.
測에 이르기를 '넘어져 의심했는데 손님을 만났다.' 라고 한 것은 매우 만족하게 공경한 것이었다.

次八 顚疑遇幹客 三歲不射[1] 測曰 顚疑遇客 甚足敬也
1) 射(역) : 싫어하다의 뜻.
※ 해설이 궐(闕)했다.

上九는 의심하고 믿음이 없다. 활을 당겨 순록(사슴)을 견주었는데 없었다.
測에 이르기를 '의심하고 믿음이 없다.' 라고 한 것은 끝까지 이름한 바가 없는 것이었다.

上九 疑無信 控弧擬麋 無 測曰 疑無信 終無所名也
※ 범망은 '무신(無信)은 믿는 바가 없다는 것이다. 활을 당겨 순록을 견주었다는 것은 없는 것과 같은 것을 이른 것이니 의심이 심한 것이다.' 라고 했다.
사마광은 '九는 의심의 지극함이다. 그러므로 이러한 象이 있다. 끝까지 의심을 결단하지 못한 것은 반드시 이름을 이룬 바가 없기 때문이다.' 라고 했다.

☷ 시(視) : 음(陰)은 백(魄)을 이뤘다. 양(陽)은 짝을 이뤘다. 만물의 형상과 모양을 모두 가히 보았다.

☷ 視[1] 陰成魄 陽成妣 物之形貌咸可視
1) ☷視(☷시) : 괘는 삼방(三方), 일주(一州), 삼부(三部), 삼가(三家)이다.

시(視)는 양가(陽家)이며, 금(金)이고, '주역'의 관(觀)괘에 준(準)한다.
※ 왕애는 '이 때는 만물의 형체와 모양이 이미 이루어져서 모두를 볼 수 있다.'고 했다.
사마광은 '추분(秋分)의 때에 음은 달과 같이 백(魄)이 이루어진다. 비(妣)는 비(批)와 같고 짝하다이다. 음과 양이 속에서 나뉘어 배우(配偶)가 이루어진다.'고 했다.

初一은 그 밝은 것이 안에 했다. 그 빛을 사용하지 않았다.
測에 이르기를 '그 밝은 것이 안에 했다.'라고 한 것은 스스로 깊게 엿본 것이었다.

初一 內其明 不用其光 測曰 內其明 自窺深也
※ 범망은 '안으로 살펴서 허물하지 않았으니 대저 무엇을 근심하고 무엇을 두려워하랴?'라고 했다.
사마광은 '一은 생각의 시작이 되고 낮에 해당한다. 거두어 보고, 안으로 밝혀 밖의 빛을 사용하지 않았다.'라고 했다.

次二는 군자는 안을 본다. 소인은 밖을 본다.
測에 이르기를 '소인은 밖을 본다.'라고 한 것은 능히 마음을 보지 못하는 것이었다.

次二 君子視內 小人視外 測曰 小人視外 不能見心也
※ 몸이 영화롭기도 하고 고달프기도 하여 사람의 어질고 어질지 못한 것이 모두 그러하지 않은 것이 없다.

次三은 그의 덕을 본다. 가히 왕의 나라의 근간이다.
測에 이르기를 '덕의 근본을 본다.'라고 한 것은 이에 능히 완전한 것이 있는 것이다.

次三 視其德 可以幹王之國 測曰 視德之幹 乃能有全也

※ 三은 뜻이 이루어지고 또 나아가는 사람도 되고 당일의 낮도 되어 덕이 이루어져 밖에 형상한다. 그러므로 왕자(王者)는 그 덕의 크고 작은 것을 살피고 작위(爵位)로써 맡겨 국가의 기둥으로 삼는 것이다.

次四는 이마와 얼굴을 꾸몄다. 적시기를 기다리는데 비가 왔다. 보는데 예쁜 것이 없다.
測에 이르기를 '이마를 꾸몄다. 기다려 비가 왔다.'라고 한 것은 차마 쳐다보지 못한 것이었다.

次四 粉其題頯[1] 雨其渥須[2] 視無姝[3] 測曰 粉題雨須 不可忍瞻也
1) 粉其題頯(분기제변) : 분(粉)은 꾸미다. 제변은 이마와 얼굴이다.
2) 渥須(악수) : 적시는 것을 기다리다.
3) 姝(주) : 예쁘다.
※ 사마광은 '四는 색이 희고 하록(下祿)이 되고 밖의 다른 것도 된다. 소인이 외모만 꾸미고 녹봉을 얻은 것이다. 거짓이 오래가면 반드시 쓰러진다. 이는 마치 그 이마와 얼굴을 꾸며서 비를 만나 그 적셔지는 것을 기다리는데 타인이 보고 있으니 어찌 좋은 것이 있겠는가?'라고 했다.

次五는 난새와 봉황이 어지러운 듯 했다. 그의 덕은 빛나는 듯 했다.
測에 이르기를 '난새와 봉황이 어지러운 듯 했다.'라고 한 것은 덕의 광채가 밝은 것이었다.

次五 鸞鳳紛如 厥德暉如 測曰 鸞鳳紛如 德光皓也
※ 五는 높은 지위에 있고 성대한 복을 받아 낮에 해당한다. 왕자는 성대한 덕의 광채가 밝고 아름다운 상서로움이 와서 이른다. 그러므로 난새와 봉황이 어지러운 듯 하여 많은 것이다. 가의(賈誼)는 '봉황이 천인(千仞)을 날아서 덕이 빛나는 것을 보고 내려온다.'라고 했다.

次六은 흰 수레에 푸른 일산이다. 오직 보는 것이 해로우나 바르다.
 測에 이르기를 '흰 수레에 푸른 일산이다.' 라고 한 것은 무턱대고 밖을 좋아하는 것이었다.

 次六 素車翠蓋 維視之害 貞 測曰 素車翠蓋 徒好外也
 ※ 六은 상록(上祿)이 되고 밤에 해당한다. 소인이 덕이 없이 녹봉을 받아 밖만 아름답고 안은 더러운 것이, 마치 흰 수레에 타고 푸른 일산을 펼친 것과 같아 그 밖을 보면 화려하나 안은 실로 문채가 없는 것이다. 바른 것이란 마땅히 바르게 보면 그 좋고 나쁜 것들이 스스로 나누어진다.

 次七은 그 옥의 티만 보았다. 더러운 것이 없다.
 測에 이르기를 '그 옥의 티만 보았다.' 라고 한 것은 능히 스스로 바로 잡은 것이었다.

 次七 視其瑕 無穢 測曰 視其瑕 能自矯也
 ※ 왕애는 '七은 지나치게 가득한 곳에 있다. 그러나 지위를 얻고 낮에 해당한다. 이것은 능히 때를 따라서 스스로 그 티를 살피고 싹트지 않는 것을 경계하여 허물과 후회가 발생하지 않은 것이다. 그러므로 끝까지 더러워진 것이 없다.' 라고 했다.
 사마광은 '七은 재앙의 시작이 되고 낮에 해당한다. 그러므로 능히 이와 같다.' 라고 했다.

 次八은 물총새가 날아 그 날개를 폈다. 여우와 담비의 털이 몸을 해쳤다.
 測에 이르기를 '물총새와 여우와 담비다.' 라고 한 것은 좋아하여 허물을 일으킨 것이었다.

 次八 翡翠于飛 離其翼 狐貂[1]之毛 躬之賊 測曰 翡翠狐貂 好作咎也
1) 貂(초) : 담비이다.

※ 범망은 '각각 무늬 있는 털을 사용하여 드디어 자신을 죽이는 재앙을 이룬 것이다.'라고 했다.

송유간은 '그 날개를 그물과 같이 벌렸다.'라고 했다.

사마광은 '八은 재앙의 중(中)이 되고 밤에 해당한다. 밖으로 보이는 아름다움이란 자신의 재앙이 되기에 알맞다. 그러므로 '좋아하여 허물을 일으켰다.'라고 했다. 맹자(孟子)가 분성괄(盆成括)에게 '젊어서 재주가 있어 군자의 대도(大道)를 듣지 못하면 족히 그의 몸을 죽일 따름이다.'라고 했다.

上九는 태양이 그 광채가 없다. 동방에서 황백색이 되었다. 그 처음을 보고 사용했다.

測에 이르기를 '태양이 없다. 동쪽에서 황백색이 되었다.'라고 한 것은 마침내 처음으로 돌아간 것이었다.

上九 日沒其光 賁[1]于東方 用視厥始 測曰 日沒賁東 終顧始也
1) 賁(분) : 황백색(黃白色)이라 했다.

※ 송유간은 '태양이 장차 몰하니 황백색이 동방에 있었다.'라고 했다.

사마광은 '九는 시(視)의 끝마침에 있고 낮에 해당한다. 군자는 덕을 닦고 공로를 세워 끝을 신중하게 하여 시작과 같이함이 마치 태양이 장차 몰하는데 도리어 동방을 비추는 것과 같이 한다.'라고 했다. '주역' 이괘(履卦)의 上九효에 '이행하는 것을 보고 상서로운 것을 고찰하되 그것이 두루 잘 펴지는 것이면 크게 길하다.'라고 했다.

☷ 침(沈) : 음(陰)을 양(陽)이 생각하고 양을 음이 생각했다. 뜻이 현궁(玄宮 : 임금의 궁전)에 있다.

☷沈[1] 陰懷于陽 陽懷于陰 志在玄宮
1) ☷沈(침) : 괘는 삼방(三方), 이주(二州), 일부(一部), 일가(一家)이다. 침(沈)은 음가(陰家)이며, 수(水)이고 또한 '주역'의 관(觀)괘에 준(準)한다. 침(沈)은 次四에서 들어가고 태양은 저수(氐宿)에서 머문다. 침(沈)

은 내려서 보다의 뜻. 제가(諸家)들이 '주역'의 태(兌)괘에 준(準)했는데 잘못 적용한 것이다.
　※ 송충은 '회(懷)는 생각하다이다. 음과 양이 별도로 행동한 지 오래되어 모두가 가을의 속에 있어 서로 생각한다. 그러므로 그 뜻이 모두 현궁(玄宮)에 있다.'라고 했다.

　初一은 귀가 협문에 빠졌다. 듣는 것이 바르지 않다.
　測에 이르기를 '귀가 협문에 빠졌다.'라고 한 것은 덕의 몸체를 잃은 것이었다.

　初一 沈耳于閨 不聞貞 測曰 沈耳于閨 失德體也
　※ 범망(范望)은 '一은 귀가 되고, 수(水：물)속에 있어서 잠겨있는 것이다.'라고 했다.
　사마광은 '一은 下의 下가 되고 밤에 해당한다. 소인이 귀를 협문에 빠뜨리기를 좋아하여 아래 사람들의 사사로운 것들을 몰래 듣고 군자(君子)의 바른 도를 듣지 못한다. 군자는 면류관을 드리우고 귀걸이를 하고 물(物)에 숨기는 정이 없다.'라고 했다.

　次二는 보는 것에 빠져서 스스로 보았다. 애꾸눈이 한쪽 눈으로 보는 것보다 현명했다.
　測에 이르기를 '보는 것에 빠져서 보았다.'라고 한 것은 바르고 아름다운 것을 얻은 것이었다.

　次二 沈視自見 賢於眇之眄 測曰 沈視之見 得正美也
　※ 범망(范望)은 '二는 목(目)이 되고 침가(沈家)에 있다. 그러므로 보는 것에 빠졌다.'라고 했다.
　송유간(宋惟幹)은 '묘(眇)는 애꾸눈이다. 면(眄)은 곁눈질하여 보다.'라고 했다.
　사마광(司馬光)은 '二는 생각의 중(中)이 되고 낮에 해당한다. 침(沈)이 자신을 보고 스스로 선악(善惡)을 보아 그 바르고 아름다운 것을 얻었다. 이는 소인이 능히 안으로 성찰하지 못하는 것을 현명하다고 하고 곁으로 타인의 시비를 엿보는 것이 마치 애꾸눈의 사람이 자신은 밝지 못하면서 곁눈질하기를 좋아하는 것과 같다. 그러므로 이르기를 애꾸눈의 곁눈질보다 현명하다.'라고 했다.

次三은 아름다움에 빠졌다. 바르고 곧음을 잃었다.
測에 이르기를 '아름다움에 빠졌다.'라고 한 것은 귀머거리와 장님이 일어난 것이었다.

次三 沈于美 失貞矢[1] 測曰 沈于美 作聾盲也
1) 矢(시) : 직(直)의 뜻.
　※ 사마광은 '三은 생각의 上이 되고 밤에 해당한다. 소인은 음악과 여색의 아름다움에 빠져서 그 정직한 본성을 잃는다.'고 했다. 노자(老子)는 '오음(五音)은 사람의 귀를 멀게 하고, 다섯 가지 색은 사람의 눈을 멀게 한다.'라고 했는데 이는 듣고 보는 것이 모두 그 바른 것을 얻지 못하면 귀머거리나 맹인과 같다는 뜻을 말한 것이다.

次四는 완추(宛雛 : 봉황)가 보는데 빠졌다. 먹는 것이 괴로워도 바르다.
測에 이르기를 '완추가 보는데 빠졌다.'라고 한 것은 먹는 방법을 가린 것이었다.

次四 宛雛[1]沈視 食苦貞 測曰 宛雛沈視 擇食方也
1) 宛雛(완추) : 봉황의 무리이다.
　※ 사마광은 '四는 하록(下祿)이 되고 낮에 해당한다. 군자는 녹봉을 가려서 먹고, 고절(苦節)을 지키며, 정도를 따른다. 이것은 마치 봉황이 아래로 사방의 도가 있는 나라를 살펴서 대나무 열매가 아니면 먹지 않고, 반드시 가히 먹는 방도를 가린 연후에 모이는 것과 같은 것이다.'라고 했다.

次五는 수리와 매가 높이 날았다. 그 배가 잠겼다. 좋은 것을 품고 나쁜 것도 길렀다.

測에 이르기를 '수리와 매가 높이 날았다.' 라고 한 것은 썩은 양식이 있기 때문이었다.

次五 雕¹⁾鷹高翔 沈其腹 好孕²⁾惡粥 測曰 雕鷹高翔 在腐糧也
1) 雕(조) : 수리, 매과의 새.
2) 孕(잉) : 품다. 회(懷)의 뜻.

※ 사마광은 '관자(管子)가 말하기를 '임신한 부인은 늙어서도 버리지 않는다.' 고 했다. 죽(粥)은 육(育)과 같다. 五는 높은 지위에 처하고 밤에 해당한다. 밖으로 높은 것을 바라고 뜻의 취향은 낮아 마치 수리와 매가 새를 잡는데 그 나는 것이 높이하지 아니함이 아닌데도 아래의 썩은 고기만 살피는 것과 같아 뜻이 잡아서 그 배를 채우는 데만 있는 것이다. 시작이 선한 듯 했으나 나쁜 것에서 끝마쳤다. 그러므로 임신한 것은 좋아하고 기르는 것은 나쁘다.' 라고 했다.

次六은 곡식을 보고 쌓는 듯 했다. 밝았다. 이로운 것이 왕을 바르게 하는 것이다.
測에 이르기를 '곡식을 보고 쌓는 듯 했다.' 는 것은 그 도가 밝아진 것이었다.

次六 見粟如纍¹⁾ 明 利以正于王 測曰 見粟如纍 其道明也
1) 纍(누) : 누(累)와 같다고 했다.

※ 해설이 궐(闕)했다.

次七은 이루(離婁)인 듯 했다. 붉은 고기는 올빼미이다. 위태하다.
測에 이르기를 '이루(離婁)와 붉은 고기다.' 라고 한 것은 먹는 것이 선하지 못한 것이었다.

次七 離如婁如 赤肉鴟梟 厲 測曰 離婁¹⁾赤肉 食不臧也
1) 離婁(이루) : 황제 때의 눈이 밝았던 사람.

※ 七은 색깔이 붉고, 밝은 것을 썼으며, 종류는 깃이 된다. 또 七은 뜻을 잃은

것도 되고 밤에도 해당한다. 비록 밝게 보는 것이 이루(離婁)와 같더라도 붉은 고기를 보고 취한 것은 사나운 새를 얻은 것이다. 녹봉을 가리지 않고 먹어서 위태한 도인 것이다.

次八은 곁눈질하여 그 약을 얻다. 가는 것이 이롭다.
測에 이르기를 '곁눈질하여 그 약을 얻다.'라고 한 것은 가고 가는 것만이 이로운 것이었다.

次八 盼得其藥 利征 測曰 盼得其藥 利征邁也
※ 八은 재앙의 중(中)이 되고 낮에 해당했다. 그러므로 약을 얻어서 가는 것이 이롭다고 했다.

上九는 피는 강한 듯 했다. 이마에서 침(沈)했다. 앞은 시체이고 뒤는 잃었다.
測에 이르기를 '피는 강했다. 이마에 침(沈)했다.'라고 한 것은 마침내 탐하여 실패한 것이었다.

上九 血¹⁾如剛²⁾ 沈于顙 前尸後喪 測曰 血剛沈顙 終以貪敗也
1) 血(혈) : 사마광은 기름지고 윤택한 것과 같다고 했다.
2) 剛(강) : 강(岡)과 같다고 했다.

※ 왕애는 '위태하고 망하는 도가 서로 계속하여 이르렀다. 그러므로 앞에는 시체이고 뒤는 잃었다.'라고 했다.
사마광은 '침(沈)은 어부가 이익이 있는 象이다. 九는 재앙의 지극함이 되고 다 쓰러진 것도 되고, 이마도 되어 어부의 이익이 그치지 않고 백성들의 기름진 덕택이 모여진 것을 빼앗는 것이 언덕과 같아 이마까지 잠기는데 이르러도 그칠 줄을 알지 못한다. 그러므로 위태하고 망하는 것이 서로 이어졌다.'라고 했다.

☷ 내(內) : 음(陰)은 그 안을 떠나서 밖에 했다. 양(陽)은 그 밖을 떠나서 안에 했다. 만물이 다했다.

☷內¹⁾ 陰去其內而在乎外 陽去其外而在乎內 萬物之旣²⁾

1) ☷內(☷내) : 괘는 삼방(三方), 이주(二州), 일부(一部), 이가(二家)이다. 내(內)는 양가(陽家)이며, 화(火)이고, '주역'의 귀매(歸妹)괘에 준(準)한다. 내(內)는 次三의 13분 22초에 들어가고 태양은 대화(大火)에서 머물며 한로(寒露)의 기와 응한다. 두(斗)는 술위(戌位)에 세우고 율(律)은 무역(無射)에 맞춘다.
2) 旣(기) : 진(盡)의 뜻.

初一은 왕비는 짝을 삼갔다. 처음은 바르고 뒤에는 편안했다.
測에 이르기를 '왕비는 짝을 삼갔다.'라고 한 것은 여자가 정사를 다스린 것이었다.

初一 謹于嬰㚿¹⁾ 初貞後寧 測曰 謹于嬰㚿 治女政也

1) 嬰㚿(이구) : 이는 비(妃)와 같으며 왕비. 구는 짝과 같다. 필(匹)이다.
※ 범망은 '그 왕비가 짝을 삼가다라고 한 것은 남녀의 도가 바르고 지아비와 아내가 분별이 있어서 집안이 편안한 것이다.'라고 했다.
사마광은 '내(內)란 집안의 象이다. 內의 처음에 있으므로 경계한 것이다.'라고 했다. '주역'의 가인(家人)괘 初九효에 '집안에 있어 어지러움을 막는 것이다. 후회함이 없다.'라고 했다.

次二는 그 내(內:안)의 주인이 사특했다. 저 누런 평상이 멀다.
測에 이르기를 '그 내(內)의 주인이 사특했다.'라고 한 것은 편안한 것을 멀리한 것이었다.

次二 邪其內主¹⁾ 迂彼黃牀²⁾ 測曰 邪其內主 遠乎寧也

1) 內主(내주) : 부인이다.
2) 迂彼黃牀(우피황상) : 우(迂)는 원(遠)의 뜻. 황상(黃牀)은 중상(中牀)이다. 곧 방안의 평상이다. 내주(內主)의 평상. 송유간은 '상(牀)은 사람을 편안하게 하는 것이다.'라고 했다.

※ 해설이 궐(闕)했다.

次三은 너의 배필이 슬펐다. 나는 서쪽계단에서 근심했다.
測에 이르기를 '너의 배필이 슬펐다.' 라고 한 것은 어머니를 대신한 정(情)이었다.

次三 爾儀而悲 坎我西階 測曰 爾儀而悲 代母情也
※ 범망(范望)은 '감(坎)은 근심이다. 친히 맞이하는 도에 며느리가 서쪽 계단으로 오르면 어버이를 대신하는 의(義)가 있는 것이다. 그러므로 슬프다.' 라고 했다.
왕애(王涯)는 '의(儀)는 배필이다.' 라고 했다.
송유간(宋惟幹)은 혼의(昏義)를 인용하여 말하기를 '혼례 다음 다음날 아침에 시아버지와 시어머니가 함께 신부를 위하여 잔치를 베푸는데 신부가 시부모에게 술 한 잔을 바치는 예로써 전수(奠酬)하고, 시아버지와 시어머니가 먼저 서쪽 계단으로부터 내려오면 신부는 동쪽 계단으로부터 내려오는데 그것으로써 대를 이었음을 밝히는 것이다.' 라고 했다.

次四는 작은 것을 좋아하고 위험한 것을 좋아했다. 그 온포(縕袍)를 잃었다. 위험하다.
測에 이르기를 '작은 것을 좋아하고 위험한 것을 좋아했다.' 라고 한 것은 족히 영화롭지 못한 것이었다.

次四 好小好危 喪其縕袍[1] 厲 測曰 好小好危 不足榮也
1) 縕袍(온포) : 솜을 넣은 옷.
※ 해설이 궐(闕)했다.

次五는 용(龍)이 진흙 아래에 했다. 군자는 왕비에게 장가를 드는 것을 사용함이 이롭다. 동등한 것을 만났다.
測에 이르기를 '용이 진흙의 아래에 했다.' 라고 한 것은 양이 음의 아래에 한 것이었다.

次五 龍下于泥 君子利用取¹⁾嬰 遇庸夷 測曰 龍下于泥 陽下陰也
1) 取(취) : 취(娶)와 같다고 했다.
　※ 범망은 '용(龍)은 양(陽)에 비교했다. 양(陽)이 음(陰)에 아래했다는 것은 친히 맞이한 의(義)이다.' 라고 했다.
　사마광은 '친영(親迎)의 예는 사위가 수레바퀴를 세 번 돌아가게 운전하는 것이니 양(陽)이 음(陰)의 아래에 한 것이다. 용(庸)이란 그 떳떳한 도를 얻은 것이요, 이(夷)란 동등한 것이다.' 라고 했다.

　次六은 황혼(黃昏)에 날았다. 그 깃을 안으로 했다. 비록 궁(宮)에 가득 채우려고 했으나 그 계집을 보지 못했다.
　測에 이르기를 '황혼에 깃을 안으로 했다.' 라고 한 것은 능히 스스로를 금지하지 못한 것이었다.

　次六 黃昏于飛 內其羽 雖欲滿宮 不見其女 測曰 黃昏內羽 不能自禁也
　※ 왕애는 '六은 성대하게 가득한 곳에 있어 지위를 잃고 밤에 해당하여 안의 마땅함에 있는 것이 괴이하다. '황혼에 날았다' 고 한 것은 정한 바가 없는 것이다. '그 깃을 안으로 했다' 고 한 것은 능히 안을 금하지 못한 것이다. '비록 궁에 가득 채우려고 했다' 고 한 것은 다함이 없고자 한 것이다. '그 여자를 보지 못했다' 고 한 것은 그 배우자의 도를 잃어서 마침내 얻을 바가 없는 것이다.' 라고 했다.

　次七은 마른 담에 강아지풀이 났다. 흰 머리에 그 어린 며느리를 들였다. 부자가 되었다.
　測에 이르기를 '마른 담에 강아지풀이 났다.' 라고 한 것은 물(物)에 경사가 난 종류였다.

　次七 枯垣生莠 皬頭內其稚婦 有 測曰 枯垣生莠 物慶類也
　※ 범망은 '희고 순일하지 못한 것을 학(皬)이라 한다.' 고 했다.
　사마광은 '七은 재앙의 시작이 되고 낮에 해당하며 쇠약했으나 다시 일어난 것이다. 유(有)는 부유(富有)이다. 물(物)에 경사가 있는 종류라고 한 것은 물의 정이 그 종류를 얻어 기뻐한 것이다.'라고 했다. '주역'의 대과(大過)괘의 九二효에 '마른 버드나무에 뿌리가 났으며, 늙은 지아비가 젊은 아내를 얻은 것이니 이롭지 아니함이 없다.'라고 했다.

次八은 안에서 며느리를 이기지 못했다. 집과 나라가 황폐했다. 깊은 곳을 건너는데 측량하지 못했다.
測에 이르기를 '안에서 며느리를 이기지 못했다.'라고 한 것은 국가의 재앙이었다.

次八 內不克[1]婦 荒家及國 涉深不測 測曰 內不克婦 國之孼也
1) 克(극) : 승(勝)이다.
※ 해설이 궐(闕)했다.

上九는 비가 땅에 내렸다. 그치는 것을 얻지 못했다. 과(過)함도 얻지 못했다.
測에 이르기를 '비가 땅에 내렸다.'라고 한 것은 연못의 절개였다.

上九 雨降于地 不得止 不得過 測曰 雨降于地 澤節也
※ 해설이 궐(闕)했다.

☷ 거(去) : 양(陽)은 그 음(陰)을 떠났다. 음은 그 양을 떠났다. 물(物)이 모두 주창(倡倡)했다.

☷去[1] 陽去其陰 陰去其陽 物咸倡倡[2]
1) ☷去(거) : 괘는 삼방(三方), 이주(二州), 일부(一部), 삼가(三家)이다. 거(去)는 음가(陰家)이며, 목(木)이고, '주역'의 무망(無妄)괘에 준(準)한다. 한(漢)나라 유가(儒家)의 해석에 무망(無妄)은 다시 바라는 것이 없

게 되는 것이다. 그러므로 양웅(揚雄)이 거(去)로써 준(準)한 것이라고 했다. 三의 測에 이르기를 '망행(妄行)이다.'라고 했다. 四의 測에 이르기를 '바라는 바가 없다.'라고 했다. 이것은 양웅이 겸하여 두 가지의 뜻을 취하여 머리로 삼은 것이다.

2) 儵倡(주창) : 기개 있게 미치다의 뜻이다.

※ 송충(宋衷)은 '창음(倡音)은 양쪽의 옷이 위로 오르는 것과 같다. 이때에는 음과 양이 각각 그 곳을 떠나고 만물이 또한 기개 있게 날뛰어 처한 바를 알지 못하는 것을 이른다.'고 했다.

왕애(王涯)는 '만물이 미쳐 날뛰어 흩어지는 것이다.'라고 했다.

初一은 이 신령스런 연못을 버렸다. 저 마른 정원에 머물렀다.
測에 이르기를 '이 신령스런 연못을 버렸다.'라고 한 것은 겸손함으로 나아가지 않았기 때문이었다.

初一 去此靈淵 舍彼枯園 測曰 去此靈淵 不以謙將也

※ 범망은 '一은 수(水)가 되고 가장 아래에 있다. 그러므로 신령스런 연못이다. 아래를 버리고 높은 곳으로 나아간 것은 겸손한 덕이 아니다.'라고 했다.

송유간은 '마른 정원은 높은 위와 같다.'라고 했다.

사마광은 '정원의 나무가 마른 것은 반드시 땅이 높고 윤택함이 없는 것이다. 一은 생각의 시작이 되고 밤에 해당한다. 소인은 아래를 싫어하고 높은 것만을 생각하여 이것을 버리고 저것만을 따르고자 한다. 반드시 재앙이 있는 것이다.'라고 했다.

次二는 저 마른 정원을 버렸다. 아래의 신령스런 연못에 머물렀다.
測에 이르기를 '아래의 신령스런 연못에 머물렀다.'라고 한 것은 겸손한 도가 빛나는 것이었다.

次二 去彼枯園 舍下靈淵 測曰 舍下靈淵 謙道光也

※ 二는 생각의 중(中)이 되고 낮에 해당한다. 군자(君子)는 남에게 아래하

기를 생각한다. 그러므로 그 도가 빛나는 것이다.

次三은 그의 걸음이 높았다. 당(堂)으로 가는데 이슬이 있다.
測에 이르기를 '걸음이 높았다. 이슬이 있다.' 라고 한 것은 망령되게 행동한 것이었다.

次三 高其步 之堂有露 測曰 高步有露 妄行也
※ 이슬은 사람의 옷을 적시는 것으로 재앙이나 모욕의 象이다. 三은 뜻이 이루어진 것이 되고 밤에 해당한다. 소인이 높은 지위를 보고 달려가서 재앙이나 치욕스런 것에서 빠져나올 것을 생각하지 않은 것이다.

次四는 아들과 아버지를 버렸다. 신하와 군주도 버렸다.
測에 이르기를 '아들과 아버지를 버렸다.' 라고 한 것은 바라는 바가 아니기 때문이었다.

次四 去于子父 去于臣主 測曰 去于子父 非所望也
※ 왕애는 '四는 이미 지위를 얻고 낮에 해당하여 떠나는 것의 마땅함을 얻었다. 자식이 떠나서 아버지에게 가고, 신하가 떠나서 군주에게 가는 것은 높고 낮은 차례를 따르는 것이다. 허물이나 후회는 따르지 않는다.' 라고 했다.
사마광은 '四는 복의 시작이 되고 낮에 해당한다. 낮은 것을 버리고 높은 것을 얻으며, 복이 생기면 밖을 바란다. 그러므로 바라는 바가 아니다.' 라고 했다.

次五는 그의 옷을 들었다. 뜰에 가니 순록이 있다.
測에 이르기를 '옷을 들었다. 순록이 있다.' 라고 한 것은 또한 가히 두려워한 것이었다.

次五 攓¹⁾其衣 之庭有麋 測曰 攓衣有麋 亦可懼也
1) 攓(건) : 거(擧)의 뜻.
※ 사마광은 '옷을 들어 행하는 것은 뜰에 가시나무가 있는 것이다. 순록이나 사슴이 정원에서 노는 것은 망한 나라의 터이다. 五는 뜻이 두렵고, 또 옷도 되

는데 높은 지위에 있어 밤에 해당한다. 장차 그의 지위를 버리고 그의 국가를 잃었으니 가히 두렵지 않으랴?'라고 했다.

次六은 몸이 이루는 것을 버렸다. 하늘이 그 이름을 남겼다.
測에 이르기를 '몸이 이루는 것을 버렸다.'라고 한 것은 사양하고 살지 않은 것이었다.

次六 躬去于成 天遺其名 測曰 躬去于成 攘[1]不居也
1) 攘(양) : 양(讓)의 고자(古字)라고 했다.
　※ 범망은 '六은 상록(上祿)이 되고 가정의 본성이 거(去)가 되어 공로가 이루어지고 자신이 물러났다. 그러므로 하늘이 그의 이름을 남긴 것이다.'라고 했다.

次七은 그 덕이 바른 것을 버렸다. 세 번이나 죽었어도 선하지 않았다.
測에 이르기를 '그 덕이 바른 것을 버렸다.'라고 한 것은 마침내 죽어서 추해진 것이었다.

次七 去其德貞 三死不令[1] 測曰 去其德貞 終死醜也
1) 令(령) : 선(善)이다.
　※ 왕애는 '七은 지나치게 가득한데 있다. 또 지위를 잃고 밤에 해당하여 거(去)의 마땅함이 괴이쩍다. 거(去)의 나쁜 것은 그 덕의(德義)가 바르고 바른 방법을 버린 것과 같은 것이 없다. 그러므로 세 번이나 죽었으나 오히려 선하지 못한 이름을 없애지 못한 것이다. 三이란 그 많은 것을 둔 것이다.'라고 했다.

次八은 달이 높은데 초승달이다. 화(火)가 위태하게 매달려 가히 움직이지 못했다. 움직이면 허물이 있다.
測에 이르기를 '달이 초승달이고 화(火)가 매달렸다.'라고 한 것은 허물이 보이는 것을 두려워 한 것이었다.

次八 月高弦[1] 火幾縣[2] 不可以動 動有咎 測曰 月弦火縣 恐見咎也

1) 弦(현) : 초승달.
2) 幾縣(기현) : 기(幾)는 위태하다. 현은 현(懸)의 고자(古字)라 했다.

　※ 범망은 '달이 높은데 초승달이라고 한 것은 20일이 남은 것이다. 화(火)는 대화(大火)이고, 불이 위태하게 매달렸다는 것은 해(歲)가 장차 늦어진 것이다. 八이란 늙어 병든 지위이며 나이가 80세가 되어 마치 달이 움직이고 더욱 그믐이 되어 화일(火日)이 흘러서 물러난 것과 같다. 벼슬을 바치고 수레에 매달려 옛 사람이 남긴 법으로 뒤에 살아나 가히 망령되게 행동해도 허물이 있지 아니한 것이다.' 라고 했다.

　사마광은 '불 속의 춥고 더운 것이 이에 물러났다. 八은 소모함이 되고 벗겨져 떨어진 것도 되어 마치 사람이 노쇠함과 같다. 고요함에는 마땅하고 활동하는 것에는 마땅하지 않은 것이다.' 라고 했다.

　上九는 내가 구해 얻지 못했다. 나로부터 서북쪽에 했다.
　測에 이르기를 '내가 구해 얻지 못했다.' 라고 했는데 어찌 가히 오래할 것이겠는가?

　上九 求我不得 自我西北 測曰 求我不得 安可久也

　※ 송유간은 현도(玄圖)를 인용하여 '양(陽)에서 태어나는 것은 아들 같은 것이 없는데 서북쪽은 자식이 아름다움을 다한 것이다.' 라고 했다.

　사마광은 '서북쪽은 음(陰)의 지위이다. 九는 다 폐하여 진 것이 되고 다 끊어진 것이 된다. 거(去)의 지극함에 있어 밤에 해당하여 이미 떠났다. 그러므로 구하여 얻지 못함이 마치 날도 같고 세월도 같아 서쪽으로 말미암아 북쪽으로 들어갔다. 어찌 가히 오래하랴!' 라고 했다.

　䷿ 회(晦) : 음(陰)은 양(陽)에서 올랐다. 양은 음에서 내렸다. 물(物)이 모두 밝은 것을 잃었다.

　䷿晦[1] 陰登于陽 陽降于陰 物咸喪明
1) ䷿晦(䷿회) : 괘는 삼방(三方), 이주(二州), 이부(二部), 일가(一家)이다.

회(晦)는 양가(陽家)이고 금(金)이며, '주역'의 명이(明夷)괘에 준(準)한다. 회(晦)는 次七에서 들어가고 태양은 방수(房宿)에서 머문다.
　※ 왕애는 '만물이 양을 믿고 밝음으로 삼지만 양이 내려오면 물(物)이 그 밝은 것을 잃는다.'라고 했다.

　初一은 어두움이 함께 하여 홀로 보았다. 그윽함이 바르다.
　測에 이르기를 '어두움이 함께 하여 홀로 보았다.'라고 한 것은 속에서 홀로 비춰 준 것이었다.

　初一 同冥獨見 幽貞 測曰 同冥獨見 中獨照也
　※ 왕애는 '어두운 그믐 때에 처하여 지위를 얻고 낮에 해당했다. 그러므로 어둠을 함께하여 홀로 보았다고 했다. 스스로 유현(幽玄)의 가운데를 지켜 그 바른 것을 잃지 않았다.'라고 했다.
　사마광은 '一은 생각의 아래가 되고 또 下의 下가 되어 당일의 낮에 해당한다. 그러므로 능히 홀로 보고 그윽한 것이 바르다.'라고 했다.

　次二는 소경이 가지 않았다.
　測에 이르기를 '소경이 가지 않았다.'라고 한 것은 밝은데 도를 보지 못한 것이었다.

　次二 盲征否 測曰 盲征否 明不見道也
　※ 왕애는 '어두운 그믐에 또 지위를 잃고 밤에 해당하여 그 어두운 것을 보탰다. 곧 이로써 맹인이 가는 바가 있으면 반드시 넘어질 근심이 있다.'라고 했다.
　사마광은 '二는 생각의 중(中)이 되고 밤에 해당한다. 그러므로 이러한 象이 있다.'라고 했다.

　次三은 음(陰)이 행하고 양(陽)이 따랐다. 이로운 것을 일으키면 흉하지 않다.
　測에 이르기를 '음이 행하고 양이 따랐다.'라고 한 것은 일이 커져서 밖에 한 것이었다.

次三 陰行陽從 利作不凶 測曰 陰行陽從 事大外也
※ 해설이 궐(闕)했다.

次四는 그 종류가 어두웠다. 금궤(金匱)를 잃었다.
測에 이르기를 '그 종류가 어두웠다.'라고 한 것은 법도가 폐하여진 것이었다.

次四 晦其類 失金匱 測曰 晦其類 法度廢也
※ 범망은 '四는 금(金)이다. 그 행함에 있어 회(晦)의 세상에 처했다. 그러므로 그 종류가 어두웠다.'라고 했다.
사마광은 '법도는 국가를 굳게 하는 바로, 이는 금궤가 금을 굳게 하는 것과 같다. 대저 한 나라의 가운데 회(晦)도 있고 명(明)도 있어 법도를 오히려 가히 지킨다. 만약 저(彼)가 어두운데 이(此)도 또한 어두우면 의지하고 구차하게 합하여 종류의 모임이 한결 같아지는 것으로 법도가 폐지된다. 四는 하록(下祿)이 되고 밖의 다른 것이 되어 밤에 해당한다. 그러므로 이러한 象이 있다.'고 했다.

次五는 태양은 바르게 가운데했다. 달은 바르게 융성했다. 군자는 어둠으로부터 궁한 곳으로 들어가지 않았다.
測에 이르기를 '태양이 가운데하고 달이 융성했다.'라고 한 것은 밝은 것이 꺾일까 두려워한 것이었다.

次五 日正中 月正隆 君子自晦不入窮 測曰 日中月隆 明恐挫也
※ 왕애는 '五는 중화(中和)가 되고 또 지위를 얻어 낮에 해당한다. 태양이 가운데하고 달이 가득한 때에는 능히 그 지나치게 왕성한 것을 경계하여 스스로 그 자취를 어둡게 했다. 이미 없어지고 생겨나고 굴하고 펴는 의리에 통달하면 그 도가 궁하지 않다.'라고 했다.

次六은 현조(玄鳥)는 오직 근심했다. 밝은 것이 으슥한 곳으로 내렸다.

測에 이르기를 '현조는 오직 근심했다.'라고 한 것은 장차 아래가 어두운 것이었다.

次六 玄鳥[1] 維愁 明降于幽 測曰 玄鳥維愁 將下昧也
1) 玄鳥(현조) : 제비이다.

※ 왕애는 '현조(玄鳥)는 때를 아는 새이다. 六은 성대함이 가득한데 있고 또 지위를 잃고 밤에 해당하여 밝은 것을 버리고 깊숙한 곳으로 향하는 象이다.'라고 했다.

송유간은 '현조(玄鳥)는 을(乙)이다.'라고 했다.

사마광은 '六은 넓은 하늘이 되고 가을의 처음을 건너는 것이다. 그러므로 이러한 象이 있다.'라고 했다.

次七은 눈으로 보지 못해 밝은 것을 끌었다. 혹은 따라서 행했다.

測에 이르기를 '눈으로 보지 못해 밝은 것을 끌었다.'라고 한 것은 덕이 장차 따라 행한 것이었다.

次七 晱[1]提明 或遵之行 測曰 晱提明 德將遵行也
1) 晱(소) : 성(晠)이고 성(省)의 뜻이라 했다. 범망은 소(晱)는 눈이 밝지 않다는 뜻이라 했다. 또 송유간은 '한쪽 눈으로 보는 맹인이다.'라고 했다.

※ 왕애는 '소(晱)는 옛날의 소(宵)자이다. 七은 지위를 얻고 낮에 해당한다. 이는 밤중에 밝은 것을 끌어 스스로 비추어 혹은 따라 행하여 이에 그 도를 잃지 않았다. 밝은 것을 끌었다는 것은 촛불의 종류를 이른다.'라고 했다.

사마광은 '七은 없어지는 것도 되고, 패손(敗損)도 되고 밤의 象이 있어 당일의 낮에 해당한다. 그러므로 '제명(提明)'이라 했다. 덕은 덕을 밝힌 사람을 이른다. 어두운 세상에 덕을 밝힌 자가 있어 나아가면 모든 이가 따르는 바이다. 이는 마치 밤에 촛불을 얻어 모든 이가 따라 행동하는 바와 같은 것이다.'라고 했다.

次八은 보는 것이 그 진실이 아니다. 그의 오른쪽 눈은 상했다.

국가는 멸망하고 집을 잃었다.
　測에 이르기를 '보는 것이 그르고 눈을 상했다.'라고 한 것은 나라를 잃은 것이었다.

　　次八 視非其眞 夷¹⁾其右目 減國喪家 測曰 視非夷目 國以喪也
1) 夷(이) : 상(傷)의 뜻이다.
　※ 사마광은 '八은 질병이 되고 소모함도 되고 밤에도 해당한다. 그러므로 이러한 象이 있다.'라고 했다.

　上九는 회(晦 : 그믐)에 어둡고 어둡다. 밝지 않는 것의 바른 것은 이롭다.
　測에 이르기를 '회(晦)의 어둠이 이롭다.'라고 한 것은 홀로 밝은 것을 얻지 못했기 때문이었다.

　　上九 晦冥冥 利于不明之貞 測曰 晦冥之利 不得獨明也
　※ 九는 회(晦)의 지극함이 되고 낮에 해당한다. 군자는 회(晦)를 사용하여 바른 것을 만들면 이와 같이 옳은 것이다. '주역'의 명이(明夷)괘 단사(彖辭)에 '안으로 어렵지만 능히 그 뜻을 바르게 하는 것으로 기자(箕子)가 이와 같이 했다.'라고 했고, 또 六五의 효사에 '기자(箕子)의 명이(明夷)이다. 바르게 하는 것이 이롭다.'라고 했다.

제 6권 태현경
(太玄集注卷第六)

☷ 몽(瞢) : 음(陰)은 남쪽으로 가고 양(陽)은 북쪽으로 갔다. 물(物)이 밝고 바른 것을 잃었다. 흐리멍덩하지 않는 것이 없다.

☷瞢[1] 陰征南 陽征北 物失明貞 莫不瞢瞢

1) ☷瞢(☷몽) : 괘는 삼방(三方), 이주(二州), 이부(二部), 이가(二家)이다. 몽(瞢)은 옛날의 몽(夢)이다. 음가(陰家)이며, 토(土)이고 또한 '주역'의 명이(明夷)괘에 준(準)한다. 몽(瞢)은 次六의 31분 13초에 들어가고 상강(霜降)의 기와 응한다. 次八에서 태양은 심수(心宿)에 머문다. 회(晦)는 밖으로 어둡고 몽(瞢)은 안으로 어두운 것이다.
어떤 이는 이르기를 '회이(晦二)에서 맹정비(盲征否)' 라고 한 것은 안으로 어두운 것이 아니겠는가? 몽이(瞢二)에서 '명회담천(明晦啖天)이란 안으로 어두운 것이 아니겠는가?' 라고 하고, 항(恒)괘에는 '불항기덕(不恒其德)' 이 있고 절(節)괘에 '부절(不節)' 이 있는데 효(爻)와 괘(卦)가 반대되는 것과 같다. 맹(盲)은 도리어 밝아지는 것이고 명(明)은 도리어 어두워진다' 라고 했다.
※ 왕애는 '양이 남쪽에 있으면 만물이 서로 떨어져서 보는데 지금은 북쪽에 있다. 그러므로 몽(瞢)이다.' 라고 했다.

初一은 배가 몽(瞢)하여 하늘을 엿보았다. 그 경계를 보지 못했다.

測에 이르기를 '배가 몽하여 하늘을 엿보았다.' 라고 한 것은 능히 본 것이 없는 것이다.

初一 瞢腹䀡¹⁾天 不覩其畛 測曰 瞢腹䀡天 無能見也
1) 䀡(섬) : 엿보다. 규(窺)의 뜻.
　　※ 왕애는 '섬(䀡)은 잠시 보다. 지위를 잃고 밤에 해당하여 마음과 배가 어두워 잠시 하늘을 보았다. 어찌 능히 그 경계를 알겠는가?' 라고 했다.
　　사마광은 '하늘은 지극히 크고 알기 어려운 것이다. 一은 생각의 시작이 되고 밤에 해당한다. 그러므로 이러한 象이 있다.' 고 했다.

次二는 배가 밝아져 하늘을 엿보았다. 그 뿌리를 보았다.
測에 이르기를 '배가 밝아져 하늘을 엿보았다.' 라고 한 것은 중(中)이 홀로 빛난 것이었다.

次二 明腹䀡天 覩其根 測曰 明腹䀡天 中獨爛也
　　※ 범망은 '二는 눈이 된다. 그러므로 밝은 것이다. 난(爛)은 밝다.' 라고 했다.
　　왕애는 '지위를 얻고 낮에 해당한다. 밝고 통달한 배로써 하늘을 우러러보고 반드시 그 근본을 연구한다.' 라고 했다.
　　사마광은 '二는 생각의 중(中)이 되고 낮에 해당한다. 그러므로 이러한 象이 있다.' 라고 했다.

次三은 맹인이 혹 활 쏘는 것을 인도했다. 그 과녁과는 멀었다.
測에 이르기를 '맹인이 혹 활 쏘는 것을 인도했다.' 라고 한 것은 판단함이 없는 것이었다.

次三 師¹⁾或導射 豚其埻²⁾ 測曰 師或導射 無以辨也
1) 師(사) : 고(瞽)이다. 소경. 맹인
2) 豚其埻(둔기준) : 둔(豚)은 둔(遯)과 같다. 준(埻)은 과녁이다.
　　※ 사마광은 '三은 생각이 높은 것이다. 나아가는 사람도 되고 고굉(股肱)도 되고 밤에도 해당한다. 비유컨대 맹인이 사람의 활 쏘는 것을 인도하여 가르쳤

지만 반드시 그 과녁과 멀어 능히 적중시키지 못한 것과 같다. 돈(豚)은 원(遠)과 같다.'라고 했다.

次四는 바른 것을 거울삼아 미혹하지 않았다. 사람에게 취하는 바이다.
測에 이르기를 '바른 것을 거울삼아 미혹하지 않았다.'라고 한 것은 진실로 가히 믿는 것이었다.

次四 鑒貞不迷 于人攸資 測曰 鑒貞不迷 誠可信也
※ 범망은 '四는 금(金)이다. 그러므로 거울이 된다. 거울의 바른 것도 오히려 미혹되지 않는데 하물며 어진 이를 얻어 함께 다스림에 있으랴? 자(資)는 취하다이다.'라고 했다.
왕애는 '지위를 얻고 낮에 해당하면 이는 능히 그 거울을 바르게 하여 미혹됨이 없는 바로써 홀로 자신을 스스로 바르게 할 뿐만 아니라 또한 남도 취하는 바이다. 자(資)는 그 밝은 것을 취한다.'라고 했다.

次五는 밝은 것이 갑절하여 도리어 빛났다. 어두운 것을 무릅써 부딪쳤다.
測에 이르기를 '밝은 것이 갑절하여 도리어 빛났다.'라고 한 것은 사람이 배반한 것이었다.

次五 倍明仮[1]光 觸蒙昏 測曰 倍明仮光 人所叛也
1) 仮(반) : 옛날의 반(反)자라고 했다.
※ 왕애는 '五는 성대한 지위에 당하여 음에 처하고 밤에 해당했다. 미혹하여 다시하지 못한 것으로 밝은 것을 등진 象이 있다.'라고 했다.

次六은 흐리멍덩한 것이 떠났다. 조금 빛나고 또 작아 마땅하지 않다.
測에 이르기를 '흐리멍덩한 것이 떠났다.'라고 한 것은 중(中)에 현혹되지 않은 것이었다.

次六 瞢瞢之離 不宜熒且姽¹⁾ 測曰 瞢瞢之離 中不眩也
1) 熒且姽(형차와) : 형은 조금 밝은 모양. 와(姽)는 작은 모양이라 했다.
　※ 왕애(王涯)는 '六은 음의 지위에 있고 또 낮에 해당하여 몽(瞢)의 주인이 되어 여러 미혹된 자들을 바르게 한다. 흐리멍덩한 것이 떠났다고 한 것은 어둠으로부터 밝아진 것이다. 형(熒)은 조금 빛나서 현혹된 바가 있는 것이다. 와(姽)는 약(弱)의 뜻이다.'라고 했다.
　사마광(司馬光)은 '어둠으로부터 밝아져 성대하고 강한 것이 아니면 능히 구제하지 못하는 것이다. 그러므로 조금 빛나고 또 작아 마땅하지 않다.'라고 했다.

　次七은 몽(瞢)이 밝은 것을 좋아하여 그가 미워하는 바이다.
　測에 이르기를 '몽이 좋아하여 미워한다.'라고 한 것은 나타나서 어둡지 않았기 때문이었다.

次七 瞢好明其所惡 測曰 瞢好之惡 著不昧也
　※ 해설이 궐(闕)했다.

　次八은 어두운 때라 달에 이롭다. 조금만 바르고 별에 이르지 못했다.
　測에 이르기를 '어두운 때라 달에 이롭다.'라고 했는데 오히려 가히 원한 것이었다.

次八 昏辰利于月 小貞未有及星 測曰 昏辰利月 尙可願也
　※ 송충은 '달로써 해를 이었다. 그러므로 오히려 가히 원한다.'라고 했다. 미유급성(未有及星)은 해설이 궐(闕)했다.

　上九는 때에 탄식하고 탄식했다. 그 아름다운 것을 얻지 못했다. 남자는 비녀를 꺾었고 부인은 머리 꾸미개를 바꿨다.
　測에 이르기를 '그 아름다운 것을 얻지 못했다.'라고 한 것은 남자가 죽어서 부인이 탄식한 것이었다.

　　上九 時瑳瑳¹⁾ 不獲其嘉 男子折筓 婦人易笴²⁾ 測曰 不獲其嘉 男死婦嘆也
1) 瑳瑳(차차) : 차차(嗟嗟)의 뜻. 탄식하다의 뜻.
2) 笴(가) : 머리 꾸미개이다. 가(珈)와 같다.
　※ 해설이 궐(闕)했다.

　　☷ 궁(窮) : 음기(陰氣)는 우주를 막고 양(陽)은 그 곳을 잃었다. 만물이 궁(窮)해 당황했다.

　　☷窮¹⁾ 陰氣塞宇²⁾ 陽亡其所 萬物窮遽³⁾
1) ☷窮(☷궁) : 괘는 삼방(三方), 이주(二州), 이부(二部), 삼가(三家)이다. 궁(窮)은 양가(陽家)이고, 수(水)이며, '주역'의 곤(困)괘에 준(準)한다. 窮은 上九에서 들어가고 태양은 미수(尾宿)에서 머문다.
2) 宇(우) : 육합(六合)의 사이를 우(宇)라고 한다.
3) 窮遽(궁거) : 궁처(窮處)로 된 곳도 있다. 여기서는 궁해 당황하다의 뜻.

　　初一은 그 궁(窮)을 다했다. 백성들은 중(中)을 좋아했다.
　　測에 이르기를 '그 궁(窮)을 다했다.' 라고 한 것은 정(情)이 중(中)에 있기 때문이었다.

　　初一 窮其窮 而民好中 測曰 窮其窮 情在中也
　※ 해설이 궐(闕)했다.

　　次二는 궁(窮)한 것이 궁하지 않았다. 백성들이 중(中)에 하지 않았다.
　　測에 이르기를 '궁한 것이 궁하지 않았다.' 라고 한 것은 거짓으로 가히 응성했기 때문이었다.

次二 窮不窮 而民不中 測曰 窮不窮 詐可隆也
※ 해설이 궐(闕)했다.

次三은 궁(窮)하여 생각이 통달했다.
測에 이르기를 '궁하여 생각이 통달했다.' 라고 한 것은 스승이 마음속에 있었기 때문이었다.

次三 窮思達 測曰 窮思達 師在心也
※ 三은 뜻이 이루어지고 나아가는 사람이 되어 곤궁하게 배우는 자이다. 능히 그의 마음을 다하게 되면 통달하지 아니함이 없는 것이니 스승이 어찌 멀 것인가? 그러므로 '스승이 마음속에 있다.' 라고 했다.

次四는 흙이 화(和)하지 못했다. 나무가 병이 들었다.
測에 이르기를 '흙이 화(和)하지 못했다.' 라고 한 것은 백성들이 병들은 것이었다.

次四 土不和 木科橢[1] 測曰 土不和 病乎民也
1) 科橢(과타) : 나무의 병. 목병(木病)이다.
※ 사마광(司馬光)은 '四는 하록(下祿)이 되고 밤에 해당한다. 소인(小人)이 지위를 얻어 백성들을 곤욕스럽게 하여 스스로를 받들게 하는데 백성들이 피곤하면 국가가 위태롭다. 이것을 비유하면 흙이 야위면 나무가 병이 드는 것과 같다.' 고 했다.
유자(有子 : 공자의 제자)는 '백성들이 부족하면 군주가 누구와 더불어 족할 것인가?' 라고 했다.

次五는 국에 쌀가루가 없다. 그 배가 비고 비었으나 그 법은 잃지 않았다.
測에 이르기를 '먹는데 쌀가루가 없다.' 라고 한 것은 오히려 바른 것을 잃지 않은 것이었다.

次五 羹無糝¹⁾ 其腹坎坎 不失其範 測曰 食不糝 猶不失正也
1) 糝(삼) : 진점(陳漸)은 쌀가루라고 했다.

※ 왕애(王涯)는 '지위를 얻어 중(中)에 있어 궁(窮)의 주인이 되어 窮에 처한 마땅함을 잃지 않았다. 국에 쌀알이 없고 그 배가 감감연(坎坎然)하여 비어서 궁핍하나 오히려 현인과 성인의 법을 잃지 않았다. 窮의 아름다움에 처하여 이를 지나침이 없다.' 라고 했다.

次六은 산에는 뿌리가 없고 물에는 비늘이 없다. 곤한 것이 몸을 범했다.
測에 이르기를 '산에는 뿌리가 없다.' 라고 한 것은 백성들이 곤란한 것이었다.

次六 山無角 水無鱗 困犯身 測曰 山無角 困百姓也

※ 산을 불살라 사냥을 하고 연못을 마르게 하여 고기를 잡는데 얻는 것이 비록 많더라도 뒤에는 계속할 것이 없게 된다. 거듭 거두어들이면 백성들이 궁핍하고 백성들이 궁핍하면 상(上)을 범하게 된다. 이는 재앙이 반드시 그 몸에 미치는 것이다.

次七은 그 발을 바르게 했다. 감옥을 밟았다. 3년 동안 기록하는 것을 보았다.
測에 이르기를 '그 발을 바르게 했다.' 라고 한 것은 험한 것이 평평함을 얻은 것이었다.

次七 正其足 蹹于狴獄¹⁾ 三歲見錄 測曰 正其足 險得平也
1) 蹹于狴獄(대우태옥) : 대는 밟다, 또는 넘어지다의 뜻. 태옥은 뇌옥, 또는 감옥을 뜻한다.

※ 왕애는 '대(蹹)는 질(跌)과 같다. 지위를 얻고 낮에 해당하여 발을 바르게 하고, 넘어지는 것을 만났다. 때가 궁하여 자신을 부르지 않은 것이다. 록(錄)이란 너그럽게 기록하여 생각하는 것을 읽다. 궁(窮)이 바른 것을 잃지 아니하고

그 험한 것에 마땅한데 평평한 것을 얻은 것이다.'라고 했다.

사마광은 '태(狋)는 우뢰이다. 七은 허물을 떠나서 재앙이 범했다. 그러므로 이러한 象이 있다.'라고 했다.

次八은 서리와 눈을 건넜다. 목을 무릎에 매달았다.
測에 이르기를 '목을 무릎에 매달았다.'라고 한 것은 또한 태어남이 족하지 못한 것이었다.

次八 涉于霜雪 纍項于郗[1] 測曰 纍項于郗 亦不足生也
1) 郗(슬) : 슬(膝)과 같다. 무릎.

※ 왕애는 '지위를 잃고 밤에 해당하여 능히 스스로 그 발을 바르게 하지 못하고 서리와 눈을 건너 어려움을 범해 행한 것이다. 목에 무릎을 매달았다는 것은 가두어 매단 것이 무거운 것이다.'라고 했다.

上九는 구슬을 부수고 규(圭)를 훼손했다. 절구와 부엌에서 개구리가 태어났다. 하늘의 재앙이 다르게 했다.
測에 이르기를 '구슬을 부수고 규(圭)를 훼손했다.'라고 한 것은 불행을 만난 것이었다.

上九 破璧毀圭 臼竈生䵷[1] 天禍以他 測曰 破璧毀圭 逢不幸也
1) 臼竈生䵷(구조생와) : 절구와 부엌에서 개구리가 태어났다. 재앙이 생긴 것이다.

※ 왕애는 '때의 수(數)가 이미 다하여 되돌아와 통하지 못한 것이다. 비록 지위를 얻어 낮에 해당하나 근심을 면하지 못했다. 구슬이 부서지고 옥이 훼손된 것은 그의 보배로운 것을 잃은 것이다. 절구와 부엌에서 개구리가 태어났다고 한 것은 다시 먹을 것이 없는 것이다. 하늘이 재앙을 다르게 했다고 한 것은 허물이 다른 곳에서 일어난 것이 아닌 것이다.'라고 했다.

사마광은 '구슬을 부수고 규(圭)를 훼손했다고 한 것은 그 사람이 가히 보배인데 때의 불행을 만난 것이다. 재앙이 지극하여 궁(窮)이 이르렀으므로 이러한 象이 있다.'고 했다.

☷ 할(割) : 음기(陰氣)는 물(物)을 해치고 양(陽)은 형상이 쇠약함에 매달렸다. 7일이면 거의 끊어진다.

☷割[1] 陰氣割[2]物 陽形縣殺[3] 七日幾絶
1) ☷割(할) : 괘는 삼방(三方), 이주(二州), 삼부(三部), 일가(一家)이다. 할(割)은 음가(陰家)이며, 화(火)이고 '주역'의 박(剝)괘에 준(準)한다.
2) 割(할) : 해치다.
3) 縣殺(현살) : 쇠약한데 매달리다.
　※ 왕애는 '음기가 승(勝)하므로 만물을 죽이게 된다. 양의 형상이 사라지므로 매달려 사용하지 못해 음기의 죽이는 바가 되는 것이다.'라고 했다. 칠일기절(七日幾絶)은 해설이 궐(闕)했다.

初一은 그의 귀와 눈을 해쳤다. 그의 마음과 배에 이르렀다. 위험하다.
測에 이르기를 '그의 귀와 눈을 해쳤다.'라고 한 것은 중(中)에 밖이 없는 것이었다.

初一 割其耳目 及其心腹 厲 測曰 割其耳目 中無外也
　※ 귀와 눈은 마음이나 배의 보호에 도움이 되는 바인데 귀와 눈을 해치면 마음과 배가 위태하다. 一은 생각의 시작이 되고 밤에 해당한다. 소인이 충성을 싫어하고 간하는 것을 꺼려 스스로 자신의 총명을 해친 것이다.

次二는 그 혹을 해쳤다. 더럽힘이 없어야 이롭다.
測에 이르기를 '그 혹을 해쳤다.'라고 한 것은 사나워서 큰 것을 얻지 못한 것이었다.

次二. 割其肬贅[1] 利以無穢 測曰 割其肬贅 惡不得大也
1) 肬贅(우췌) : 혹.

※ 왕애는 '우췌(肬贅)는 몸의 나쁜 것이다. 해치고 제거하여 다시 자라 커지는 것이 없게 한다.'고 했다.

사마광은 '二는 생각의 중(中)이 되고 낮에 해당한다. 군자는 스스로 그 사나운 것을 공격하여 불어나 커지는 것이 없게 한다.'라고 했다.

次三은 코를 베어 입으로 먹었다. 그 숨쉬는 주인을 잃었다.
測에 이르기를 '코을 베어 숨쉬는 주인을 잃었다. 덜어내어 영광이 없는 것이다.'라고 했다.

次三 割鼻食口 喪其息主 測曰 割鼻喪主 損無榮也
※ 범망은 '비(鼻)란 숨을 쉬는 주인이다.'라고 했다.
왕애는 '해치는 것이 그 마땅한 것을 얻지 못했으니 이는 코를 해쳐서 그의 입으로 씹은 것이다.'라고 했다.

次四는 주장이 되어 일을 처리했는데 공평하고 공평했다.
測에 이르기를 '주장이 되어 일을 처리했는데 공평하고 공평했다.'라고 한 것은 능히 성취함이 있는 것이었다.

次四 宰割¹⁾ 平平 測曰 宰割平平 能有成也
1) 宰割(재할) : 일을 처리하는 것.
※ 왕애는 '四는 신하의 성대함에 있어 낮에 해당한다. 물(物)을 주장하여 처리하는데 평균의 덕이 있다.'라고 했다.
사마광은 '四는 하록(下祿)이 되고 군자가 처음으로 지위를 얻은 것이다.'라고 했다.

次五는 그의 고굉(股肱)을 해쳤다. 그의 복마(服馬)를 잃었다.
測에 이르기를 '그의 고굉을 해쳤다.'라고 한 것은 대신(大臣)이 없는 것이었다.

次五 割其股肱¹⁾ 喪其服馬²⁾ 測曰 割其股肱 亡大臣也

1) 股肱(고굉) : 팔과 다리와 같은 신하의 뜻. 곧 대신(大臣).
2) 服馬(복마) : 네 마리가 끄는 마차에서 안쪽의 두 마리 말. 곧 중요한 것.

　※ 왕애는 '五는 군주의 자리에 있어 밤에 해당하여 군주의 덕이 없다. 이는 그 고굉과 같은 신하를 해쳐서 이치를 구한 것이니 마땅히 복마(服馬)를 상실한 것이다.' 라고 했다.
　사마광은 '복마(服馬)는 멍에를 지고 끌채를 껴서 중요한 것을 맡아 멀리 이르는 것이니 또한 대신의 象이다. 그러므로 이르기를 대신이 없다.' 라고 했다.

　次六은 해쳤는데 다친 곳이 없다. 사방에서 배불렀다.
　測에 이르기를 '해쳤는데 다친 곳이 없다.' 라고 한 것은 도(道)가 나누어졌기 때문이었다.

　次六 割之無創 飽于四方 測曰 割之無創 道可分也
　※ 六은 성대한 지위에 있어 낮에 해당한다. 그 도를 나누어 펴서 가르치고 생각함이 다함이 없고, 백성들은 용납하여 보호함이 끝이 없고, 사방이 충족하지 아니함이 없어 도(道)가 이그러지거나 손상됨이 없는 것이다.

　次七은 자예(紫蜺)와 율운(矞雲)의 벗들이 태양을 에워쌌다. 그 병을 해치지 못했다.
　測에 이르기를 '자예와 율운이다.' 라고 한 것은 베는 것을 알지 못한 것이었다.

　次七 紫蜺¹⁾ 矞雲²⁾ 朋圍日 其疾不割 測曰 紫蜺矞雲 不知刊也
1) 紫蜺(자예) : 자주빛 무지개. 왕애는 요기(妖氣)라고 했다.
2) 矞雲(율운) : 왕애는 태양의 곁에서 태양을 침범한 기운이라 했다.
　※ 사마광은 '七은 무너져 손해되는 것이 되고 밤에 해당한다. 이는 마치 소인이 무리를 짓고 그의 군주를 현혹되게 가려서 국가의 근심이 되어도 군주가 능히 제거하지 못하는 것이다.' 라고 했다.

　次八은 그의 좀들을 해쳤다. 내 마음의 미워하는 것을 얻었다.

測에 이르기를 '그의 좀들을 해쳤다.' 라고 한 것은 나라가 편안한 바였다.

次八 割其蠹 得我心疾 測曰 割其蠹 國所便也
※ 八은 재앙의 중(中)이 되고 낮에 해당한다. 능히 간사한 좀들을 해쳐 제거하여 나의 마음의 미워하는 바를 얻은 것이다.

上九는 살을 해쳐 뼈를 취했다. 이마의 피가 멸했다.
測에 이르기를 '살을 해쳐 피가 멸했다.' 라고 한 것은 능히 스스로 온전하지 못한 것이었다.

上九 割肉取骨 滅頂于血 測曰 割肉滅血 不能自全也
※ 가죽을 벗기고 살을 베어내는 것이 지극하여 백성들이 이미 곤궁하고 군주도 또한 능히 스스로를 보전하지 못한 것이다. 그러므로 '이마에서 피가 멸했다.' 라고 했다.

☷ 지(止) : 음(陰)은 커서 물(物)의 위에서 머물고 양(陽)은 또한 물(物)의 아래에서 머물렀다. 아래와 위가 함께 머물렀다.

☷ 止[1] 陰大止物於上 陽亦止物於下 下上俱止
1) ☷ 止(지) : 괘는 삼방(三方), 이주(二州), 삼부(三部), 이가(二家)이다. 지(止)는 양가(陽家)이고, 목(木)이며, '주역' 의 간(艮)괘에 준(準)한다.
※ 송충은 '이 때의 물(物)이 위에서 음기를 막고 아래에서는 양기로 돌아가 각각 그곳에 머물러 행하지 않는 것을 이른 것이다.' 라고 했다.

初一은 머무를 곳에 머물렀다. 안에서 밝아 허물이 없다.
測에 이르기를 '머무를 곳에 머물렀다.' 라고 한 것은 지혜가 족히 밝은 것이었다.

初一 止于止 內明無咎 測曰 止于止 智足明也
　　※ 一은 생각의 시작이 되고 낮에 해당하여 그 곳을 얻어서 머물렀다. 대저 지혜가 밝지 못하면 밖의 물에 유혹된다. 그러므로 가히 머무를 곳에 머문 것이라면 안에서 밝고 허물이 없는 것이다. '주역'의 간괘(艮卦) 단사(彖辭)에 '그 그치는 곳에 그쳤다고 한 것은 그 곳에 그쳤기 때문이다.'라고 했다. '대학(大學)'의 경문(經文)에 '머무를 곳을 안 뒤에는 정함이 있고 정함이 있은 뒤에는 능히 고요함이 있고 고요한 뒤에는 능히 편안하고 편안한 뒤에는 능히 생각하고 생각한 뒤에는 능히 얻는다. 사물에는 근본과 끝이 있고 일에는 끝마침과 시작이 있다. 먼저 할 것과 뒤에 할 것을 알게 되면 도(道)에 가까워 진다.'라고 했다.

次二는 수레를 정지하고 기다렸다. 말이 오래도록 머물렀다.
測에 이르기를 '수레를 정지하고 기다렸다.'라고 한 것은 가히 행하지 아니한 것이었다.

次二 車軔¹⁾俟 馬酋止 測曰 車軔俟 不可以行也
1) 軔(인) : 바퀴굄목, 또는 수레를 정지시키다의 뜻.
　　※ 사마광은 '二는 생각의 중(中)이 되고 밤에 해당한다. 소인(小人)의 지혜는 이치를 밝히는 것이 부족하여 나아감을 중지하면 옳으나 행하면 흉하다.'라고 했다.

次三은 그 문호(門戶)에 문빗장을 했다. 미치도록 의혹되어 머무르는 것을 썼다.
測에 이르기를 '그 문호에 문빗장을 했다.'라고 한 것은 중지한 것이 마땅치 않은 것이었다.

次三 關其門戶 用止狂蠱 測曰 關其門戶 禦不當也
　　※ 사마광은 '고(蠱)는 미혹이다. 어(禦)는 지(止)이다. 三은 호(戶)가 되고 또 생각의 높은 것이며 또 뜻이 성취된 것도 되고 낮에 해당한다. 군자는 세 번 생각한 뒤에 행하고, 구차하게 부당한 곳에 미쳐 의혹되더라도 가히 다시 감추

지 못한다. 그러므로 뜻이 이루어진 때에는 반드시 신중하게 한 뒤에 발동하는 것이다.'라고 했다.

次四는 어린 나무에서 머물렀다. 그 채소와 곡식을 구했다.
測에 이르기를 '어린 나무에서 머물렀다.'라고 한 것은 그 구함이 궁한 것이었다.

次四 止于童木 求其疏穀 測曰 止于童木 其求窮也
※ 왕애는 '동목(童木)은 우뚝 솟아 가지와 줄기가 없는 것이다. 소곡(疏穀)은 풀과 나무에서 가히 먹을 수 있는 것들을 이른 것이다.'라고 했다.
사마광은 '四는 하록(下祿)이 되고 밤에 해당한다. 소인이 녹봉을 간구하여 그 도를 얻지 못했다. 반드시 얻은 것도 없다.'라고 했다.

次五는 기둥으로 집을 정했다. 덮어진 수레를 덮었다. 수레바퀴가 고르게 성기다.
測에 이르기를 '기둥과 덮개와 수레바퀴다.'라고 한 것은 중(中)이 귀한 것이었다.

次五 柱奠廬 蓋蓋車 轂均疏 測曰 柱及蓋轂 貴中也
※ 왕애는 '전(奠)은 정(定)이다. 마치 기둥이 초막집의 중앙을 정하면 그 그칠 바를 얻은 것과 같은 것이다. 덮여 있는 수레를 덮은 것은 수레는 운행하는 것인데 덮개를 했으면 운행하지 않는 것이다. 수레바퀴가 그 성긴 수를 고르게 하면 모든 바퀴살의 힘이 모아지게 되어 바퀴가 비록 운행되더라도 이미 떳떳하게 중(中)에 처하게 된다. 이것은 모두가 중지하는 것으로써 쓰이는 것이다. 五는 중(中)을 얻고 지위를 얻어 멈출 도에 알맞은 것이다. 그러므로 象을 취했다.'라고 했다.
사마광은 '여(廬)는 초막집의 둥근 것이다. 반드시 먼저 중앙에 기둥을 심어서 정한다. 덮개는 두(斗)가 있어 활을 받는 것이고 수레바퀴는 곡(轂)이 있어 바퀴살을 고르게 한다. 사람의 마음이 그치는 바는 진실로 그 중(中)을 잡는 것이다. 이 세 가지와 같은 것이므로 가히 귀하다.'라고 한 것이다.

次六은 모난 바퀴에 날카로운 굴대였다. 그 수레가 길이 험하여 가지 못했다.
測에 이르기를 '모난 바퀴에 길이 험하여 가지 못했다.' 라고 한 것은 돌아와서 스스로 진동한 것이었다.

次六 方輪廉軸 坎坷[1] 其輿 測曰 方輪坎坷 還自震也
1) 坎坷(감가) : 길이 험하여 가지 못하다.

※ 왕애는 '바퀴가 모나면 반드시 그치고 굴대가 날카로우면 반드시 수레가 기울어진다. 이로써 길로 나간다면 반드시 힘들고 힘이 들어서 그 수레가 진동하여 그 적당함을 얻지 못한다.' 라고 했다.
사마광은 '六은 상록(上祿)이 되고 성대함도 되고 밤에 해당한다. 소인이 나아가는 것을 도로써 아니하여 비록 성대한 지위에 그쳤으나 마침내 편안함을 얻지 못했다.' 라고 했다.

次七은 수레가 그 바퀴를 매었다. 말이 그 발굽을 밟혔다. 머무름이 바르다.
測에 이르기를 '수레가 매고 말이 밟혔다.' 라고 한 것은 행하여 가히 이웃에 한 것이었다.

次七 車纍其輲[1] 馬攊[2]其蹄 止貞 測曰 車纍馬攊 行可隣也
1) 輲(치) : 범망은 윤(輪)이라 했다.
2) 攊(렵) : 밟다의 뜻이라 했다. 일설에는 쏠 때 잘못 썼다고 했다.

※ 왕애는 '루(纍)는 매는 바가 있다. 렵(攊)은 걸린 바가 있다. 수레가 매고 말이 밟혔으므로 그쳐서 바른 것을 구하는 것이 마땅하다.' 라고 했다.
사마광은 '七은 뜻을 잃은 것이 되고 손해도 되고 지위가 마땅히 낮에 해당한다. 그러므로 매고 걸린 것이다. 군자는 험난한 것을 보고 중지하고 곧 그 바른 곳에 머문다.' 라고 했다. 인(隣)은 해석이 궐(闕)했다.

次八은 활이 잘 뒤집어지고 나쁘게 뒤집어졌다. 좋은 말도 패려궂고 나쁜 말도 패려궂다. 활시위가 끊어지고 수레가 부서졌는데 마침내 그치지 않았다.
 測에 이르기를 '활이 뒤집어지고 말이 패려궂다.'라고 한 것은 마침내 가히 사용하지 못할 것이었다.

 次八 弓善反 弓惡反 善馬很 惡馬很 絶弸破車終不偃 測曰 弓反馬很 終不可以也
 ※ 송충은 '시위가 끊어지고 수레가 부서진 것이므로 가히 사용하지 못한 것이다.'라고 했다.
 범망은 '붕(弸)은 활의 시위이다. 언(偃)은 중지하다.'라고 했다.
 왕애는 '활이 뒤집어지면 가히 쏘지 못한다. 말이 패려궂으면 가히 운전하지 못한다. 강제로 사용하면 반드시 시위가 끊어지고 수레가 부서지는 근심이 있다. 끝까지 가히 중지시킬 것을 중지시키지 못한 것이다.'라고 했다.
 사마광은 '활이 비록 선하나 잘 뒤집어지고 말이 비록 좋으나 성질이 패려궂으면 마침내 가히 사용하지 못한다. 하물며 그 사나운 것에랴! 八은 재앙의 중(中)이 되고 벗겨져 떨어진 것도 되어 밤에 해당한다. 소인이 사특하고 괴팍스러워 그치는 것을 알지 못한 것이다. '순자(荀子)'에 '활은 잘 조절한 뒤에 강하기를 구하고 말은 잘 굴복시킨 뒤에 좋은 말을 구하며, 선비는 진실하고 단정한 뒤에 지혜와 능력을 구하는 것이다.'라고 한 것은 이러한 것을 이른 것이다.'라고 했다.

 上九는 뿌리와 줄기가 꺾였다. 다듬이 돌이 막아 중지했다.
 測에 이르기를 '나무가 꺾이고 돌이 막았다.'라고 한 것은 군자(君子)가 머무르는 곳이었다.

 上九 折于株木¹⁾ 輆于砥石²⁾ 止 測曰 折木輆石 君子所止也
1) 株木(주목): 뿌리와 줄기의 뜻.
2) 砥石(지석): 비단을 두드리는 돌. 곧 다듬이 돌.
 ※ 오비(吳秘)는 '해(輆)는 개(愾)이고 막다, 꺼리다의 뜻이다.'라고 했다.
 사마광은 '九는 한(限)이 되고 돌도 되고 또 재앙의 궁함이 낮에 해당한다. 군

자는 도가 이미 행해지지 않으면 마땅히 그칠 것이다.'라고 했다.

☷ 견(堅) : 음(陰)은 형상이 성대하여 무릅썼다. 양(陽)은 그 업(業)을 상실했다. 물(物)이 다투어 단단하고 강했다.

☷堅[1] 陰形胼冒 陽喪其緒 物競堅彊

1) ☷堅(☷견) : 괘는 삼방(三方), 이주(二州), 삼부(三部), 삼가(三家)이다. 견(堅)은 음가(陰家)이고, 금(金)이며, '주역'의 간(艮)괘에 준(準)한다. 견(堅)은 初一의 8분 20초에 들어가고 태양은 석목(析木)에서 머물며 입동(立冬)의 기와 응한다. 두(斗)는 해위(亥位)에 세운다. 율(律)은 응종(應鍾)에 맞춘다. 육적은 '간(艮)은 산석(山石)이 되고 또 나무의 많은 마디가 되어 모두 단단한 모양이다.'라고 했다.

※ 송충은 '변(胼)은 성함을 이른다. 서(緒)는 업(業)이다. 이 때에 음기는 씩씩하게 왕성하고, 양은 그 업을 잃어 능히 하는 것이 없는 것을 이른 것이다. 그러므로 만물이 음기에 의지하여 강력하게 되는 것을 다툰다.'라고 했다.

왕애는 '변모(胼冒)는 조밀하게 왕성한 모양이다.'라고 했다.

初一은 반석(磐石)이 안이 굳었다. 화(化)한 것이 바르지 못했다.

測에 이르기를 '반석이 안이 굳었다.'라고 한 것은 가히 변화하지 못한 것이었다.

初一 磐石固內 不化貞 測曰 磐石固內 不可化也

※ 사마광은 '一은 하인(下人)이 되고 생각의 시작이 되어 밤에 해당한다. 소인이 완고하고 어리석어 마음이 반석의 견고함과 같아 가히 변화하여 바른 곳으로 들어가지 못한 것이다. 공자께서는 '오직 하우(下愚)는 옮기지 않는다고 한 것' 이 이것이다.

次二는 단단하고 흰 것은 옥(玉)의 형상이다. 안으로 화하여 바르다.
測에 이르기를 '단단하고 흰 것은 옥의 형상이다. 변하여 가히 된 것이다.'라고 했다.

次二 堅白玉形 內化貞 測曰 堅白玉形 變可爲也
 ※ 二는 생각의 중(中)이 되고 낮에 해당한다. 군자는 마음이 비록 견고하나 결백한 것이 옥(玉)의 아름다움과 같다. 그러나 선을 보고 옮기는 것을 생각하고, 과실이 있으면 고쳐서 안으로 변화하여 날마다 새롭게 하여 바른 데로 나아가는 것이다. '주역'의 예괘(豫卦) 六二효에 '굳게 박혀 있는 뽑히지 않는 돌이다. 하루 해가 못갈 것이다. 바르게 해야 길하다.'라고 했다.

次三은 견고한 것이 능멸하지 못했다. 혹은 그 중(中)이 새었다고 했다.
測에 이르기를 '견고한 것이 능멸하지 못했다.'라고 한 것은 능히 중(中)을 가지지 못한 것이었다.

次三 堅不凌 或泄其中 測曰 堅不凌 不能持齊¹⁾也
1) 齊(제) : 중(中)의 뜻이다.
 ※ 범망은 '단단한 얼음이 어는 달에 있어서 지금은 능멸하지 못한 것이다. 혹은 양기가 중(中)에서 새어나가는 것을 두려워한 것이다.'라고 했다.
 사마광은 '三은 뜻이 성취되고 밤에 해당한다. 소인이 마음을 처하는데 단단하지 않고 선과 악이 서로 다투어 그 덕이 왔다갔다하여 처음은 있는데 끝마침이 없다. 능히 행동해도 생각을 뛰어넘지 못해 진실로 그 중(中)을 잡지 못한 것이다. 이는 마치 얼음이 밖에서 단단하고자 하는데 양에 허물이 있어 그 중(中)에서 새어나가 마침내 능히 이루지 못하는 것과 같은 것이다.'라고 했다.

次四는 작은 벌이 영영(營營)했다. 그 집에는 꼭지가 있다. 집은 크지 않고 꼭지는 단단한 곳에 있다.
測에 이르기를 '작은 벌이 영영했다.'라고 한 것은 그 근본이 굳은 것이었다.

次四 小蠭營營[1] 蠕其翊[2] 翊不介 在堅蠕 測曰 小蠭營營 固其氐[3]也

1) 小蠭營營(소봉영영) : 소봉은 작은 벌. 영영은 벌이 나는 모양.
2) 蠕其翊(체기익) : 체(蠕)는 범망은 덕(德)이라 했고, 왕애는 벌의 새끼라 했으며, 사마광은 벌집의 꼭지라 했다. 익(翊)은 범망은 국(國)이라 했고, 왕애는 벌집이라 했다.
3) 氐(저) : 송충은 본(本)의 뜻이라 했다.

※ 사마광은 '체(蠕)와 체(蕞)는 통하며 벌집의 꼭지를 이른다. 개(介)는 크다. 四는 하록(下祿)이 되고 낮에 해당한다. 군자는 덕을 닦아서 그 지위를 보존한다. 국가에 큰 것이 있지 아니하면 덕을 부지런히 하여 그 근본을 단단하게 하는 데 있을 따름이다. 또한 이것은 작은 벌이 앵앵하여 장차 집을 만들 때 반드시 먼저 그 꼭지를 만드는 것과 같다. 집이란 큰 데 있지 아니하고 다만 꼭지가 단단하면 떨어지지 않는다.' 고 했다.

次五는 집은 크고 꼭지는 작다. 허하다.
測에 이르기를 '집은 크고 꼭지는 작다.' 라고 한 것은 국가가 공허한 것이었다.

次五 翊大蠕小 虛 測曰 翊大蠕小 國空虛也

※ 범망(范望)은 '국가가 작고 덕이 크게 되면 백성들의 무리가 번성한다. 국가가 크고 덕이 작으므로 백성들이 허한 것이다.' 라고 했다.

사마광(司馬光)은 '중화(中和)가 五보다 성대함이 없고 밤에 해당한다. 소인은 성대한 복을 누리면서 능히 지키지 못하고 국가는 비록 크나 덕(德)이 박하다. 이는 마치 벌집이 크고 꼭지는 작아서 오래 있지 못하고 떨어지는 것과 같다. 허(虛)란 그 밖의 세력이 강성하고 중(中)이 실하지 아니한 것을 말한 것이다.' 라고 했다.

次六은 가느다란 꼭지는 비단이다. 구주(九州)에 매달았다.
測에 이르기를 '가느다란 꼭지에 매달렸다.' 라고 한 것은 백성들이 편안한 것이었다.

次六 纖蠐¹⁾ 紗紗²⁾ 縣于九州³⁾ 測曰 纖蠐之縣 民以康也
1) 纖蠐(섬체) : 섬은 섬(纖)과 같다. 곧 가느다란 꼭지.
2) 紗紗(사사) : 비단실이라는 뜻. 왕애는 사는 묘(眇)와 같다고 했다.
3) 九州(구주) : 중국 전체를 뜻한다.
 ※ 사마광은 '六은 상록(上祿)이 되고 성하고 많은 것도 되고 지극히 큰 것도 되고 낮에 해당하기도 한다. 천자(天子)가 덕을 가진 것이 견고해 한 사람에게 경사가 있으면 억조의 백성들이 덕택을 입는다. 이것은 마치 가느다란 꼭지에 큰 집이 달려 있는 것과 같다.'고 했다.

次七은 단단한 쥐독이 무덤에 부딪혔다.
測에 이르기를 '단단한 쥐독이 무덤에 부딪혔다.' 라고 한 것은 행할 바를 알지 못했기 때문이었다.

次七 堅顚¹⁾ 觸冢 測曰 堅顚觸冢 不知所行也
1) 顚(전) : 정(頂)이다. 사람의 머리 쥐독을 뜻한다.
 ※ 七은 뜻을 잃은 것이 되고 실패도 되며 하산함도 되고 밤에 해당한다. 소인이 강하고 패려궂어 도를 알지 못하는 것이 마치 그 단단한 쥐독으로 나아가 무덤에 부딪혀 행할 바를 알지 못하는 것과 같은 것이다.

次八은 믿음이 단단하여 재앙이다. 오직 해태(解廌)의 바른 것을 사용했다.
測에 이르기를 '믿음이 단단하여 재앙이다.' 라고 한 것은 곧고 모난 것을 사용한 것이었다.

次八 怐¹⁾堅禍 維用解廌²⁾之貞 測曰 怐堅禍 用直方也
1) 怐(호) : 호(怙)의 뜻. 믿다.
2) 解廌(해태) : 해치(獬豸)이다. 곧 부정한 사람을 보면 뿔로 받는다고 하는 신성한 짐승. 해태.

※ 왕애는 '해태(解螷)는 사특한 것을 치받는 짐승이다.' 라고 했다.
사마광은 '八은 재앙의 중(中)이 되고 낮에 해당한다. 그 단단한 것을 믿어 재앙을 범한 것이다. 그러나 군자의 뜻이 사특한 것을 치받는 데 있어 비록 단단하여 재앙을 밟아도 그 바른 것을 잃지는 않는다.' 라고 했다.

上九는 벌이 그 집을 불살랐다. 시체를 잃었다.
測에 이르기를 '벌이 그 집을 불살랐다.' 라고 한 것은 의지하는 바를 상실한 것이었다.

上九 蠭焚其翊[1] 喪于尸[2] 測曰 蠭焚其翊 所憑喪也
1) 翊(익) : 익(翼)이라고 했다.
2) 尸(시) : 주(主)이다.

※ 사마광은 '익(翊)은 마땅히 익(翼)이 되어야 한다. 九는 재앙의 지극함이 되고 밤에 해당한다. 소인이 단단히 악하게 되어 집안을 전복함에 이르렀다. 이는 마치 벌이 그 집을 스스로 불살라 머무를 곳을 잃은 것과 같은 것이다. '주역'의 여괘(旅卦) 上九효에 '새가 그의 보금자리를 불살랐다.' 라고 한 것이 이 뜻이다.' 라고 했다.

▤ 성(成) : 음기(陰氣)는 바야흐로 맑다. 양(陽)은 신령스럽게 감췄다. 물(物)이 구제되어 형(形)을 이뤘다.

▤成[1] 陰氣方淸 陽藏於靈 物濟成形
1) ▤成(▤성) : 괘는 삼방(三方), 삼주(三州), 일부(一部), 일가(一家)이다. 성(成)은 양가(陽家)이며, 수(水)이고, '주역'의 기제(旣濟)괘에 준(準)한다. 성(成)은 上九에서 들어가고 태양은 기수(箕宿)에서 머문다.
※ 송충은 '땅을 신령스럽다고 일컬었다.' 라고 했다.
육적(陸績)은 '청(淸)은 한(寒)이다.' 라고 했다.
사마광은 '양은 땅 속에 감추어 몰래 물(物)의 주인이 되고, 물은 힘입어 구제되어 그 형상을 이루어 얻었다.' 라고 했다.

初一은 성공한 것이 막힌 듯 하다. 그 사용함을 그치지 않았다. 어두웠다.
測에 이르기를 '성공한 것이 막힌 듯 하다.' 라고 한 것은 무너지지 않은 까닭이었다.

初一 成若否 其用不已 冥 測曰 成若否 所以不敗也
※ 왕애는 '성(成)의 처음에 처하여 지위를 얻고 낮에 해당한다. 공로는 이루어졌는데 막힌 것과 같다. 그 공로를 자랑하지 아니하고 사용이 중지되지 않아 도를 아는 것이 어둡다.' 라고 했다.
사마광은 '一은 생각의 아래가 되고 낮에 해당한다. 군자의 도는 암연히 날로 빛난다. 명(冥)이란 숨어서 나타나지 않은 것이다.' 라고 했다. 노자(老子)는 '공은 이루어도 거하지 않는다. 오직 거하지 않는지라! 이로써 가지도 않는다.' 라고 했다.

次二는 이루어진 것이 미약해 고치고 고쳤다. 이루어지지 않아 위태하다.
測에 이르기를 '이루어진 것이 미약해 고치고 고쳤다.' 라고 한 것은 능히 스스로 이루지 못한 것이었다.

次二 成微改改 未成而殆 測曰 成微改改 不能自遂也
※ 왕애는 '지위를 잃고 밤에 해당하여 이루어진 것이 오히려 미약하므로 또 고쳤다. 곧 일이 반드시 이루어지지 못하고 또 위태해진 것이다.' 라고 했다.
사마광은 '二는 반복함이 되고 밤에 해당한다. 소인이 마음을 잡지만 한결같지 못해 반드시 성공함이 없다. '주역'의 진괘(晉卦) 九四효에 '나아가는 듯 하는 것이 들쥐이다. 바르게 하나 위태할 것이다.' 라고 했는데 이 뜻이다.' 라고 했다.

次三은 이루어진 것이 뛰어 쭈그러졌다. 이루어진 것이 날아도 쫓지 않았다.
測에 이르기를 '이루어진 것이 뛰어 쭈그러졌다.' 라고 한 것은 이루어진 덕이 씩씩한 것이었다.

次三 成躍以縮 成飛不逐 測曰 成躍以縮 成德壯也
※ 왕애는 '일이 이미 이루어지고 이미 뛰어서 나아갔는데 또 쭈그러들어 물러났다는 것은 스스로 경계하고 두려움을 안 것으로 나아가도 허물이 없다.' 라고 했다.
사마광은 '三은 뜻이 성취되고 낮에 해당한다. 군자는 일에 임하여 두려워하고 도약하고 쭈그러드는 것을 결정하지 않는다. 그것은 일이 이미 성취되었으면 새가 나는 것과 같아서 다시 쫓지 아니하기 때문이다. 그러므로 진퇴를 마땅히 삼갈 뿐이다. '주역'의 건괘(乾卦) 九四효에 '혹은 뛰거나 연못 속에 있는 것이니 허물은 없을 것이다.' 라고 한 것이 이 뜻이다.' 라고 했다.

次四는 장차 이루어 자랑했다 무너졌다.
測에 이르기를 '장차 이루어 자랑했다.' 라고 한 것은 이루어진 도가 병들은 것이었다.

次四 將成矜敗 測曰 將成之矜 成道病也
※ 왕애는 '지위를 잃고 밤에 해당한다. 이는 장차 이루어져 자랑하여 그 성공을 무너뜨렸다. 성공의 도는 자랑하는 것을 미워한 것이다.' 라고 했다.
사마광은 '四는 하록(下祿)이 된다. 그러므로 장차 이루어졌다. 밤에 해당하므로 자랑했다. '춘추'의 규구(葵丘)의 회합에서 제환공(齊桓公)이 떨치고 자랑한 것이므로 배반한 자가 아홉 나라였다.' 라고 했다.

次五는 중(中)에서 이루어 홀로 살폈다. 컸다.
測에 이르기를 '중에서 이루어 홀로 살폈다.' 라고 한 것은 능히 중(中)에 처한 것이었다.

次五 中成獨督 大 測曰 中成獨督 能處中也
※ 중화(中和)는 五보다 왕성함이 없고 낮에 해당한다. 왕자는 공로가 이루어지고 홀로 황극(皇極)을 세워 사방을 독려하여 덕업이 광대한 것이다.

次六은 성공한 우두머리가 쇄세(瑣細)했다. 성공해 재앙을 얻었다.

測에 이르기를 '성공한 우두머리가 쇄세(瑣細)했다.' 라고 한 것은 겸손하지 않은 것이었다.

次六 成魁瑣[1] 以成獲禍 測曰 成之魁瑣 不以謙也
1) 魁瑣(괴쇄) : 우두머리가 잘다. 곧 세소(細少)하다는 뜻.

※ 왕애는 '六은 성대함이 가득한 데 있어 지위를 잃고 밤에 해당한다. 비록 성(成)의 우두머리가 되었으나 안으로 작고 작은 행동을 품어 그 공로를 떨어뜨리고 재앙을 얻었다.' 라고 했다.

사마광은 '六은 지극히 큰 것이 되고 밤에 해당한다. 대저 큰 공로가 이미 이루어지면 사람들이 공로를 나누어 가지려는 자들이 많다. 우두머리 된 자가 그 큰 것을 주장하여 반드시 그 자세한 것을 나누어 사람들에게 주면 모든 이가 기뻐하지 않음이 없다. 이것은 마치 혼자 독차지하려고 하면 모든 이들이 미워하게 되어 도리어 성공으로 인해 재앙을 얻는 것과 같은 것이다.' 라고 했다.

次七은 성공에서 빠진 것을 보충했다.
測에 이르기를 '성공에서 빠진 것을 보충했다.' 라고 한 것은 진실로 계승하기가 어려운 것이었다.

次七 成闕補 測曰 成闕之補 固難承也

※ 범망은 '七은 뜻을 잃은 것이다. 그러므로 궐(闕)이라 했다. 군자의 도는 선으로써 허물을 보충하는 것이다. 그러므로 빠뜨린 것이 있으면 보충한다.' 라고 했다.

왕애는 '성공한 이후에는 계승하기가 어렵다. 마땅히 허물을 보충하는 도를 생각하기 때문이다.' 라고 했다.

次八은 때에 이룰 것을 이루지 못했다. 하늘에서 내린 것은 바른 것이 없다.

測에 이르기를 '때에 이룰 것을 이루지 못했다.'라고 한 것은 홀로 중(中)을 잃은 것이었다.

次八 時成不成 天降亡貞 測曰 時成不成 獨失中也
※ 범망은 '八은 목(木)이며 가을이 이루어진 것이다.'라고 했다.
사마광은 '소인이 마땅히 성(成)할 때에 덕이 없이 이루어져 때의 중(中)을 잃었다. 그러므로 하늘이 허물을 내려 바른 것을 잃었다.'라고 했다.

上九는 성(成)이 다하여 무너짐으로 들어갔다. 성(成)이 훼손됐다. 군자(君子)는 이루지 못했다.
測에 이르기를 '성(成)이 다하여 훼손됐다.'라고 한 것은 군자(君子)가 끝마침으로써 한 것이었다.

上九 成窮入于敗 毁成 君子不成 測曰 成窮以毁 君子以終也
※ 九는 모두 피폐하게 되고 낮에 해당한다. 해는 한가운데 있으면 기울어지고 달은 가득하면 줄어들고 성(成)은 다하면 무너지는 것으로 들어간다. 물(物)의 이치는 자연스럽게 무너지고 무너져 그 성(成)이 훼손되는 것이다. 군자는 성(成)이 반드시 훼손되는 것을 안다. 그러므로 항상 스스로 덜어서 하여금 이루어지는 데 이르지 않고 그 복록을 끝마친다. 양유기(養由基)가 버들잎을 겨냥해 100보의 거리에서 쏘아 백발백중했다. 한 사람이 그 옆에 서 있으면서 말하기를 "잘한다. 그대는 숨을 잘 쉬지 않고 젊어서 기가 쇠하여 힘이 없는데도 활을 휘고 화살을 굽혀서 한 번 발사하여 적중하지 않으면 백 번 발사하는 것을 모두 중지한다."라고 했는데 대개 이런 종류를 이른 것이다.

䷕ 질(䦧): 음(陰)과 양(陽)의 사귐이 지나쳤다. 서로 닫혀 하나를 이루었다. 그 재앙으로 만물(萬物)이 울었다.

䷕䦧[1] 陰陽交跌 相䦧成一 其禍泣萬物
1) ䷕䦧(䷕질): 괘는 삼방(三方), 삼주(三州), 일부(一部), 이가(二家)이다.

질(闋)은 음가(陰家)이고 화(火)이며, '주역'의 서합(噬嗑)괘에 준(準)한다. 왕애는 '질(闋)은 치밀의 치(緻)와 같다'고 했다. 진점은 '질(闋)을 질(闉)과 같고 문이 닫힌 것이다.'라고 했다. 육적은 '합(嗑)은 합(合)이다. 질(闋)은 또한 음과 양이 닫힌 것이다.'라고 했다.

※ 송충은 '이 때에 음이 지나치게 일어나 위에서 닫히고 양이 지나치게 쇠하여 아래에서 지킨다. 위와 아래가 닫히고 지키면 그 닫혀서 조밀한 것이 한결같다.'라고 했다.

사마광은 '질(跌)은 지나치게 심한 것과 같은 것이다.'라고 했다.

初一은 둥글고 모난 것이 위태했다. 그 속은 비었다.
測에 이르기를 '둥글고 모난 것이 위태했다.'라고 한 것은 안에서 서로 잃은 것이었다.

初一 圜方杌棿[1] 其內窾換[2] 測曰 圜方杌棿 內相失也
1) 杌棿(올얼) : 위태하다의 뜻.
2) 窾換(관환) : 비다의 뜻. 정확한 해설이 없다.

※ 범망은 '수(水)가 화가(火家)에 있어서 다시 서로 이긴다. 이것은 마치 둥그런 것을 파서 모난 장부를 넣는 것과 같아 위태하고 불안한 것이다.'고 했다.

사마광은 '질(闋)은 합(合)이다. 一은 생각의 시작이 되고 밤에 해당하여 그 마음이 합하지 않는 것이다. 관환(款換)은 해설이 궐(闕)했다.'라고 했다.

次二는 닫힌 것이 틈이 없다.
測에 이르기를 '틈이 없이 닫혔다.'라고 한 것은 그 둘이 하나와 같은 것이었다.

次二 闋無間 測曰 無間之闋 一其二也

※ 범망은 '二의 화(火)가 회합하여 닫혀서 조밀한 것이 하나와 같다.'라고 했다.

사마광은 '二는 생각의 중(中)이 되고 밤에 해당하여 그 합함에 틈이 없어 둘이 하나와 같은 것이다. '주역'의 계사상편에 '두 사람의 마음이 합하였으니 그 예리함이 쇠라도 끊는다.'고 했다.'라고 한 것이 이 뜻이다.

次三은 용(龍)이 들어왔는데 그 구멍이 아니다. 빛이 실(室)에는 없다.
測에 이르기를 '용이 들어왔는데 구멍이 아니다.'라고 한 것은 그 떳떳함을 잃은 것이었다.

次三 龍襲¹⁾ 非其穴 光亡于室 測曰 龍襲非穴 失其常也
1) 襲(습) : 입(入)이다.
※ 해설이 궐(闕)했다.

次四는 살찐 냄새가 코를 막았다. 아름답고 바른 것이 이롭다.
測에 이르기를 '코를 막은 것이 바르다.'라고 한 것은 향기로운 바가 없는 것이었다.

次四 臭肥滅鼻 利美貞 測曰 滅鼻之貞 沒所芳也
※ 질(闕)은 '주역'의 서합(噬嗑)괘에 준(準)한다. 그러므로 먹는 象이 있다. 四는 복의 시작이 되고 낮에 해당하여 음식이 오면 먼저 냄새와 향기를 깨닫고 얻는 것을 보고 의를 생각하여 가히 바른 것을 잃지 않은 것이다.

次五는 뼈를 씹고 이를 꺾었다. 장군에 가득했다.
測에 이르기를 '뼈를 씹고 이를 꺾었다.'라고 한 것은 크게 이로운 것을 탐한 것이었다.

次五 齧骨折齒 滿缶 測曰 齧骨折齒 大貪利也
※ 五는 복의 중(中)이 되고 밤에 해당한다. 소인이 이익을 탐하여 스스로 훼손한 것이다. '주역'의 서합(噬嗑)괘의 六三효에 '마른 고기를 씹다가 독을 만났다.'라고 한 것이다.

次六은 더러운 것 마시는 일을 적게 했다. 그 기름지고 미끄러운 것을 얻었다.
　測에 이르기를 '더러운 것 마시는 일을 적게 했다.'라고 한 것은 도(道)를 족히 즐긴 것이었다.

　　次六 飮汗吭吭¹⁾ 得其膏滑 測曰 飮汗吭吭 道足嗜也
1) 汗吭吭(한항항) : 송유간은 한(汗)은 오(汙)이고 항항(吭吭)은 열열(哯哯)이며 조금 마시다라는 뜻이라 했다. 범망은 한(汗)은 윤택이고, 윤택함이 많은 것이 항항연(吭吭然)이라 했다.
　※ 사마광은 '六은 성대하게 많은 것이 되고 지극히 큰 것도 된다. 군자가 즐기는 것은 도이다. 비록 많은 것을 취해도 해로운 것이 없다.'라고 했다.

　次七은 그 어긋난 것을 닫았다. 앞에서는 합하고 뒤에서는 떠났다.
　測에 이르기를 '그 어긋난 것을 닫았다.'라고 한 것은 합했다 떠난 것이었다.

　　次七 闔其差 前合後離 測曰 闔其差 其合離也
　※ 七은 소멸됨이 되고 패손되며 밤에 해당한다. 그러므로 옳은 것을 닫아 조밀하게 해서 차질이 생겼다. 앞에서는 합하고 뒤에서는 떠난 것이다.

　次八은 그 꺾는 것을 도왔다. 그 이그러진 것을 감추었다. 그 사람이 빛나고 또 헌걸차다.
　測에 이르기를 '꺾는 것을 도왔다. 이그러진 것을 감추었다.'라고 한 것은 오히려 가히 선한 것이었다.

　　次八 輔其折 虚¹⁾其缺 其人暉且偈²⁾ 測曰 輔折虚缺 猶可善也
1) 虚(압) : 감추다.
2) 偈(걸) : 헌걸차다. 곧 용맹스럽다.
　※ 범망은 '그 하자를 덮었다. 그러므로 그 결함을 덮은 것이다.'라고 했다. 왕애는 '능히 그 꺾어진 것을 돕고 그 이그러진 것을 감추었다.'라고 했다.

사마광은 '八은 소모함도 되고 벗겨져 떨어진 것도 되어 낮에 해당한다. 그러므로 이러한 象이 있다.' 라고 했다.

上九는 음과 양이 열어 화했다. 그 변화는 붉고 희다.
測에 이르기를 '음은 붉고 양은 희다. 지극하면 돌아간다.' 라고 했다.

上九 陰陽啓佁[1] 其變赤白 測曰 陰赤陽白 極則反也
1) 佁(와) : 화(化)와 같다.
  ※ 사마광은 '질(闉)이란 음과 양이 닫히고 막혀 통하지 않는 象이다. 물이 다하면 돌아간다. 그러므로 다시 변하고 개통하여 만물을 화생시키고 싹은 붉고 어금니는 희다.' 고 했다.

▤ 실(失) : 음(陰)은 커 해침을 일으켰다. 양(陽)은 능히 얻지 못했다. 물(物)이 빠져 측량하지 못했다.

▤失[1] 陰大作賊 陽不能得 物陷不測
1) ▤失(▤실) : 괘는 삼방(三方), 삼주(三州), 일부(一部), 삼가(三家)이다. 실(失)은 양가(陽家)이며, 목(木)이고 '주역'의 대과(大過)괘에 준(準)한다. 실(失)은 次四의 26분 11초에 들어가고 소설(小雪)의 기와 응한다.
  ※ 송충은 '이 때에 양(陽)은 해치는 것이 되고 음(陰)은 공격하여 빼앗는 바가 되어 능히 다시 얻은 바가 있지 않는 것을 이른 것이다.' 라고 했다.

初一은 허한 곳을 찔렀는데 칼날이 멸했다.
測에 이르기를 '허한 곳을 찔렀는데 칼날이 멸했다.' 라고 한 것은 깊숙히 하여 스스로 조심한 것이었다.

初一 刺虛滅刃 測曰 刺虛滅刃 深自幾也
  ※ 기(幾)란 움직임의 기미이며 길흉이 먼저 나타나는 것이다. 一이란 생각

이 미약한 것이다. 신령의 태어남은 一보다 먼저함이 없고 낮에 해당한다. 군자가 비록 잃는 것이 있을지라도 능히 깊이 생각하고 멀리 내다봄으로써 스스로 그 기미로부터 바르게 해서 겉으로 드러내지 않는 것이다. 이는 마치 칼로 허공을 찔렀는데 비록 칼날은 다시 문드러졌으나 끝까지 상처받은 흔적이 없는 것과 같다고 했다.

次二는 멀리 있는 덕이 신령스럽고 미묘했다. 잃었다.
測에 이르기를 '멀리 있는 덕을 잃었다.'라고 한 것은 미묘한 것을 두려워 할 줄 알지 못했기 때문이었다.

次二 藐¹⁾德靈微 失 測曰 藐德之失 不知畏微也
1) 藐(묘) : 멀고 작은 것과 같다.
　※ 二는 생각의 중(中)이 되므로 이르기를 '묘덕(藐德)'이라 했다. 얻고 잃는 기틀이 이미 신령하고 또 미묘하여 때가 밤에 해당한다. 소인이 능히 미묘한 것을 삼가지 못하고 지극히 크게 잃은 것이다.

次三은 마치고 따랐다. 근심하고 공경했다. 그 마음이 본받았다.
測에 이르기를 '마치고 따랐다.'라고 한 것은 능히 스스로 고친 것이었다.

次三 卒而從而¹⁾ 邮而竦而²⁾ 于其心祖 測曰 卒而從而 能自改也
1) 卒而從而(졸이종이) : 졸은 종(終)이고 종은 순(順)의 뜻이다. 이(而)는 어조사.
2) 邮而竦而(휼이송이) : 휼은 우(憂)이고 송은 경(敬)의 뜻이다.
　※ 三은 잃어버리는 때에 있어 지위를 얻어 낮에 해당했다. 이는 능히 끝마침에 있어 대도를 따라 과실은 근심하고 공경함은 더한 것이다. 그 마음이 근본이 되었다고 한 것은 마음의 사려(思慮)이며 이로써 주인을 삼은 것이다.
　사마광은 '三은 뜻이 이루어진 것이 되고 낮에 해당한다. 그러므로 이러한 象이 있다. 一은 바른 것이 형상하지 아니한 것이요, 三은 고쳐 이미 성취된 것이다.'라고 했다.

次四는 믿는 것이 지나쳐 먹지 못했다. 기울어져 숨은데 이르다.
測에 이르기를 '믿는 것이 지나쳐 먹지 못했다.' 라고 한 것은
녹봉이 바른 것을 잃었기 때문이었다.

次四 信過不食 至于側匿 測曰 信過不食 失祿正也
 ※ 왕애는 '실(失)의 때에 있어 지위를 잃고 밤에 해당하여 능히 스스로 그 잃은 것을 바르게 하지 못했다. 이는 지나치게 틀린 행동을 믿어 먹지도 못한 것이다. 기울어져 숨은데 이르렀다고 한 것은 종일(終日)을 이른 것이고, 종일토록 먹지 못하면 반드시 그 몸을 상실할 것이다. 먹는 것은 또 녹봉에 비교되었다. 그러므로 測에 번갈아 말한 것이다.' 라고 했다.
 송유간은 '태양이 기우는 것을 측(側)이라 하고, 태양이 몰한 것을 익(匿)이라 한다.' 라고 했다.
 사마광은 '四는 하록(下祿)이 되고 밤에 해당한다. 그러므로 이러한 象이 있다.' 라고 했다.

次五는 누런 아이가 중(中)에서 떠났다. 군자(君子)가 이로써 허물을 씻었다.
測에 이르기를 '누런 아이가 중에서 했다.' 라고 한 것은 씻은 것이 지나친 것이었다.

次五 黃兒以中蕃 君子以之洗于愆 測曰 黃兒以中 過以洗也
 ※ 범망은 '황아(黃兒)는 나이들고 늙어 누런 머리와 아이의 이빨이 징후가 있는 것을 이른다.' 라고 했다.
 송충은 '머리털이 희고 다시 변한 것을 황(黃)이라고 이르고, 이가 빠지고 다시 솟아난 것을 아(兒)라고 한다. 번(蕃)은 떠나다. 능히 중정함으로써 떠나는 것을 삼았다.' 라고 했다.

次六은 그 창고는 가득했다. 그 밭은 거칠었다. 그의 열매는 먹었다. 그 뿌리는 기르지 않았다.

測에 이르기를 '창고는 가득했다. 밭은 거칠었다.' 라고 한 것은 능히 근본을 닦지 않은 것이었다.

次六 滿其倉 蕪其田 食其實 不養其根 測曰 滿食蕪田 不能修本也
※ 범망은 '그 덕은 닦지 않고 위의 녹봉만 의지하고, 창고는 가득하고 밭은 거칠어 백성들의 피로가 지극하며, 열매는 먹고 뿌리가 곤한 것은 기본이 단단하지 못해 실(失)이 심한 것이다.' 라고 했다.
사마광은 '六은 상록(上祿)이 되고, 성함과 많음도 되며, 지극히 큰 것도 되어 밤에 해당한다. 그러므로 이러한 象이 있다. 백성이 족하면 군주도 족하여 마치 뿌리를 길러 열매를 먹는 것과 같은 것이다.' 라고 했다.

次七은 질병은 약으로 하고 무당은 술잔으로 했다.
測에 이르기를 '질병은 약으로 하고 무당은 술잔으로 했다.' 라고 한 것은 재앙이 가히 회전한 것이었다.

次七 疾則藥 巫則酌 測曰 疾藥巫酌 禍可轉也
※ 범망은 '무당이 대궐에 사례할 때 대궐에서 질병을 낫게 하도록 하여 술잔을 부어 복되게 한다.' 라고 했다.
사마광은 '七은 재앙의 하(下)가 되고 허물을 떠나 재앙을 범함이 낮에 해당하는 때이다. 그러므로 이러한 象이 있다.' 라고 했다.

次八은 어미새가 때에 울었다. 암컷에 뿔이 나고 물고기가 나무에 했다.
測에 이르기를 '어미새가 때에 울었다.' 라고 한 것은 그 바른 것이 반대한 것이었다.

次八 鴟鳴于辰 牝角魚木 測曰 鴟鳴于辰 厥正反也
※ 범망은 '암탉은 새벽이 없다. 암탉은 어린 것이 마땅한데 뿔이 나고, 물고기는 물에 있는 것이 마땅한데 나무에 있는 것은 실(失)이 심한 것이다.' 라고 했다.

上九는 해와 달이 갔다. 죽은 뒤에 고쳤다.
測에 이르기를 '죽은 뒤에 고쳤다. 오히려 멀지 않은 것이다.' 라고 했다.

上九 日月之逝 改于尸 測曰 改于尸 尙不遠也
　※ 범망은 '군자(君子)의 도는 세상에 집행하는데 비록 없어졌더라도 오히려 존재하는 것과 같아 나이가 많은 것으로써 하지 않는다. 해와 달이 이미 간 것은 그 얻고 잃는 것이 있어 비록 시체가 널 속에 있으나 오히려 스스로 고치는 것을 생각했다.'라고 했다.
　왕애는 '앞서간 현인이 경계하고 권하는 깊은 것을 드리워 죽은 뒤에라도 고치는 것이 오히려 멀지 않다는 것을 이른 것이다.'라고 했다.
　사마광은 '살아 있는 때의 실(失)은 죽으면 자손에게 고하고 고치는 것이 오히려 멀지 않는 것이다. 초(楚)나라 공왕(共王)이 죽음에 임하여 영윤(令尹)인 완소(蒍蘇)에 나아가 신후(申侯)를 쫓은 것을 고하였고, 유향(劉向)이 후사를 열어서 내세를 깨닫게 하고자 한 것들은 오히려 자신이 죽어서도 깨닫지 못하는 것보다 낫다.'라고 했다. 신후(申侯)는 초문왕(楚文王)의 신하인데 신서(新書)에 잘못 기록되었다.

　☷ 극(劇) : 음(陰)은 지극히 커져 양(陽)에서 울었다. 단단한 짝이 없으며 떠나감을 다했다.

　☷劇[1] 陰窮大泣於陽 無介偶 離之劇
1) ☷劇(☷극) : 괘는 삼방(三方), 삼주(三州), 이부(二部), 일가(一家)이다. 극(劇)은 음가(陰家)이며, 금(金)이고 또한 '주역'의 대과(大過)괘에 준(準)한다. 극(劇)이 次四에서 들어가고 태양은 남두(南斗)에서 머문다. 왕애는 '극(劇)은 극(極)이며 지나치게 잘못된 것이 지극한 것이다.'라고 했다. 사마광은 '대과(大過)괘는 마룻대가 약한 세상이다. 극(劇)은 또한 흩어져서 혼란한 象이다.'라고 했다.

※ 송충은 '양(陽)에서 울었다고 한 것은 양으로 하여금 울게 한 것이다. 이 때는 음의 기운이 지극히 커져서 그 우는 것으로 하여금 약한 것을 능멸하게 하여 다시는 가늘고 딱딱한 공로가 만물에 없게 하는 것을 이른 것이다.' 라고 했다.
사마광은 '주(儔)는 옛 주(儔)자이다. 주는 무리이다. 무릇 만물이 양을 얻어 태어난 자는 모두가 양의 종류이다. 지금 음이 이미 크게 일을 쓰는 데 다해 무릇 양의 종류가 모두 그 극과(劇過)를 만나 떠난 것이다.' 라고 했다.

初一은 뼈가 그의 살을 매었다. 깊숙했다.
測에 이르기를 '뼈가 그의 살을 매었다.' 라고 한 것은 해침이 안에서 행해진 것이었다.

初一 骨纍其肉 幽 測曰 骨纍其肉 賊內行也
※ 뼈와 살은 서로 친한 물(物)이다. 一은 생각의 시작이 되고 밤에도 해당한다. 재앙이나 어지러움의 근본이란 스스로 그 안에서 생기는데 이것이 마치 뼈가 그 살을 매어 몰래 숨어 사람이 보지 못하는 것과 같은 것이다.

次二는 피가 나와 먹었다. 바른 것이 흉하다.
測에 이르기를 '피가 나와 먹었다.' 라고 한 것은 군자(君子)가 안으로 훼손된 것이었다.

次二 血出之蝕 凶貞 測曰 血出之蝕 君子內傷也
※ 해설이 궐(闕)했다.

次三은 술을 만들어 덕을 잃었다. 귀신이 그 방을 보았다.
測에 이르기를 '술을 만들어 덕을 잃었다.' 라고 한 것은 능히 나아가지 못한 것이었다.

次三 酒作失德 鬼睒¹⁾其室 測曰 酒作失德 不能將也
1) 睒(섬) : 보다의 뜻.
※ 해설이 궐(闕)했다.

次四는 먹는 것이 다했다. 아버지와 어머니가 와 익혀 먹었다. 따랐다.
測에 이르기를 '먹는 것이 다했다. 따랐다.' 라고 한 것은 녹봉을 따른 것이었다.

次四 食于劇 父母來餕¹⁾ 若²⁾ 測曰 食劇以若 爲順祿也
1) 餕(준) : 익혀 먹다.
2) 若(야) : 순(順)의 뜻.
　※ 사마광은 '四는 하록(下祿)이 되고 낮에 해당한다. 군자는 난세에 벼슬하여 녹봉을 구함으로써 그의 어버이를 먹이는데, 따르는 것을 잃지 않는다.' 라고 했다.

次五는 들에 나가 언덕을 보았다. 호랑이가 있어 돼지를 길렀다. 바지와 속옷을 취했다.
測에 이르기를 '들에 나가 언덕을 보았다.' 라고 한 것은 발을 둘 곳이 없는 것이었다.

次五 出野見虛¹⁾ 有虎牧猪 攫袴與襦²⁾ 測曰 出野見虛 無所措足也
1) 虛(허) : 구허(丘墟)라고 했다.
2) 袴與襦(고여유) : 바지와 속옷의 뜻.
　※ 왕애는 '들에 나가서 언덕을 보았다.' 라고 했다.
　사마광은 '五는 중록(中祿)이 되고 밤에 해당한다. 소인(小人)이 난세를 타 성대한 지위에 거하면서 탐하고 포악함으로써 백성들에게 잔혹하게 함이 마치 호랑이가 돼지를 기르는 것과 같아서 백성들이 그 손과 발을 놓아 둘 곳이 없는 것이다.' 라고 했다.

次六은 사방의 나라들이 이에 가득했다. 편안했다.
測에 이르기를 '사방의 나라들이 이에 가득했다.' 라고 한 것은 편안한 집을 구한 것이었다.

次六 四國滿斯 宅 測曰 四國滿斯 求安宅也
　※ 해설이 궐(闕)했다.

次七은 굳세고 어여쁘다. 재앙이 얼굴에 실렸다.
　測에 이르기를 '굳세고 어여쁘다.' 라고 한 것은 재앙을 수레의 상자에 실은 것이었다.

次七 廞而丰而 戴禍顔而 測曰 廞而丰而 戴禍較也
　※ 해설이 궐(闕)했다.

次八은 단지를 두레박줄에 매었다. 야위어 바르게 되었다.
　測에 이르기를 '단지를 매었다.' 라고 한 것은 그 맡은 것이 촉박한 것이었다.

次八 缾[1] 纍于繘[2] 貞顇 測曰 纍于缾 厥職迫也
1) 缾(병) : 단지. 두레박.
2) 繘(율) : 두레박줄.
　※ 해설이 궐(闕)했다.

上九는 바닷물이 무리지어 날았다. 하늘의 나룻배가 해졌다.
　測에 이르기를 '바닷물이 무리지어 날았다.' 라고 한 것은 마침내 말하지 못한 것이었다.

上九 海水群飛 弊于天杭 測曰 海水群飛 終不可語也
　※ 해설이 궐(闕)했다.

▤ 순(馴) : 음기(陰氣)는 크게 순(順)하고 혼돈(渾沌)하여 끝이 없다. 그 뿌리는 보이는 것이 없다.

▤▤馴[1] 陰氣大順 渾沌[2] 無端 莫見其根
1) ▤▤馴(▤▤순) : 괘는 삼방(三方), 삼주(三州), 이부(二部), 이가(二家)이다. 순(馴)은 양가(陽家)이며, 토(土)이고, '주역'의 곤(坤)괘에 준(準)한다. 송충은 '곤(坤)은 순(順)이다. 순(馴)도 또한 순(順)이다.' 라고 했다.
2) 渾沌(혼돈) : 천지가 아직 개벽되지 않아 모든 사물의 구별이 확실하지 않은 상태. 곧 혼란스러운 것.
　※ 송충은 '음(陰)이 여기에서 공을 이루고 장차 크게 따르는 때에 양(陽)으로 돌아가는 것을 이른 것이다. 그 일이 혼돈해 단서가 있지 않고 능히 그 근원이 나타나는 바가 없는 것이다.' 라고 했다.

　初一은 누런 신령이 깊숙한 곳에서 바르다. 따랐다.
　測에 이르기를 '누런 신령이 깊숙한 곳에서 바르다.' 라고 한 것은 따르는 것이 바른 것이었다.

　初一 黃靈幽貞 馴 測曰 黃靈幽貞 順以正也
　※ 토(土)의 집이므로 누렇다. 신령이 나타난 것이므로 영(靈)이라 했다. 下의 下에 한 것이므로 유(幽)라고 했다. 낮에 해당하는 것이므로 정(貞)이다. 생각의 시작에서 이 네 가지의 덕을 갖추고 따라서 능히 바르게 된 것이다.

　次二는 임신해 윤택했다. 여자의 수고로움이다. 고요하지 않아도 명(命)은 없다.
　測에 이르기를 '임신해 윤택함이 없는 것은 능히 맑고 깨끗하지 않은 것이다.' 라고 했다.

　次二 孕其膏[1] 女子之勞 不靜亡命 測曰 孕膏之亡 不能清靜也
1) 孕其膏(잉기고) : 임신하여 윤택함. 잉은 잉(孕)과 같고, 고는 윤택하다의 뜻.
　※ 해설이 궐(闕)했다.

　次三은 암컷이 바르고 항상 자애롭다. 그의 뿌리를 보호했다.

測에 이르기를 '암컷이 바르고 항상 자애롭다.' 라고 한 것은 근본을 잊지 않은 것이었다.

次三 牝貞常慈 衛其根 測曰 牝貞常慈 不忘本也
※ '주역(周易)'의 항괘(恒卦) 六五효에 '그 덕을 오래함이 바르다. 바르게 하여 부인은 길하다.' 라고 했다. 곤(坤)은 어머니가 되고 三의 본성이 인(仁)하여 정(情)이 기뻐하며, 또 자식이 많은 것도 되고 낮에도 해당한다. 그러므로 '암컷이 바르고 항상 자애롭다.' 라고 했다. 항상 자애롭다는 것은 부인의 정도를 말한 것이다. 三은 목(木)이 되고 생각의 上도 된다. 또 뜻이 이루어짐도 되고, 스스로 가는 것도 되어 능히 그 근본을 잊지 않은 것이다.

次四는 그 수고로움을 따랐다. 五의 뛰어남만 같지 못하다.
測에 이르기를 '그 수고로움을 따랐다.' 라고 한 것은 선(善)을 자랑한 것이었다.

次四 徇其勞 不如五[1]之豪 測曰 徇其勞 伐善也
1) 五(오) : 次五의 뜻을 가리킨 것이다.
※ 왕애는 '덕이 천인(千人)을 겸한 것을 호(豪)라고 한다.' 라고 했다.
사마광은 '四는 하록(下祿)이 되고 그 지위는 밤에 해당한다. 소인이 군주를 섬겨서 그 공로를 자랑함이 五의 신령스런 주머니와 큰 보자기로 감히 스스로 왕성하지 못한 것만 같지 못하다.' 라고 했다.

次五는 신령스런 주머니와 큰 보자기이다. 그 덕이 진귀하고 누렇다.
測에 이르기를 '신령스런 주머니와 큰 보자기이다.' 라고 한 것은 감히 스스로 왕성하지 못한 것이었다.

次五 靈囊大包[1] 其德珍黃[2] 測曰 靈囊大包 不敢自盛也
1) 大包(대포) : 큰 보자기.
2) 珍黃(진황) : 진(珍)은 사물의 귀한 바가 된 것. 황이란 중(中)을 얻은 것.

※ 사마광은 '五는 주머니도 되고 보자기도 되고 땅의 물건도 되어 큰 것을 머금어 빛나고 크다. 그러므로 '영낭대포(靈囊大包)'라고 했다. 五는 성대한 지위에 있어 낮에 해당한다. 군자는 신하가 되고 지위가 높되 교만하지 않으며, 공로는 크되 자랑하지 않는다. 그러므로 이러한 象이 있다. 그러므로 곤(坤)괘의 六五효에 '황색의 치마를 입은 것이니 크게 길하다.'라고 했다.

次六은 주머니는 묶는 것을 잃었다. 보배로운 그릇들이 새어나 갔다.
測에 이르기를 '주머니는 묶는 것을 잃었다.'라고 한 것은 신하의 입이 넘쳐난 것이었다.

次六 囊失括 泄珍器 測曰 囊失括 臣口溢也
※ 六은 혈(穴)이 되고 움집도 되어 중(中)을 지나쳐 밤에 해당한다. 소인이 능히 문장을 품지 못하고 왕사에 종사함이, 마치 주머니 매는 것을 잃고 진귀한 그릇이 새어나가는 것과 같은 것이다. '주역'의 계사 상편에 '신하가 경솔하게 발설하면 자신의 몸을 잃게 된다.'라고 한 것은 이런 뜻이다.

次七은 모난 것이 단단해 순한 것을 범했다. 신하가 바르게 함이 이롭다.
測에 이르기를 '모난 것이 단단해 순한 것을 범했다.'라고 한 것은 바른 절개를 지킨 것이었다.

次七 方堅犯順 利臣貞 測曰 方堅犯順 守正節也
※ 七은 허물을 떠나 재앙을 범하고 낮에 해당한다. 군자는 위를 섬겨서 옳은 것은 올리고 잘못된 것은 막아 행동을 모나게 하고 지키는 것을 견고하게 한다. 그리하여 비록 범하는 것이 있더라도 숨기는 것이 없어 그 따르는 것을 잃지 않고 신하가 된 정도를 얻었다. 그러므로 이롭다.

次八은 순(馴)이 그 바른 것이 아니다. 명(命)을 보전하지 못했다.

測에 이르기를 '순(馴)이 그 바른 것이 아니다.' 라고 한 것은 통일된 바가 없는 것이었다.

次八 馴非其正 不保厥命 測曰 馴非其正 無所統一也
※ 八은 질병이 되고 소모함도 되며 벗겨져 떨어짐도 되어 밤에 해당한다. 소인이 위를 섬기는데 좌우와 전후와 시비와 가부에 있어서 오직 군주(君主)만 따라 능히 도를 지켜 한결같지 못하게 된다. 그러므로 그 명(命)을 보전하지 못한 것이다.

上九는 의를 따라 삶을 잊었다. 하늘의 바른 것에 힘입었다.
測에 이르기를 '의를 따라 삶을 잊었다.' 라고 한 것은 명을 받아 반드시 따른 것이었다.

上九 馴義忘生 賴于天貞 測曰 馴義忘生 受命必也
※ 九는 재앙이 다하여 낮에 해당한다. 군자는 군주를 섬기는 데 절개를 다하여 죽음만 있고 두 마음이 없으며 의를 따르고 삶을 잊었다. 소뢰(所賴)란 하늘의 바른 명령이다.

▤ 장(將) : 음기(陰氣)는 물(物)을 위에서 구제한다. 양은 믿어 장차 다시 아래에서 시작한다.

▤將[1] 陰氣濟物乎上 陽信將復始之乎下
1) ▤將(장) : 괘는 삼방(三方), 삼주(三州), 이부(二部), 삼가(三家)이다. 장(將)은 음가(陰家)이고, 수(水)이며, '주역'의 미제(未濟)괘에 준(準)한다. 장(將)은 次八에서 들어가고 태양은 성기(星紀)에서 머물며 대설(大雪)의 기와 응한다. 두(斗)는 자위(子位)에 세우고 율은 황종(黃鐘)에 맞춘다. 육적(陸績)은 '음과 양이 위에서 다하고 아래로 돌아가 겨우 다시 오르는 것이 마땅하다. '주역'의 기제(既濟)괘의 설명에 '물은 가히 다하지 못하는 것이다. 그러므로 미제(未濟)로써 받은 것이다.' 라고 했다. 그 마땅함이 함께

했다.'고 했다.
　※ 송충(宋衷)은 '이 때에 음(陰)이 위에서 물(物)을 성취시켜서 공이 이루어지면 물러가는 것을 이른 것이다. 그러므로 양기가 다시 아래에서 시작한다.'라고 했다.

　初一은 나아가 사특한 곳에 이르다. 시작이 위태했다.
　測에 이르기를 '나아가 사특한 곳에 이르다.'라고 한 것은 위태함이 주인을 일으킨 것이었다.

　初一 將造邪 元厲[1] 測曰 將造邪 危作主也
1) 元厲(원려) : 원(元)은 시작이다. 려는 위태하다의 뜻.
　※ 왕애는 '장(將)의 처음에 있어 지위를 잃고 밤에 해당한다. 나아감이 사특한 곳에 이른 것이다. 위태한 것으로써 근본을 삼았다. 그러므로 작주(作主)라고 일컬었다.'고 했다.
　사마광은 '一은 생각의 시작이 되고 밤에 해당한다. 그러므로 이러한 象이 있다.'라고 했다.

　次二는 나아가는데 하자가 없다. 시작이 순수했다.
　測에 이르기를 '나아가는데 하자가 없다.'라고 한 것은 쉽게 뒤를 위한 것이었다.

　次二 將無疵[1] 元睟[2] 測曰 將無疵 易爲後也
1) 疵(자) : 흉터. 또는 하자.
2) 睟(수) : 순수하다.
　※ 왕애(王涯)는 '지위를 얻고 낮에 해당하여 나아가 그 허물을 적게 했다. 그러므로 '나아가 허물이 없다.'라고 했다. 二는 본질이 순수하다. 그러므로 원수(元睟)라고 말했다. 시작에 하자가 없으면 뒤에는 반드시 쉽게 이어간다.'라고 했다.
　사마광은 '二는 생각의 중(中)이 되고 낮에 해당한다. 그러므로 이러한 象이 있다.'라고 했다.

次三은 화로나 녹로는 아니다. 사용하다 중지함이 이롭다.
測에 이르기를 '화로나 녹로는 아니다.'라고 한 것은 화(化)하여 안으로 훼손된 것이었다.

次三 鑪鈞¹⁾否 利用止 測曰 鑪鈞否 化內傷也
1) 鑪鈞(노균) : 노는 화로이고 균은 녹로이다. 녹로는 오직 그릇을 만드는 데 쓰이는 바퀴모양의 연장이다. 범망은 '대장간에서는 화로로 만들고 질그릇은 녹로에서 만든다.'라고 했다.
※ 왕애는 '화로와 녹로란 물건을 만드는 것의 시작이다. 시작을 도로써 하지 아니하면 이로움이 신속히 중지하는데 있다. 나아가는 도가 더욱 성대하고 지위를 잃어 밤에 해당했으니 장(將)이 이치로써 하지 않은 것이다.'라고 했다.
사마광은 '비(否)는 불선(不善)이다. 三은 뜻을 성취함이 되고 밤에 해당한다. 그러므로 이러한 象이 있다.'라고 했다.

次四는 나아가 날아 깃을 얻었다. 하늘로 오르는데 사용함이 이롭다.
測에 이르기를 '나아가 날아 깃을 얻었다.'라고 한 것은 그 도움이 강한 것이었다.

次四 將飛得羽 利以登于天 測曰 將飛得羽 其輔彊也
※ 四는 하록(下祿)이 되고 밖의 다른 것도 되어 낮에 해당한다. 군자가 지위를 얻고 사람이 다시 도와서 마치 나아가 나는데 날개를 얻은 것과 같은 것이다.

次五는 큰 참새가 나아가 날았다. 그 깃촉을 뽑혔다. 털과 깃이 비록 많았으나 적당함을 얻지 못했다.
測에 이르기를 '큰 참새가 깃촉을 뽑혔다.'라고 한 것은 족히 힘입지 못한 것이었다.

次五 大爵將飛 拔其翮 毛羽雖衆 不得適 測曰 大雀拔翮 不足賴

也

※ 왕애는 '五는 성대한 지위에 있어 마땅히 머리의 주인이 되어 지위를 잃고 밤에 해당하는데 그 알맞은 것이 괴이하다. 이는 마치 큰 새가 나아가 날았는데 그 여섯 깃촉을 뽑힌 것과 같다. 비록 털과 깃이 많으나 어찌 가는 바가 있는 것을 얻겠는가?'라고 했다.

사마광은 '진평공(晉平公)은 '나는 식객이 3천명인데 어찌 가히 선비를 좋아한다고 이르지 않는가?'라고 했다. 고상(古桑)은 '기러기와 고니가 하늘 높이 나는데 믿는 바는 여섯 개의 깃촉이다! 대저 배 밑의 솜털과 등 위의 털을 한 움큼만 더하거나 제거하면 나는데 위와 아래로 날지 못한다. 그대의 식객이 그 여섯 깃촉을 알지 못하겠는가? 장차 배나 등의 솜털 뿐이겠는가?' 라고 했다.

次六은 태양이 기우는데 성하고 성했다. 군자는 나아가 쇠약하면 내려온다.
測에 이르기를 '태양이 기우는데 성하고 성했다.'라고 한 것은 스스로 빛나서 커진 것이었다.

次六 日失烈烈 君子將衰降 測曰 日失烈烈 自光大也

※ 범망은 '강(降)은 내려가다. 五는 태양이 중천에 있는 것이다. 그러므로 六은 태양이 기우는 것이 된다. 열렬(烈烈)은 성하다. 태양의 열이 항상 중(中)의 뒤에 있다. 그러므로 열렬(烈烈)이라 했다.'고 했다.

사마광은 '실(失)은 질(昳)과 같다. 六은 상록(上祿)이 되나 중(中)을 지나쳐 낮에 해당한다. 비록 성하고 성한 것이 있으나 군자가 나아가 쇠함을 알아 능히 스스로 내려가는 것을 억제한다. 그러므로 그 빛이 커지는 것을 잃지 않은 것이다.' 라고 했다.

次七은 배를 밟고 수레를 밟았다. 그 해로움이 멀리 있지 않다.
測에 이르기를 '배를 밟고 수레를 밟았다.'라고 한 것은 해로운 것이 멀리 있지 않았다는 것이다.

次七 跌舡跋車 其害不遐 測曰 跌舡跋車 不遠害也

※ 범망은 '七은 뜻을 상실한 것이 된다. 배와 수레는 실어서 다스리는 도구이다. 어진 이가 또한 세상을 다스리는 도구이기도 하다. 뜻을 상실한 군주이므로 밟는다고 했다. 다스리는 도구를 버리는 것은 해로운 것을 자초한 것이므로 멀리 있지 않다.'고 했다.

사마광은 '七은 재앙의 시작이 되고 밤에 해당한다. 그러므로 이러한 象이 있다. 국가가 장차 쓰러지려면 먼저 현명한 참모를 버리게 되는 것이다.'라고 했다.

次八은 소자(小子 : 백성)가 연못에 있다. 장인(丈人)이 배를 폈다.
測에 이르기를 '장인(丈人)이 배를 폈다.'라고 한 것은 물에 빠진 세상을 구제한 것이었다.

次八 小子在淵 丈人播舡 測曰 丈人播舡 濟溺世也
※ 범망은 '소자(小子)는 백성을 이른다. 재앙이 어려움 속에 있어 연못에 있는 것과 같다. 장인이 배를 베풀어 구제했다.'라고 했다.

사마광은 '八은 재앙의 중(中)이 되고 낮에 해당한다. 그러므로 이러한 象이 있다.'라고 했다.

上九는 붉은 누에가 마른 뽕나무에 인연했다. 그 고치는 누렇지 않다.
測에 이르기를 '마른 나무에 인연하고 누렇지 않다.'라고 한 것은 누에의 공로가 무너진 것이었다.

上九 紅蠶緣于枯桑 其繭不黃 測曰 緣枯不黃 蠶功敗也
※범망은 '누에가 처음 태어나면 털이 있고 붉는다. 그러므로 홍(紅)이라 한다.'고 했다.

왕애는 '九는 지나친 극에 있어 지위를 잃고 밤에 해당하여 다시 나아갈 바가 없다. 붉은 누에는 누에가 병든 것인데 마른 뽕나무에 인연했다면 어떻게 그 누에고치를 이루는데 말미암겠는가? 불황(不黃)은 중(中)을 사용하지 못한 것을 이른 것이다.'라고 했다.

䷂ 난(難) : 음기(陰氣)는 바야흐로 어려워졌다. 물(水)은 엉키어 땅에 빠졌다. 양(陽)은 연못에서 약했다.

䷂難[1] 陰氣方難 水凝地坏[2] 陽弱於淵
1) ䷂難(䷂난) : 괘는 삼방(三方), 삼주(三州), 삼부(三部), 일가(一家)이다. 난(難)은 양가(陽家)이고, 화(火)이며, '주역'의 건(蹇)괘에 준(準)한다.
2) 水凝地坏(수응지함) : 물이 엉키어 땅에 빠지다.
  ※ 송유간은 '음기가 지극함을 다하고 양이 밀어 다시 돌아왔다. 음이 양을 두려워하여 크게 험난한 것을 일으켰다.'고 했다.

初一은 험난한 것이 나를 어둡고 어둡게 했다.
測에 이르기를 '험난한 것이 나를 어둡고 어둡게 했다.'라고 한 것은 보이는 것이 드러나지 아니한 것이었다.

初一 難我冥冥 測曰 難我冥冥 見未形也
  ※ 험난한 것이란 막혀 눌려진 象이다. 一은 생각이 미약하고 낮에 해당한다. 재앙과 악이 드러나지 아니한 때에 막혀서 눌려졌으니 대저 무엇이 병이겠는가!

次二는 얼음이 도랑에 얼었다. 미친 말이 나무를 헤아렸다.
測에 이르기를 '미친 말이 나무를 헤아렸다.'라고 한 것은 망령되어 태어난 것이었다.

次二 凍于水瀆 狂馬揣木 測曰 狂馬揣木 妄生也
  ※ 해설이 궐(闕)했다.

次三은 중(中)이 굳고 강했다. 험난해 떳떳하지 않았다.
測에 이르기를 '중이 굳고 강했다.'라고 한 것은 마침내 기울어지지 않은 것이었다.

次三 中堅剛 難于非常 測曰 中堅剛 終莫傾也
  ※ 三은 뜻이 성취되어 낮에 해당하는데 마음이 능히 굳고 강해서 막히고 눌려 떳떳하지 않은 것이다.

次四는 알이 파손되어 돌에서 곯았다.
測에 이르기를 '알이 파손되어 곯았다.'라고 한 것은 소인이 어려워진 것이었다.

次四 卵破石殼 測曰 卵破之殼 小人難也
  ※ 왕애는 '어려운 때에 당해 지위를 잃고 밤에 해당하여 어려운 도를 알지 못했다. 이것은 알이 돌에서 파손되고자 한 것이니 그것이 곯아 문드러져 살지 못한 것은 필연이다.'라고 했다.

次五는 어려움이 틈이 없다. 비록 커도 부지런하지 않았다.
測에 이르기를 '어려움이 틈이 없다.'라고 한 것은 중(中)에 조밀해 막힌 것이었다.

次五 難無間 雖大不勤 測曰 難無間 中密塞也
  ※ 왕애는 '지위를 얻어 중(中)에 처해 난(難)의 주인이 되었다. 이는 능히 그 끝을 막아 사이가 없게 되면 재앙이나 어려움이 마음대로 들어오지 못하는 것이다. 비록 큰 어려움에 처하나 부지런히 힘을 쓰지 않고도 결국은 면한다.'고 했다.

次六은 큰 수레가 더디고 더디다. 위에서는 산에 걸렸고 아래에서는 시내에 부딪혔다.
測에 이르기를 '큰 수레가 더디고 더디다.'라고 한 것은 위와 아래를 정지시킨 것이었다.

次六 大車川川 上輆[1]于山 下觸于川 測曰 大車川川 上下軔也
1) 輆(해): 거리끼다. 곧 걸리다의 뜻.

※ 범망은 '천천(川川)은 더디고 더딘 모양이다.' 라고 했다.
왕애는 '六은 성대하게 가득한 것에 있어 지위를 잃고 밤에 해당하여 어려움을 면하는 마땅함을 얻지 못한 것이다.' 라고 했다.

次七은 돌을 뽑는 것을 어렵게 했다. 힘을 다해 당겼다.
測에 이르기를 '돌을 뽑는 것을 어렵게 했다.' 라고 한 것은 때(낮)를 탄 것이었다.

次七 拔石硈硈 力沒以引 測曰 拔石硈硈 乘時¹⁾也
1) 時(시) : 낮을 뜻한다.
※ 범망은 '돌은 어려움을 비유한 것이다. 진진(硈硈)은 어렵게 이루는 모양이다.' 라고 했다.
왕애는 '힘을 몰한다라고 하는 것은 힘을 다해 당겨서 결국 어려운 곳에서 나오는 것을 이른 것이다. 수고하여 겨우 면한 것은 지위를 얻어 낮에 해당하기 때문이다.' 라고 했다.

次八은 돌에 부딪히고 나무에 터졌다. 오직 뿔이 꺾였다.
測에 이르기를 '돌에 부딪히고 나무에 터졌다.' 라고 한 것은 다스린 바가 아니었다.

次八 觸石決木 維折角 測曰 觸石決木 非所治也
※ 왕애는 '어려운 도가 회전하여 지극해져 지위를 잃고 밤에 해당하지만 스스로 면함이 없다. 이것이 돌에 부딪히고 나무에 터져 반드시 뿔이 꺾이는 흉함을 만난 것이다.' 라고 했다.
사마광은 '난(難)을 만나서는 마땅히 이치에 따라 면해야하는데 나무, 돌과 더불어 적이 되었으니 난(難)을 다스리는 바가 아닌 것이다.' 라고 했다.

上九는 뿔이 해태(鮭鯱)인데 곧음으로써 마쳤다. 그 범함이 있었다.
測에 이르기를 '뿔이 해태였다.' 라고 한 것은 곧은 것으로써 끝마친 것이었다.

上九 角觟觿[1] 終以直 其有犯 測曰 角觟觿 終以直之也
1) 觟觿(해태) : 해치(解豸)와 같다 했다.

　※ 왕애는 '난(難)의 지극함에 처해 지위를 얻고 낮에 해당한다. 이에 곧은 것으로써 재앙을 면했다. 만약에 그 해태의 뿔을 사용해 곧았다면 이것은 끝까지 반드시 베푸는 바가 있어서 허물이나 뉘우침에 이르지 않은 것이다.' 라고 했다.
　사마광은 '해태의 뿔은 범하는 바가 반드시 곧다.' 고 했다.

▦ 근(勤) : 태음(太陰)은 얼고 닫혀 밖에서 슬퍼하고 두려워했다. 미약한 양(陽)은 어두운 곳에 이르러 안에서 힘을 썼다.

▦勤[1] 太陰凍沍難創[2] 於外 微陽邸冥篤力[3] 於內
1) ▦勤(▦근) : 괘는 삼방(三方), 삼주(三州), 삼부(三部), 이가(二家)이다. 근(勤)은 음가(陰家)이고 목(木)이며, 또한 '주역'의 건(蹇)괘에 준(準)한다.
2) 凍沍難創(동호난창) : 얼음이 얼고 닫혀 슬퍼하고 두려워한다.
3) 邸冥篤力(저명여력) : 어두운 곳에 이르러 힘쓰다.

　※ 왕애는 '음기(陰氣)가 이미 다하여 얼어 닫히고 엉키고 닫혀 밖에서 슬퍼하고 두려워한다. 양기는 오히려 미약하게 이르러 어둠 속에서 부딪혀 안에서 힘을 쓴다. 음이 다하고 양이 점점 생겨난다. 그러므로 부지런히 수고하는 象이다.' 라고 했다.

　初一은 부지런한 것을 마음에 꾀했다. 바르지 않다.
　測에 이르기를 '부지런히 꾀했다. 바르지 않다.' 라고 한 것은 중(中)이 바르지 않은 것이었다.

初一 勤謀于心 否貞 測曰 勤謀否貞 中不正也
　※ 왕애는 '근(勤)의 처음에 처하여 지위를 잃고 밤에 해당한다. 근(勤)을 그

도로써 아니한 것이었다. 비정(否貞)이란 바르지 않다는 것을 이른 것이다.' 라고 했다.

사마광은 '一은 생각의 시작이 되고 근로함도 된다. 근가(勤家)에 있어 밤에 해당한다. 그러므로 이러한 象이 있다.' 라고 했다.

次二는 수고하는 데 은혜가 있다. 부지런하여 충실하다. 군자는 중(中)에 있다.
測에 이르기를 '수고하는 데 은혜가 있다. 부지런하다.' 라고 한 것은 모든 정(情)이 있다는 것이었다.

次二 勞有恩 勤悾悾 君子有中 測曰 勞有恩勤 有諸情也
※ 왕애는 '二는 지위를 얻고 낮에 해당하는데 근(勤)의 도를 얻었다. 또 수고로워서 은혜가 있다는 것은 부지런한 것이 헛되이 베풀지 않은 것이다. 공공(悾悾)은 충실하다와 같다. 부지런하여 충실하니 그 부지런한 것에 게으르지 않은 것이다. 또 군자가 중도를 얻게 된다면 어떤 허물이나 후회가 능히 미치겠는가?' 라고 했다.

사마광은 '중(中)은 충정(衷情)이다. 二는 생각의 중(中)이 되고 낮에 해당한다. 군자는 사람에게 충성을 다하고 은혜롭고 부지런하며 지극한 정성을 충실히하여 무턱대고 밖에 두지 않는다.' 라고 했다.

次三은 기각(羈角)에 친하지 않았다. 그 울음이 고고(呱呱)했다. 안아주는 것을 얻지 못했다.
測에 이르기를 '기각에 친하지 않았다.' 라고 한 것은 명(命)을 얻지 못한 것이었다.

次三 羈角[1]之吾 其泣呱呱[2] 未得繦扶[3] 測曰 羈角之吾 不得命也
1) 羈角(기각) : 옛날 어린 아이의 머리를 좌우 양쪽으로 틀어 올리는 것. 곧 어린 시절의 뜻.
2) 呱呱(고고) : 어린 아이가 힘차게 우는 모양.
3) 繦扶(강부) : 포대기로 감싸안다. 강은 포(抱)이고 부는 지(持)의 뜻.

※ 송충(宋衷)은 '기각(羈角)은 어린 아이를 이른다.' 라고 했다.

왕애(王涯)는 '남자는 총각머리를 하고 여자는 기(羈)를 한 어린 아이의 꾸밈이다. 오(吾)란 오오연(吾吾然 : 친하지 않다)하여 돌아갈 곳이 없는 모양이다. 고고(呱呱)는 우는 소리이다. 어린아이가 친하지 않고 우는데도 어른의 감싸 안아주는 것을 얻지 못함과 같아 비록 부지런히 수고하나 원망과 고통 뿐 끝내 돌아갈 곳이 없다. 三은 노고할 때에 해당하고 지위를 잃고 밤에 해당하여 돌아갈 곳이 없는 것을 비교한 것으로 그러하다고 이른 것이다.' 라고 했다.

次四는 부지런히 힘썼다. 하인을 내치고 먹는 것을 잊었다. 대인(大人)이 이긴 것이다.
測에 이르기를 '부지런히 힘써서 먹는 것을 잊었다.' 라고 한 것은 대인(大人)의 덕이었다.

次四 勤于力 放倍[1]忘食 大人有克 測曰 勤力忘食 大人德也
1) 放倍(방배) : 모시는 이를 내쳤다. 곧 종의 일을 없앴다는 것.

※ 왕애는 '근(勤)의 도가 회전하여 왕성해지고 지위를 얻고 낮에 해당하여 그의 마땅함을 잃었다. 이는 부지런하기 어려운 때에 당하여 그 힘을 부지런히 하고 하인이 하는 일을 내쳐서 녹봉의 갚음을 잊었으니 대인의 덕이 있어야 능히 성공함에 이르는 것이다.' 라고 했다.

사마광은 '四는 하록(下祿)이 되고 낮에 해당한다. 그러므로 이러한 象이 있다.' 고 했다.

次五는 미쳐 고생을 다했다. 재앙은 가깝고 복은 멀다.
測에 이르기를 '미쳐 고생을 다했다.' 라고 한 것은 복에서 멀어진 것이었다.

次五 狂蹇蹇[1] 禍邇福遠 測曰 狂之蹇蹇 遠乎福也
1) 蹇蹇(건건) : 충성을 다하다. 애쓰는 모양.

※ 왕애는 '五는 성대한 지위에 있어 지위를 잃고 밤에 해당하는데 부지런히 하였으나 크게 그 마땅한 것을 잃었다. 그러므로 象이 미쳐 고생해도 그 복은 멀

고 재앙은 가까운 것이다.' 라고 했다.

次六은 부지런하여 성공이 있다. 하늘에 가깝다.
測에 이르기를 '부지런하여 성공이 있다.' 라고 한 것은 하늘이 가까이서 도운 바였다.

次六 勤有成功 幾于天 測曰 勤有成功 天所夾[1]輔也

1) 夾(협) : 근(近)의 뜻. 가까이에 복이 있었다는 뜻. 육적은 '협은 흡(洽)이다.' 라고 했다.

※ 왕애(王涯)는 '六은 성대한 자리에 있어 지위를 얻고 낮에 해당한다. 그러므로 부지런히 하여 성공함이 있는 것이다. 기(幾)는 가까이 하다라는 뜻이다.' 라고 했다.

次七은 수고롭게 이끌었다. 그 코가 아니라 꼬리에 했다. 피곤했다.
測에 이르기를 '수고롭게 이끌어 피곤했다.' 라고 한 것은 그 도(道)가 거역한 것이었다.

次七 勞牽 不其鼻于尾 弊 測曰 勞牽之弊 其道逆也

※ 범망은 '소를 이끄는데 그 코가 아니라 꼬리에 했다. 그러므로 수고롭고 피곤한 것이다.' 라고 했다.

사마광은 '七은 노곤이 되고 먹죽도 되며, 또 뜻을 잃은 것도 되어 밤에 해당한다. 그러므로 이러한 象이 있다.' 고 했다.

次八은 수고로움에 부끄럽고 부끄럽다. 마음이 상쾌해 나무섶을 덮고 물러나지 않다.
測에 이르기를 '수고로움에 부끄럽고 부끄럽다.' 라고 한 것은 몸을 나라에 바친 것이었다.

次八 勞踖踖 心爽蒙柴不却 測曰 勞踖踖 躬殉國也

※ 해설이 궐(闕)했다.

上九는 그 부지런하고 그 부지런했다. 수레를 안고 연못으로 들어갔다. 배를 지고 산에 올랐다.
測에 이르기를 '그 부지런하고 그 부지런했다.' 라고 한 것은 수고로움을 얻지 못한 것이었다.

上九 其勤其勤 抱車入淵 負舟上山 測曰 其勤其勤 勞不得也
※ 왕애는 '九는 지나친 극(極)의 땅에 있고 또 때를 잃어 밤에 해당하여 근(勤)이 그 도로써 하지 않는 것이다.' 라고 했다.

▓ 양(養) : 음(陰)은 들에 가득하고 양(陽)은 만물을 숨겼다. 붉어 아래에 했다.

▓養[1] 陰甹于野 陽藆萬物 赤之于下
1) ▓養(▓양) : 괘는 삼방(三方), 삼주(三州), 삼부(三部), 삼가(三家)이다. 양(養)은 양가(陽家)이고 금(金)이며, '주역'(周易)의 이(頤)괘에 준(準)한다. 九의 끝에는 천도(天度)의 기(氣)가 남아서 60분 24초가 있는 것과 같다. 기(踦)는 40분 16초에 해당하고, 영(贏)은 20분 8초에 해당한다.
※ 송충은 '성대함이 지극한 것을 붕(甹)이라고 한다. 구(藆)는 숨다. 물(物)이 처음 태어나면 그 색이 붉다. 이 때에 음기가 성해 전야에 지극하므로 양이 만물을 감추어 붉게 아래에 했다.' 고 했다.
육적은 '구(藆)는 구(漚)와 같다. 양이 만물의 뿌리를 길러 담아 이로 하여금 붉게 한다.' 라고 했다.
사마광은 '붕(甹)은 가득하다.' 라고 했다.

初一은 마음을 연못에 감췄다. 그 신령한 뿌리가 아름답다.
測에 이르기를 '마음을 연못에 감췄다.' 라고 한 것은 신(神)이 밖에 하지 않은 것이었다.

初一 藏心于淵 美厥靈根 測曰 藏心于淵 神不外也
　※ 사마광은 '一은 생각의 하(下)가 되고 신(神)이 존재해 근본을 굳게함으로써 생을 길러준다.' 라고 했다.

　次二는 잠잠한 것이 사특한 것을 길렀다. 처음부터 바르지 아니한 것을 포함했다.
　測에 이르기를 '잠잠한 것이 사특한 것을 길렀다.' 라고 한 것은 중심이 무너진 것이었다.

　次二 墨¹⁾養邪 元函匪貞 測曰 墨養邪 中心敗也
1) 墨(묵) : 묵(默)과 같다.
　※ 왕애는 '지위를 잃고 밤에 해당하며 양(養)의 마땅한 것을 잃고 묵묵히 그 사벽한 도를 길렀다.' 라고 했다.
　사마광은 '원(元)은 시(始)이다. 二는 생각의 중(中)이 되고 밤에 해당한다. 소인의 악(惡)이 비록 언행에 나타나지 않았으나 그 사특한 단서를 길러서 안으로 바르지 않은 것을 포함하여 끝까지 군자의 길로 들어가지 아니한 것이다.' 라고 했다.

　次三은 비옥한 언덕에 거름을 했다. 그 뿌리와 풀뿌리를 길렀다.
　測에 이르기를 '비옥한 언덕에 거름을 했다.' 라고 한 것은 중(中)이 빛나고 커진 것이었다.

　次三 糞以肥丘 育厥根荄 測曰 糞以肥丘 中光大也
　※ 왕애는 '지위를 얻어 낮에 해당하여 양(養)의 도를 잘 길렀다. 그러므로 象에 비옥한 언덕 위에 거름을 주어 풀과 나무의 뿌리를 길러서 그것들이 번성하고 무성한 것을 가히 서서 기다린다는 것이다.' 라고 했다.

　次四는 제비는 먹는 것을 한편에서만 했다. 그 뜻이 두리번거렸다. 가서 구매하는 것을 사용함이 이롭다.
　測에 이르기를 '제비는 먹는 것을 한편에서만 했다.' 라고 한 것은 뜻이 이로운 곳에 있는 것이었다.

　次四 燕食扁扁[1] 其志傻傻[2] 利用征賈[3] 測曰 燕食扁扁 志在賴[4]也
1) 扁扁(편편) : 한편으로만 하는 것.
2) 傻傻(확확) : 두리번 두리번하다. 矍矍과 같다.
3) 賈(고) : 사다.
4) 賴(뢰) : 이롭다의 뜻.
　※ 사마광은 '四는 하록(下祿)이 되고 밤에 해당한다. 소인이 지위를 얻어 뜻을 스스로 길러서 이로움을 구하는 데 있다. 이는 마치 제비가 나는 것이 편편연하여 사냥해 먹는 것과 같을 따름이다. 이것이 구매하는 것을 행하는 도이기도 하다.' 라고 했다.

　次五는 누런 마음이 배에 있다. 흰 뼈에 살이 돋아났다. 진실한 덕이 다시 하지 않았다.
　測에 이르기를 '누런 마음이 배에 있다.' 라고 한 것은 높은 덕은 하늘에 있는 것이었다.

　次五 黃心在腹 白骨生肉 孚德不復 測曰 黃心在腹 上德天也
　※ 송충은 '상덕(上德)은 하늘이 베푸는 것과 같은 것을 말한 것이다.' 라고 했다.
　사마광은 '황(黃)은 중(中)이다. 골(骨)은 마른 물건이다. 부(孚)는 믿음이 흡족한 것이다. 五는 복의 중(中)이 되고 낮에 해당하여 양(養)의 주체가 되어 진실로 그 중(中)을 잡아서 천하를 기르는 것이다. 비록 흰 뼈에도 살이 돋아나거늘 하물며 사람에게랴! 하물며 새와 짐승과 풀과 나무에 있어서랴! 그 덕이 하늘과 같아서 구름이 운행하고 비가 내려 사방에 흡족하므로 만물에 덕이 다시 돌아오지 않는다.' 라고 했다.

　次六은 불안하고 불안했다. 하루에 세 번 음식을 보냈다. 제사의 소를 점쳤는데 살이 쪄 이롭지 않았다.
測에 이르기를 '불안하고 불안했다. 음식을 보냈다.' 라고 한 것은 살이 쪄서 몸이 없어진 것이었다.

次六 次次 一日三饎[1] 祇牛之兆[2] 肥不利 測曰 次次之饎 肥無身也
1) 饎(희) : 음식이나 희생 따위를 보내는 일.
2) 祇牛之兆(기우지조) : 땅의 귀신에게 제사지내는 소를 점치는 것.

※ 범망은 '차차(次次)는 불안한 모양이다. 이미 점친 소가 살이 찌기를 기다려서 사용한다. 그러므로 몸이 없다.' 라고 했다.
육적(陸績)은 '六은 지나치게 가득한 곳에 있어 지위를 잃고 밤에 해당한다. 양(養)이 지나치게 과해 마땅함을 얻지 못한 것이다. 그러므로 1일에 세 번 음식을 보내 먹을 것이 풍부한 것을 상징한 것이다. 이는 마치 신기(神祇)나 교묘(郊廟)의 소가 꼴이 정상적인 것을 지나쳐 이미 교제에 점을 치는 징조에 응한 것과 같은 것이다. 그러나 몸이 더욱 살쪄서 신체에 이롭지 못한 것이다.' 라고 했다.
사마광은 '六은 상복(上福)이 되고 밤에 해당한다. 그러므로 이러한 象이 있다.' 고 했다.

次七은 소자(小子)가 코끼리를 이끌었다. 부인(婦人)은 사나운 짐승을 밧줄에 맸다. 군자는 병을 길렀다.
測에 이르기를 '코끼리를 이끌었다. 병을 길렀다.' 라고 한 것은 서로 인연하지 않은 것이었다.

次七 小子牽象 婦人徽猛[1] 君子養病 測曰 牽象養病 不相因也
1) 徽猛(휘맹) : 사나운 짐승을 밧줄에 맨 것.

※ 왕애는 七은 지나치게 가득한 땅에 있어 이치가 위험한 곳에 가깝다. 그러나 지위를 얻어 낮에 해당한다. 군자는 처(處)하면 길하고 소인과 부인은 처하면 흉하다. 만약 어린 아들이 코끼리를 이끌면 힘으로 능히 제재하여 복종시키지 못하고 위험해 반드시 쓰러지게 될 근심이 있다. 오직 군자는 때의 지극함을

알아 도로써 그의 병을 길러 이에 끝마칠 때까지 길한 것을 얻는다. 한 번 길하고 한 번 흉해 두 가지 도가 서로 반대한다. 그러므로 이르기를 서로 인연하지 않는다.'라고 했다.

사마광은 '휘(徽)는 큰 노끈을 이른다. 곧 밧줄. 맹(猛)은 사나운 짐승이다. 七은 쓰러지고 손해가 되며 재앙의 계단도 된다. 그러므로 병(病)이라고 했다. 때의 낮에 해당한다. 그러므로 군자도 된다. 양(養)이 너무 지나쳐 복이 다하고 재앙이 왔다. 소인이 힘을 헤아리지 않고 오히려 그 기르는 바를 견고하게 하고자 한다. 군자는 때를 알아 함께 없애기도 하고 만들기도 하여 마치 병을 기르는 것과 같다. 그러나 허물은 없다.'라고 했다.

次八은 가시에서 벗어나지 못했다. 독한 질병이 발생해 귀신이 무덤에 올랐다.
測에 이르기를 '가시의 질병이 발생했다. 무덤으로 돌아갔다.'라고 했다.

次八 鯁不脫 毒疾發 鬼上壟 測曰 鯁疾之發 歸于壟也
※ 八은 재앙의 중(中)이 되고 밤에도 해당한다. 소인이 굳게 길러서 중지하지 아니함이 마치 가시가 목구멍에 걸려서 능히 스스로 벗어나지 못하고 큰 재앙에 이르는 것과 같은 것이다. 이는 마치 독한 질병이 발생해 가히 약으로 구제할 수 없는 것과 같은 것이다.

上九는 별과 같고 세월과 같다. 다시 계승해 처음이다.
測에 이르기를 '별과 같고 세월과 같다.'라고 한 것은 끝마치고 처음을 기른 것이었다.

上九 星如歲如 復繼之初 測曰 星如歲如 終養始也
※ 양(養)의 上九는 수찬(首贊)의 끝에 있어 날마다 차(次)를 다하고 달마다 기(紀)를 다해 성(星:별)이 하늘을 돌고 해(歲)가 장차 다시 시작한다. 끝마침으로써 처음을 기르고 처음으로써 말(末:끝)을 이어 순환하여 끝이 없다. 이것이 천도(天道)의 무궁한 것이라고 했다.

踦[1]贊一 (기찬일) : 지극한 추위에는 적천(赤天)에 오른다. 지극한 더위에는 현천(玄泉)에 들어간다.
測에 이르기를 '지극한 추위에는 적천(赤天)에 오른다.' 라고 한 것은 음(陰)이 머리를 일으킨 것이었다.

凍登赤天[2] 晏入玄泉[3] 測曰 凍登赤天 陰作首也
1) 踦(기) : 오행(五行)의 수(水)이다. 기(踦)는 부족(不足)이다. 1년은 365일과 4분의 1이고, 현(玄)은 729찬(贊)이며 364일 반에 해당한다. 그 부족한 것의 반일(半日)이 기찬(踦贊)이 된다.
2) 赤天(적천) : 적천은 양(陽)이 왕성한 하늘.
3) 玄泉(현천) : 현천(玄泉)은 음(陰)이 왕성한 샘.
 ※ 범망(范望)은 '동(凍)은 지극한 추위이며 하늘이 지극히 높은 때이다. 안(晏)은 지극한 더위이며 샘이 지극히 깊은 때이다. 추위는 하늘 위에 있으므로 수(首)라 했다.' 라고 했다.
 사마광은 '적(赤)은 양이 성한 것이고, 현(玄)은 음이 지극한 것이다. 대저 물(物)이 지극하면 돌아가서 처음으로부터 온다. 음과 양이 상생하고, 낮과 밤이 서로 이어지고, 선과 악이 서로 기울어지고, 다스리고 어지러워지는 것이 인연하고, 얻고 잃는 것이 함께 작용하고, 길흉이 상반되는 것은 모두가 하늘과 사람에 있어서 자연스런 이치이다.' 라고 했다.

嬴[1]贊二(영찬이) : 한 번은 비고 한 번은 가득했다. 부족하고 부족한 것이 생겨난다.
測에 이르기를 '허(虛)하고 가득하며 부족하고 부족하다.' 라고 한 것은 바뀌는 것이 그치지 않는 것이었다.

一虛一嬴[2] 踦踦[3]所生 測曰 虛嬴踦踦 僵[4]無已也
1) 嬴(영) : 오행(五行)의 화(火)이며 남음이 있다. 365일 이외에 여유가 있는 것. 4분의 1일이 영찬(嬴贊)이 된다.
2) 一虛一嬴(일허일영) : 한 번은 비어지고 한 번은 가득하다. 곧 한 번은 쇠하

고 한 번은 왕성한 것.
3) 踦踦(기기) : 부족하고 부족하다의 뜻.
4) 儃(천) : 바뀌다.

※ 육적은 '음이 다하면 양이 생겨나 서로서로 대(代)를 바꿔 다함이 없다.' 라고 했다.

사마광은 '수(數)의 모자라고 가득한 것들이 비록 하늘과 땅을 능히 가지런히 하지는 못하는 것이다. 무릇 가지런하지 않는 것들은 능히 낳고 낳아서 변화가 무궁한 것이다. 이런 까닭으로 날마다 29일에는 기(踦)가 있어 옮겨서 머물고, 달의 27일에는 기(踦)가 있어 하늘에 두루 퍼진다. 그런 연후에 그믐, 초하루, 10간(十干), 십이지(十二支)를 두고 연후에야 육갑(六甲)이 있게 되는데 이것이 오래도록 유지되는 까닭이다.' 라고 했다.

원본 태현경 하
(原本 太玄經 下)

제 7권 태현경
제 8권 태현경
제 9권 태현경
제10권 태현경

urn # 제 7권 태현경
(太玄集注卷第七)

제1장 현수도서(玄首都序)

※ 바른 글이 이미 앞에 있고 서(序)는 중복해 나오지 않았다. 현(玄)은 둥근 하늘을 상징해 일음(一陰)과 일양(一陽)이 서로 배합되고 섞여서 三이 되는 것이다.

 현(玄)은 세 가지를 거느리는데 가운데 일양(一陽)으로써 한 번 거느리는 것을 타서 만물이 태어난다.

 방(方)·주(州)·부(部)·가(家)에 모두 一 二 三이 있는데 이것은 '삼위(三位)가 통해 이루어진다.'는 것이다. '이르기를 그 9×9를 펴서 수를 생한다.'라고 한 것은 아홉 번 경영해 널리 퍼져 흐르도록 해서 빈 곳이 있으면 베풀어 열어 수로써 낳고 낳는 것이 그치지 않도록 하는 것이다.

 '찬상군강(贊上群綱)'이란 수사(首辭)이다. '내종호명(乃綜乎名)'이란 현(玄)의 성(姓)을 매단 것이다.

제2장 현수(玄首)

※ 수(首)의 문(文)도 각각 경문의 아래에 흩어져 있어 중복해서 나오지 않았다. '주역'에서 괘(卦)를 나누고 달력을 운용하는데 효(爻)는 곧 1일이고 다시 60괘(六十卦)가 날마다 360을 두루 미치게 한다.

 감(坎) 이(離) 진(震) 태(兌)는 방백(方伯)으로 삼고 춘분·추분·하지·동지의 날로 용사(用事)한다. 또 봄·여름·가을·겨울에 효(爻)는 곧 일기(一氣)이고 다시 4괘(四卦) 24기(二十四氣)를 일주한다.

전(傳)에 이르기를 '갑자(甲子)괘의 기는 중부(中孚)의 6일과 80분일의 7에서 일어난다.'고 했는데 이것이 태현(太玄)의 태시(泰始)이다. 중부(中孚)는 동지의 초후(初侯)를 거느리는데 이른바 '구인(蚯蚓)이 결(結)한다.'라고 한 것이다. 중(中)의 初에서부터 주(周)의 次三에 이르면 복(復:復卦)이 받는다. 복(復)이 다음의 후(候)를 거느려 이른바 '미각해(麋角解)'라고 한다.

주(周)의 四에서 현(礥)의 六에 이르면 둔(屯:屯卦)이 받는다. 둔(屯)은 말후(末候)를 거느려서 이른바 '수천동(水泉動)'이라 한다. 현(礥)의 七에서 한(閑)의 上九에 이르면 3괘의 기가 갖추어 진다. 또 괘는 각각 남은 것이 80분일의 7이 있어 뒤섞이고 서로 꾸며서 한 해의 끝마침을 이룬다.

괘는 60으로써 태현(太玄)의 81수(八十一首)를 거느려 기(氣)와 현(玄)이 관계해 들어오는 것이 이와 같아 이로써 괘(卦)가 거듭 나오고 있다고 했다.

대개 기(氣)의 수치는 하늘과 땅 사이에 흘러서 어렵고 매어져 엉켜 풀리지 않을 때가 있다. 혹은 발휘되고 떨어지고 가는 것을 막지 못하면 괘도 또한 나타난다. 이에 거듭되어 서로 이어져서 이로써 81수(八十一首)가 종류끼리 서로 같아지는 것이다.

설명하는 자가 네 계절의 괘를 공허하게 하지 않아서 응(應)으로 이(離)에 준(準)하고, 의(疑)로써 진(震)에 준(準)하고, 침(沈)으로써 태(兌)에 준(準)하고, 근(勤)으로써 감(坎)에 준(準)했다고 한 것은 또한 역(歷)을 살피지 못한 것이다.

제3장 현측도서(玄測都序)

※ 바른문장은 이미 앞에 있다. 서(序)는 거듭 나타내지 않았다. 1일 일주(一晝), 일야(一夜)는 밤과 낮의 도에 통해 아는 자는 태양의 신명(神明)이다. 그러므로 측상(測象)으로 했다. 낮이면 '양(陽)은 오복(五福)을 미루어 종류로써 오르고 밤이면 음(陰)이 육극(六極)을 깊숙이 해 종류로써 내린다.'라고 했

다. '오르고 내리는 것이 서로 관계가 있다.'라고 한 것은 수(首)가 바르면 측(測)이 변해 통하는 것이다.

一과 六은 북쪽이 되고 二와 七은 남쪽이 되어 경(經 : 날줄)이 되고 三과 八은 동쪽이 되고 四와 九는 서쪽이 되어 위(緯 : 씨)가 된다.

중(中)인 五는 지극함이며 또한 경(經)이다. 육갑(六甲)이 그 사이에 매어 날이 거슬러 탄다. '두(斗)와 함께해 서로 만난다.'라고 한 것은 두(斗)가 따르기 때문이다. 두(斗)는 정월로써 사계절을 정하고 날마다 한 번 만나 366일에 해(歲)를 이루어 세(歲) 월(月) 일(日) 시(時)가 바뀌지 않으며 온갖 곡식이 이루어진다. 그러므로 태현(太玄)의 측(測)이 세상에 사용되면 법과 다스림이 밝게 사용되고 준걸스런 백성들이 문장을 사용하며 가정에서는 평화와 편안함을 쓰는 것이다.

제4장 현측(玄測)

※ 측(測)의 문장은 각각 흩어져 모든 찬(贊)의 아래에 있어 거듭 싣지 않는다.

제5장 현충(玄衝)

중(中)은 양(陽)의 시작이고 응(應)은 음(陰)이 태어남이다. 주(周)는 덕으로 돌아가고 영(迎)은 형벌을 거역한다. 현(礥)은 크게 슬퍼하고 우(遇)는 원하는 것이 적다. 한(閑)은 외롭고 조(竈)는 이웃이다.

소(少)는 미약하고 대(大)는 비대하다. 여(戾)는 안에서 반대하는 것이고, 확(廓)은 밖에서 어기는 것이다.

상(上)은 본바탕을 부딪히는 것이요, 문(文)은 옛 것이 많은 것이다.

(※ 옛 것이 많으면 반드시 꾸며 자세하게 이루어진다. 이로써 문(文)이다. 본바탕에 매어 이르러 곧은 것은 질(質)이 이기는 것이다.)

간(干)은 미친 것이요, 예(禮)는 모난 것이다. 저(狩)는 오는 것이요, 도(逃)는 도망하는 것이다.

선(羨)은 사사롭고 자잘한 것이요, 당(唐)은 공정하고 욕심이 없는 것이다. 차(差)는 허물이요, 상(常)은 곡식이다.

동(童)은 적게 둔 것이요, 도(度)는 다함이 없다.

증(增)은 처음부터 번창하고, 영(永)은 지극히 긴 것이다. 예(銳)는 하나를 잡은 것이요, 곤(昆)은 크게 같은 것이다. 달(達)은 날마다 그 종류가 더해지는 것이요, 감(減)은 날마다 그 무리가 덜어지는 것이다. 교(交)는 서로 따르는 것이요, 금(唫)은 통하지 않는 것이다. 연(뙷)은 두려움이 있는 것이요, 수(守)는 가히 공격하지 않는 것이다. 혜(徯)는 나가는 것이요, 흡(翕)은 들어가는 것이다. 종(從)은 흩어진 것이요, 취(聚)는 집합하는 것이다. 진(進)은 계략이 많은 것이요, 적(積)은 재물이 많은 것이다.

석(釋)은 추진하는 것이요, 식(飾)은 쇠약함이다.

격(格)은 옳은 것을 좋아하는 것이요, 의(疑)는 나쁜 것을 미워하는 것이다.

이(夷)는 평평함이요, 시(視)는 기울어지는 것이다.

낙(樂)은 위로 들추는 것이요, 침(沈)은 아래로 감추는 것이다. 쟁(爭)은 선비가 가지런한 것이요, 내(內)는 여자가 사모하는 것이다.

무(務)는 기뻐하는 것이요, 거(去)는 슬퍼함이다. 사(事)는 오히려 일어나는 것이요, 회(晦)는 오히려 쉬는 것이다. 경(更)은 변해 함께 웃는 것이요, 몽(瞢)은 오래도록 더욱 근심하는 것이다. 단(斷)은 일이 많은 것이요, 궁(窮)은 기쁜 것이 없는 것이다.

의(毅)는 과감함이요, 할(割)은 고달픈 것이다. 장(裝)은 고향에서 이사한 것이요, 지(止)는 행하지 아니한 것이다. 중(衆)은 따뜻하고 부드러운 것이요, 견(堅)은 차갑고 강한 것이다.

밀(密)은 가히 사이가 없는 것이요, 성(成)은 가히 바꾸지 않는 것이다.

친(親)은 선에 친한 것이요, 질(闃)은 은혜가 막힌 것이다. 렴(斂)은 얻는 것이요, 실(失)은 복을 잃은 것이다. 강(彊)은 선하고 게으르지 않은 것이요, 극(劇)은 악하고 쉬지 않는 것이다. 수(晬)는 군주의 도(道)이요, 순(馴)은 신하를 보호함이다. 성(盛)은 씩씩함이요, 장(將)은 늙은 것이다.

거(居)는 지위를 얻은 것이요, 난(難)은 굴함을 만난 것이다.

법(法)은 천하와 더불어 함께하는 것을 바꾼 것이요, 근(勤)은 고통스럽고 공로가 없는 것이다.

양(養)은 모든 남은 것을 받아, 군자는 길한 것을 기르고 소인은 흉한 것을 기른다.

中則陽始 應則陰生 周復乎德 迎逆乎刑 礥大戚 遇小願 閑孤 而竈隣
少微也[1] 大肥也 戾內反 廓外違也
上觸素 文多故
干狂也 禮方也 狩則來 而逃則亡也
羨私曲 唐公而無欲 差過也 而常穀
童寡有[2] 而度無乏[3]
增始昌 而永極長 銳執一 而昆大同 達日益其類 減日損其彙 交相從也 唫不通也 覤有畏 守不可攻也 徯也出 翕也入 從散也 而聚集也 進多謀 積多財
釋推也 飾衰也
格好也是 而疑惡也非
夷平 而視傾
樂上揚 沈下藏 爭士齊[4]也 內女懷也
務則喜 而去則悲 事尙作 晦尙休 更變而共笑 䁆久而益憂 斷多事 窮無喜
毅敢 而割儢 裝徙鄕 止不行 衆溫柔 堅寒剛
密不可間 成不可更

親親乎善 闓闓乎恩 斂也得 失亡福 彊善不倦 劇惡不息 睟君道也 馴臣保也 盛壯 而將老也

居得乎位 難遇乎詘

法易與天下同也 勤苦而無功也

養受群餘 君子養吉 小人養凶也

1) 也(야) : 제가(諸家)본(本)에는 야(也)자가 없다.
2) 寡有(과유) : 오로지 둔 것이 적다라는 뜻이라고 했다.
3) 無乏(무핍) : 절(節)이라 했다. 절제하다.
4) 士齊(사제) : 공적인 것이 지극하다의 뜻.

제6장 현착(玄錯)

중(中)은 시작이고 주(周)는 도는 것이다. 선(羨)은 세세한 것이고 의(毅)는 단서이다. 수(睟)와 문(文)은 도(道)이니 혹은 순박하고 혹은 얼룩진 것이다.

강(彊)은 건강한 것이고 혜(傒)는 약한 것이다. 적(積)은 많은 것이고 소(少)는 약소한 것이다. 시(視)는 보는 것이요, 회(晦)는 흐린 것이다. 동(童)은 아는 것이 없는 것이요, 성(盛)은 남은 것이 있는 것이다. 거(去)는 옛날에 떠난 것이요, 장(將)은 처음 오는 것이다.

대(大)는 밖이요, 흡(翕)은 안이다. 저(𫝼)는 나아가는 것이요, 연(𢇴)은 물러나는 것이다. 낙(樂)은 성품이 흐리멍덩한 것이요, 근(勤)은 하는 것에 어려움이 있는 것이다. 달(達)은 생각이 통하는 것이요, 궁(窮)은 사물의 이치를 파고 들어가는 것이다. 간(干)은 아침에 있는 것이요, 내(內)는 저녁에 있는 것이다.

차(差)는 스스로 미워하는 것이요, 식(飾)은 스스로 좋아하는 것이다.

격(格)은 용납하지 않는 것이요, 곤(昆)은 너그럽고 부드러운 것이다. 증(增)은 날마다 더하는 것이요, 감(減)은 날마다 더는 것이다. 순(馴)은 명령을 받드는 것이요, 려(戾)는 서로 반대하는 것이다. 석(釋)은 부드러운 것이요, 견(堅)은 굳센 가죽신이다.

이(夷)는 평이한 것이요, 난(難)은 오르락내리락 하는 모양이다. 단(斷)은 터진 것이 많은 것이요, 의(疑)는 할까 말까 주저하는 모양이다. 도(逃)는 피함이 있는 것이요, 쟁(爭)은 나아감이 있는 것이다. 진(進)은 멀리하고자 하는 것이요, 지(止)는 의심하고자 하는 것이다.

확(廓)은 모난 것이 없는 것이요, 무(務)는 둘이 없는 것이다. 응(應)은 지금이요, 도(度)는 옛날이다.

영(迎)은 앞을 아는 것이요, 영(永)은 뒤를 보는 것이다. 종(從)은 이끄는 것이요, 수(守)는 굳은 것이다. 현(礥)은 뽑기가 어려운 것이요, 극(劇)은 놓아둠이 없는 것이다.

당(唐)은 넓고 넓은 것이요, 한(閑)은 묻어 막힌 것이다. 경(更)은 새로 만든 것이요, 상(常)은 옛 것을 따른 것이다. 실(失)은 크게 잃은 것이요, 렴(斂)은 적게 얻은 것이다. 조(竈)는 이로운 것을 좋아함이고, 법(法)은 새기는 것을 싫어하는 것이다. 예(禮)는 도회지이고, 거(居)는 사는 집이다.

취(聚)는 일이 헛된 것이요, 중(衆)은 일이 진실한 것이다.

질(鬩)은 모두가 둘로 합한 것이요, 밀(密)은 하나를 써서 성취한 것이다.

상(上)은 뜻이 높은 것이요, 침(沈)은 뜻이 낮은 것이다. 교(交)는 벗이 많은 것이요, 금(唫)은 함께함이 적은 것이다. 예(銳)는 새기고 새기는 것이요, 몽(瞢)은 깎는 것을 머뭇거리는 것이다.

친(親)은 성긴 것이 붙는 것이요, 할(割)은 피를 범하는 것이다. 우(遇)는 어려움을 만난 것이요, 장(裝)은 때를 엿보는 것이다. 사(事)는 스스로 다하는 것이요, 양(養)은 스스로 불어나는 것이다.

성(成)은 공로가 나아가서 가히 바뀌지 않는 것이다.

中始 周旋[1] 羨曲 毅端[2] 睟文[3]之道 或淳或斑

彊也健 徯也弱 積也多 而少也約 視也見 晦也瞀 童無知 而盛有餘 去離故 而將來初

大也外 而翕也內 竚也進 耎也退 樂佚逷[4] 勤蹶蹶[5] 達思通 窮思索 干在朝 而內在夕

差自憎 飾自好

格不容 而昆寬裕 增日益 而減日損 馴奉今 而戾相反 釋也柔 而堅也鞅[6]

夷平易 而難頡頏 斷多決 而疑猶與 逃有避 爭有趣 進欲迃[7] 止欲鷙

廓無方 務無二[8] 應也今 而度也古

迎知前 永見後 從也牽 守也固 礦拔難 劇無赦

唐蕩蕩 而閑癃塞 更造新 常因故 失大亡 斂小得 寵好利 法惡刻 禮也都 而居也室

聚事虛 衆事實

閟也皆合二 而密也成用一

上志高 沈志下 交多友 啥少與 銳鏪鏪[9] 曹劗跙[10]

親附疏 割犯血 遇逢難 裝候時 事自竭 養自玆[11]

成者功就不可易也

1) 中始周旋(중시주선) : 중(中)은 시작이요, 주(周)는 돌다이며 도덕(道德)의 뜻이다.
2) 羨曲毅端(선곡의단) : 시물(時物)이다. 곧 선곡은 주선한 운(運)에 미혹된 것이다. 의단은 중시(中始)의 법칙을 지키는 것이다.
3) 睟文(수문) : 수와 문. 단(端)이 수(睟)를 생하고 곡(曲)이 문(文)을 생한다.
4) 佚逷(일탕) : 일탕(迭蕩)과 같다. 하는 것이 적당하지 않다.
5) 蹶蹶(궐궐) : 하는 것에 어려움이 있는 것이다.
6) 鞅(앙) : 굳센 신발과 같은 뜻. 곧 가죽신의 굳셈과 같다는 것.
7) 迃(우) : 나아가 행하고자 하다. 곧 멀리하고자 하다.
8) 二(이) : 사람의 무리.

9) 鐁鐁(참참) : 새기고 새기다.
10) 劗趄(전저) : 행하는 데 나아가지 못하다.
11) 玆(자) : 불어나다.

제7장 현리(玄攡)

　현(玄)이란 그윽하게 온갖 종류를 베풀되 형(形)을 나타내지 않는다. 허무한 것을 도와 만들어 규(規)를 낳고 신명(神明)과 관계해 모방하는 것을 정한다. 옛날과 현재를 함께 통해 종류를 열어 음과 양을 베풀어 놓아 기(氣)를 피어나게 한다. 한 번은 분리되고 한 번은 합해 하늘과 땅이 갖추어졌다. 하늘의 태양이 돌아서 행하면 강(剛: 굳센 것)과 유(柔: 부드러운 것)가 접한다. 그곳으로 되돌아오면 끝마침과 시작이 정해진다. 한 번 태어나고 한 번은 죽어서 성명(性命)이 빛난다.
　우러러서 상(象)을 관찰하고 엎드려서 정(情)을 살피며 성(性)을 살피고 명(命)을 알아 처음에서 근본하고 끝마침을 본다. 삼의(三儀)가 등급을 함께하고 두텁고 박한 것이 서로 깎는다. 둥글면 위태하고 모나면 인색(吝嗇)하다. 숨을 내쉬면 유동체(流動體)가 되고, 입을 다물면 형체가 의심스럽다. 이런 까닭으로 합천(闔天)을 우(宇)라고 이르고 벽우(闢宇)를 주(宙)라고 이른다.
　해와 달이 왕래하며 한 번은 춥고 한 번은 덥다. 율(律)은 물을 성취시키고 역(曆)은 때를 엮는다. 율력(律曆)이 사귀는 길에서 성인(聖人)이 계획한다. 낮을 좋아하고 밤(夜)은 추(醜)하게 여긴다. 한 번의 낮과 한 번의 밤으로 음과 양이 나누어진다. 밤의 도(道)는 음(陰)에서 다하고 낮의 도는 양(陽)에서 다한다. 수컷과 암컷의 무리가 바르게 되어 길하고 흉한 것을 베푼다. 이에 군주와 신하와 아버지와 아들과 지아비와 지어미의 도(道)가 분별되었다. 이런 까닭으로 태양이 움직여 동쪽에 하고 하늘이 움직여 서쪽에 해 하늘과 태양이 번갈아 행해 음과 양이 다시 순행한다. 죽고 사는 것이 서로 매이고 만물이 이에 얽히는 것이다. 그러므로 현(玄)이 천하의 합한 것을 취해 찾아서 운항하는 것이다. 계승하는 것은 그 종류로써 하고 점치는 것은 그 대쪽으로써 해 천하의 어리석은 것을 깨우치고 캄캄한 것을 빛나게 하는 것은 그 오직 현(玄)이다! 대저 현(玄)은 그 지위도 어둡고 그 본바탕도 어두우며 그 언덕은 깊고 그 뿌리는 멀며 그의 공로는 물리쳐서 그렇게 만드는 바가 그윽한 것이다. 그러므로 현(玄)은 탁연(卓然)하여 사람에게 보여주는 것이 멀고, 광연(曠然)하여 사람에게 넓히는 것이 크며, 연연(淵然)하여 사람을 당기는 것이 깊고 묘연(渺然)해서 사람을 끊는 것이 요원하다. 잠잠하여 갖추는 것은 현(玄)이요, 떨쳐서 흩어지게 하는 자는 사람이다. 그 문을 헤아리고 그 호(戶)를 열고 그 열쇠를 두드린 연후에 이에 응하는데 하물며 그것이 아닌 것에랴!

사람이 좋아하는데도 부족한 것은 선(善)이요, 사람이 추하게 여기는데 여유가 있는 것은 악(惡)이다. 군자(君子)는 날마다 그 부족한 것을 강하게 하고 그 여유 있는 것을 덜어내면 현(玄)의 도(道)에 가까워진다. 우러러보면 위에 있고 엎드려 엿보면 아래에 있고 발돋움해 바라보면 앞에 있고 버리고 잊으면 뒤에 있고 어기고자 하면 능하지 못하고 짐작하면 그 곳을 얻는 것은 현(玄 : 하늘)이다.

玄者 幽攤萬類而不見形者也 資陶虛無而生乎規 攔神明而定摹 通同古今以開類 攤措陰陽而發氣 一判一合 天地備矣 天日回行 剛柔接矣 還復其所 終始定矣 一生一死 性命瑩矣

仰以觀乎象 俯以視乎情 察性知命 原始見終 三儀同科 厚薄相劘 圓則杌桅[1] 方則嗇吝 噓則流體 唫則疑形 是故闔天謂之宇 闢宇謂之宙

日月往來 一寒一暑 律則成物 曆則編時 律曆交道 聖人以謀 晝以好之 夜以醜之 一晝一夜 陰陽分索 夜道極陰 晝道極陽 牝牡群貞

以攡吉凶 而君臣父子夫婦之道辨矣 是故日動而東 天動而西 天日錯行 陰陽更巡 死生相樛 萬物乃纏 故玄聘取天下之合而連[2]之者也 綴之以其類 占之以其觚 曉天下之瞶瞶[3] 瑩天下之晦晦[4]者 其唯玄乎 夫玄晦其位而冥其畛 深其阜而眇其根 攘其功而幽其所以然也 故玄卓然示人遠矣 曠然廓人大矣 淵然引人深矣 渺然絶人眇矣 嘿而該之者玄也 擇而散之者人也 稽其門 闢其戶 叩其鍵 然後乃應 況其否者乎

人之所好而不足者 善也 人之所醜而有餘者 惡也 君子日彊其所不足 而拂其所有餘 則玄之道幾矣 仰而視之在乎上 俯而窺之在乎下 企而望之在乎前 棄而忘之在乎後 欲違則不能 默而得其所者 玄也

1) 杌桲(올얼): 위태하다.
2) 連(연): 운(運)의 잘못이다.
3) 瞶瞶(외외): 무지함.
4) 晦晦(무무): 캄캄하다. 희미하다.

그러므로 현(玄)이란 쓰임의 지극함이다. 보고 아는 자는 지혜롭다. 보고 사랑하는 자는 인(仁)이다. 단절해 결정하는 자는 용(勇)이다. 제제함을 겸해 널리 쓰는 자는 공(公)이다. 능히 물(物)과 짝하는 자는 통(通)이다. 얽매어 거리낌이 없는 자는 성(聖)이다. 때와 때가 아닌 것은 명(命)이다. 형체가 비어서 만물이 이르는 바를 도(道)라고 이른다. 인연해 따라 고치는 것이 없고 천하의 이치를 얻어가는 것을 덕(德)이라고 이른다.

이치가 무리에게 섞여 나와 겸해 사랑하는 것을 인(仁)이라고 이른다. 짝에 반열해 법도에 맞는 것을 의(義)라고 이른다. 도덕과 인의를 쥐고 베푸는 것을 업(業)이라고 이른다. 하늘의 공로를 빛내고 만물을 밝게 하는 것을 양(陽)이라 이른다. 그윽해 형상이 없고 깊어서 측량하지 못하는 것을 음(陰)이라 이른다.

양(陽)은 양을 알고 음을 알지 못하며, 음(陰)은 음만을 알고 양을 알지 못한다. 음과 양을 알고, 머무는 것과 행하는 것을 알고, 어둠과 밝은 것을 아는 자는 오직 현(玄)뿐이다!

　매달려 있는 것은 저울추요, 평평한 것은 저울대이다. 탁한 것은 맑은 것을 부리고 험난한 것은 평평한 것을 부린다. 정(情)에서 떠난 자는 반드시 거짓이 나타난다. 거짓을 떠난 자는 반드시 정(情)에 나타난다. 정(情)과 거짓이 서로 움직여서 군자와 소인의 도(道)가 분명히 나타난다.

　현(玄)이란 저울대로써 헤아린다. 높은 것은 낮게 하고 낮은 것은 들어주고 넉넉한 것은 취하고 비어 있는 것은 함께하고 밝은 것은 정해주고 의심나는 것은 끌어준다.

　규(規: 그림쇠)라는 것은 생각함이다. 서 있는 자는 일하는 것이다. 말하는 자는 변명하는 것이다. 성취한 자는 믿는 것이다.

　대저 하늘은 넓은 듯해 사람에게 보이는 것이 신비스럽다. 대저 땅은 다른 듯해 사람에게 보이는 것이 밝다. 하늘은 높은 지위를 달리해 신명과 기(氣)를 통한다.

　一 二 三이 있어 지위가 각각 무리를 다르게 해 구구(九區: 九方)를 돌아 행하면서 끝과 시작이 계속 이어지고 위아래에 모퉁이가 없다. 용이나 호랑이의 문채를 살피고 새와 거북의 이치를 관찰한다. 모든 정치를 운용해 태시(泰始)에 매어서 지극한 선기(璇璣: 혼천의)의 통제를 통하게 하고 옥형(玉衡)의 평평함을 바르게 한다. 둥글고 모난 것이 서로 연마하고 굳세고 부드러운 것이 서로 간섭한다. 왕성하면 쇠약함으로 들어가고, 다하면 다시 태어난다. 실(實)함이 있으면 허(虛)함이 있고, 흐르며 멈추는 것에 떳떳함이 없다.

　故玄者用之至也 見而知之者 智也 視而愛之者 仁也 斷而決之者 勇也 兼制而博用者 公也 能以偶物者 通也 無所繫軛者 聖也 時與不時者 命也 虛形萬物所道之謂道也 因循無革 天下之理得之謂德也 理生昆[1]群兼愛之謂仁也 列敵度宜之謂義也 秉道德仁義而施之之謂業也 瑩天功 明萬物之謂陽也 幽無形 深不測之謂陰也 陽知陽而

不知陰 陰知陰而不知陽 知陰知陽 知止知行 知晦知明者 其唯玄乎 縣之者權也 平之者衡也 濁者使淸 險者使平 離乎情者 必著乎僞 離乎僞者 必著乎情 情僞相盪 而君子小人之道較然[2]見矣 玄者 以衡量者也 高者下之 卑者擧之 饒者取之 罄者與之 明者定之 疑者提之 規之者思也 立之者事也 說之者辯也 成之者信也

夫天宙然[3]示人神矣 夫地他然[4]示人明矣 天他奠位 神明通氣 有一 有二 有三 位各殊輩 回行九區 終始連屬 上下無隅 察龍虎之文 觀鳥龜之理 運諸棐政 繫之泰始 極焉以通璇璣[5]之統 正玉衡[6]之平 圜方之相研 剛柔之相干 盛則入衰 窮則更生 有實有虛 流止無常

1) 昆(혼): 혼(混)과 같다.
2) 較然(각연): 분명한 모양.
3) 宙然(주연): 넓은 모양.
4) 他然(타연): 다른 듯 하다.
5) 璇璣(선기): 혼천의(渾天儀)
6) 玉衡(옥형): 저울대. 곧 북두칠성의 다섯 번째 별에서 여섯 번째의 별. 저울대와 같다.

 대저 하늘과 땅이 베풀어졌으므로 귀하고 천한 것이 차례 했다. 사계절이 운행되므로 아버지와 아들이 계승했다. 율(律)과 역(曆)이 베풀어지므로 군주와 신하가 다스려졌다. 떳떳한 것과 변화하는 것이 섞이므로 온갖 일들이 분석되었다. 바탕과 문채가 형상하므로 있고 없는 것이 밝혀졌다. 길하고 흉한 것이 보이므로 선하고 그렇지 아니한 것이 나타났다. 허하고 실한 것이 움직이므로 만물이 묶여졌다.
 양이 다하지 않으면 음이 싹트지 않고, 음이 다하지 않으면 양이 발아하지 않는다. 추운 것이 지극하면 더위가 생겨나고 더위가 지극하면 추위가 생겨난다. 도를 펴면 굽힘이 이루어지고 도를 굽히면 펴는 것이 이루어진다.
 그것이 움직이면 날마다 없던 것이 만들어지고 그 새로운 것을 좋아했다. 그것이 고요해지면 날마다 그 하는 바가 덜어지고 성취된 바도 덜어졌다. 그러므로 미루어서 새겼고 참여함을 그림자로써 했다. 그 차례를 반복하고 도를 돌고 돌았다. 보이고 보이지 않는 형상과 뽑되 뽑히지 않는 단서로써 온갖 종류와 함께 서로 연결했다.

그 위는 하늘에 매달았고 아래는 연못에 빠졌으며 가는 것은 더러운 곳에 들어갔고 넓은 것은 경계를 쌓았다. 그 도는 어두운 곳에서 놀아 차면 누르고, 존재하면 존재하고, 없으면 없는 것이며 미묘하면 미묘하고, 빛나면 빛나고, 처음은 처음이며 끝마침은 끝마침이었다.

현(玄)을 가까이 하는 자는 현도 또한 가까이 하고, 현(玄)을 멀리하는 자는 현도 또한 멀리했다.

비유컨대 하늘 같은 것은 창창연(蒼蒼然)하여 동면·서면과 남면·북면에 있고, 우러르면 있지 아니함이 없으며 그 엎드림에 이르면 보이지 않는 것과 같다. 하늘이 어찌 사람을 버리겠는가? 사람이 스스로 버리는 것이다!

동지에서 야반(夜半) 이후에 이르는 것은 현(玄)의 상(象)에 가까운 것이다. 나아가서 다하지 못하고 가서 이르지 못하며 허해 가득하지 못하므로 현(玄)에 가깝다고 이른다.

하지(夏至)에서 일중(日中) 이후에 이르는 것은 현(玄)의 상(象)이 먼 것이다. 나아감이 지극해 물러나고 가는 것이 궁해 돌아오며 이미 가득해 덜어진 것이므로 현(玄)에서 멀다고 이른다.

태양이 한 번 남쪽으로 하면 만물이 죽게 되고, 태양이 한 번 북쪽으로 하면 만물이 태어난다.

두(斗)성이 한 번 북쪽으로 하면 만물이 허(虛)하고, 두성이 한 번 남쪽으로 하면 만물이 가득하다. 태양은 남쪽에서 오른쪽으로 행해 왼쪽으로 돌아온다. 두성(斗星)은 남쪽에서 왼쪽으로 행해 오른쪽으로 돌아온다. 혹은 왼쪽에서 하거나 오른쪽에서하고, 혹은 죽게 되고 혹은 태어나게 된다. 신령(神靈)이 함께 꾀하고 하늘과 땅이 이에 아우르며 하늘은 신비하고 땅은 신령스럽다.

夫天地設 故貴賤序 四時行 故父子繼 律曆陳 故君臣理 常變錯 故百事析 質文形 故有無明 吉凶見 故善否著 虛實盪 故萬物纏 陽不極 則陰不萌 陰不極 則陽不牙 極寒生熱 極熱生寒 信道致詘 詘道致信 其動也 日造其所無 而好其所新 其靜也 日減其所爲 而損其所成 故推之以刻 參之以晷 反覆其序 軫轉其道也 以見不見之形 抽不抽之緒 與萬類相連也 其上也縣天 下也淪淵 纖也入薉[1] 廣也包軫[2] 其道游冥而挹盈 存存而亡亡 微微而章章 始始而終終 近玄者玄亦近之 遠玄者玄亦遠之 譬若天 蒼蒼然[3]在於東面南面西面北面 仰而無不在焉 及其俛則不見也 天豈去人哉 人自去也 冬至及夜半以後者 近玄之象也 進而未極 往而未至 虛而未滿 故謂之近玄 夏至及日中以後者 遠玄之象也 進極而退 往窮而還 已滿而損 故謂之遠玄 日一南而萬物死 日一北而萬物生 斗一北而萬物虛 斗一南而萬物盈 日之南也 右行而左還 斗之南也 左行而右還 或左或右 或死或生 神靈合謀 天地乃幷 天神而地靈

1) 薉(예)：예(穢)와 같다.
2) 軫(진)：경계의 뜻. 한계.
3) 蒼蒼然(창창연)：맑고 맑은 모양.

제8장 현영(玄瑩)

하늘과 땅이 개벽(開闢)하고 우주는 넓어 평탄하다. 하늘의 근원은 얼마 안 되고 해와 달은 수의 실마리이다. 두루 운행하고 역(曆)을 거느려 모든 차례로 백성들을 가지런히 한다.

혹은 합하기도 하고 떠나기도 하며, 혹은 가득하기도 하고 부족하기도 하다. 그러므로 '아름답다. 하늘과 땅이여! 먹이고 담아주고 열어주고 변화시키는 데 있어 현(玄)보다 큰 것이 없다.' 라고 했다. 끝마치고 시작하며 어둡고 밝은 것이 신령들을 나타내고 길러준다. 대양(大陽)은 음을 타고 만물을 갖추어 겸한다. 구허(九虛)를 주류해 재앙과 복에 걸려서 늘어선다.

무릇 12가 시작되면 모든 차례가 실마리를 빼게 되므로 一二三이 있고 걸리고 늘어서서 현(玄)의 술(術)이 빛난다. 큰 것은 오행(五行)에 근본하고 구위(九位)가 거듭 베풀어져서 상과 하가 서로 말미암고 추(醜)한 것이 그 속에 있어서 현(玄)의 술(術)이 빛난다.

하늘은 둥글고 땅은 모나 극(極)을 중앙에 심어서 움직이는데 고요한 것을 어지럽게 해 때에 12를 타 칠정(七政)을 세움으로써 현(玄)의 술(術)이 빛난다.

두(斗: 두성)가 하늘을 떨쳐 나아가고 태양이 하늘을 거슬러 물러나 혹은 떨치고 혹은 어겨서 오기(五紀)를 세워 현(玄)의 술이 빛난다.

표식을 세우고 그림자를 베풀며 물시계를 옮기고 시각을 거느려 어둡고 밝은 것에 중(中)을 고찰해 일어나는 것을 경계해 현(玄)의 술이 빛난다.

맑은 대나무로 피리를 만들고 집의 재로 계절을 삼아 온갖 법을 헤아리며 온갖 법도가 베풀어지면 백성들을 구제하는 것들이 어긋나지 않게 되어 현(玄)의 술이 빛난다.

동쪽과 서쪽으로 위(緯)를 삼고 남쪽과 북쪽으로 경(經: 날줄)을 삼아서 경위(經緯)가 서로 섞여 사특함과 바른 것이 나누어지고, 길하고 흉한 것들이 형상해 현(玄)의 술이 빛난다.

우물은 담박한 물을 파고 불로 우거진 나무를 뚫고 금을 녹이고 질그릇을 굽는 흙으로 다섯 가지 아름다운 것을 조화시켜 다섯 가지 아름다운 재질로 온갖 몸체를 바탕으로 삼아야 현(玄)의 술이 빛난다.

기(奇)는 양(陽)의 수로써 하고 우(耦)는 음의 수로써 해 기(奇)와 우(耦)가 미루어 연역하면서 천하를 계산해야 현(玄)의 술이 빛난다.

육시(六始)로써 율(律)을 삼고 육간(六間)으로써 여(呂)를 삼아 율(律)과 여(呂)가 협조하고 12율려가 조화되어 일진(日辰)이 수로써 해 현(玄)의 술(術)이 빛난다.

　방(方) 주(州) 부(部) 가(家)의 81곳이 하(下)와 중(中)과 상(上)을 그어서 사해(四海: 천하)에 표해야 현(玄)의 술이 빛난다.

　한 군주와 삼공(三公)·구경(九卿)·27대부(二十七大夫)·81 원사(八十一元士)가 적은 것으로 많은 것을 다스리고, 없는 것으로 있는 것을 다스려서야 현(玄)의 술이 빛난다.

　天地開闢[1] 宇宙拓坦[2] 天元呎步[3] 日月紀數 周運曆統 群倫品庶 或合或離 或贏或跢 故曰假哉天地 啗函啓化 罔袞於玄 終始幽明 表贊神靈 大陽乘陰 萬物該秉 周流九虛 而禍福絓羅 凡十有二始 群倫抽緒 故有一二三 以絓以羅 玄術瑩之 鴻本五行 九位重施 上下相因 醜在其中 玄術瑩之 天圜地方 極殖中央 動以歷靜[4] 時乘十二 以建七政[5] 玄術瑩之 斗振天而進 日違天而退 或振或違 以立五紀[6] 玄術瑩之 植表施景 揄漏率刻 昏明考中 作者以戒 玄術瑩之 泠竹爲管 室灰爲候 以揆百度 百度旣設 濟民不誤 玄術瑩之 東西爲緯 南北爲經 經緯交錯 邪正以分 吉凶以形 玄術瑩之 鑿井澹水 鑽火難木 流金陶土 以和五美[7] 五美之資 以資百體 玄術瑩之 奇以數陽 耦以數陰 奇耦推演 以計天下 玄術瑩之 六始[8]爲律 六間[9]爲呂 律呂旣協 十二以調 日辰以數 玄術瑩之 方州部家 八十一所 晝下中上 以表四海 玄術瑩之 一辟[10] 三公[11]九卿[12] 二十七大夫[13] 八十一元士[14] 少則制衆 無則治有 玄術瑩之

1) 開闢(개벽): 처음으로 하늘과 땅이 열리다의 뜻.
2) 拓坦(척탄): 넓고 평탄하다.
3) 呎步(지보): 얼마 안 되는 거리.
4) 歷靜(역정): 고요한 것을 어지럽히다.
5) 七政(칠정): 해·달과 화(火)·수(水)·목(木)·금(金)·토(土)의 다섯 별들이 운행의 절도가 있어서 국가의 정사와 같은 것을 뜻한다.
6) 五紀(오기): 세(歲)·월(月)·일(日)·성신(星辰)·역수(曆數)의 총칭.

7) 五美(오미) : 여기서의 오미는 다섯 가지 맛.
8) 六始(육시) : 여섯 가지 양률(陽律).
9) 六間(육간) : 여섯 가지 음여(陰呂).
10) 一辟(일벽) : 한 사람의 군주. 곧 천자.
11) 三公(삼공) : 삼정승.
12) 九卿(구경) : 아홉 사람의 경. 주례에 직제가 있다.
13) 二十七大夫(이십칠대부) : 27명의 대부(大夫).
14) 八十一元士(팔십일원사) : 81명의 대부 밑의 직책. 당시에는 81원사이다.

 옛날에는 천둥치지 않으면 생각하지 않고, 사려(思慮)를 게을리 해 점대의 점이나 거북점도 치지 않으며 길하고 흉한 것을 서로 업신여겼다. 이에 성인(聖人)이 시초점과 거북점을 만들어 정(精)을 뚫고 신(神)에 의지해 복과 재앙을 끼워 알리게 해 현(玄)의 술(術)이 빛났다.
 이런 까닭으로 알고자 하는 것을 알지 못하면 괘(卦)의 조짐으로 헤아렸다. 깊이를 측량하고 먼 곳을 본받으려면 사려(思慮)로써 찾았다. 두 가지는 정밀한 것을 세운 것이다!
 대저 정밀한 것을 거북점이나 점대로써 해 귀신이 그 변화에 움직이면 정(精)으로써 사려(思慮)해 꾀하는 것이 그 적당함에 합했다.
 정(精)은 바른 것을 세워서 능히 넘어지지 않는다. 정(精)은 지키는 것이 있어서 능히 빼앗기지 않는다. 그러므로 천하에 널리 퍼져있는 것들을 뽑아 천하의 흐름에 흩어지도록 하니 정(精)이 아니면 그 누가 능히 할 것인가?
 대저 일으킨 자는 그 따르는 것이 있는 것을 귀하게 여겨 자연에 체험한 것이다. 따르는 바가 크면 그 몸체(體)도 씩씩하다. 따르는 바가 작으면 그 몸체는 야위었다. 따르는 바가 곧으면 그 몸체는 흐릿하다. 따르는 바가 세세하면 그 몸체는 흩어진다. 그러므로 둔 바를 버리지 않고 없는 것을 강제로 하지 않는다.

몸에 비유해 보태면 사마귀가 되고 자르면 이그러진다. 그러므로 본바탕인 줄기가 자연에 있는 것이다. 곱게 꾸미는 것은 인사(人事)에 있다. 가히 덜고 보탤 것이 있겠는가?

대저 一에 一은 처음을 모방해 깊게 헤아린 것이며 三에 三은 끝을 다해 높은 것을 다한 것이고 二의 二는 일에 참여해 중(中)을 구한 것이며 인도(人道)를 상(象)한 것이다.

그 일에 힘쓰고 그 말에 힘쓰지 않으며, 그 변화를 많이 하고 그 문(文)에 많이 하지 않았다. 간략하지 않으면 그 뜻이 자세하지 않고, 구하지 않으면 그 응하는 것이 넓지 않으며, 희미하지 않으면 그 일은 흩어지지 않고, 잠기지 않으면 그 뜻은 보이지 않는다.

이런 까닭으로 문(文 : 글)은 바탕으로써 나타내며 사(辭 : 말)는 정(情)에서 보고 그 베푸는 말을 살피면 그 마음의 하고자 하는 바를 보는 것이다.

古者不霆不虞 慢其思慮 匪筮匪卜 吉凶交瀆 於是聖人乃作蓍龜[1] 鑽精倚神 箝知休咎[2] 玄術瑩之 是故欲知不可知 則擬之以乎卦兆 測深摹遠 則索之以乎思慮 二者其以精立乎 夫精以卜筮 神動其變 精以思慮 謀合其適 精以立正 莫之能仆 精以有守 莫之能奪 故夫抽天下之蔓蔓[3] 散天下之混混[4]者 非精其孰能之

夫作者貴其有循而體自然也 其所循也大 則其體也壯 其所循也小 則其體也瘠 其所循也直 則其體也渾 其所循也曲 則其體也散 故不攫所有 不彊所無 譬諸身 增則贅 而割則虧 故質幹在乎自然 華藻[5]在乎人事也 其可損益與

夫一一[6]所以摹始而測深也 三三[7]所以盡終而極崇也 二二[8]所以參事而要中也 人道象焉 務其事而不務其辭 多其變而不多其文也 不約則其指不詳 不要則其應不博 不渾則其事不散 不沈則其意不見 是故文以見乎質 辭以睹乎情 觀其施辭 則其心之所欲者見矣

1) 蓍龜(시구) : 시초점과 거북점.
2) 休咎(휴구) : 길한 것과 흉한 것. 곧 복과 재앙.
3) 蔓蔓(만만) : 널리 퍼지는 모양.

4) 混混(혼혼) : 물이 흘러가는 모양.
5) 華藻(화조) : 화려하게 꾸미다.
6) 一一(일일) : 초(初).
7) 三三(삼삼) : 상(上).
8) 二二(이이) : 중(中).

　대저 도(道)란 말미암음이 있어야 따르는 것이 있고 고치는 것이 있어야 변화가 있다. 말미암으면 따르게 되어 도와 함께 신비스러워진다. 고쳐서 변화하면 때와 더불어 알맞게 된다. 그러므로 말미암아서 능히 고치면 하늘의 도를 이에 얻는다. 고쳐서 능히 말미암으면 하늘의 도가 곧 순(馴)해진다.
　대저 물(物)이란 말미암지 않으면 태어나지 않고 고치지 않으면 성취되지 않는다. 그러므로 말미암을 줄을 알게 되면 고치는 것을 알지 못해 물(物)이 그 법칙을 잃게 된다. 고치는 것을 알고 말미암지 않으면 물(物)이 그 균형을 잃는다. 고치는데 때로 하지 않으면 물이 그 터전을 잃는다. 말미암는데 이치로써 아니하면 물이 그 단서를 잃게 된다. 말미암아 고침으로써 고치는 것을 따르는 것이 국가의 구범(矩范)이다. 구범의 움직임은 성공과 실패의 본보기이다.
　하늘의 경(經 : 날줄)을 세우는 것을 음(陰)과 양(陽)이라 이르고 땅의 위(緯)를 형상한 것을 종(從)과 횡(橫)이라고 이르며 사람의 행동을 나타낸 것을 회(晦)와 명(明)이라 이른다.
　음과 양이란 그 구분된 것이 합하는 것이요. 종(從)과 횡(橫)이란 그 날줄에 씨줄을 한 것이요, 회(晦)와 명(明)이란 그 재목을 분별한 것이다. 음과 양은 갖춘 것이 지극한 것이다. 경(經)과 위(緯)는 만나는 바이다. 회(晦)와 명(明)은 바탕의 성(性)이다.
　양(陽)이 음(陰)에 하지 않으면 함께 베푸는 것을 합하지 못하고, 경(經)이 위(緯)에 하지 않으면 그 마땅한 것을 성취함이 없고, 명(明)이 회(晦)에 하지 않으면 그 덕을 분별함이 없게 된다.

음과 양은 깊은 정을 뽑는 것이요, 종(從)과 횡(橫)은 이치를 빛내는 것이요, 명(明)과 회(晦)는 일을 밝히는 것이다.

책(嘖)은 정(情)이고 추(抽)는 이치이며, 영(瑩)은 일이 밝은 것이며 군자의 도(道)이다.

가고 오는 것이 훈훈(熏熏)한 것은 얻고 잃는 문(門)이다. 대저 무엇을 얻고 무엇이 없어야 하는 것인가? 복은 얻고 재앙은 없어야 하는 것이다.

하늘과 땅에서는 복은 따르고 재앙은 거역한다. 산이나 개울에는 복은 낮고 재앙은 높다. 사람의 도는 복은 바르고 재앙은 사특하다. 그러므로 군자는 안이 바르고 밖에는 순(馴)해 매양 사람들에게 낮추어 이로써 활동해 복을 얻고 재앙을 없애는 것이다.

복은 추하지 않아서 재앙을 낳지 않고 재앙은 좋지 않아서 능히 복을 이루지 못한다. 추하게 여길 것은 추하게 여기고 좋은 것을 좋게 여기는 것은 군자가 진실로 나타내는 바이다.

대저 복은 끝마침이 즐겁고 재앙은 시작부터 근심스럽다. 하늘과 땅이 귀하게 여기는 바를 복(福)이라 이르고 귀신이 도와주는 것을 복(福)이라 이른다. 사람의 도(道)는 기뻐하는 바를 복(福)이라 이르고 그 밖의 천하고 미워하는 것들은 모두 재앙이라고 이른다.

그러므로 복이 과한 자를 미워하는 것은 재앙이 뻗치는 것이다. 낮에는 사람의 재앙이 적고 밤에는 사람의 재앙이 많다. 낮과 밤에 흩어진 자는 그 재앙과 복도 섞인 것이다.

夫道有因有循 有革有化 因而循之 與道神之 革而化之 與時宜之 故因而能革 天道乃得 革而能因 天道乃馴 夫物不因不生 不革不成 故知因而不知革 物失其則 知革而不知因 物失其均 革之匪時 物失其基 因之匪理 物喪其紀 因革乎因革 國家之矩范[1]也 矩范之動 成敗之效也

立天之經曰陰與陽 形地之緯曰從[2]與橫 表人之行曰晦與明 陰陽曰合其判 從橫曰緯其經 晦明曰別其材 陰陽 該極也 經緯 所遇也

晦明 質性也 陽不陰無與合其施 經不緯無以成其誼 明不晦無以別其德 陰陽所以抽噴也 從橫所以瑩理也 明晦所以昭事也 噴情也 抽理也 瑩 事也昭 君子之道也

往來熏熏[3] 得亡之門 夫何得何亡 得福而亡禍也 天地福順而禍逆 山川福庳而禍高 人道福正而禍邪 故君子內正而外馴 每以下人 是以動得福而亡禍也 福不醜不能生禍 禍不好不能成福 醜好乎醜好 君子所以亶表[4]也 夫福樂終而禍憂始 天地所貴曰福 鬼神所祐曰福 人道所喜曰福 其所賤惡皆曰禍 故惡福甚者其禍亢 晝人之禍少 夜人之禍多 晝夜散者 其禍福雜

1) 矩范(구범) : 규칙, 법규의 뜻.
2) 從(종) : 종(縱)의 뜻. 세로.
3) 熏熏(훈훈) : 화락한 모양. 왕래가 번성한 모양.
4) 亶表(단표) : 진실을 나타내다.

제8권 태현경
(太玄集注卷第八)

제1장 현수(玄數): '주역'(周易)의 설괘(說卦)에 준(準)함.

곤륜(昆侖:崑崙:渾沌)의 하늘과 땅에서 시초풀이 태어나 보배로운 맑은 정(精)에 섞여서 수(數)를 찾았다. 깊숙한 삼중(三重)에 흩어져 집을 세우고 곁의 양의(兩儀:陰陽)를 헤아려 일을 보살폈다. 우연히 만나 함께 그 이름을 고쳐 매달아 명(命)을 다했다.

정(精)하면 경(經)의 의심스러운 일이 그 질정될 것인가? 영(令)에 말하기를 "태현(太玄)에서 빌리고, 태현에서 빌리면 진실로 바르다. 이에 의심나는 바를 신(神)과 신령에게 질문한다."라고 했는데 아름다운 것은 양(陽)을 만나 성(星)·시(時)·수(數)·사(辭)는 따르는 것이오, 허물이면 음(陰)을 만나 성(星)·시(時)·수(數)·사(辭)는 어기는 것이다.

무릇 점대로 점치는 것에는 도(道)가 있다. 정(精)하지 않으면 점치지 않는 것이요, 의심하지 않으면 점치지 않는 것이요, 법도가 아니면 점치지 않아 그 점으로써 하지 않으려거든 점치지 않는 것만 같지 못하다.

신령의 광채는 일찍부터 뛰어나 36개의 책(策)으로 보는 것이다. 천(天)은 셋으로 나누어 여섯 번 이루어진 것에서 끝마친다. 그러므로 3×6은 18책이다. 하늘이 베풀지 않고 땅이 이루어지지 않으면 인하여 갑절로 한다.

지(地)는 三을 비워서 천(天)의 18과 아우른다. 별도로 좌수(左手)의 소지(小指:새끼손가락)에 하나를 걸고 그 나머지를 알맞게 나누어 三으로써 찾아 나머지를 끼워서 아우른다.

一을 끼운 뒤에는 그 나머지를 센다. 七이 一이 되고 八이 二가 되고 九는 三이 된다. 여섯 번을 계산하여 책도(策道)를 마친다. 봉(逢)에는 下·中·上이 있다. 下는 생각함이요, 中은 복이요, 上은 재앙이다. 생각과 복과 재앙이 각각 上·中·下가 있고 이것들이 낮과 밤으로 길하고 흉한 것을 분별한다.

一이 다하면 二가 되고 二가 다하면 三이 되고 三이 다하면 추(推:옮기다)가 된다. 세 번을 추(推)하여 영(贏)의 찬(贊)이 된다. 영(贏)의 찬(贊)에서 표(表:겉·밖)로 들어가고 영(贏)의 표에서 가(家)로 들어간다. 영(贏)의 가(家)에서 부(部)로 들어가고 영의 부(部)에서 주(州)로 들어가며 영의 주(州)에서 방(方)으로 들어가는데 영의 방(方)은 곧 현(玄)이다.

一이 따르고 二가 따르고 三이 따르면 이것을 대휴(大休)라고 이른다. 一이 따르고 二가 따르고 三이 거역하면 시작과 중(中)은 휴(休)이고 종(終)은 구(咎:재앙)이다. 一이 따르고 二가 어기고 三이 어기면 시작은 휴(休:복)이고 중(中)과 종(終)은 구(咎)이다. 一이 어기고 二가 따르고 三이 따르면 처음은 구(咎)이고 중(中)과 종(終)은 휴(休)이다. 一이 어기고 二가 어기고 三이 따르면 시작과 중(中)은 구(咎)이고 종(終)은 휴(休)이다. 一이 어기고 二가 어기고 三이 어기면 이것은 대구(大咎:큰 재앙)라고 이른다.

점에는 네 가지가 있다. 혹은 성(星)에 하고 혹은 시(時)에 하며 혹은 수(數)로 하고 혹은 사(辭)로 한다.

아침에는 경(經)을 사용하고 저녁에는 위(緯)를 사용하여 시(始)와 중(中)을 관찰하고 종(終)에 따라서 결정한다.

三과 八은 목(木)이 되어 동방이 되고 봄이 되며 일진은 갑(甲)과 을(乙)이 되고 시간은 인(寅), 묘(卯)이다. 오성(五聲)으로는 각(角)이고 오색은 청(靑)이며 냄새는 전(羶:누린내)이다. 형상은 굽히고 펴지는 것이며 화(火:木生火)를 낳고 토(土:木勝土)를 이겨 때에 태어나며 장기(藏器)는 비장(脾臟)이다.

보존한 것은 지(志)이고 성(性)은 인(仁)하며 정(情)은 기뻐하고 일은 모양이다. 쓰임새는 공손한 것이요, 돕는 것은 엄숙함이요, 징조는 가뭄이다. 제(帝)는 태호(太昊)이고 신(神)은 구망(句芒)이요, 별은 그의 자리인 저(氐) 방(房) 심(心) 미(尾) 기(箕)를 따른다.

종류에서는 인충(鱗蟲)이 되고, 천둥이 되고, 북이 되고, 넓은 소리도 되고, 새로운 것도 되고, 조급함도 되고, 호(戶)도 되고, 유(牖:창문)도 되고, 계승함도 되고, 받는 것도 되고, 잎도 되고, 단서도 되고, 놓음도 되고, 풀어주는 것도 되고, 다자(多子)되고, 나가는 것도 되고, 주는 것도 되고, 대나무도 되고, 풀도 되고 과일도 되고, 열매도 되고, 물고기도 되고, 성긴 그릇도 되고, 밭도 되고, 그림쇠도 되고, 목공도 되고, 창도 되고, 푸른 것의 괴이함도 되고, 코막힘도 되고, 미치광이도 된다.

昆侖[1]天地而産蓍[2] 參珍睟精以揉數 散幽於三重而立家 旁擬兩儀則視事 逢遭竝合 揮繫其名 而極命焉 精則經疑之事其質乎 令曰 假太玄 假太玄 孚貞 爰質所疑于神于靈 休則逢陽 星 時 數 辭從 咎則逢陰 星 時 數 辭違

凡筮有道 不精不筮 不疑不筮 不軌不筮 不以其占不若不筮 神靈之曜曾越卓 三十有六而策視焉 天以三分 終於六成 故十有八策 天不施 地不成 因而倍之 地則虛三 以扮天之十八也 別一挂于左手之小指 中分其餘 以三搜之 幷餘於芳 一芳之後 而數其餘 七爲一 八爲二 九爲三[3] 六算而策道窮也 逢有下中上 下 思也 中 福也 上 禍也 思福禍各有下中上 以晝夜別其休咎焉

極一爲二 極二爲三 極三爲推 推三爲嬴贊 贊嬴入表 表嬴入家 家嬴入部 部嬴入州 州嬴入方 方嬴則玄

一從二從三從 是謂大休 一從二從三違 始中休 終咎 一從二違三違 始休 中終咎 一違二從三從 始咎 中終休 一違二違三從 始中咎

終休 一違二違三違 是謂大咎 占有四 或星 或時 或數 或辭 旦則用
經 夕則用緯 觀始中 決從終
　三八爲木 爲東方 爲春 日甲乙 辰寅卯 聲角 色青 味酸 臭羶 形詘
信 生火 勝土 時生 藏脾 侟志 性仁 情喜 事貌 用恭 摉肅 徵旱 帝太
昊 神勾芒 星從其位 類爲鱗 爲鼉 爲鼓 爲恢聲 爲新 爲躁 爲戶 爲
牖 爲嗣 爲承 爲葉 爲緒 爲赦 爲解 馬多子 爲出 爲予 爲竹 爲草 爲
果 爲實 爲魚 爲疏器 爲田 爲規 爲木工 爲矛 爲青怪 爲觓 爲狂

1) 昆侖(곤륜) : 곤륜(崑崙). 또는 혼돈(渾沌)이다. 곧 하늘과 땅이 개벽하기 전의 원기가 나누어지지 않고 한 데 엉켜 있는 모양.

2) 産蓍(산시) : 점치는 점대를 만드는 풀이라 하다. 곧 톱풀.

3) ~九爲三(~구위삼) : 천(天)을 세 번 나누면 一二三이 되고 종합하면 六이 된다. 六으로 三을 따르면 18이 된다. 이것은 천(天)이 베풀고 지(地)에서 성취한 것이다. 여기에 갑절을 하면 36이 된다. 이것은 신령이 빛나고 일찍부터 탁월한 수이다. 지(地)는 三을 비워 하늘에서 받는 것으로 책(策)을 33개 사용한다. 현(玄)의 서(筮)에서 하나를 걸은 것은 지극히 정한 것이다. 중(中)에서 나누어 3번을 찾는 것은 지극한 변화이다. 나머지 一二三은 끼는데 아울러 기(奇)로 돌아간다. 한 번 끼워서 다시 그 나머지를 세어 마침내 七 혹은 八 혹은 九를 관찰하면 一二三을 그은 것이다. 천(天)은 六으로 이루어진다. 그러므로 六을 계산하여 책도(策道)가 다하면 수가 다해 상(象)이 정해진다. 방(方)을 얻으면 주(州)를 구하고 주(州)를 얻으면 부(部)를 구하며 부(部)를 얻으면 가(家)를 구하는데 이것을 '삼중(三重)이 깊숙하게 흩어져서 가(家)를 세운다.'라고 한다. 무릇 네 번 센다.

　四와 九는 금(金)이 되고 서방(西方)이 되며 가을이 된다. 일진은 경(庚)과 신(辛)이요, 시간은 신(申)과 유(酉)요, 소리는 상성(商聲)이고 색깔은 백색이다. 맛은 매운 맛이고 냄새는 비린내이고 형상은 가죽이다. 수(水 : 金生水)를 낳고 목(木)을 이긴다. 때에 죽이고 장기는 간장(肝臟)에 해당하며 백(魄)을 보존시킨다. 성(性)은 의(義)하고 정(情)은 분노이다.

일은 말(言)이고 쓰임새는 따르는 것이며 다스림을 돕는다. 징조는 비이고 제(帝)는 소호(小昊)이고 신(神)은 욕수(蓐收)이며 성(星)은 그 자리(位:胃·昴·畢·氐·參:申酉位)를 따른다.

종류는 모(毛)도 되고, 의사도 되고, 무당과 축도 되고, 사나움도 되고, 옛 것도 되고, 울음도 되고, 문도 되고, 산도 되고, 한계도 되고, 변두리도 되고, 성(城)도 되고, 뼈도 되고, 돌도 되고, 환패(環佩)도 되고, 머리꾸미개도 되고, 중요한 보배도 되고, 크게 간사함도 되고, 금테두리 한 그릇도 되고, 방아 찧는 것도 되고, 송곳도 되고, 힘도 되고, 달아매는 것도 되고, 불을 이루는 것도 되고, 병기도 되고, 기계도 되고, 이빨도 되고, 뿔도 되고, 쏘는 것도 되고, 독도 되고, 개도 되고, 들어오는 것도 되고, 취함도 되고, 그물도 되고, 도둑도 되고, 역적도 되고, 다스림도 되고, 곱자도 되고, 금공(金工)도 되고, 도끼도 되고, 흰 괴상한 것도 되고, 벙어리도 되고, 참람하는 것도 된다.

二와 七은 화(火)가 되고 남방(南方)도 되고 여름도 된다. 일진은 병(丙)과 정(丁)이요, 시간은 사(巳)와 오(午)시이고 소리는 치성(徵聲)이고 색깔은 붉은 색이고 맛은 쓴맛이고 냄새는 탄 냄새이다. 형상은 위이고 토(土)를 낳으며 금(金)을 이긴다. 때는 기르는 것이며, 간장은 폐장(肺藏)이고 혼(魂)을 보존한다. 성품은 예(禮)이고 정(情)은 즐거움이다. 일은 보는 것이고 쓰임새는 맑은 것이며 슬기로움을 돕는다.

징조는 더위이다. 제(帝)는 염제(炎帝)이고 신(神)은 축융(祝融)이며 별은 그의 자리(位·柳·星·張·翼·軫:巳午位)에 따른다.

종류는 깃이 있는 것이 되고, 부뚜막도 되고, 실도 되고, 그물도 되고, 노끈도 되고, 구슬도 되고, 문(文)도 되고, 섞인 것도 되고, 도장도 되고, 인끈도 되고, 서(書)도 되고, 가벼운 것도 되고, 높은 것도 되고, 대(臺)도 되고, 술도 되고, 토함도 되고, 활쏘기도 되고, 창도 되고, 갑옷도 되고, 떨기도 되고, 사마(司馬:군사)도 되고, 예(禮)도 되고, 먹줄도 되고, 화공(火工)도 되고, 칼도 되고, 붉은 것의 괴이함도 되고, 소경도 되고, 허물도 된다.

一과 六은 수(水)가 되고 북방도 되고 겨울도 된다. 일진은 임(壬)과 계(癸)가 되고 시간은 자(子)와 해(亥)이다. 소리는 우음(羽音)이고 색은 검은색이며 맛은 짠 맛이고 냄새는 썩은 냄새이며 형체는 아래에 있다. 나무를 태어나게 하고 불을 이긴다. 때는 감추는 것이며 장기는 신장(腎臟)이고 정(精)을 보존한다. 성(性)은 지혜이고 정(情)은 슬픔이며 일은 듣는 것이고 쓰임은 총명함이며 계획을 돕는다.

징조는 추위이고 제(帝)는 전욱(顓頊)이고 신(神)은 현명(玄冥)이다. 성(星)은 그 자리(位 : 女·虛·危·空·壁 : 亥子位)이다.

종류는 껍질이 되고, 귀(鬼)도 되고, 사(祠)도 되고, 묘(廟)도 되고, 우물도 되고, 구멍도 되고, 두(竇)도 되고, 거울도 되고, 옥도 되고, 신도 되고, 멀리 행하는 것도 되고, 수고로움도 되고, 피도 되고, 기름도 되고, 탐함도 되고, 머금은 것도 되고, 집게도 되고, 화렵(火獵)도 되고, 닫힌 것도 되고, 도둑도 되고, 사공(司空)도 되고, 법도 되고, 기준도 되고, 수공(水工)도 되고, 방패도 되고, 검은 괴이한 것도 되고, 귀머거리도 되고, 급한 것도 된다.

五와 五는 토(土)가 되고 중앙이 되며 사유(四維)도 된다. 일진은 무(戊)와 기(己)가 되고 시간은 진(辰)과 미(未)와 술(戌)과 축(丑)이 된다. 소리는 궁음(宮音)이고 색은 황색(黃色)이며 맛은 단맛이고 냄새는 향기로운 것이며 형상은 식(殖:번식)이다. 금(金)을 낳고 수(水)를 이긴다. 때는 갖추는 것이며 장기는 심장(心臟)이고 신(神)을 보존한다. 성(性)은 진실하고 정(情)은 두려워함이다.

일은 생각함이요 쓰임새는 슬기이며 성(聖)을 돕는다. 징후는 바람이고 제(帝)는 황제(黃帝)이고 신은 후토(后土)이며 성(星)은 그 자리(位 : 角·亢·奎·婁·斗·井·鬼)를 따른다.

종류는 벌거벗은 것이며 봉함도 되고 단지도 되고 궁(宮)도 되고 택(宅)도 되고 낙숫물 떨어지는 곳도 되고 안의 일도 되고 짜는 것도 되고 옷도 되고 갖옷도 되고 누에고치도 되고 솜도 되고 평상도 되고 올리는 것도 되고 길들이는 것도 되고 생각하는 것도 되고 복기(腹器)도 되고 기름도 되고 칠도 되고 아교도 되고 주머니도 되고 보자기도 되고 수레도 되고 바퀴도 되고 심는 것도 되고 농부도 되고 음식도 되고 손님도 되고 관도 되고 독도 되고 네거리도 되고 모임도 되고 도회지도 되고 도(度)도 되고 양(量)도 되고 목공(木工)도 되고 활과 화살도 되고 누런 것의 괴상한 것도 되고 어리석음도 되고 보리도 된다.

　오행(五行)이 일을 쓰는 자는 왕(王)인데, 왕(王)은 서로 낳는 바이다. 그러므로 왕이 쓰러지고 이긴 왕은 갇히며 왕은 죽여서 이기는 것이다.
　그 소리에 있어서는 궁(宮)은 군주가 되고, 치(徵)는 일이 되고 상(商)은 돕는 것이 되고 각(角)은 백성들이 되고 우(羽)는 물(物)이 된다.
　그 율(律)과 여(呂)가 되는 것은 황종(黃鐘)은 임종(林鐘)을 낳고 임종은 태주(太簇)를 낳고 태주는 남여(南呂)를 낳고 남여는 고선(姑洗)을 낳고 고선은 응종(應鐘)을 낳고 응종은 유빈(蕤賓)을 낳고 유빈은 대려(大呂)를 낳고 대려는 이칙(夷則)을 낳고 이칙은 협종(夾鐘)을 낳고 협종은 무역(無射)을 낳고 무역은 중려(仲呂)를 낳는다.

　四九爲金 爲西方 爲秋 日庚辛 辰申酉 聲商 色白 味辛 臭腥 形革 生水 勝木 時殺 藏肝 侟魄 性誼 情怒 事言 用從 撝乂 徵雨 帝少昊[1] 神蓐收[2] 星從其位 類爲毛 爲醫 爲巫祝 爲猛 爲舊 爲鳴 爲門 爲山 爲限 爲邊 爲城 爲骨 爲石 爲環佩 爲首飾 爲重寶 爲大哆 爲釦器 爲春 爲椎 爲力 爲縣 爲燧 爲兵 爲械 爲齒 爲角 爲螫 爲毒 爲狗 爲入 爲取 爲罜 爲寇 爲賊 爲理 爲矩 爲金工 爲鈹 爲白怪 爲瘖 爲僧

二七爲火 爲南方 爲夏 日丙丁 辰巳午 聲徵 色赤 味苦 臭焦 形上生土 勝金 時養 藏肺 侟魂 性禮 情樂 事視 用明 撝哲 徵熱 帝炎帝[3] 神祝融[4] 星從其位 類爲羽 爲竈 爲絲 爲綱 爲索 爲珠 爲文 爲駁 爲印 爲綬 爲書 爲輕 爲高 爲臺 爲酒 爲吐 爲射 爲戈 爲甲 爲叢 爲司馬[5] 爲禮 爲繩 爲火工 爲刀 爲赤怪 爲肓 爲舒

　　一六爲水 爲北方 爲冬 日壬癸 辰子亥 聲羽 色黑 味鹹 臭朽 形下生木 勝火 時藏 藏腎 侟精 性智 情悲 事聽 用聰 撝謀 徵寒 帝顓頊[6] 神玄冥[7] 星從其位 類爲介 爲鬼 爲祠 爲廟 爲井 爲穴 爲寶 爲鏡 爲玉 爲履 爲遠行 爲勞 爲血 爲膏 爲貪 爲含 爲螫 爲火獵 爲閉 爲盜 爲司空 爲法 爲準 爲水工 爲盾 爲黑怪 爲聾 爲急

　　五五爲土 爲中央 爲四維 日戊己 辰辰未戌丑 聲宮 色黃 味甘 臭芳 形殖 生金 勝水 時該 藏心 侟神 性信 情恐懼 事思 用睿 撝聖 徵風 帝黃帝[8] 神后土[9] 星從其位 類爲裸 爲封 爲餅 爲宮 爲宅 爲中霤 爲內事 爲織 爲衣 爲裘 爲繭 爲絮 爲牀 爲薦 爲馴 爲懷 爲腹器 爲脂 爲漆 爲膠 爲囊 爲包 爲輿 爲穀 爲稼 爲嗇 爲食 爲宎 爲棺 爲槽 爲衢 爲會 爲都 爲度 爲量 爲木工 爲弓矢 爲黃怪 爲愚 爲牟

　　五行[10]用事者王 王所生相 故王廢 勝王囚 王所勝死 其在聲也 宮爲君 徵爲事 商爲相 角爲民 羽爲物 其以爲律呂也 黃鐘生林鐘 林鐘生太簇 太簇生南呂 南呂生姑洗 姑洗生應鐘 應鐘生蕤賓 蕤賓生大呂 大呂生夷則 夷則生夾鐘 夾鐘生無射 無射生仲呂

1) 少昊(소호) : 태고시대 황제(黃帝)의 아들. 이름은 효(孝)이고 금천(金天)씨라고도 한다.
2) 蓐收(욕수) : 가을의 신(神)이고 형벌을 맡다.
3) 炎帝(염제) : 여름을 맡은 신이며 신농씨(神農氏).
4) 祝融(축융) : 불을 맡은 신.
5) 司馬(사마) : 주(周)나라 때 군무(軍務)를 맡다.

6) 顓頊(전욱) : 고대 제왕의 이름. 겨울을 맡다.
7) 玄冥(현명) : 물의 신(神), 하백(河伯).
8) 黃帝(황제) : 중앙인 토(土)의 임금. 황제 헌원씨(黃帝軒轅氏).
9) 后土(후토) : 땅을 관장하는 신(神).
10) 五行(오행) : 금(金)·목(木)·수(水)·화(火)·토(土)의 오행.

    자(子)와 오(午)의 수(數)는 九이고, 축(丑)과 미(未)는 八이고, 인(寅)과 신(申)은 七이고, 묘(卯)와 유(酉)는 六이고, 진(辰)과 술(戌)은 五이고, 사(巳)와 해(亥)는 四이다. 그러므로 율(律)은 42이고 여(呂)는 36이다. 율(律)과 여(呂)의 수를 아우르면 혹은 돌아오고 혹은 돌아오지 않기도 하여 도합 78이 되고 황종(黃鐘)의 수만이 선다. 그 법도가 되는 것은 모두가 황종(黃鐘)을 낳는다.
    갑(甲)과 기(己)의 수는 九이고, 을(乙)과 경(庚)은 八이고, 병(丙)과 신(辛)은 七이고, 정(丁)과 임(壬)은 六이고, 무(戊)와 계(癸)는 五이다. 성(聲)은 날(日)을 낳고 율(律)은 때(辰)를 낳는다. 성(聲)은 정(情)의 본질로써 하고 율(律)은 화(和)한 성(聲)으로써 한다. 성(聲)과 율(律)이 서로 협조하여 팔음(八音)이 생겨난다.
    구천(九天)은 一은 중천(中天)이 되고 二는 선천(羨天)이 되고 三은 종천(從天)이 되고 四는 경천(更天)이 되고 五는 수천(睟天)이 되고 六은 확천(廓天)이 되고 七은 감천(減天)이 되고 八은 침천(沈天)이 되고 九는 성천(成天)이 된다.
    구지(九地)는 一은 사니(沙泥 : 모래와 진흙)가 되고, 二는 택지(澤地)가 되고 三은 지애(沚厓)가 되고 四는 하전(下田)이 되고 五는 중전(中田)이 되고 六은 상전(上田)이 되고 七은 하산(下山)이 되고 八은 중산(中山)이 되고 九는 상산(上山)이 된다.
    구인(九人)은 一은 하인(下人)이 되고 二는 평인(平人)이 되고 三은 진인(進人)이 되고 四는 하록(下祿)이 되고 五는 중록

(中祿)이 되고 六은 상록(上祿)이 되고 七은 실지(失志)가 되고 八은 질어(疾瘀 : 질병)가 되고 九는 극(極)이 된다.

구체(九體)는 一은 수족(手足)이 되고 二는 비경(臂脛)이 되고 三은 고굉(股肱)이 되고 四는 요(要 : 허리)가 되고 五는 복(腹)이 되고 六은 견(肩 : 어깨)이 되고 七은 하호(睱啦)가 되고 八은 얼굴이 되고 九는 상(顙 : 이마)이 된다.

구속(九屬)은 一은 현손(玄孫)이 되고 二는 증손(曾孫)이 되고 三은 잉손(仍孫)이 되고 四는 자(子)가 되고 五는 신(身)이 되고 六은 부(父)가 되고 七은 조부(祖父)가 되고 八은 증조부(曾祖父)가 되고 九는 고조부(高祖父)가 된다.

구규(九竅)는 一과 六은 전(前)이 되고 이(耳)가 되고 二와 七은 목(目)이 되고 三과 八은 비(鼻)가 되고 四와 九는 구(口)가 되고 五와 五는 후(後)가 된다.

구서(九序)는 一은 맹맹(孟孟)이 되고 二는 맹중(孟仲)이 되고 三은 맹계(孟季)가 되고 四는 중맹(仲孟)이 되고 五는 중중(仲仲)이 되고 六은 중계(仲季)가 되고 七은 계맹(季孟)이 되고 八은 계중(季仲)이 되고 九는 계계(季季)가 된다.

구사(九事)는 一은 규모(規模)가 되고 二는 방저(方沮)가 되고 三은 자여(自如)가 되고 四는 외타(外它)가 되고 五는 중화(中和)가 되고 六은 성다(盛多)가 되고 七은 소(消)가 되고 八은 모(耗)가 되고 九는 진폐(盡弊)가 된다.

구년(九年)은 一은 一十이 되고 二는 二十이 되고 三은 三十이 되고 四는 四十이 되고 五는 五十이 되고 六은 六十이 되고 七은 七十이 되고 八은 八十이 되고 九는 九十이 된다.

현(玄)을 옮겨서 계산한다. 가(家)는 一에 一을 두고 二에 二를 두고 三에 三을 둔다. 부(部)는 一은 불리지 않고 二는 三으로 불리고 三은 六으로 불린다. 주(州)는 一은 불리지 않고 二는 九로 불리고 三은 十八로 불린다. 방(方)은 一은 불리지 않고 二는 二十七로 불리고 三은 五十四로 불린다.

표(表)의 찬(贊)을 구한다. 현(玄)의 성(姓)을 두어 태시(太

始)의 책(策)수를 버리고 一은 감(減)하여 九로 하고 찬(贊)을 불러서 현(玄)의 수의 절반을 버리면 곧 찬(贊)을 얻고 동지(冬至)의 일수를 버린다. 우(偶)는 소득한 날의 밤으로 삼고 기(奇)는 소득한 날의 낮으로 삼는다.

성(星)을 구한다. 견우(牽牛)의 시작을 따라서 제산(除算)을 다하면 이것이 그의 일(日)이다.

子午之數九 丑未八 寅申七 卯酉六 辰戌五 巳亥四 故律四十二 呂三十六 幷律呂之數 或還或否 凡七十有八 黃鐘¹⁾之數立焉 其以爲度也 皆生黃鐘

甲己之數九 乙庚八 丙辛七 丁壬六 戊癸五 聲生於日 律生於辰 聲以情質 律以和聲 聲律相協 而八音生

九天 一爲中天 二爲羨天 三爲從天 四爲更天 五爲晬天 六爲廓天 七爲減天 八爲沈天 九爲成天

九地 一爲沙泥 二爲澤地 三爲泚厓 四爲下田 五爲中田 六爲上田 七爲下山 八爲中山 九爲上山

九人 一爲下人 二爲平人 三爲進人 四爲下祿 五爲中祿 六爲上祿 七爲失志 八爲疾瘀 九爲極

九體 一爲手足 二爲臂脛 三爲股肱 四爲要 五爲腹 六爲肩 七爲𠴲啐 八爲面 九爲顙

九屬 一爲玄孫 二爲曾孫 三爲仍孫 四爲子 五爲身 六爲父 七爲祖父 八爲曾祖父 九爲高祖父

九竅 一六爲前 爲耳 二七爲目 三八爲鼻 四九爲口 五五爲後

九序 一爲孟孟 二爲孟仲 三爲孟季 四爲仲孟 五爲仲仲 六爲仲季 七爲季孟 八爲季仲 九爲季季

九事 一爲規模 二爲方沮 三爲自如 四爲外它 五爲中和 六爲盛多 七爲消 八爲耗 九爲盡弊

九年 一爲一十 二爲二十 三爲三十 四爲四十 五爲五十 六爲六十 七爲七十 八爲八十 九爲九十

推玄算 家 一置一 二置二 三置三 部 一勿增 二增三 三增六 州 一

勿增 二增九 三增十八 方 一勿增 二增二十七 三增五十四
　求表之贊 置玄姓 去太始策數 減一而九之 增贊去玄數半之 則得贊去冬至日數矣 偶[2]爲所得日之夜 奇[3]爲所得日之晝也
　求星 從牽牛[4]始 除算盡 則是其日也

1) 黃鐘(황종) : 양률(陽律)의 첫 번째이다.
2) 偶(우) : 짝수를 뜻한다.
3) 奇(기) : 홀수이다.
4) 牽牛(견우) : 하늘의 견우성(牽牛星). 28수의 하나.

제 9권 태현경
(太玄集注卷第九)

제1장 현문(玄文) : '주역'의 문언(文言)에 준(準)함.

  망(罔) 직(直) 몽(蒙) 추(酋) 명(冥)이다.
  망(罔)은 북방(北方)이고 겨울이며 형상이 있지 아니하다.
  직(直)은 동방(東方)이고 봄이며 질박하고 문(文)이 있지 아니하다.
  몽(蒙)은 남방(南方)이고 여름이며 물(物)이 성장해 모두가 가히 얻어서 받드는 것이다.
  추(酋)는 서방(西方)이고 가을이며 물(物)이 모두 상(象)을 이루어 나아간다.
  형체가 있으면 형체가 없는 것으로 돌아가는 것이므로 명(冥)이라고 이른다. 그러므로 만물(萬物)이 북쪽에서 없어지고 동쪽에서 곧게 되고 남쪽에서 무릅쓰고 서쪽에서 모이고 북쪽에서 이루어지는 것이다. 그러므로 망(罔)이란 있는 것이 머무르고, 직(直)이란 문(文)의 바탕이며, 몽(蒙)이란 없는 것의 주인이며, 추(酋)란 사는 마을이며, 명(冥)이란 밝은 것이 감추는 것이다.
  망(罔)이란 그 기(氣)가 머무르고, 직(直)이란 그 종류끼리 부딪히고, 몽(蒙)이란 그 닦음이 지극하고, 추(酋)는 나아가는 것을 고찰하며, 명(冥)은 그윽한 것이 돌아가는 것이다.
  망(罔)과 몽(蒙)은 서로 이르고, 직(直)과 추(酋)는 서로 삼가해 명(冥)에서 나가 명(冥)으로 들어가 새로운 것과 옛것이 서로 가늠한다.

　음과 양이 번갈아 따르고 맑고 탁한 것이 함께 쓰러진다. 장차 오는 자는 나아가고 공로를 이룬 자는 물러난다. 이미 쓴 것은 천해지고 때에 알맞으면 귀하게 된다.

　하늘은 문(文)이고 땅은 바탕이 되어 그 자리가 바뀌지 않는다.

　망(罔) 직(直) 몽(蒙) 추(酋) 명(冥)은 말은 망(罔)에서 나가고 행동도 망(罔)에서 나가고 재앙과 복도 망(罔)에서 나가므로 망(罔)의 때는 현(玄)한 것이다!

　행동하면 자취가 있고 말하면 소리가 있고 복이면 살이 있고 재앙이면 형상이 있는 것을 직(直)이라고 이른다.

　직(直)이 있으면 가히 몽(蒙:무릅쓰다)하는 것이요, 몽이 있으면 가히 추(酋:모이다)하는 것이요, 가히 추하면 명(冥)으로 돌아가는 것이다.

　이런 까닭으로 망(罔)의 때이면 가히 제재하는 것이다. 81가(家)는 망(罔)으로 말미암는다. 하늘은 빛나고 빛나 경계가 없는 데에도 나아가며 눈부시고 찬란해 땅의 끝까지 나아간다. 그러므로 망(罔)의 때는 현묘한 것이다!

　이런 까닭으로 천도(天道)는 허(虛)해 감추어지고 움직여 피어난다. 높아 다다르고 새겨 제재하며 끝마치면 그윽하고 깊다. 가히 측량하지 못하고 빛나서 높이지 않는 것이다.

　그러므로 군자는 깊이 숨겨 귀신을 예우하는 것을 만족하게 하고 발동하여 군중을 진동시키는 것을 만족하게 하며 높고 밝은 것으로써 덮어 비추는 것을 만족하게 한다. 제제하고 새기는 것으로써 두려워하는 것을 만족시키고 그윽하고 어두운 것으로써 숨기고 막는 것을 만족시킨다.

　군자는 이 다섯 가지에 능해야 한다. 그러므로 망(罔) 직(直) 몽(蒙) 추(酋) 명(冥)이라 이른다.

罔 直 蒙 酋 冥 罔 北方也 冬也 未有形也 直 東方也 春也 質而未有文也 蒙 南方也 夏也 物之修長也 皆可得而戴也 酋 西方也 秋也

物皆成象而就也 有形則復於無形 故曰冥 故萬物罔乎北 直乎東 蒙乎南 酋乎西 冥乎北 故罔者有之舍也 直者文之素也 蒙者亡之主也 酋者生之府也 冥者明之藏也 罔舍其氣 直觸其類 蒙極其修 酋考其就 冥反其奧 罔蒙相極 直酋相勑 出冥入冥 新故更代 陰陽迭循 淸濁相廢 將來者進 成功者退 已用則賤 當時則貴 天文地質 不易厥位 罔直蒙酋冥 言出乎罔 行出乎罔 禍福出乎罔 罔之時玄矣哉 行則有蹤 言則有聲 福則有膞 禍則有形之謂直 有直則可蒙也 有蒙則可酋也 可酋則反乎冥矣 是故罔之時則可制也 八十一家 由罔者也 天炫炫[1]出於無畛 熿熿[2]出於無垠 故罔之時玄矣哉 是故天道虛以藏 動以發 崇以臨 刻以制 終以幽之 淵乎其不可測也 耀乎其不可高也 故君子藏淵足以禮神 發動足以振衆 高明足以覆照 制刻足以竦慸 幽冥足以隱塞 君子能此五者 故曰罔 直 蒙 酋 冥

1) 炫炫(현현) : 빛나고 빛나다.
2) 熿熿(황황) : 눈부시게 빛나다.

   어떤 이가 말하기를 " '곤륜방박(昆侖旁薄)이 유(幽)하다.' 라고 한 것은 무엇을 위한 것입니까?"
   대답했다.
   "현인(賢人)이 천지(天地)를 생각하는데 모든 종류를 포괄한 것이다. 곤(昆)의 모든 속은 밖에 형용하지 않고 홀로 거해 즐기고 홀로 생각해 근심하며 즐거움을 감당하지 못하고 근심을 이기지 못했다. 그러므로 '유(幽)'라고 이른 것이다."
   "신전우현(神戰于玄)이라 한 것은 무엇을 뜻한 것입니까?"
   대답했다.
   "소인(小人)의 마음이 섞여 장차 밖에 형상해 음과 양을 베풀어 그 길하고 흉한 것과 싸우는 것이다. 양(陽)은 길(吉)에서 싸우고 음(陰)은 흉(凶)에서 싸운다. 바람은 호랑이를 알고 구름은 용을 알고 현인(賢人)이 일어나면 온갖 종류가 동일해진다."
   "용출우중(龍出于中)이라고 한 것은 무슨 뜻입니까?"

대답했다.

"용(龍)의 덕은 처음 나타나는 것이다. 음이 다하지 않으면 양이 생(生)하지 않고 어지러움이 다하지 않으면 덕이 형상하지 않는다. 군자는 덕을 닦아서 때를 기다리며 때에 먼저 하지 않고 일어나며 때에 뒤에 하지 않고 물러난다. 행동하고 중지함이 미묘하게 빛나서 그 법을 잃지 않는 자는 오직 군자일 뿐이다! 그러므로 처음과 끝이 가히 떳떳함이 되는 것이다."라고 했다.

"비허무인(庳虛無因)해 대수성명(大受性命)이 비(否)라고 한 것은 무엇입니까?"

대답했다.

"소인이 능히 허(虛)를 품어서 아래에 처하지 않고 낮은데 다 다르지 않으며 허한데 가득하지 않아 없는데 능히 있고 따라서 능히 일어난다. 그러므로 크게 성명을 받아 피함이 없다. 그러므로 막힌 것이다."

"일정우천(日正于天)이라고 한 것은 무엇입니까?"

대답했다.

"군자가 지위를 타서 수레도 되고 말도 되며 수레격자창과 말꼬리도 된다. 이로써 천하에 두루 한다. 그러므로 그 주인 되는 것이 이롭다는 것이다."

"월궐기단(月闕其摶)이 불여개명우서(不如開明于西)라고 한 것은 무슨 뜻입니까?"

대답했다.

"소인이 왕성하게 가득한 것이다. 스스로 허해 훼손한 자는 물이 연못에서 쉬게 하고 나무가 가지를 없애며 산이 비쩍 마르고 못이 더욱 비대해 현인(賢人)은 보고 중인(衆人)들은 알지 못하는 것이다."

"추추지포(㵞㵞之包)란 무엇을 뜻합니까?"

대답했다.

"인(仁)은 불인(不仁)에 병들고 의(誼:마땅함)는 불의(不誼)에 병든다. 군자는 관유해 민중을 키우고 화유(和柔)로써 물(物)

을 편안히 해 하늘과 땅에서 용납하지 않는 것이 없다. 하늘과 땅에서 용납하지 않는 것은 오직 불인(不仁)과 불의(不誼)이다! 그러므로 '물(水)이 바른 것을 쌓다.'라고 했다."

"황불황(黃不黃)이라 한 것은 무슨 뜻입니까?"

대답했다.

"소인(小人)이 형벌의 중(中)을 잃은 것이다. 一은 시작이고 三은 끝마침이며 二는 그 중을 얻은 것이다! 군자가 현(玄)에 있으면 바르고 복(福)에 있으면 온화하고 재앙에 있으면 돌아온다. 소인은 현(玄)에 있으면 사특하고 복에 있으면 교만하고 재앙에 있으면 궁해진다. 그러므로 군자는 지위를 얻으면 빛나고 지위를 잃으면 어질게 되며, 소인은 지위를 얻으면 방자해지고 지위를 잃으면 망한다. 八이 비록 지위를 얻었으나 '가을의 떳떳한 것을 덮다'와 같은 것이다."

"전령기형반(顚靈氣形反)이라고 한 것은 무슨 뜻입니까?"

대답했다.

"끊어져 위에서 다한 것이다. 위에서 다하면 운행되고 아래서 끊어지면 넘어진다. 신령이 이미 넘어졌다면 기와 형체를 어떻게 얻을 수 있어 되돌아 오겠는가? 군자는 나이가 높아지고 때가 다할 것이다! 양이 위에서 다하고 음이 아래에서 다하면 기와 형이 괴이하고 귀신이 막아서 어진 이는 두려워하지만 소인은 믿는 것이다."

或曰 昆侖旁薄[1]幽 何爲也 曰 賢人天地思而包群類也 昆諸中未形乎外 獨居而樂 獨思而憂 樂不可堪 憂不可勝 故曰幽 神戰于玄 何爲也 曰 小人之心雜 將形乎外 陣陰陽以戰其吉凶者也 陽以戰乎吉 陰以戰乎凶 風而識虎 雲而知龍 賢人作而萬類同 龍出于中 何爲也 曰 龍德始著者也 陰不極則陽不生 亂不極則德不形 君子修德以俟時 不先時而起 不後時而縮 動止微章 不失其法者 其唯君子乎 故首尾可以爲庸也 庫虛無因 大受性命 否 何爲也 曰 小人不能懷虛 處乎下 庫而不可臨 虛而不可滿 無而能有 因而能作 故大受性命而

無辟也 故否 曰正于天 何爲也 曰 君子乘位 爲車爲馬 車輪 馬駢 可
以周天下 故利其爲主也 月闕其搏 不如開明于西 何爲也 曰 小人
盛滿也 自虛毀者 水息淵 木消枝 山殺瘦 澤增肥 賢人睹而衆莫知
酋酋之包 何爲也 曰 仁疾乎不仁 誼疾乎不誼 君子寬裕足以長衆 和
柔足以安物 天地無不容也 不容乎天地者 其唯不仁不誼乎 故 水包
貞 黃不黃 何爲也 曰 小人失刑中也 諸一則始 諸三則終 二者得其
中乎 君子在玄則正 在福則沖 在禍則反 小人在玄則邪 在福則驕 在
禍則窮 故君子得位則昌 失位則良 小人得位則橫 失位則喪 八雖得
位 然猶 覆秋常乎 顚靈氣形反 何爲也 曰 絶而極乎上也 極上則運
絶下則顚 靈已顚矣 氣形惡得在而不反乎 君子年高而極時者也歟
陽極上 陰極下 氣形乖 鬼神阻 賢者懼 小人怗

1) 旁薄(방박) : 널리 뒤섞이다.

　'곤륜방박(昆侖旁薄)'은 크게 용납함이다. '신전우현(神戰于
玄)'은 서로 공격하는 것이다. '용출우중(龍出于中)'은 일을 따
르는 것이다. '비허지비(庳虛之否)'는 공정하지 않은 것이다.
'일정우천(日正于天)'은 광명이 통한 것이다. '월궐기단(月闕
其搏)'이란 덜어내고 채우는 것이다. '추추지포(酋酋之包)'란
바른 것에 법한 것이다.
　'황불황(黃不黃)'은 중(中)의 경(經)을 잃은 것이다. '전령지
반(顚靈之反)'은 하늘의 정이 다한 것이다. '망직몽추(罔直蒙
酋)'는 여러 어두운 것을 도운 것이다. '곤륜방박(昆侖旁薄)'은
생각을 바탕해 모난 것이 없는 것이다. '신전우현(神戰于玄)'은
사특함과 바른 것이 함께 행한 것이다. '용출우중(龍出于中)'은
법도와 문명이다. '비허지비(庳虛之否)'는 신하의 도가 부당한
것이다. '일정우천(日正于天)'은 건(乾)을 탄 것이 강한 것이다.
'월궐기단(月闕其搏)'은 소식(消息)을 관찰함이다. '추추지포
(酋酋之包)'는 능히 형벌과 덕을 맡은 것이다. '황불황(黃不
黃)'은 가히 더불어 나아가지 못한 것이다. '전령지반(顚靈之

反)'은 시대가 다함이 있는 것이다. '망직몽추(罔直蒙酋)'는 이에 신령의 영역이 궁한 것이다.

하늘과 땅이 귀하게 여기는 바를 '생(生)'이라 하고 물(物)이 높이는 바를 '인(人)'이라 이르며 사람의 큰 차례를 '치(治)'라고 이르고 다스림이 말미암는 바를 '벽(辟:임금)'이라고 이른다.

높은 하늘과 넓은 땅에 무리를 나누고 물과 짝을 지어 그 통제하는 것을 잃지 않는 자는 임금같은 것이 없다.

대저 하늘은 위에서 임금이요, 땅은 아래에서 임금이요, 군주는 중(中)에서 임금이다. 하늘을 우러러 보면 하늘이 게으르지 않고 땅에 엎드리면 땅이 게으르지 않는다. 게을리 하는 것은 하늘도 아니고 게으른 것은 땅도 아니며 게으르고 게으르면서 일에 능한 자는 옛날이나 지금이나 모두가 아니었다.

이로써 성인(聖人)은 하늘을 우러르면 항상 신(神)을 궁구해 갖은 변화를 다하고 물(物)을 다해 정(情)을 궁구했다. 하늘과 땅으로 더불어 그 체를 배합하고 귀신과 함께 그 영(靈)에 나아가며 음과 양으로 더불어 그 변화를 반죽하며 네 계절과 함께 그 진실을 합하게 했다.

하늘을 보면 하늘이고 땅을 살피면 땅이요, 신을 살피면 신이요, 때를 살피면 때가 되어 하늘과 땅과 귀신과 계절이 모두가 따르는데 어찌 거역하는 곳으로 들어갈 것이랴!

昆侖旁薄 大容也 神戰于玄 相攻也 龍出于中 事從也 庫虛之否 不公也 日正于天 光通也 月闕其摶 損嬴也 酋酋之包 法乎貞也 黃不黃 失中經也 顚靈之反 窮天情也 罔直蒙酋 贊群冥也 昆侖旁薄 資懷無方 神戰于玄 邪正兩行 龍出于中 法度文明 庫虛之否 臣道不當 日正于天 乘乾之剛 月闕其摶 以觀消息 酋酋之包 能任乎刑德 黃不黃 不可與卽 顚靈之反 時則有極 罔直蒙酋 乃窮乎神域 天地之所貴曰生 物之所尊曰人 人之大倫曰治 治之所因曰辟 崇天普地 分群偶物 使不失其統者 莫若乎辟 夫天辟乎上 地辟乎下 君辟乎中 仰天而天不惓 俯地而地不怠 惓不天 怠不地 惓怠而能乎其

事者 古今未諸 是以聖人印天則常窮神掘變[1] 極物窮情 與天地配其
體 與鬼神卽其靈 與陰陽埏[2]其化 與四時合其誠 視天而天 視地而
地 視神而神 視時而時 天地神時皆馴 而惡入乎逆

1) 掘變(굴변) : 갖은 변화.
2) 埏(연) : 이기다. 곧 반죽하다의 뜻.

제2장 현예(玄捝) : '주역'의 계사(繫辭)에 준(準)함.

현(玄)의 찬사(贊辭)는 혹은 기(氣)로써 하고 혹은 유(類)로써 하고 혹은 일로써 모아 마쳤다.

삼가 그 성(姓)을 묻고 그 가(家)를 살피고 그 우연히 만난 바를 살펴 깎아 일에 하고 자세한 것을 수(數)에 하여 신(神)을 만나는 것을 하늘에서 하고 땅에 부딪치는 것을 밭에서 하면 곧 현(玄)의 정(情)을 얻는다.

그러므로 수(首)란 하늘의 성(性)이요 충(衝)이란 그 바른 것을 마주한 것이요 착(錯)이란 섞인 것이며, 측(測)이란 그 정(情)을 아는 것이요 리(離)란 펴는 것이요 영(瑩)이란 밝은 것이며 수(數)란 품식(品式)이 되고 문(文)이란 꾸미는 것이며 예(捝)는 비기는 것이고 도(圖)는 상(象)이며 고(告)는 그 말미암아 가는 바이다.

오직 하늘이 처음으로 백성을 내리어 그 모양이 움직이고 입으로 말을 하며 눈으로 보고 귀로 듣고 마음으로 생각해 법이 있으면 이루어지고 법이 없으면 이루어지지 않는다. 진실한 것에 진실치 아니함이 있으면 경(經)에 비교했다.

옷자락을 드리워서 웃옷을 만들고 폭을 접어서 치마를 만드는 것은 의상(衣裳)의 제도이며 이것으로써 천하에 보여 三과 八에 비교했다.

미늘을 엮어 갑옷을 만들고 창자루에 벼슬 있는 것이 창이 되니 갑옷을 입으면 무엇으로 찌를 것인가? 위엄으로써 삼가지 않는 것은 四와 九에 비교했다.

 높은 이를 높이는 것은 군주가 되고 낮은 이를 낮추는 것은 신하가 되어 군주와 신하의 제도는 위와 아래의 사이가 되어서 二와 七에 비교했다.

 귀신이 어지러워지고 상상함이 방(方)이 없으며 겨울도 없고 여름도 없어 제사에 법도가 없다. 그러므로 성인(聖人)이 제사의 의식으로써 나타내는데 一과 六에 견주었다.

 때는 천시(天時)이고 힘은 지력(地力)이고 오직 술과 음식이며 이에 가색(稼穡:농사)을 일으킨 것은 五와 五에 견주었다.

 옛날에 보배로 여기는 거북과 화폐는 후세 군자(君子)가 바꾸기를 금폐(金幣)로써 하여 국가에 통하게 하고 모든 백성들이 의지해 생각에 견주었다.

 제후를 세우고 국가를 열어 작위를 흩어지게 하고 벼슬로 돌아오게 하여 온갖 녹봉으로 당겨서 복(福)에 견주었다.

 넘치고 잃는 것을 명령하지 않고 오직 오형(五刑)을 사용한 것은 재앙에 견준 것이다.

 규옥(圭玉)을 잡고 벽(璧)을 받들고 모든 임금을 모아 차례 하는 것은 81수(八十一首)에 견주었다.

 나무를 다듬어 북을 만들고 나무를 깎아 굴대를 만들어 북과 굴대가 이미 베풀어져 백성들이 따뜻함을 얻는 것은 경위(經緯)에 견주었다.

 박, 대나무, 죽, 나무, 흙, 쇠를 다듬어 자르고 석경을 치며 현악기를 타서 천하를 화(和)하게 하는 것은 팔풍(八風)에 견주었다.

 음과 양이 서로 섞이고 남자와 여자가 서로 싫어하지 않으며 사람과 사람, 물(物)과 물(物)이 각각 그 무리로 말미암는 것은 허(虛)와 영(贏)에 견주었다.

 해와 달이 서로 곡(斛)이 되고 별과 별이 서로 부딪히지 않고 음률(音律)이 들쭉날쭉 반열하고 기(奇)와 우(耦)는 기를 달리하고 부자(父子)는 얼굴을 달리하고 형과 아우는 쌍둥이로 아니하고 제왕(帝王)이 동일함이 없는 것은 해(歲)에 견주었다.

이빨을 세운 것은 그 뿔을 약하게 하고 날개로 나는 것은 그 발을 두 개로 하고 뿔이 없으면 날개도 없어 도덕으로써 자품을 한 것은 9일의 평분(平分)에 견주었다.

보이는 것을 보존시켜 숨은 것을 알고 가까운 곳으로 말미암아 먼 곳을 헤아리고 음과 양의 거친 것을 미루어 신명(神明)의 숨은 것을 고찰한 것은 구각(晷刻: 시간)에 견주었다.

한 번은 밝고 한 번은 어둡고 지나치게 강(剛)하면 지나치게 유(柔)해 음(陰)을 아는 자는 거역하고 양(陽)을 아는 자는 흐르게 한 것은 주야(晝夜)에 견주었다.

위에서도 찾고 아래에서도 찾으며 하늘의 도수를 따라서 가는 것도 말하고 오는 것도 말해 하늘의 술(術)을 따라 혹은 개조(改造)함이 없고 하늘의 추(醜)한 것을 따르게 한 것은 천원(天元)에 견주었다.

하늘과 땅과 신포(神胞)는 법을 바꾼 것이 오래되어도 중지하지 않고 마땅히 가는 것은 끝나고 마땅히 오는 것이 시작하는 것은 망(罔) 직(直) 몽(蒙) 추(酋) 명(冥)에 견준 것이다.

그러므로 물(水)은 시내(川)에서 견주어 물이 그 따르는 것을 얻는다. 행동은 덕(德)에서 견주어 행동이 그 중(中)을 얻는다. 말은 법(法)에서 견주어 말이 그 바른 것을 얻는다.

말이 바르면 가리는 것이 없고 행동이 적중하면 어그러지는 것이 없고 물이 따르면 무너지는 것이 없다. 무너지는 것이 없으므로 가히 오래하고, 어그러지는 것이 없으므로 가히 보고, 가리는 것이 없으므로 가히 듣는 것이다.

가히 듣는 것은 성인(聖人)의 지극함이다. 가히 보는 것은 성인(聖人)의 덕이다. 가히 오래하는 것은 하늘과 땅의 도(道)이다. 이로써 옛날에는 모든 성인(聖人)들이 사업을 일으키는데 위로는 하늘에 견주었고 아래로는 땅에 견주었고 중(中)에서는 사람에게 견주었다.

하늘과 땅이 휩싸는 것을 만들어 태양과 달이 진실로 밝고 오행(五行：金木水火土)이 무리를 갖추고 오악(五嶽)이 종산(宗山)이 되고 사독(四瀆)이 천(川：개울)의 장(長)이 되고 오경(五經)이 구(矩)를 묶고 하늘이 어기고 땅이 어기고 사람이 어기어 천하의 대사(大事)가 어그러진 것이다.

　玄之贊辭 或以氣 或以類 或以事之訖卒 謹問其姓而審其家 觀其所遭遇 剚之於事 詳之於數 逢神而天之 觸地而田之 則玄之情也得矣 故首者天性也 衝對其正也 錯絣也 測所以知其情 攡張之 瑩明之 數爲品式 文爲藻飾[1] 揜擬也 圖象也 告其所由往也
　維天肇降生民 使其貌動 口言 目視 耳聽 心思 有法則成 無法則不成 誠有不誠 揜擬之經 垂裙爲衣 襞幅爲裳 衣裳之制 以示天下 揜擬之三八 比札[2]爲甲 冠秤[3]爲戟 被甲何戟 以威不恪 揜擬之四九 尊尊爲君 卑卑爲臣 君臣之制 上下以際 揜擬之二七 鬼神耗荒 想之無方 無冬無夏 祭之無度 故聖人著之以祀典 揜擬之一六 時天時力地力 維酒維食 爰作稼穡 揜擬之五五 古者寶龜而貨貝 後世君子易之以金幣 國家以通 萬民以賴 揜擬之思 建侯開國 渙爵般秩 以引百祿 揜擬之福 越隁不令 維用五刑 揜擬之禍 秉圭戴璧 廬湊[4]群辟 揜擬之八十一首 棘木爲杼 削木爲軸 杼軸旣施 民得以燠 揜擬之經緯 剛割鮑竹革木土金 擊石彈絲 以和天下 揜擬之八風 陰陽相錯 男女不相射 人人物物 各由厥彙 揜擬之虛嬴 日月相斛 星辰不相觸 音律差列 奇耦異氣 父子殊面 兄弟不孿 帝王莫同 揜擬之歲 噴以牙者童其角 擢以翼者兩其足 無角無翼 材以道德 揜擬之九日平分 存見知隱 由邇擬遠 推陰陽之荒 考神明之隱 揜擬之晷刻 一明一幽 跌剛跌柔 知陰者逆 知陽者流 揜擬之晝夜 上索下索 遵天之度 往述來述 遵天之術 無或改造 遵天之醜 揜擬之天元 天地神胞 法易乎而不已 當往者終 當來者始 揜擬之罔直蒙酋冥 故擬水於川 水得其馴 擬行於德 行得其中 擬言於法 言得其正 言正則無擇 行中則無爽 水順則無敗 無敗故可久也 無爽故可觀也 無擇故可聽也 可聽者 聖人之極也 可觀者 聖人之德也 可久者 天地之道也 是以昔者群聖人之作事也 上擬諸天 下擬諸地 中擬諸人

天地作函 日月固明 五行該醜 五嶽⁵⁾宗山 四瀆⁶⁾長川 五經⁷⁾括矩 天違地違人違 而天下之大事悖矣

1) 藻飾(조식) : 수식하다. 곧 문장을 꾸미다.
2) 比札(비찰) : 미늘을 엮다. 곧 갑옷의 미늘을 붙여서 갑옷을 만드는 일.
3) 冠矜(관근) : 창자루에 닭 벼슬과 같은 것을 씌우는 것. 곧 창을 뜻함.
4) 臚湊(여주) : 진열해 모이게 하다. 곧 나란히 진열시키는 것.
5) 五嶽(오악) : 다섯 높은 산. 곧 태산(泰山)·화산(華山)·형산(衡山)·항산(恒山)·숭산(崇山).
6) 四瀆(사독) : 중국의 네 개의 큰 강. 곧 민산에서 흐르는 양자강(揚子江), 곤륜산에서 흐르는 황하(黃河), 동백산에서 흐르는 회수(淮水), 왕옥산에서 흐르는 제수(濟水).
7) 五經(오경) : 역경(易經)·서경(書經)·시경(詩經)·춘추(春秋)·예기(禮記).

제 10권 태현경
(太玄集注卷第十)

제1장 현도(玄圖) : '주역'의 계사(繫辭)에 준(準)한다.

일현(一玄)은 모두가 삼방(三方)을 덮고 방(方)은 구주(九州)와 같으며 가지에는 여러 부(部)를 싣고 바르게 여러 가(家)로 나누어서 일은 그의 중(中)을 섬긴다.

음(陰)은 북두(北斗)에 바탕하고 해와 달은 본바탕을 경영하고 음과 양은 잠겨 사귀어 네 계절에 몰래 거처한다. 오행(五行)이 엎드려 행하고 육합(六合)이 이미 혼합하며 칠수(七宿)가 돌아 옮기고 유(幽)를 따르고 미묘한 것을 세어서 육갑(六甲)이 안으로 따른다. 구구(九九)가 진실로 있으며 율려(律呂)가 매우 그윽하고 역수(曆數)에 기(紀)를 숨겼다. 도(圖)에 본을 뜨고 현(玄)에 형상을 해 찬(贊)에 성공을 실었다.

시작에서는 중(中) 선(羨) 종(從)에서 비롯해 온갖 초목의 시초가 되어 이에 신속하게 하늘과 느끼어 천둥을 쳐 안을 움직이게 한다. 물(物)과 더불어 두루 진동해 찬(贊)을 공경히 해 미약한 것을 부드럽게 한다. 뿌리를 원(元: 근본)에서 뽑아 동쪽에서 청룡(靑龍)을 움직이고 광채는 연못에서 떠나 만물을 재촉해 불러 하늘과 땅과 함께 새로워진다.

중(中)에서는 경(更)과 수(睟)와 확(廓)에서 비롯해 하늘의 거듭 밝은 것을 본뜨고 우레와 바람이 빛나고 빛나 물(物)과 함께 때로 행한다. 음(陰)은 서북쪽에서 모이고 양은 동남쪽을 높이는데 안으로 비록 응함이 있으나 밖으로 지나치게 바른 것과 부딪친다. 용은 하늘에 근본하고 우두머리의 무리들은 끝이 없어서 남쪽으로 정벌하면 이로움이 없고 무너지는 빛을 만난다.

종(終)은 감(減)과 침(沈)과 성(成)에서 비롯해 하늘의 뿌리가 향하는 곳으로 돌아가 기를 이루고 정(精)을 거둔다. 들어가 모든 물(物)을 검열해 모든 우두머리가 우는 것이 어렵고 깊게 누런 것이 순일한 것과 합하고 넓게 모든 생명을 머금고 편안한 근본에 구름이 행해 때에 땅의 경영을 감독한다. 사특한 꾀와 높은 호흡은 이에 신령을 따라 곁에서 끝마침과 시작을 갖추어 하늘과 땅과 사람의 공로가 함께 모여져 바른 것이다.

하늘은 그 도(道)를 다스리고 땅은 그의 단서들을 쪼갠다. 음과 양이 섞여 남자도 있고 여자도 있다. 하늘의 도는 규(規:원)를 이루고 땅의 도(道)는 구(榘:곱자)를 이룬다. 규(規)는 움직여 두루 경영하고 구(榘)는 고요해 물을 편안하게 한다. 두루 경영하므로 능히 신명(神明)하고 물을 편안하게 하므로 능히 종류를 모은다. 종류가 모이므로 능히 부자가 되고 신명하므로 지극히 귀하다.

대저 현(玄)이란 하늘의 도이고 땅의 도이고 사람의 도(道)이다. 세 가지 도를 겸해 하늘이 명명한 것이 군주와 신하, 아버지와 아들, 지아비와 지어미의 도(道)이다.

一玄都覆三方 方同九州 枝載庶部 分正群家 事事其中 陰質北斗 日月眕營 陰陽沈交 四時潛處 五行伏行 六合旣混 七宿軫轉 馴幽 曆微 六甲內馴 九九實有 律呂孔幽 曆數匡紀 圖象玄形 贊載成功 始哉中羨從 百卉權輿[1] 乃訊感天 雷椎欷窜[2] 輿物旁震 寅贊柔微 拔根于元 東動靑龍 光離于淵 摧土[3]萬物 天地興新 中哉更晬廓 象天 重明 齾風炫煥 與物時行 陰酋西北 陽尙東南 內雖有應 外舐亢貞 龍幹于天 長類無疆 南征不利 遇崩光 終哉減沈成 天根還向 成氣 收精 閑入庶物 咸首囍鳴 深合黃純 廣含群生 泰柄雲行 時監地營 邪謨高吸 乃馴神靈 旁該終始 天地人功咸酋貞

天旬其道 地柂⁴⁾其緒 陰陽雜厠⁵⁾ 有男有女 天道成規 地道成榘⁶⁾ 規動周營 榘靜安物 周營故能神明 安物故能聚類 類聚故能富 神明故至貴 夫玄也者 天道也 地道也 人道也 兼三道而天名之 君臣父子夫婦之道

1) 百卉權輿(백훼권여) : 온갖 초목의 시초 백훼는 온갖 풀과 나무의 뜻. 권여는 사물의 기초
2) 雷椎欲窜(뇌추감담) : 뇌추는 천둥 소리. 감담은 안(內)를 움직이다.
3) 摧土(최토) : 최돌(催咄)의 뜻이다. 곧 재촉해 부르다.
4) 柂(치) : 쪼개다.
5) 雜厠(잡칙) : 섞이다.
6) 榘(구) : 구(矩)와 같다. 곱자.

현(玄)은 두 가지의 도(道)가 있다. 하나는 三으로써 일어서는 것이요, 하나는 三으로써 태어나는 것이다.

三으로써 일어서는 것은 방(方)과 주(州)와 부(部)와 가(家)이다.

三으로써 태어나는 것은 섞여서 양기(陽氣)를 나누어 세 번 거듭해 지극함이 구영(九營)이 되는데 이것은 근본은 같고 끝이 다른 것이 되어 천지(天地)의 경(經)인 것이다. 곁으로 위와 아래를 통하고 만물을 아우르는 것이다. 구영(九營)이 두루 흘러서 끝과 시작이 바르게 된다.

11월에 시작해 10월에 끝마친다. 거듭 9행(九行)을 벌려서 40일을 행한다. 진실이 안에 있는 자는 중(中)에 존재한다. 베풀어 나간 자는 선(羨)에 존재한다. 구름이 행하고 비가 내리면 종(從)에 존재한다. 절개가 변하고 도(度)를 바꾸면 경(更)에 존재한다. 보배가 빛나고 맑고 오롯이 하면 수(晬)에 존재한다. 중이 허하고 밖이 크면 확(廓)에 존재한다. 물러나 깎이고 부(部)에서 사라지면 감(減)에 존재한다. 떨어져 내려서 깊숙이 감추는 것은 침(沈)에 존재한다. 성명(性命)을 끝마치는 것은 성(成)에 존재

한다.

이런 까닭으로 一에서 九에 이른 것은 음과 양이 없어지고 태어나는 계산이다. 반대로 진열한다면 자(子)는 양(陽)이며 11월에서 낳고 음(陰)이 끝마치는 것은 10월에서 가히 볼 수 있다.

오(午)는 음(陰)이며 5월에서 낳고 양은 4월에서 마치는 것을 가히 볼 수 있다.

양(陽)을 낳는 것은 자(子)와 같은 것이 없고 음을 낳는 것은 오(午)와 같은 것이 없다. 서북에서는 자(子)의 아름다움이 다하고 동남(東南)에서는 오(午)의 아름다움이 다한다. 그러므로 一에서는 마음으로 생각하고 二에서는 반복하고 三에서는 뜻이 이루어지고 四에서는 편안해 느긋하고 五에서 나타나 밝아지고 六에서는 지극히 커지고 七에서는 무너져 덜어지고 八에서는 벗겨져 떨어지고 九에서는 모두 끊어진다.

신(神)이 나오는 것은 一보다 먼저 함이 없고 중화(中和)는 五보다 성대함이 없고 거만하고 빠른 것은 九보다 곤궁한 것이 없다.

대저 一이란 생각이 미세한 것이요 四란 복의 바탕이요 七이란 재앙의 계단이요 三이란 생각이 높은 것이요 六이란 복이 융성한 것이요 九란 재앙이 다한 것이다. 二와 五와 八은 三의 중(中)이며 복은 가고 재앙은 곧 나아가는 것이다. 九가 비어 베풀어 열어 주면 군자와 소인의 궁(宮)이 되는 바이다.

一로부터 三에 이른 것은 탐하고 천해 마음이 수고롭고 四에서 六에 이른 자는 부하고 귀해 높고 높으며 七에서 九에 이른 자는 허물을 떠나면 재앙을 범한다. 五이하는 자라나는 것을 일으키고 五이상은 없어지는 것을 일으킨다.

수(數)가 많은 것은 귀한 것을 나타내나 진실은 홀로이고, 수가 적은 것은 천함을 나타내나 진실은 풍요하다. 자라나고 없어지는 것을 알리고 귀하고 천한 것이 사귄다.

복이 이르면 재앙이 가고 재앙이 이르면 복이 도망한다. 어둠에 잠기면 도가 낮아지고 지나치게 다하면 도가 높아진다.

낮과 밤이 서로 돕는 것은 부부(夫婦)가 얽힌 것이다. 끝마침과 시작이 서로 낳는 것은 아버지와 아들이 계승한 것이다. 해와 달이 합하고 떠나는 것은 군주와 신하의 의(義)이다. 맹(孟 : 말)과 계(季 : 끝)가 차례가 있는 것은 어른과 어린이의 사이이다. 둘과 둘이 서로 합하는 것은 벗들이 모이는 것이다. 한번의 낮과 한번의 밤이 한 연후에 하루가 만들어진다.
  하나의 음과 하나의 양이 한 연후에 만물이 태어난다. 낮의 수는 많고 밤의 수는 적다. 달이 엿보고 해가 넘치는 것을 상(象)한 것은 군주는 행하면 빛나고 신하는 행하면 멸하며 군주의 도는 온전하고 소인의 도는 어그러진 것이다.
  一과 六은 겨레와 함께하고 二와 七은 벗과 함께하고 三과 八은 벗이 성취하고 四와 九는 도(道)를 함께 하고 五와 五는 서로 지킨다.
  현(玄)에는 일규(一規)와 일구(一榘)와 일승(一繩)과 일준(一準)이 있어 천지의 도를 종횡(從橫)하고 음과 양의 수를 따른다. 그 신명(神明)에 의지하고 그 어두운 곳을 밝혀 팔방(八方)의 평정한 도를 가히 얻어 살피는 것이다.
  현(玄)에는 六과 九의 수가 있어서 책(策)은 三과 六을 사용하고 의(儀)는 二와 九를 사용한다. 현(玄)은 그 18(十八)을 사용한다. 태적(泰積)의 요체는 18책(策)에서 시작해 54에서 끝마쳐 처음과 끝의 책수(策數)를 아울러 반(半)을 태중(泰中)이라고 한다.
  태중(泰中)의 수는 36책(策)인데 률(律)인 729찬(贊)으로써 도합 26,244책(策)을 태적(泰積)으로 삼는다.
  72책(策)이 1일이 되고 도합 364일 하고 반이 있어 모자라는 것이 가득해 해(歲)의 일도 합해 율력(律曆)이 행해진다. 그러므로 자(子)로부터 진(辰)에 이르고 진(辰)으로부터 신(申)에 이르고, 신(申)으로부터 자(子)에 이르러 갑(甲)으로써 관을 씌워 장(章)·회(會)·통(統)·원(元)이 월식(月食)과 함께 없어지는 것이 현(玄)의 도(道)이다.

玄有二道 一以三起 一以三生 以三起者 方州部家也 以三生者 參分陽氣以爲三重 極爲九營 是爲同本離末 天地之經也 旁通上下 萬物幷也 九營周流 終始貞也 始於十一月 終於十月 羅重九行 行四十日 誠有內者存乎中 宣以出者存乎羨 雲行雨施存乎從 變節易度存乎更 珍光淳全存乎睟 虛中弘外存乎廓 削退削部存乎減 降隊幽藏存乎沈 考終性命存乎成 是故一至九者 陰陽消息之計邪 反而陳之 子則陽生於十一月 陰終十月可見也 午則陰生於五月 陽終於四月可見也 生陽莫如子 生陰莫如午 西北則子美盡矣 東南則午美極矣 故思心乎一 反復乎二 成意乎三 條暢乎四 著明乎五 極大乎六 敗損乎七 剝落乎八 殄絕乎九 生神莫先乎一 中和莫盛乎五 倨劇莫困乎九 夫一也者 思之微者也 四也者 福之資者也 七也者 禍之階者也 三也者 思之崇者也 六也者 福之隆者也 九也者 禍之窮者也 二五八 三者之中也 福則往而禍則丞也 九虛設闢 君子小人所爲宮也 自一至三者 貧賤而心勞 四至六者 富貴而尊高 七至九者 離咎而犯菑 五以下作息 五以上作消 數多者見貴而實索 數少者見賤而實饒 息與消糾 貴與賤交 福至而禍逝 禍至而福逃 幽潛道卑 亢極道高 晝夜相丞 夫婦繫也 終始相生 父子繼也 日月合離 君臣義也 孟季有序 長幼際也 兩兩相闖 朋友會也 一晝一夜 然後作一日 一陰一陽 然後生萬物 晝數多 夜數少 象月闕而日溢 君行光而臣行滅 君子道全 小人道缺

一與六共宗 二與七共朋 三與八成友 四與九同道 五與五相守 玄有一規一榘 一繩一準 以從橫天地之道 馴陰陽之數 擬諸其神明 闡諸其幽昏 則八方平正之道可得而察也

玄有六九之數 策用三六 儀用二九 玄其十有八用乎泰積之要 始於十有八策 終於五十有四 幷始終策數 半之爲泰中 泰中之數三十有六策 以律七百二十九贊 凡二萬六千二百四十四策爲泰積 七十二策爲一日 凡三百六十四日有半 踦滿焉以合歲之日而律歷行 故自子至辰 自辰至申 自申至子 冠之以甲 而章 會 統 元[1]與月食[2]俱沒 玄之道也

1) 章會統元(장회통원) : 19세(歲)를 일장(一章), 27장이 일회(一會), 4회가 일통(一統), 3통이 일원(一元)이다.
2) 月食(월식) : 월식(月蝕)이다.

제2장 현고(玄告) : '주역'의 계사(繫辭)에 준(準)한다.

현(玄)은 신상(神象) 二를 낳고 신상(神象) 二는 규(規)를 낳고 규(規)는 삼모(三摹)를 낳고 삼모(三摹)는 구거(九據)를 낳는다.

현(玄)은 한번 본뜨면 하늘을 얻는다. 그러므로 구천(九天)이라 한다. 두 번 본뜨면 땅을 얻는다. 그러므로 구지(九地)라 한다. 세 번 본뜨면 사람을 얻는다. 그러므로 구인(九人)이라 이른다.

하늘에 세 번 의지하면 이에 이루어진다. 그러므로 시(始) 중(中) 종(終)이라 이른다. 땅에 세 번 의지하면 이에 형상한다. 그러므로 상(上) 중(中) 하(下)라 이른다. 사람에게 세 번 의지하면 이에 나타난다. 그러므로 사(思) 복(福) 화(禍)라 이른다.

아래서 합하고 위에서 합해 나가고 들어오는 것이 구허(九虛)이다. 적게 비우고 크게 비워 두루 구도(九度)를 행한다.

현(玄)이란 신(神)의 우두머리이다. 하늘에 나타내지 않음으로써 현(玄)이 되고 땅에 형상하지 않음으로써 현(玄)이 되고 사람의 마음 속에 함으로써 현(玄)이 된다.

하늘의 아랫목은 서북쪽이며, 답답하게 해 정(精)을 화(化)한다. 땅의 아랫목은 황천(黃泉)이며 백(魄)이 숨어서 번영한다. 사람의 아랫목은 사려(思慮 : 생각)이며 정(精)이 이르러 머금는다.

하늘은 활처럼 굽어서 하(下)로 두루하고 땅은 뒤섞여 상(上)으로 향해 사람은 많고 많아 중(中)에 처했다.

하늘은 가지런히 다했다. 그러므로 그 운행이 그치지 않는다. 땅은 무너져 내려서 고요하다. 그러므로 그 태어나는 것이 더디지 않는다. 사람은 하늘과 땅에 따른다. 그러므로 그 시행함이 다하지 않는다. 하늘과 땅이 상대하고 해와 달이 서로 상처내고 산과 개울이 서로 흐르고 가볍고 무거운 것이 서로 뜨고 음과 양이 서로 잇고 높고 낮은 것이 서로 더럽히지 않는다.

이런 까닭으로 땅은 험하고 하늘은 엄하며 달은 빠르고 해는 맑으며 오행(五行)은 번갈아 왕(王)을 하고 네 계절은 함께 씩씩하지 않는다.

해는 낮에 빛나고 달은 밤에 빛나고 묘성(昴星)은 겨울에 오르고 화성(火星)은 여름에 오른다.

남과 북이 자리를 정하고 동과 서가 기를 통하고 만물이 그 속에서 섞여 떠난다.

현(玄)의 일덕(一德)은 오행의 상생(相生:낳다)에서 일어나고 일형(一刑)은 오행의 상극(相克)에 일어난다. 오행의 상생은 서로 멸하지 아니하고 오행의 상극은 서로 거역하지 않는다. 서로 멸하지 않으면 이에 능히 서로 계승한다. 서로 거역하지 않으면 이에 능히 서로 다스린다. 서로 계승하면 아버지와 아들의 도가 되고 서로 다스리면 군주와 신하의 보배가 된다.

玄生神象二 神象二生規 規生三摹 三摹生九據 玄一摹而得乎天 故謂之九天 再摹而得乎地 故謂之九地 三摹而得乎人 故謂之九人 天三據而乃成 故謂之始中終 地三據而乃形 故謂之下中上 人三據而乃著 故謂之思福禍 下欯上欯 出入九虛 小索大索 周行九度

玄者 神之魁也 天以不見爲玄 地以不形爲玄 人以心腹爲玄 天奧西北 鬱化精也 地奧黃泉 隱魄榮也 人奧思慮 含至精也 天穹隆而周乎下 地旁薄¹⁾而向乎上 人舂舂²⁾而處乎中 天渾而撣 故其運不已 地隤而靜 故其生不遲 人馴乎天地 故其施行不窮 天地相對 日月相劌 山川相流 輕重相浮 陰陽相續 尊卑不相瀆 是故地坎而天嚴 月遹而日湛 五行迭王 四時不俱壯 日以昱乎晝 月以昱乎夜 昴則登乎冬 火則登乎夏 南北定位 東西通氣 萬物錯離乎其中 玄一德而作五生 一刑而作五克 五生不相殄 五克不相逆 不相殄乃能相繼也 不相

逆乃能相治也 相繼則父子之道也 相治則君臣之寶也
1) 旁薄(방박) : 뒤섞이다.
2) 暋暋(민민) : 많고 많다. 민민(芚芚)과 같다.

　현(玄)은 일(日)을 쓰고 두(斗)를 쓰고 월(月)은 쓰지 않고 항상 가득해 허(虛)를 운전한다.
　세(歲)가 편안함을 다하면 해(年)가 병들어 19년에 일곱 번 윤달이 있어 하늘이 배상한다. 양(陽)이 움직여 토하면 음(陰)이 고요하게 모이고 양의 도(道)가 항상 넉넉하면 음의 도(道)가 항상 궁핍함이 음과 양의 도(道)이다.
　하늘은 건강해 높게 움직여 한번의 낮과 한번의 밤이 스스로 반복해 여유가 있다. 해는 남쪽과 북쪽에 있고 달은 가는 것이 있고 오는 것이 있다. 해가 남쪽으로 아니하거나 북쪽으로 아니하면 겨울도 없고 여름도 없다. 달이 가지도 않고 오지도 않으면 보름이나 그믐이 이루어지지 않는다.
　성인(聖人)은 그믐달과 초하룻달의 기울어지고 숨는 것의 변화를 살피고 해와 달의 자웅(雌雄)의 차례를 법해 그침이 없는 것을 법한 것이다. 그러므로 현(玄)은 크게 천원(天元)을 따라 자주 끌어서 장차 오도록 하는 것이다.
　커서 모난 곳이 없고 바뀌는 것이 때가 없는 연후에 귀신이 되는 것이다.
　신(神)은 육종(六宗 : 천지사방)에서 놀고 혼백과 만물은 항상 비었다. 그러므로 현(玄)의 사(辭)는 잠겨서는 아래에서 궁하고 떠서는 위에 사이하고 자잘해도 끝이 있고 흩어졌다 모인다. 아름다운 것은 맛으로 다하지 않는다. 큰 것은 그 무리를 다하지 않는다. 위로 연결하고 아래로 연결해 일방(一方)으로만 아니한다. 멀고 가까운 것이 떳떳한 것이 없어 종류로써 행한다. 혹은 많고 혹은 적더라도 일은 밝은 것에 적당하다. 그러므로 천지(天地)를 잘 말하는 자는 인사(人事)로써 하고 인사를 잘 말하는 자는 천지로써 한다.

　밝고 어두움이 서로 미루고 해와 달이 지나가고 해마다 서로 움직여 하늘과 땅이 더욱더 도야하여 신명(神明)이 다하지 않는다고 이른다. 근본에 근원한 것은 말미암기 어렵고 끝에서 흐르는 것은 따르기가 쉽다. 그러므로 종조(宗祖)가 있는 자는 효도를 일컫고 군주와 신하가 차례한 것은 충성을 일컫는다. 진실로 대훈(大訓)으로 고한다.

　玄日書斗書 而月不書 常滿以御虛也 歲寧悉而年病 十九年七閏 天之償也 陽動吐而陰靜翕 陽道常饒 陰道常乏 陰陽之道也 天彊健而僑蹔 一晝一夜 自復而有餘 日有南有北 月有往有來 日不南不北 則無冬無夏 月不往不來 則望晦不成 聖人察乎朓朒側匿[1]之變 而律乎日月雌雄之序 經之於無已也 故玄鴻綸天元 婁而抴之於將來者乎

　大無方 易無時 然後爲神鬼也 神斿乎六宗 魂魂萬物而常沖 故玄之辭也 沈以窮乎下 浮以際乎上 曲而端 散而聚 美也不盡於味 大也不盡其彙 上連下連非一方也 遠近無常以類行也 或多或寡事適乎明也 故善言天地者以人事 善言人事者以天地 明晦相推 而日月逾邁[2] 歲歲相盪 而天地彌陶 之謂神明不窮 原本者難由 流末者易從 故有宗祖者則稱乎孝 序君臣者則稱乎忠 實告大訓

1) 朓朒側匿(조육측익) : 조는 그믐달. 육은 초하루달. 측은 기울다. 익은 숨다의 뜻.
2) 逾邁(유매) : 경과하다. 지나가다.

태현경 원문자구색인(原文字句索引)

〔가〕

可觀者聖人之德也/414
可久者天地之道也/414
家無壺/191
家無壺無以相承也/191
苛法張也/197
可法則也/229
鴻鵠之慘/158
鴻鵠慘于氷/158
可與過其/50
可與有要也/247
家嬴入部/394
家用不臧也/193
可以爲庸/37
可以卒其所聞/75
可以周天下/409
可以止不可以伐往由/166
可以進而進/108
家一置一二置二三置三/402
可聽者聖人之極也/414
可曾則反乎冥矣/406
各得其度/244
各由厥彙/414
各有守也/60
刻以制之/406
各遵其儀/134
角觟觟終以直其有犯/358
角觟觟終以直之也/358
干/68
幹干於天貞馴/70
幹干之貞/70
干骨之時/69
干祿也禮方也/374
干祿回也/69
干矛之爭/137
幹不幹擱于營/246
幹不幹不能有寧也/246
間不容鬐/144
干言入骨時貞/69
干于浮雲/71
干鍼蛾蛾/165
幹柔幹弱/129
幹柔柔勝謄也/129
干在朝而內在夕/377
幹楨利于城/245
幹楨之利/245
減/257

坎坷其輿/325
減其儀利用光于階/258
減其儀欲自禁也/258
減其疾不至危也/260
減其疾損其卹厲不至/260
坎我西階/300
減於艾無以莅衆也/258
減於艾貶其位/258
減一而九之/403
鑒貞不迷/313
減絲利用登于西山臨
　　于大川/261
減絲之登/261
減黃貞/259
減黃貞臣道丁也/259
甲己之數九/402
彊/178
彊其襄勉其弱/181
彊其襄勉白彊也/181
降陰幽藏存乎沈/421
彊善不倦劇惡不息/375
彊也健後也弱/377
剛柔接矣/379
剛柔之相干/382
彊于古貞/178
彊中否貞無攸用/178
改過更生也/83
蓋藏車載/140
開明而前/115
皆生黃鐘/402
改于尸尙不遠也/343
蓋偏不覆/255
癸無糈其腹坎坎/317
居/190
去/302
偃劇莫困乎九/421
去其德貞/305
居平足位難遇乎詘/375
去于臣主/304
去于子父/304
去離故而將來初/377
蹻戰嗟嗟/164
去此靈淵/303
去彼枯園/303
攓綺與襦/345
攓其衣之庭有槾/304
攓衣有槾/304
建侯開國/414
格/122
撰繫其名/394

格其珍類/124
格其珍類龜緬厲/124
格內善失貞類/122
格內善中不宵也/122
格內善幽貞/122
格內惡幽貞妙也/122
格不容而昆寬裕/377
擊石彈絲/414
格我無邪/197
擊之刺之/86
格彼擎堅/125
格好也是而疑惡也非/374
堅/327
見其背不見其心/94
見其造也/37
見難而誠/104
見未形也/355
堅白玉形/328
堅白玉形內化貞/328
堅不淩不能持齊也/328
堅不淩或泄其中/328
牽象養病/365
見小勿用/175
見粟如鞏/297
見粟如鞏明/297
繭純于田/176
見矢自升/140
見豕在堂/191
牽羊示于叢社/275
牽羊于叢/275
見于鞏幾不足高也/234
見于鞏後乃克飛/234
見鷺及獺/233
見鷺跸于林/233
見而知之者智也/381
堅顒觸豕/330
牽車剝茶/177
見血入門/206
決其聾飪/152
決不決/153
決不決羞及身也/153
決欲招寇/280
箝鍵墊墊/69
箝鍵墊墊匪貞/69
謙大有也/188
謙道光也/303
謙不誠也/55
兼三道而天名之/418
兼制而博用者公也/381
謙之靜也/58

箝知休咎/388
兼貝以役/90
謙虛大也/89
袷禩何綬/223
袷禩何綬玉貞/223
更/147
頸加于燴/235
頸加維紖/235
庚斷甲/153
庚斷甲誼斷仁也/153
經六衢商旅事也/160
經六衢周九路/160
更變而共笑普久而益憂/374
更不更不能自臧也/150
更不更以作病/150
經不緯無以成其誼/391
鯁不脫毒疾發鬼上壟/366
更御乃良也/150
經緯交錯/386
經緯所遇也/390
經緯陳也/199
營者與之/382
更造新常因故/377
輕重相浮/423
更之小得/149
經之於無已也/425
鯁疾之發/366
敬出心也/228
經則有南有北/32
蹟虹跋車/353
稽其門闢其戶/380
季仲播軌/161
繫之泰始/382
階天不悉/415
股脚膿如/137
故君子內正而外馴/391
故君子得位則昌/409
故君子藏淵足以禮神/406
故貴賤序/384
古今未諸/411
叩其鍵然後乃應/380
高其步之堂有露/304
故其生不遲/423
故其施行不窮/423
故其運不已/423
固其氏也/329
固難承也/334
故大受性命而無辭也
　　故否/409
故利其爲主也/409

故萬物罔乎北直乎東蒙
　乎南會乎西冥乎北/406
故罔者有之舍也/406
故罔之時玄矣哉/406
高明足以覆照/406
高步有露安行也/304
故不擢所有/388
故夫抽天下之蔓蔓/388
故思心乎一/421
高山大川/50
姑洗生應鐘/399
故善言天地者以人事/425
故聖人著之以祀典/414
故首尾可以爲庸也/408
故首者天性也/414
故水包貞/409
考神明之隱/414
故十有八策/394
故惡福甚者其禍亢/391
故曰假哉天地/386
故曰罔直蒙酋冥/406
故王廢勝王囚王所勝死/399
枯柁生莠/301
故謂之九人/423
故謂之九地/423
故謂之九天/423
故謂之近玄/384
故謂之思福禍/423
故謂之始中終/423
故謂之遠玄/384
故謂之下中上/423
故愈新也/269
故有一二三/386
故有宗祖者則稱乎孝/425
故律四十二/402
故擬水於川/414
故因而能革/390
高人吐血/79
古者寶龜而貨貝/414
古者不霆不虞/388
故自子至辰/421
高者下之/382
考終性命存乎成/421
故知因而不知革/390
故質幹在乎自然/388
故推之以刻/384
高亢其位/173
故玄聘取天下之合而
　連之者也/380
故玄者用之至也/381
故玄之辭也/425
故玄卓然示人遠矣/380
故玄鴻綸天元/425
曲其故迕其塗屬之訓/79
曲其故爲作意也/79

穀失疏數/254
曲而端散而聚/425
谷在于淵/64
昆/252
鵾雞朝飛/159
鵾雞朝飛踔于北/159
昆道尙同/252
昆侖旁薄/35
昆侖旁薄大容也/410
昆侖旁薄幽/35
昆侖旁薄資懷無方/410
昆侖天地而產著/394
昆白不黑/254
昆于白失不黑/254
昆于死棄寇遺/256
昆于死棄厥身也/256
昆于危難/256
昆于井市/255
昆于不可謂人也/253
昆于黑不知白/253
昆諸中未形乎外/408
困諸中也/258
骨榮其肉/344
骨榮其肉幽/344
恐見咎也/305
孔道夷如/77
孔道之夷/77
孔廌一爲儀/229
恐遇害也/75
恐入室也/54
恐終晦也/84
控弧擬麋無/290
過其枯城/83
過其正也/276
絓羅于野至/200
螺贏取之不迁侮/171
戈乂往來/103
戈矛往來以其貞不悔/103
過門折入/81
過喪錫九矢/229
過小善不能至大也/81
過小善善不克/81
過以洗也/341
過以衰也/86
郭之化/218
郭其目觽其角/125
廓其外虛其內利鼓鉦/222
郭目觽角/125
郭無子室石婦/220
郭無子焉得後生也/220
廓外虛內/222
廓之恢之/219
蘇枯木丁衝振其枝/107
冠秈爲戟/414
關其門戶/323

觀其所遭遇/414
觀其施辭/388
蘇木之振/107
關無鍵盜入門也/52
關無鍵舍金管/52
觀始中決從終/395
攔神明而定摹/379
觀鳥龜之理/382
冠之以甲/421
冠戚履賤/230
冠戚胝履全履/230
管弦嘈嘈/132
狂寒寒禍邁福遠/360
狂馬撜木/355
狂馬撜木妄生也/355
光亡于室/337
廣也包軫/384
曠然廓人大矣/380
狂銳之遺/93
狂銳瀘/93
光于己也/139
光離于淵/417
狂作眯淫亡/276
狂章章不得中行/116
狂章章進不中也/116
狂之寒寒/360
狂衝于冥/270
廣舍群生/417
乖其道也/61
魁而顏而/280
兘羊之毅/157
兘羊之毅鳴不類/157
交/100
交多友唅少與/377
喬木維摐/233
喬木之鳥/233
交相從也唅不通也/374
交于木石/101
交于駕猩/102
交于戰伐/104
交于戰伐不貞/104
交于鳥鼠/103
交于鳥鼠徒費也/103
蛟潛於淵/204
蛟潛之化/204
膠漆釋弓不射角木離/123
膠漆釋信不結也/123
狗繫之远/191
九貞有/417
九竅一六爲前爲耳/402
求其疏穀/324
口喋嗷唅無辭/262
九年一爲一十/402
寇望其戶迷利/232
曰無杵以其碓舉/269

曰無杵其守貧也/269
矩范之動/390
九事一爲規模/402
九序一爲孟孟/402
咎成不詰/243
求星從牽牛始除算盡/403
九屬一爲玄孫/402
求我不得/306
求安宅也/346
九也者禍之窮者也/421
九營周流/421
九位重施/386
歐而至也/197
九人一爲下人/402
口自傷也/285
集靜安物/418
臼竈生鼃/318
九宗之好/276
九地一爲沙泥/402
九天一爲中天/402
九體一爲手足/402
咎則逢陰/394
求表之贅/403
九虛設闢/401
國家以通/414
國家之矩范也/390
國空虛也/329
國以喪也/310
國任彊也/156
國之蘗也/302
國之賊也/214
群鬼之門/275
君道隆也/116
群倫抽緒/386
群倫品庶/386
君辭乎中/410
君不君也/51
君父遇辱匪正命/209
群士擢也/91
君臣父子夫婦之道/418
君臣常也/242
君臣義也/421
君臣之道/240
君臣之制/414
群陽不守/268
群陽之守/268
君子彊梁以德/180
君子介心/278
君子慶小人傷/89
君子寬裕足以長衆/409
君子內傷也/344
君子能此五者/406
君子道全/421
君子得時/125
君子得時也/179

君子利用取嬰遇庸夷/301	厥德暉如/292	謹于嬰孰/299	棄盛乘衰也/242
君子自拔也/169	厥道然也/140	近有見也/232	其所循也曲/388
君子不成/335	厥美可以達于瓜苞/97	勤有成功/361	其所循也大/388
君子否信/285	厥正反也/342	勤有成功幾于天/361	其所循也小/388
君子不足/155	貴當位也/38	近玄者玄亦近之/384	其所循也直/388
君子說器/156	鬼待敬也/275	近玄之象也/384	其所賤惡皆曰禍/391
君子所以實表也/391	鬼瞰其室/344	唫/261	其心腐且敗/139
君子小人所爲宮也/421	鬼神耗荒/414	唫其穀/263	其心予覆夫謂/62
君子所止也/326	鬼神無靈/274	唫其穀不得相希/263	其言柔且穀/156
君子修德以俟時/408	鬼神以祐曰福/391	唫不予人所違也/262	其用不已冥/332
君子乘位/409	鬼神以無靈/274	唫于夫夫婦處/262	其用爽也/195
君子視內/291	貴與賤交/52	唫不雨孚乾脯/265	奇耦異氣/414
君子養吉/375	歸于墳也/366	唫不雨何可望也/265	祇牛之兆肥不利/365
君子讓隣也/136	貴以信也/52	今獄後穀/121	奇耦推演/386
君子養病/365	鬼卽訾之/247	唫于丘園/264	奇爲所得日之晝也/403
君子年高而極時者也歉/409	貴賤位也/230	唫于體骨肉傷也/264	其唯君子乎/408
君子于辰/179	鬼魂疑嚶鳴/289	唫于體黃肉毀/264	其唯不仁不誼乎/409
君子有斯/152	鬼魂之疑/289	唫于血膕自肥也/262	其唯玄乎/380, 382
君子攸名/157	嗛呱咔咔/131	唫于血資乾骨/262	其泣呱呱/359
君子有中/359	規動周營/418	唫遇禍大費當也/264	其意感感/205
君子攸行/139,173	規生三摹/423	唫遇禍禱以牛解/264	企而望之在乎前也/380
君子應以大稷/202	窺之無聞/166	唫則疑形/379	棄而忘之在乎後也/380
君子以終也/335	規之者思也/382	及其俛則不見也/384	奇以數陽/386
君子以之洗于愆/341	劇/343	及其心腹厲/319	其以爲度也/402
君子以解崇也/71	極廓高庸/222	兢股鞭馬/232	其以爲律呂也/399
君子日彊其所不足/380	極廓于高庸/222	兢其股鞭其馬/232	其人顚且蹶/181
君子自晦不入窮/308	極懼墜也/200	其家不旨/193	其人暉且偈/338
君子將衰降/353	克國乘家/54	其可損益輿/388	其在聲也/399
君子在玄則正/409	極大乎六/421	飀角之吾/359	其敵堅也/52
君子積善/279	棘木爲杆/414	其幹已良/173	其靜也日減其所爲/384
君子之道也/391	極文密處/227	其繭不黃/354	其政退也/176
君子至野/221	極文之易/227	其求窮也/324	其從其橫/242
君行光而臣行滅/421	極動窮情/411	其勤其勤/362	其中裔不歆不食/211
軍或輿車/163	極三爲推/394	其唫非也/263	其知亡也/143
屈角直足/109	極上則運/409	跨跨所生/367	其志齦齲/170
詘其角直其足/109	極盛不救/189	其內竅換/336	其志儴儴/364
詘其節執其術共所殉/106	極守厥家/190	其德珍黃/348	其陳陰陽/36
詘道致信/384	極殖中央/386	其道更也/149	其疾不割/321
詘節共殉/106	克我彊梁/180	其道多也/128	跨贊一/367
窮/315	極樂之幾/134	其道當也/174	其體乃莊也/193
躬去于成/305	極陽徵陰/201	其道明也/297	其體不慶也/191
窮其窮而民好中/315	極焉以通璇璣之統/382	其道更也/190	其體不全也/139
窮其窮情在中也/315	極熱生寒/384	其道逆也/361	其害不遏/353
弓反馬佷/326	極爲九營/421	其道迂也/117	氣形乖鬼神阻/409
窮不窮詐可隆/316	極二爲三/394	其道游冥而挹盈/384	氣形惡得在而不反乎/409
窮不窮而民不中/316	極一爲二/394	其道長也/210	其禍福雜/391
窮思達/316	極則反也/339	其動也日造其所無/384	其禍不大/45
窮思達師在心也/316	極寒生熱/384	其得不美/85	其禍泣萬物/335
弓善反弓惡反/326	勤/358	其得不復/239	幾後之傾/189
宮庸之爵/109	勤功忌食/360	跨滿豪以合歲之日而律歷行/421	吉凶見故善否著/384
宮爲君徵爲事商爲相角爲民羽爲物/399	勤謀否貞/358	其亡其亡/81	吉凶交瀆/388
窮則更生/382	勤謀于心否貞/358	其變赤白/339	吉凶以形/386
悾不无忌不地/410	謹問其姓而審其家/414	其輔彊也/352	吉凶之魁/43
悾悫而能乎其事者/410	近復還也/81	其上也縣天/384	金幹玉楨/219
	勤于力放倍忌食/360		金幹玉楨廓于城/219

원문자구색인　429

金剛肉柔/181

〔나〕

懦撓其剛/242
羅重九行/421
難/355
難無間雖大不勤/356
難無間中密塞也/356
鸞鳳紛如/292
亂不極則德不形/408
難我冥冥/355
難幽養也/226
卵破石瓡/356
卵破之瓡/356
男女不相射/414
男女事不代之字/144
男女事非厭務也/144
南北爲經/386
南北定位/423
男死婦嘆也/315
南呂生姑洗/399
男子目珠/204
男子折笲/315
男子之貞/268
南征不利遇崩光/417
囊失括泄珍器/349
囊失括臣口溢也/349
狼盈口不顧害也/138
狼盈口矢在其後/138
內/299
內堅剛也/155
乃貫以棘/228
內其明不用其光/291
內其明自窺深也/291
乃能有聞也/222
乃能有全也/291
乃大施之/230
內蹈之瑕/163
乃覆之安/256
內不克婦/302
內常徹女不正也/241
內常徹女貞厲/241
內相失也/336
內恕以量也/97
內雖有應/417
乃馴神靈/417
乃訊感天/417
內有主也/106
內自治也/151
乃從天墜也/71
乃綜平名/30
內懷其乘/158
內懷替爽/249
內曉無方也/96

乃後有孚/276
乃後有鑠/153
乃後有鉞/153
女男事年不誨/145
女男事終家不亨也/145
女不安/62
女不安大可醜也/62
勞牽不其鼻于尾弊/361
勞牽之弊/361
鑪鈞否利用止/352
鑪鈞否利內傷也/352
老得勢也/75
老木生蒂/251
勞不得也/362
老父撋車/193
勞有恩勤/359
勞有恩勤惓惓/359
勞踏踏躬殉國也/361
勞踏踏心爽蒙柴不却/361
農畷穀尸將班于田/162
雷椎歛實/417
靁風炫煥/417
累卵業業/82
累卵業業懼貞安/82
䰞老及族/263
累於于牆屋/206
縈于絣厭職迫也/346
絭項于郊/318
能格平群陰/122
能更其御/150
陵卵化之/204
能有成也/320
能以偶物者通也/381
能自改也/340
能自非也/217
能自中也/284
能作能休/104
陵崢岸峭/95
陵崢岸峭陁/95
能處中也/333

〔다〕

多其變而不多其文也/388
多欲往也/73
多田不婁/234
斷/151
斷多決而疑猶與/377
斷多事窮無喜/374
斷得理也/152
短臨長也/73
斷心滅斧/151
斷我否/8
斷我否食可恥也/152
斷而決之者勇也/381

日則用經/395
達/96
達笞終譽/100
達思通窮思索/377
達于中饋/98
達于笞貞終譽/100
達于芝割/99
達日益其類減日損其彙/374
獺入于淵征/233
哈函啓化/386
唐/236
當來者始/414
唐冥之利/236
唐無適道義之辭/237
唐無適惟義予也/237
唐素不貞/237
唐不獨足/238
唐收穰復亡也/239
唐收穰社鬼輟哭/239
當時則貴/406
當往者終/414
唐于內無執守也/236
唐于內勿作屬/236
當以實也/227
唐處冥利用東征/236
唐蕩蕩而閑瘞塞/377
大/214
大開帷幕/85
大開之疆/188
大經營/220
大君不閑/54
大君在無後/169
大圈閡閔/102
帶其鈎鐇/43
大其慮躬自鑢/215
大其慮爲思所傷也/215
大其門郊/216
大達無畛/98
大度檢檢/246
大度傾也/245
大斂大顚/177
大斂之顚/177
大擱之階/245
大滿碩施/280
代母情也/300
大無方易無時/425
戴無首焉用此九/231
大文彌樸/224
大美無基也/180
大兵雷霆/164
大兵雷霆震其耳/164
大腹決其股脫/152
大腹決脫/152
大不大利以成大/216
大不大以小作基也/216

大奢迂自削以觚/217
大受性命否/37
大晬承愆/184
大晬承愆易/184
戴神墨履靈式/240
戴神墨體一形也/240
大失小多失少/217
大失小禍由徼也/217
大樂無間/133
大惡之比/168
大也不盡其彙/425
大也外而翕也內/377
大陽乘陰/386
大呂生夷則/399
大輿之憂/77
大永于福/251
蹐于狌獄/317
大位力也/48
戴威滿頭/155
大幽之門/166
大人德也/360
大人獨見/116
大人有克/360
大人之門/187
大人之饗/213
大人震風/284
大雀拔翾/352
大爵將飛拔其翾/352
大爵集于宮庸/109
大將得志也/160
大貞乃通/32
大終以蔑/218
大跌過其門/82
大跌不入/82
大車川川/356
代天班祿/238
大貪利也/337
大統明也/197
大恨民也/165
大虛旣邪/78
待賢煥光也/102
戴禍較也/346
戴禍顏而/346
德光皓也/292
德不均也/255
德不能滿堂也/221
德不能也/173
逃/231
度/244
道可分也/321
道可長久/248
道德亡也/155
盜德嬰城/235
滔滔往來/243
盜蒙決夬/154

430 태현경(太玄經)

盜蒙之決妄斷也/154
道不得也/48,183
徒費日也/226
道四通也/98
圖象也告其所由往也/414
圖象玄形/417
逃水之夷/231
徒飾外也/88
逃有避爭有趣/377
到耳順止/146
到耳順止事貞/146
道足嗜也/338
盜之招也/280
徒好外也/293
獨居而樂/408
督九夷也/216
獨思而憂/408
獨失中也/335
獨樂款款/130
獨樂款款及不遠/130
獨狩逝逝/74
獨曉隅方也/98
童/83
童寡有而度無乏/374
東南射兕/61
東南則午美極矣/421
動能有斷決/151
泂泂不屈/96
東動靑龍/417
凍登赤天/367
同冥獨見/307
同冥獨失幽貞/307
童無知而盛有餘/377
童齔觸犀/87
童齔觸犀灰其首/87
東西爲緯/386
東西通氣/423
動截其得/56
童牛角馬/149
凍于氷瀆/355
動于響景/119
動有悠/305
動有爲也/119
動以歷靜/386
動而無名/119
動而無名酋/119
動而磑磑/46
同一倫也/255
動之丘陵/120
動之丘陵失澤朋/120
冬至及夜半以後者/384
動止徵章/408
東辰以明/85
童親不貞/174

杕黃疑金中/288
杕黃疑中/288
斗一南而萬物盈/384
斗一北而萬物虛/384
斗之南也/384
斗振天而進/386
得其膏滑/338
得其勞力/212
得亡之門/101,391
得福而亡禍也/391
得不慶也/85
得士女之貞/208
得位益尤也/180
得人無疆也/172
得人無兀/280
得在後也/107
得正美也/295
得七而九/242
得彼中行/81
得賢臣也/78
登于茂木/64

〔라〕

覽衆明也/85
戾/59
戾其腹正其背/60
戾內反廓外違也/374
戾腹正背/60
斂/174
斂利小刑/176
斂也得失亡福/375
斂于時利圍極菑/177
斂于時奚可幾也/177
斂之資也/177
賴君達也/169
賴于天貞/350
賴彼峽啤/91
藝而拊之於將來者乎/425
瀏溓溓減于生根/260
瀏溓之減/260

〔마〕

剌之於生/414
莫見其根/347
莫不曹曹/311
莫不被則/194
莫若平歸/410
莫違我施/196
莫之能仆/388
莫之能奪/388
莫之代也/49
慢其思慮/388
滿其倉蕪其田/342

萬物各唅/261
萬物窮遽/315
萬物乃纕/380
萬物莫不彊梁/178
萬物幷也/421
萬物攸歸/277
萬物融融/116
萬物宜明/161
萬物攸徵/257
萬物資形/30
萬物將亡/231
萬物之旣/299
萬物錯離乎其中/423
萬物粲然/223
萬物咸度/190
萬物該兼/386
萬物丸蘭/166
萬民以賴/414
萬世不易/240
滿食蕪田/342
罔衰於玄/386
亡其規矩/195
亡大臣也/320
罔蒙相極/406
罔北方也冬也未有形也/405
罔舍其氣/406
亡于時文則亂/226
罔之時玄矣哉/406
罔直蒙酋乃窮抒神域/410
罔直蒙酋冥/405,406
罔直蒙酋贊群冥也/410
亡彼愁廣/133
亡彼瓏璁/237
每以下人/391
孟季有序/421
盲征否/307
盲征否明不見道也/307
滅國喪家/310
滅其創迹/231
滅鼻之貞/337
滅項于血/322
明降于幽/309
明恐挫也/308
冥交不貞/100
冥交于神齊/100
冥交有孚明如/101
冥交之孚/101
冥其繩矩/151
冥斷否在塞耳/151
冥斷否中心疑也/151
冥德之僕/108
冥德俟天昌/108
螟蛉不屬/171
明明于征/238
冥駁冒睟/183

冥駁冒睟睟于中/183
冥反其奧/406
冥兵始火入耳/162
冥兵之始/162
明腹睽天/312
明腹睽天覩其根/312
明不晦無以別其德/391
明王命也/289
冥者明之藏也/406
冥自少眇于謙/55
冥自少不見謙也/55
明者定之/382
冥積否始而在惡也/278
冥積否作明基/278
冥賊之僕/108
冥賊俟天凶/108
鳴從不臧/113
鳴從之亡/113
明珠彈于飛肉/239
明珠彈肉/239
冥進否邪作退也/115
冥進否作退母/115
明察笑也/247
鳴鶴不怨/65
鳴鶴升自深澤/65
冥化否貞/147
冥化否貞若性/147
明晦相推/425
明晦所以昭事也/391
摹法以中/195
摹法以中克/195
貌不交/262
貌不交道微也/262
毛羽雖衆不得適/352
謀合其適/388
目穆穆足肅肅/228
穆穆肅肅/228
目上于天/183
目上耳下/183
木以止漸增/88
木止漸增/88
沒所芳也/337
瞢/311
蒙極其修/406
蒙南方也夏也物之修長
　也皆可得而載也/405
瞢瞢之離/314
瞢腹睽天/312
蒙柴求兕/85
蒙者亡之主也/406
瞢好明其所惡/314
瞢好之惡/314
蔑德靈微失/340
蔑德之失/340
眇然絶人眇矣/380

원문자구색인 431

廟戰內傷也/163
昂則登乎冬/423
務/138
無可爲也/86
無可獲也/279
無角無翼/414
無間之闋/336
無介倍離之劇/343
無根繁榮孚虛名/65
務其事而不務其辭/388
無能見也/312
無冬無夏/414
無法則不成/414
無不懷也/133
無射生仲呂/399
無私容也/238
無爽故可觀也/414
無喪無得/267
務成自敗/142
無所繫絞者聖/381
無所措足也/345
無所統一也/350
無首之藏/231
無雄有雌/51
無而能有/408
無以辨也/312
無以自匡/124
無以制也/123
無益人也/140
毋自勞也/235
無資先文失貞也/282
無貞有邪/203
無際一尾三角/254
無質飾先文後失服/282
無則治有/386
務則喜而去則悲/374
無擇故可聽也/414
無敗故可久也/414
無害心也/253
無或改造/414
墨斂鐵鐵/175
墨養邪元函匪貞/363
墨養邪中心敗也/363
默而得其所者玄也/380
嘿而該之者玄也/380
文/223
文蔚質否/224
文爲藻飾捉擬也/414
文在內也/223
聞貞增默/88
聞貞增默識內也/88
文質班班/223
文軍同軌/255
物各乖離/59
物改其靈/147

物謙然能自戢/55
物競堅彊/327
物慶類也/301
物繼其彙/42
物企其足/111
物僅然咸未有知/83
物登明堂/100
物莫不達/96
物莫相干/265
物喪其紀/390
物相崇聚/274
物生而難/46
物信其志/154
物失其均/390
物失其基/390
物失其則/390
物失明貞/311
物仰其墨/194
物與蓋盍/214
物與有禮/227
物與爭訟/134
物竅然盡滿厭意/186
物濟成形/331
物之生也/92
物之所尊曰人/410
物之形貌咸可視/290
物差无字/80
物且濫濫/236
物出溱溱/115
物則信信合致其力/142
物則增益/87
物則平易/126
物退降集/270
物咸得其願/108
物咸扶狩而進乎大/72
物陷不測/339
物咸喪明/306
物咸遯而迎之/203
物咸鄙離/286
物咸重光/182
物咸倡偶/302
物咸親睦/170
物咸喜樂/130
味甘臭芳形殖/399
味苦臭焦/399
美厥靈根/363
未得縱扶/359
未得正彳/75
迷目達腹/99
微微而章章/384
迷腹達目/97
未成而烝/332
味辛臭犀形革/398
徼失自攻/80

微失自攻端/80
美也不盡於味/425
徼陽邸冥霜力於內/358
微于辭見上疑/285
徼陰據下/158
微陰小斂於內/174
美日大也/124
迷自守不如一之有/266
迷自守中無所以也/266
味鹹臭朽形下/399
味鮮之饗/213
民得以燠/414
閔綿之戚/176
民說無疆也/120
民所望也/149
民神禽鳥之般/133
民以康也/330
閔而綿而/176
密/166
密口小鰓/169
密網離淵/197
密網離于淵/197
密無方也/166
密密不罅/168
密密不罅嬪于天/168
密不可間成不可更/374
密雨溟沐/58
密雨射谷/58
密于腥朣/168
密于親利以作人/167
密于親爲利臧也/167
密有口小鰓/169
密祠之比/169

[바]

剝落乎八/421
反几雙枇/193
反其几雙其枇/193
盼得其藥/298
盼得其藥利征/298
反且耳厲/289
反覆其序/384
反復乎/421
磐石固內/327
磐石固內不化貞/327
反而陳之/421
半之爲泰中/421
反虛庭/251
拔根于元/417
發動足以振衆/406
拔石磣砂/357
拔石磣砂乘時也/357
拔我竟而/52
拔我不德/48

拔我軏軏/52
發以張弧/157
拔車山淵/48
方堅犯順/349
方堅犯順利臣貞/349
方同九州/417
方來不救/145
方輪坎坷/325
方輪廉軸/325
方贏則玄/394
旁擬兩儀則親事/394
方一勿增二增二十七
三增五十四/403
方州部家/30,386
方州部家也/421
方出朋從/112
方出旭旭/112
方則嗇咎/379
旁通上下/421
旁該終始/417
倍明仮光/313
倍明仮光矇蒙昏/313
白骨生肉/364
百度既設/386
百辟馮馮/221
白舌于于/285
白舌于于屈于根/285
百姓和之/204
白日臨辰/75
白日毀暑/269
百卉權輿/417
白黑菲菲/253
蕃輔正也/219
呎彼衆禽/277
凡三百六十四日有半/421
凡筮有道/394
凡十有二始/386
凡二萬六千二百四十
四策交泰積/421
凡七十有八/402
法/194
法易久而不已/414
法易與天下同也勤苦
而無功也/375
法太傷也/181
闔宇謂之宙/379
裂幅爲裳/414
變可爲也/328
變不明也/148
變勢易形/147
變節易度存乎更/421
變天常也/149
別一拄于左手之小指/394
秉圭藏璧/414
秉道德仁義而施之之

謂業也/381	不絜志也/213	不相因也/365	不足觀聽也/119
絣縈于繘貞顙/346	不拘不絜/139	不相殄乃能相繼也/423	不足賴也/75,352
炳明離章/32	富貴而尊高/421	不相親也/254	不足榮也/275,300
兵無刃德服無方也/162	不克其常/242	婦承之姑/191	不足用也/195
兵無刃師無陳/162	不今不古/149	不識徹也/176	不終其德/151
兵衰衰見其病不見興尸/165	孚其內其志資戚/171	不失其範/317	不終之代/151
兵衰衰不血刃也/165	孚其內人莫間也/171	不失當也/148	負舟上山/362
并始終策數/421	不伐刺也/109	不失趣也/144	不中不督/263
并餘於方/394	不能見心也/291	不我材也/173	不增其方/88
炳如彪如/225	不能俱睟也/224	不約則其指不詳/388	不知刊也/321
并律呂之數/402	不能大受也/37	不如開明于西/39	不志溝墼/232
絣寶腹非學方也/196	不能修本也/342	不如蠢之綸/140	不知所之也/112
並天功也/168	不能守正也/56	不宴不雅/131	不知所行也/330
保厥昭陽/182	不能有成也/244	部嬴入州/394	不知畏徽也/340
輔其折虛其缺/338	不能以仁也/200	搐迎中庭/206	俯地而地不戾/410
輔銘滅櫱/83	不能以行/85	不往不來/208	夫地他然示人明矣/382
輔拂堅也/66	不能自禁也/301	不要止瀸作否/98	不振不俗/263
輔折虛缺/338	不能自遂也/332	不要則其應不博/388	不輯航不克也/50
復繼之初/366	不能自全也/322	不容道也/71	夫妻反道/60
福反亡也/251	不能自治也/243	不遠定也/76	夫天辟乎上/410
福不醜不能生禍/391	不能將也/344	不遠害也/353	夫天宙宙然示人神矣/382
覆于城猛則噉/104	不能徙也/45	不宜焚且妃/314	夫天地設/384
福至而禍逝/421	不能處一也/93	不以謙也/334	不替不爽/249
福則往而禍則丞也/421	不能清靜也/347	不以謙將也/303	不肯子也/208
福則有脾/406	不能嚮人也/101	俯而窺之在乎下/380	咎出天外/218
逢不幸也/318	不能迴避也/94	不以其貞/100	不沈則其意不見/388
蠢焚其翅/331	孚德不復/364	俯以視乎情/379	不灌釜而烹/213
蠢焚其翅喪于尸/331	不度規之/247	不移日而悲/134	不奪時也/176
逢神而天之/414	不覗其吩/312	不移日而應/201	不偏不頗/134
逢有下中上/394	夫道有因有循/390	浮以際乎上/425	夫何得何亡/391
逢遭並合/394	不同其施/61	斧刃軼其柯折/166	不限其行賈/160
鳳鳥于飛/179	不同宿而離/62	婦人啼鉤貞/204	不革不成/390
鳳鳥于飛修其羽/179	腐鼀之齎/263	斧刃蛾蛾/154	不玄也者/418
不可蓋也/88	不得其刀鳴虛/216	婦人易肹/315	夫玄晦其位而冥其吩/380
不可空得也/109	不得其首也/61	婦人徽猛/113	不渾則其事不散/388
不可久長也/151	不得獨明也/310	部一勿增二增三三增六/402	不禍禍侯天活我/110
不可譏也/264	不得命也/359	夫一也者/421	不獲其嘉/315
不可大也/74	不得造也/248	夫一一所以摹始而測	不獲其榮/102
不可得名也/119	不得止不得過/302	深也/388	分群偶物/410
不可不懼也/43	不利公家病/177	不入其室/82	粉其題頜/292
不可上也/230	附離君也/199	父子繼也/421	奔鹿懷鼷/237
不可遏也/202	不利于公/187	不咨不謙/143	奔鹿懷鼷得不訾/237
不可與謀也/178	不利于鱗/197	父子殊面/414	賁于東方/294
不可與朋也/205	不利有攸往/73	不自越也/113	糞以肥丘/363
不可幽莂也/157	不忘本也/348	夫作者貴其有循而體	分正群家/417
不可以動/305	父母齎/47	自然也/388	粉題雨須/292
不可忍瞻也/292	孚無害也/211	不田而穀/156	分行厥職/281
不可偏從也/98	夫物不因不生/390	不正其基/219	拂繫絶繡/132
不可化也/327	不密不比/167	不靜亡命/347	不軌不筮/394
不可悔也/79	不保厥心/350	不丁言時/285	拂其繫絶其繡佚厥心/132
不敢自盛也/348	夫福樂而禍憂始/391	夫精以卜筮/388	拂其惡從其淑/114
不彊所無/388	夫婦繫也/421	不定之議/208	不先時而起/408
不見其女/301	不庳其體摠/125	不正之疑/287	不失其法者/408
不見其吩/46	孚似不足/224	不齊不莊/212	拂惡從淑救凶也/114
夫牽于車/177	不相逆乃能相治也/423	不足功也/237	不易厥位/406

원문자구색인 433

不容乎天地者/409
不疑不筮/394
不以其占不若不筮/394
不精不筮/394
不後時而縮/408
崩不遲也/218
朋友會也/421
朋從爾醜/112
匪谿匪谷終于窓/198
比光道也/84
非厥命也/142
非己辜也/281
費其勞也/279
費其資豢/103
匪其眞也/199
非其眞也/228
費力亡功也/234
肥無身也/365
臂膊脛也/137
臂膊之脛/137
費不當也/239
卑卑爲臣/414
斐邠之否/224
匪筮匪卜/388
非石如石厲/52
非所望也/304
非所與幷也/203
非所以光也/175
非小人所理也/139
非所治也/357
費我朕功/234
譬若天蒼蒼然在於東面南面西面北面/384
庫於從事/173
斐如邠如/224
非永方也/250
匪譽匪咎/190
庫而不可臨/408
非爾所也/237
卑者擧/382
非精其孰能之/388
譬諸身增贅而割則虧/388
飛鳥過之或止降/233
俾蛛罔遇遙/209
俾蛛之罔/209
比札爲甲/414
匪天之享否/224
翡翠于飛離其翼/293
翡翠狐貛/293
庫虛無因/37
庫虛無因大受性命否何爲也曰/408
庫虛之否/37
庫虛之否不公也/410
庫虛之否臣道不當/410

牝角魚木/342
牝牡群貞/379
貧不貧人莫之振/58
貧不貧何足敬也/58
貧貧妄振/56
貧貧或妄之振/56
貧自究利用見富/57
貧自究富之聘也/57
牝貞常慈/348
牝貞常慈衛其根/348
賓主偕也/172
貧賤而心勞/421
賓親于禮/172
永萌于地/201

〔사〕

事/142
俟述耦也/106
四九爲口五五爲後/402
四九爲金爲西方爲秋/398
四國滿斯/346
四國滿斯宅/346
四國之夷/120
邪其內主/299
使其貌動口言目視耳聽心思/414
事其事王假之食/144
事其事職所任也/144
思其珍穀/64
士女則也/208
事大外也/308
四濆長川/415
思登于天/64
駟馬跙跙/150
四馬就括/79
邪謨高吸/417
仕無方也/73
事無事以道行也/143
事無事無不事/143
蛇伏于泥/51
思福禍各有下中上/394
使不失其統者/410
事其其中/417
事思用睿撝聖/399
事尙行侮尙休/374
死生相樛/380
四時不俱壯/423
事視用明撝哲/399
四時潛處/417
四時行故父子繼/384
俟我大也/175
四也者福之資者也/421
事言伸從撝乂/398
四與九同道/421

侯于慶雲/106
辭于盧首不殆/269
奢迀自削/217
四爲更五爲睟天/402
四爲四十五爲五十/402
四爲外它五爲中和/402
四爲要五爲腹/402
四爲子五爲身/402
四爲仲孟五爲仲申/402
四爲下祿五爲仲祿/402
四爲下田五爲中田/402
辭以睹乎情/388
事仁賢也/187
師孕唁之哭且暄/165
事自竭養自茲/377
事在樞不吝不諫/143
邪正以分/386
思之徵者也/421
四至六者/421
思之貞也/35
事聽用聰撝謀/399
邪奪正也/288
舍彼枯園/303
舍下靈淵/303
射穴之狐/289
師或導射/312
師或導射豚豕其埠/312
削木爲軸/414
削退削部存乎減/421
山無角困百姓也/317
山無角水無鱗困犯身/317
山拔梁折/317
散幽於三重而立家/394
山川福庫則禍高/391
山川相流/423
山川藪澤/277
散天下之混混者/388
殺生相午/62
三卻鉤羅/107
三綱得于中極/250
三綱之永/250
三禽一角/253
三禽一角同尾/253
三摯生九攓/423
三摯而得乎人/423
參分陽氣以爲三重/421
三死不令/305
三三所以盡終而極崇也/388
三歲見代/151
三歲見錄/317
三歲見背/192
三歲無君/169
三歲無童/222
三歲不射/290
三歲不食/241

三歲不築崩/218
三歲不享也/192
三歲不還/118
三十有六而策視焉/394
三也者思之崇者也/421
三與八成友/421
三位疏成/30
三儀同科/379
三日不覺殽/168
三日射谷/58
參之以晷/384
參珍睟精以揉數/394
三八爲木爲東方爲春/395
常/240
上/63
尙可願也/314
象艮有守/267
象艮之守/267
裳格鏨鉤/123
裳格鏨鉤渝/123
相繼則父子之道也/424
喪其芳德以裒也/141
喪其芳無攸往/141
喪其服馬/320
上其純心/63
喪其息主/320
喪其繼袍厲/300
喪其哲符/143
上德天也/364
上連下連非一方也/425
常滿以御虛也/425
上無根/64
上無根不能自活也/64
尙文昭如/225
常變錯故百事析/384
上索下索/417
上施下和/199
上歷施之/199
象月閒而日溢/421
裳有衣襦/204
上擬諸天/414
商人之貞/283
常自沖也/257
上志高沈志下/377
想之無方/414
詳之於數/414
常疾不疾/243
象天重明/417
上觸素文多故/374
相治則君臣之寶也/424
上下無隅/382
上下相應/198
上下相因/386
上下以際/414
上下軏也/356

上下正體/227	纖也入蔑/384	性智情悲/399	小人之心雜/408
相闔成一/335	鐵蟬紗紗/330	聲徵色赤/399	小人髩憂否/125
上較于山/356	鐵蟬之縣/330	盛則入衰/382	小子牽象/365
上亨于天/44	涉深不測/302	成敗之效也/390	小子在淵/354
生根毀也/260	涉于霜雪/318	歲事咸貞/30	小子知方也/145
生金勝水/399	盛/186	歲歲相盪/425	小貞未有及星/314
生木勝火/399	成/331	歲寧悉而年病/425	晡提明德將遵也/309
生水勝木/398	誠可嘉也/185	少/55	晡提明或遵之行/309
生神莫先乎一/421	誠可信也/313	少更方也/147	少持滿今盛後傾/57
生陽莫如子/421	誠可爲也/261	小圈交乙/102	少持滿何足惡也/57
生陰莫如午/421	誠可長也/285	少女提壺利考家/193	小進大退/176
序君臣者則稱乎忠/425	誠可患也/82	小達大迷/98	素車翠蓋/293
西北其矢/61	聲角色青味酸臭羶/395	小大無迷/98	少則制衆/386
西北則子美盡矣/421	成功者退/406	小大之交/102	損無榮也/320
庶士方來也/179	成魁瑣以成獲禍/334	小度差矣/245	遂其死也/161
棲于菑初亡後得基/67	聲宮色黃/399	小得利小征/52	竦萃丘冢/276
棲菑得基/67	成窮以毀/335	小斂不貸/174	竦萃于丘冢/276
誓貞可聽/289	成窮入于敗毀成/335	所斂非也/177	睟/182
舒豐得以和淖/130	成闕補/334	小利不絕/136	守/265
釋/118	成闕之補/334	小利小達大迷/98	睟君道也馴臣保也/375
錫不好也/70	成氣收精/417	少徵也大肥/374	守厥故也/267
釋也柔而堅也鞠/377	成德壯也/333	小臺營營/329	修其玄鑒渝/86
石赤不奪/247	成道病也/333	疏不失也/127	數多者見貴而實索/421
釋推也飾袞也/374	性命瑩矣/379	所憑喪也/331	水得其馴/414
夕則用緯/395	成徽改改/332	小索大索/423	受命必也/350
潄/75	誠不可信也/289	小盛臣臣/187	睟文之道/377
善減不減/257	盛不墨失冥德/186	素施仁也/256	雖勿肆終無拂/105
善減不減冥/257	盛不墨中不自克也/186	小惡通也/168	垂象貞也/246
潄曲穀端/377	成飛不逐/333	小爲大貧也/218	垂裾爲衣/414
先光大也/85	聲商色白/398	小人彊梁/180	數少者見賤而實饒/421
潄權正吉人不幸/77	聲加于日/402	小人彊梁以力/180	水息淵木消枝山殺瘦
潄權正善反常也/77	星時數辭違/394	小人見侮/107	澤增肥/409
潄其足/79	星時數辭從/394	小人難也/356	睟惡無善/185
潄其足避凶事也/79	星辰不相觸/414	小人道缺/421	雖欲滿宮/301
善馬佷惡馬佷/326	性情悲懼/399	小人得位則橫/409	睟于內清無穢/182
潄徽克復/76	成若否/332	小人慕睟/183	睟于內清無穢也/182
先賓永失之/250	成若否所以不敗也/332	小人慕睟失祿貞/183	睟于幽黃/184
潄私曲唐公而無欲/374	成躍以縮/333	小人不戒/176	水凝地坼/355
先錫之光/85	星如歲如/366	小人不克/44,184	受茲閔凶/287
善惡并也/36	性禮情樂/399	小人不幸/89	竪子提壺/145
潄於初其次迂迬/76	聲羽色黑/399	小人不能懷虛處乎下/408	守貞信也/268
善言人事者以天地/425	誠有內者存乎中/421	小人庫侯空/109	守正節也/349
潄于迬不能直如/77	誠有不誠/414	小人盛滿也/409	睟終永初貞/185
潄于迬不能直任也/77	聲律相協/402	小人所長也/155	睟終之貞/185
潄于徽克復可以爲儀/76	性誼情怒/398	小人視外/291	修侏侏比于朱儒/86
潄于初後難正也/76	成意乎三/421	小人失刑中也/409	守中以和/267
善以道退也/100	聲以情實/402	小人羹凶也/375	守中以和要侯貞/267
宣以出者存乎潄/421	聖人以謀/379	小人亦用罔/139	受祉無疆/117
先下後得其死/169	聖人察乎朓朒側匿之變/425	小人有餘/155	睟辰愈君子補愆/185
齧骨折齒/337	成者功就不可易也/377	小人有臭/107	睟辰愈善補過也/185
齧骨折齒滿缶/337	盛壯而將老也/375	小人以活/152	垂涕粊鼻/277
設其金轝厥戒渝/44	盛哉日平/32	小人入室/221	馴/347
舌聿之利/283	星從其位/395,398,399	小人玄刑邪/409	順可保也/70
說之者辭/382	成之魁瑣/334	小人積非/281	順其疆也/192
戡其得其謙貞也/56	成之者信/382	小人之道也/188	

원문자구색인

徇其勞伐善也/348
徇其勞不如五之豪/348
馴奉今而戾相反/377
馴非其正/350
巡乘六甲/32
馴幽曆黴/417
馴陰陽之數/421
馴義忘生/350
順以正也/347
馴乎玄渾行無窮正象天/30
崇崇高山/50
崇以臨之/406
崇天普地/410
濕迎牀足/206
升降相關/32
升堂顛到/66
升臺得拄/66
升于高危/67
升于堂顛衣到裳/66
升于顛臺/66
升危斧梯/67
承天萌地/201
乘火寒泉/189
乘火寒泉至/189
視/290
時監地營/417
是故困之時則可制也/406
是故文以見乎質/388
是故欲知不可知/388
是故日動而東/380
是故一至九者/421
是故坎而天嚴/423
是故天道虛而藏之/406
是故闇天謂之宇/379
始咎中終休/394
矢及蓋車/140
始基傾也/219
視其德可以幹王之國/291
視其瑕能自矯也/293
視其瑕無穢/293
視德之幹/291
恃力作王也/164
時命絶也/277
時無吉也/108
始務無方/139
視無姝/292
時不克也/41
視非其眞/310
視非夷目/310
時殺藏肝俯魄/398
時成不成/335
時數失也/105
時乘十二/386
視時而視/411
始始而終終/384

視神而神/411
時我奉也/212
視也見晦也昝/377
時養藏肺俯魂/399
始於十有八策/421
始於十一月/421
時與不時者命也/381
時往時來/144
是謂大咎/395
是謂大休/394
是爲同本離末/421
是以動得福而亡禍/391
是以昔者群聖人之作事也/414
是以聖人印天則常窮神掘變/411
視而愛之者仁也/381
示以貞光/197
時藏藏腎俯精/399
始哉中羨從/417
始中咎終休/395
始中休終咎/394
視地而地/411
時瑳瑳不獲其嘉/315
時天時力地力/414
視天而天/411
始則不臧也/162
時七時九/148
時該藏心俯神/399
始休中終咎/394
飾/125
食劇以若/345
食其實不養其根/342
食其委蒙厭德也/214
食其委厭噉不毀/214
息金消石/124
食不當也/156
食不糝猶不失正也/317
食也者/297
食非其有恥/152
息與消糾/421
食于劇父母來餕若/345
植中樞立瞽慮也/42
植表施景/386
信可悔也/134
新故更代/406
信過不食/341
臣大隆也/137
信道致詘/384
神動其變/388
神靈之曜曾越卓/394
神合之謀/384
神明故至貴/418
神明通氣/382

信無不在乎中/34
神不外也/363
神象二生規/423
新鮮自求/139
信王命也/276
信罔基也/111
神戰于玄/36
神戰于玄邪正兩行/410
神戰于玄相攻也/410
神戰于玄何爲也曰/408
信接神明也/101
信周其誠/44
信周其誠上通也/44
失/339
實去名來也/216
實告大訓/425
失其常也/337
失其體也/171
失大亡斂小得/377
失大衆也/66
失德體也/295
失蔪正也/341
失父類也/206
失士民也/67
失位則喪/409
失位則良/409
實以天牝/284
失作敗也/62
失則歲之功乖/62
失下危也/120
室灰爲候/386
心減自中/258
心減形身/258
深居逃凶也/213
心皇而眇其根/380
心不一也/92
心誠快也/132
心已外也/158
深且幾也/339
甚足敬也/290
心愿愿義不將也/232
心愿愿足金易/232
深合黃純/417
十九年七閏/425
十年不復/248
十二以調/386

〔아〕

我心孔碩/153
我心卽次/167
蛾蛾之斧/154
我有靈者/102
樂/130

樂不可知/131
樂不可知辰于天/131
惡不得大也/319
樂不可堪/408
樂上揚沈下藏/374
樂淫愆也/275
樂佚遏勤蹶蹶/377
惡在舍也/53
惡敗類也/201
樂後攻也/132
安可久也/249,306
安物故能聚類/418
晏雨不救/255
晏入玄泉/367
仰以觀乎象/379
仰而無不在焉/384
仰而視之在乎上/380
仰天而天下惏/410
嚶嚶相和不輟食/159
夜道極陰/379
夜以醜之/379
夜人之禍多/391
夜則測陰/32
若無行也/72
若是若非/286
若熊若蟠/164
養/362
陽降于陰/306
陽去其外而在乎內/299
陽去其陰/302
陽交於陰/100
陽藍萬物/362
陽極上陰極下/409
陽氣彊內而剛外/151
陽氣彊內而弱外/72
陽氣高縣體法/194
攘其功而幽其所以然也/380
陽氣袀睟淸明/182
陽氣極于上/198
陽氣既飛/147
陽氣內壯/122
陽氣能剛能柔/104
陽氣澹然施於淵/55
陽氣大滿於外/174
陽氣大勸昭職/142
陽氣降盛充塞/186
陽氣勉務/138
陽氣微動/46
陽氣方良/154
陽氣蕃息/87
陽氣孚黴/59
陽氣傷鬋/126
陽氣雖大用事/158
陽氣純剛乾乾/178
陽氣始窺/83

陽氣始往/207
陽氣信高懷齊/161
陽氣有倏/108
陽氣育物于下/63
陽氣日舍/244
陽氣玆往/236
陽氣潛萌於黃宮/34
陽氣岑以銳/92
陽氣潛退/231
陽氣周神而反乎始/42
陽氣蠢闢於東/80
陽氣枝枚條出/96
陽氣贊幽/75
陽氣親天/166
陽氣閑於陰/50
陽氣和震/118
陽道常饒/425
陽動吐而陰靜翕/425
陽亡其所/315
陽方躒膚赫赫/190
陽方仁愛/170
攓不居也/305
陽不極則陰不萌/384
陽不禁禦/274
陽不能得/339
陽扶物如鑽乎堅/68
陽不陰無與合其施/391
陽不之施/261
陽散其文/223
陽尙昆之/252
陽尙其緒/327
陽尙東南/417
陽尙小開/277
養受群餘/375
陽始出奧/130
陽始退也/201
兩兜鬩亡角喪也/210
兩兜鬩一角亡不勝喪/210
陽信將復始之平下/350
陽弱於淵/355
陽躍于淵/111
兩兩相閩/421
陽亦止物於下/322
陽往順化/270
陽猶熱而魵之/210
陽猶恢而廓之/218
攓而卻之/122
陽以文奧/248
陽以戰乎吉/408
陽以知辟/240
陽引而進/115
陽藏於靈/331
陽終於四月可見也/421
陽知陽而不知陰/381
陽推五福以類升/32

陽下陰也/301
陽形縣殺/319
兩虎相牙/138
陽懷于陰/294
魚鱗差之/230
禦不當也/323
於是聖人乃作蓍龜/388
個個兌人遇雨屍/208
抑亦飛如/284
抑亦揚也/284
言得其正/414
言無追如/284
言不法也/157
言不言默而信也/282
言不言不以言/282
焉所往也/231
言有方也/156
言正則無擇/414
言出乎罔/406
言則有聲/406
與鬼神卽其靈/411
廬金戒渝/44
與道神之/390
與荼有守/269
與斗相逢/32
與萬類相連也/384
與物旁震/417
與物時行/417
與四時合其誠/411
呂三十六/402
與損皆行也/90
與神交行也/101
與陰陽挻其化/411
如鷹之揚也/163
與爾肴之/102
廬湊群群/414
與天地配其體/411
與禍期也/110
亦可懼也/304
亦不足生也/318
易其內也/126
力沒以引/357
逆聞順行也/146
力不堪也/48
曆數匿紀/417
鬲實之食/212
曆以紀歲/32
易以靧獻/227
曆則編時/379
逆馮山川/118
㫄/104
綠枯不黃/354
㫄其鄰守其節/105
㫄其鄰體不可肆也/105

㫄其心作疾/105
㫄其心中無勇也/105
㫄其咋三歲不喁/105
燕食扁扁/364
淵然引人深矣/380
㫄咋不喁/105
㫄有畏守不可攻也/374
燕聚嘻嘻/275
淵平其不可測也/406
淵潢洋資裏無方也/215
淵潢洋包無方冥/215
然後生萬物/421
然後爲神鬼也/425
然後作一日/421
閴入底物/417
列敵度宜之謂義也/381
廉無悃也/267
迎/203
永/248
永厭體也/251
永其道未得無咎/250
永其道誠可保也/250
靈囊大也/348
營利門也/187
瑩明之敷爲品式/414
迎父迦逅/206
永不軌其命剸也/252
永不軌凶亡流于後/252
永失貞祥/249
嬰兒于號/127
令日假太玄假太玄孚貞/394
永以纏其所集/251
靈已顚矣/409
永宗道也/249
永終馴首/252
洽竹絃管/386
迎知前永見後/377
贏贊二/367
瑩天下之晦晦者/380
迎他匪應/203
禮/227
銳/92
銳極必崩也/95
銳其東忘其西/94
銳其銳恐轉作狀也/95
銳其銳救其敗/95
禮不廢也/276
禮樂膠也/131
禮也都而居也室/377
銳于利尋在一方也/95
銳于利乿惡至/95
銳于時得其適也/94
銳于時無不利也/94
銳于醮/94

銳于醮福祿無量也/94
捝擬之經/414
捝擬之經緯/414
捝擬之晷刻/414
捝擬之九日平分/414
捝擬之罔直蒙酋冥/414
捝擬之福/414
捝擬之思/414
捝擬之四九/414
捝擬之三八/414
捝擬之歲/414
捝擬之五五/414
捝擬之二七/414
捝擬之畫夜/414
捝擬之天元/414
捝擬之八十一首/414
捝擬之八風/414
捝擬之虛贏/414
捝擬之禍/414
銳一無不達/93
銳一之達/93
銳執一而昆大同/374
銳鍘鍘嘈劗跙/377
五經括矩/415
五克不相逆/423
五美之資/386
五味鮮調如美如/213
五色淳光/32
五生不相殄/423
五嶽宗山/415
五與五相守/421
五五爲土爲中央爲四維/399
五以上作消/421
五以下作息/421
五枝離如/199
午則陰生於五月/421
五行伏行/417
五行用事者王/399
五行迭王/423
五行該醜/415
玉帛班而/280
哇哇之貞/283
宛雛沈視/296
宛雛沈視食苦貞/296
日陳其九九/30
往窮而還/384
往其志遇所快也/159
往其志或承之喜/159
往來默默/267
往來相逢/207
往來熏熏/101,391
往小來奕/124
王所生相/399
往逑來逑/414

원문자구색인　437

往而未至/384
往益來踰/90
畏鬼之狂/276
畏其鬼尊其體/276
外其井竁/192
外大扢其中失/221
外大扢中無人也/221
外人不得/88
外舐亢貞/417
外惑其內也/99
妖眚徹也/204
要不克可敗也/89
要之不克或增之戴/89
妖先靈覺/204
饒能取之/382
耀乎其不可高也/406
欲丕從也/113
欲違則不能/380
欲止則降也/233
龍幹于天/417
用恭撝肅徵旱/395
龍德始著者也/408
用無不利/149
龍襲非其穴/337
龍襲非穴/337
用視龍始/294
用圉寇虜/220
勇侏之倚/154
用止狂矗/323
龍出于中/37
龍出于中法度文明/410
龍出于中事從也/410
龍出于中首尾信/37
龍出于中何爲也日/408
用則臧若/141
龍下于泥/301
龍翰于天/200
龍翰之栗/200
用亨于王前行/137
遇/207
雨降于地/302
雨降于地澤節也/302
于謙有慶/188
于其心沮/287.340
雨其渥須/292
于紀于綱/197
遇逢難裝候時/377
憂不可勝故曰幽/408
雨成自除/142
偶爲所得日之夜/403
耦以敷陰/386
于人攸資/313
宇宙拓坦/386
于天無疆/180
于天示象垂其范/246

于澤于田于嶽/111
于彼釋決/121
迂彼黃林/299
遇下毀足/210
右行而左還/384
雲而知龍/408
運諸棼政/382
雲行雨施存乎從/421
鬱化精也/423
雄黃食肉/114
遠近無常以類行也/425
元離之極/202
原本者難由/425
原始見終/379
援我罘罟/200
爰作稼穡/414
元貞无方/184
元貞有終/47
遠之昕近之掊/206
爰質所疑于神于靈/394
爰聽爰明/211
遠玄者玄亦遠之/384
遠玄之象/384
遠乎寧也/299
遠乎福也/360
遠昕近掊/206
月高弦火幾縣/305
月闕其搏/39
月闕其搏不如開明于
　西何爲也日/409
月闕其搏之贏也/410
月闕其搏以觀消息/410
月冥隨之基/111
月不常臣失行也/242
月不常或失之行/242
月不往不來/425
越隟不令/414
月有往有來/423
月以昱乎夜/423
月遍而日湛/423
月弦火縣/305
爲稼爲嗇爲食/399
位各殊畢/382
爲甲爲叢爲司馬/399
爲綱爲索爲珠/399
爲械爲齒爲角/398
位高事庳/173
爲高臺爲酒/399
爲鼓爲恢聲/395
爲裘爲繭爲絮/399
爲矩爲金工爲鉞/399
爲寇爲賊爲理/398
衛君躬也/137
爲宮爲宅爲中罍/399
違厥鄉也/167

爲規爲木工爲矛/395
危難之安/256
爲內事爲織爲衣/399
爲刀爲赤怪爲盲爲舒/399
爲寶爲鏡爲玉/399
危得逢也/273
爲量爲木工爲弓矢/399
爲履爲遠行爲勞/399
爲猛爲舊爲鳴/398
爲廟爲井爲穴/399
爲文爲駁爲印/399
爲門爲山爲限/398
爲物城郭/190
爲白怪爲瘖爲憒/398
爲法爲準爲水工/399
爲邊爲城爲骨/399
爲宂爲棺爲櫝爲衢/399
爲林爲薦爲馴/399
爲贅爲毒爲狗/398
爲石爲環佩爲首飾/398
爲綏爲書爲輕/399
爲順稼也/345
爲盾黑怪爲聾爲急/399
爲新爲躁爲戶/395
爲魚爲疏器爲力/395
爲葉爲緒爲敉/395
爲禮爲繩爲火工/399
爲牖爲嗣爲承/395
爲入爲取爲甲/395
爲重寶爲大哆爲釦器/398
威震無疆/164
爲車爲馬/409
爲青怪爲鯢爲狂/395
爲草爲果爲實/395
爲春爲椎爲力/398
爲出爲子爲竹/395
緯則有西有東/32
爲漆爲膠爲囊/399
爲吐爲射爲戈/399
爲閉爲盜爲司空/399
爲包爲輿爲轂/399
爲赦爲竈爲火災/399
爲縣爲燧爲兵/398
爲血爲膏爲貪/399
爲黃怪爲愚爲牟/399
爲懷爲腹爲脂/399
猶可善也/338
維家之保/60
唯家之禍/214
流金陶土/386
有男有女/418
有女承其血匡亡/113
維大諫徵也/68

榆漏牽刻/386
流末者易從/425
由罔者也/406
幽冥足以隱塞/406
有蒙則可啻也/406
幽無形深不測之謂陰也/381
有法則成/414
蕤賓生大呂/399
有常襄如克承貞/243
維先之罪/281
維視之害貞/293
維身之疾/137
由身行也/196
有實有虛/382
柔嬰兒于號三日不嘎/127
維用詶腹/406
維用軌命/68
維用五刑/414
幽遇神及師夢貞/207
幽遇神思得理也/207
類爲介爲鬼爲祠/399
類爲裸爲封爲鉒/399
類爲鱗爲鼍/395
類爲毛爲醫爲巫祝/398
類爲犴爲竈爲絲/395
由邇擬遠/414
維以俟穀/109
維紉其繩/235
有一有二有三/382
幽潛道卑/421
幽裝莫見/158
幽裝莫之行/158
有諸情也/359
有諸中也/65
維酒維食/414
流止無常/382
有直則可蒙也/406
幽闌不施/259
幽闌積不減不施石/259
維天肇修生民/414
類聚故能富/418
維豐維崇/221
有革有化/390
有形則復於無形故曰冥/406
有虎牧豬/345
六幹羅如/199
六間爲呂/386
六甲內訓/417
育厥根荄/363
六算而策道窮也/394
六始爲律/386
六也者福之降者也/421
六爲肩七爲嘎啿/402
六爲父七爲祖父/402
六爲上祿七爲失志/402

六爲上田七爲下山/402
六爲盛多七爲消/402
六爲六十七爲七十/402
六爲仲季七爲季孟/402
六爲廓天七爲減天/402
六合旣混/417
潤于枯瀆/58
律呂旣協/386
繡陸陸骿竇腹幷潢洋/196
律生於辰/402
律呂孔幽/417
律曆交道/379
律曆陳故君臣理/384
矞矞皇皇/100
律以和聲/402
律則成物/379
隱魄榮也/423
乙庚八丙辛七丁壬六戊癸五/402
陰感陽也/204
陰去其內而在乎外/299
陰去其陽/302
陰交於陽/100
陰窮大泣於陽/343
淫其內也/130
陰氣大順/347
陰氣方難/355
陰氣方淸/331
陰氣氾施/134
陰氣塞宇/315
陰氣成形乎下/203
陰氣收聚/274
陰氣始來/207
陰氣息陽氣消/257
陰氣瘱而念之/218
陰氣日躁/244
陰氣玆來/236
陰氣章彊/231
陰氣濟物乎上/350
陰氣割物/319
陰大作賊/339
陰大止物於上/322
陰道常乏/425
陰登于陽/306
陰來逆變/270
陰斂其質/223
陰救瘀/126
陰白陽黑/281
陰不極則陽不牙/384
陰不極則陽不生/408
陰不之化/261
陰弸于野/362
陰成魄陽成妣/290
陰盛陽衰/257
陰雖沃而灑之/210

陰守戶陽守門/265
飲食几几/172
飲食頤頤/160
陰信萌乎下/198
陰陽更巡/380
陰陽啓佁/339
陰陽交跌/335
陰陽分索/379
陰陽妣參/30
陰陽相續/423
陰陽相礚/286
陰陽相錯/414
陰陽消息之計邪/421
陰陽所以抽噴也/391
陰陽曰合其判/390
陰陽雜廁/418
陰陽之道也/425
陰陽迭循/406
陰陽沈交/417
陰陽該極也/390
陰幽六極以類降/32
晉律差列/414
陰夷冒罔/127
陰夷冒于天罔/127
陰以武取/248
陽以發也/408
陰以知臣/240
陰作首也/367
陽將大閉/277
陰在下而陽在上/227
陰赤陽白/339
陰征南陽征北/311
陰終于月可見也/421
陰知陰而不知陽/382
陰質北斗/417
陰酋西北/417
飲汗吭吭/338
陰行陽從/308
陰虛在內陽逢外/214
陰形肝冒/327
陰懷于陽/294
泣于道用送厥往/161
挹于滿幾不免也/189
挹于滿熒/189
應/198
應其發也/201
應也今而度也古/377
應鐘生蕤賓/399
毅/154
疑/162
毅敢而割犥/374
疑彊昭/287
疑彊昭中心冥也/287
疑考舊先問也/288

疑考舊遇貞孚/288
疑無信/290
疑無信終無所名也/290
誼不得行也/125
衣裳之制/414
擬言於法/414
毅然敢行/154
儀用二九/421
毅于棟欘/156
宜于丘陵/73
宜于大人/48
毅于棟柱/156
毅于心腹/155
陰陽消息之計邪/421
宜于王之更/149
毅于禍貞/157
疑自反反淸靜也/287
疑自反孚不遠/287
疑者提之/382
擬諸其神明/421
誼疾求不誼/409
疑則有誠/289
擬行於德/414
疑㤊㤊失貞矢/287
夷/126
以建七政/386
以見不見之形/384
利見知人也/283
利見哲人/283
利敬病年貞/130
利經營也/245
而鷄盡穀/226
以計天下/386
以結以羅/386
爾仇不鬩/153
離咎而犯菑/421
夷者之貞/130
而君臣父子夫婦之道辨矣/380
而君子小人之道較然見矣/382
以揆百度/386
而極命焉/394
夷其角窠/129
夷其角以威傷也/129
夷其牙食不足嘉也/128
夷其牙以飫之徒/128
夷其右目/310
利當年也/141
伊德攸興/221
利逃跰跰/235
以道不明也/97
以道行也/117
利得輔仁/272
以力不克/48

離婁赤肉/297
以類應也/205
以攬吉凶/379
已滿而損/384
利明道也/236
離木艾金夷/129
以微于正/68
而百穀時雍/32
以扮天之十八也/394
而拂其所有餘/380
以三起者/421
以三生者/421
以三搜之/394
理生昆群兼愛之謂仁也/381
利舌唯唯/283
吏所獵也/157
利小不利大/74
而摞其所成/384
而數其餘/394
利雖大不得從/209
以時歲也/131
以示天下/414
以我扶疏/175
而惡乎逆/411
利安大主/156
利於王姑/177
離如婁如/297
利如舞也/271
二與七共朋/421
二五八三者之中也/421
利用其辰作主/38
利用登于階/229
利用安人正國/174
利用征賈/364
已則用賤/406
夷于苕/130
履于跂退其親也/227
履于跂後其祖禰/227
夷于廬厥德亡也/129
夷于廬其宅丘虛/129
利于商也/283
利羽之朋/140
而月不書/425
二爲孟仲三爲孟季/402
二爲方沮三爲自如/402
二爲臂脛三爲股肱/402
二爲羲天三爲從天/402
以爲數生/30
二爲二三爲三十/402
二爲曾孫三爲仍孫/402
二爲澤地三爲沚厓/402
二爲平人三爲進人/402
利有謀也/152
以律七百二十九贊/421

원문자구색인 439

而律乎日月雌雄之序/425
爾儀而悲/300
利以登于天/352
利以無穢/319
二二所以參事而要中也/388
利以正于王/297
利以治穢/152
以引方客/85
以引百祿/414
以一陽乘一統/30
以一耦萬終不穢/240
而日月逾邁/425
以立五紀/386
二者其以精立乎/388
二者得其中乎/409
以賓百體/386
利作不凶/308
利匠人之貞/154
而章會統元輿月食俱沒/421
利征亂也/154
利征邁也/298
以正承非也/243
攡措陰陽而發氣/379
以從橫天地之道/421
以晝夜別其休咎焉/394
而增其光冥/88
利進以退/104
而天地彌陶/425
而天下之大事悖矣/415
而觸其類/59
夷則生夾鐘/399
二七爲目三八爲鼻/402
二七爲火烏南方爲夏/399
而八音生/402
夷平而視傾/374
夷平易而難頫頑/377
以表四海/386
耳下于淵恭/183
而解其甲/118
以賢自衛也/206
以形于身/258
而好其所新/384
離乎僞者/382
離乎情者/382
而禍福絓羅/386
而和五美/386
以和天下/414
蚓大蟠小/329
蚓大蟠小虛/329
弋木之鳥/289
翼彼南風/158
弋彼三飛/238
刃軼柯折/166
人寄命于公/254
引其背酋貞/59

人道福正而禍邪/391
人道象焉/388
人道所喜曰福/391
人未知也/80
人薈薈而處乎中/423
人不攻之/112
人三據而乃著/423
人所棄也/230
人所來也/280
人所叛也/313
因循無革/381
人馴乎天地/423
人奧思慮/423
因而能作/409
因而倍之/394
因而循之/390
人以心腹爲玄/423
人人物物/414
人自去也/384
人主之式/56
人之大倫曰治/410
因之匪理/390
人之所醜而有餘者惡也/380
人之所好而不足者善也/380
仁疾刑不仁/409
寅贊柔微/417
因革平因革/390
麟或賓之溫/162
人或陰言/204
人嘻鬼嘻/133
日甲乙辰寅卯/395
日彊其衰/201
日彊其衰應蕃貞/201
日庚辛辰申酉/398
一其二也/336
一芳之後/394
一明一晦/111
日沒其光/294
日沒貞東/294
日戊己辰辰未戌丑/399
一辟三公九卿二十七
　大夫八十一元士/386
日丙丁辰巳午/399
日不南不北/425
日飛懸陰/116
日嬪月隨/111
日常其德/241
日常其德君道也/241
一生一死/379
日宜而加/87
一繩一準/421
日失烈烈/353
一輿六共宗/421
日月固明/415
日月紀數/386

日月相斛/414
日月相劌/423
日月往來/379
日月之逝改于尸/343
日月眕營/417
日月合離/421
一違二違三違/395
一違二違三從/394
一違二從三從/394
日違天而退/386
日有南有北/425
日幽嬪/111
一六爲水爲北方爲冬/399
一陰一陽/421
一以三起/421
一以三生/421
日以昱爲晝/423
日一南而萬物死/384
日一北而萬物生/384
一曰增陽/89
日壬癸辰子亥/399
日正于天/38
日正于天光通也/410
日正于天乘乾之剛/410
日正于天何爲也于/409
日正中月正隆/308
一從二違三違/394
一從二從三違/394
一從二從三違/394
一從一橫/199
一晝一夜/379,421,425
日中月降/308
日而南/384
日辰以數/386
一判一合/379
一寒一暑/379
一虛一贏/367
一玄都覆三方/417
一刑而作五克/423
任大自事/145
任臣則也/39
林鐘生太簇/399
入水載車/149
入于窅冥/251
立之者事也/382
立天之經曰陰與陽/390
媵膏之乞/347
媵其膏女子之勞/347

〔자〕

自牽從之/112
自光大也/353
子克父乃能有輿也/191
資陶虛無而生平規/379

鴟鳴于辰/342
自復而有餘/425
子序不序/250
自少不至/55
自少不至懷其卹/55
自申至子/421
自我西北/306
自我葡萄/72
自約束也/43
自然證也/112
紫蜺喬雲/321
紫蜺喬雲朋圍日/321
子午之數九/402
自危作安也/82
恣意往也/225
自一至三者/421
自辰至申/421
子則陽生於十一月/421
茲太平也/221
刺虛減刃/339
自虛毀者/409
作大元而/176
作不恃克大有/187
作不恃稱玄德也/187
焯于龜資出泥為脂/84
作者以戒/386
蠹功敗也/354
裝/158
將/350
長愷悌也/252
將其車人于丘虛/48
將來者進/406
長類無彊/417
藏滿盜贏/279
裝無儴利征咎/160
裝無儴禍且至也/160
將無疵易爲後也/351
將無疵元晬/351
藏不滿盜不贏/279
將不足往也/166
將飛身羽/352
裝徒鄉止不行/374
將成矜敗/333
將成之矜/333
藏心于淵/363
裝于昏/161
裝于昏尙可避也/161
藏鬱於泉/46
長幼爲子克父/191
長幼際也/421
裝而欲去/158
將以致其所惡/80
丈人扶孤/145
丈人摧弩/163
丈人播軛/354

長子之常/249
將造邪元厲/351
將造邪危作主也/351
將至于暉光/81
將車入虛/48
將下昧也/309
將形乎外/408
再縶而得平地/423
宰輔事也/213
在福則驕/409
在福則冲/409
在腐糧也/297
載幽貳執夷內/126
載幽執夷/126
材以道德/414
宰割平平/320
在禍則窮/409
在禍則反/409
爭/134
爭干及矛軸/137
爭不爭道之素也/135
爭不爭隱冥/135
爭射齦齦/136
爭士齊也內女懷/374
爭小利不酋貞/136
爭于遑利与無方/136
爭于遑爭處中也/136
荓/72
著明乎五/421
著不昧也/314
荓也進哭也退/377
荓于酒食/73
荓于酒食肥無譽/73
荓有足位正當也/74
荓有足託堅轂/74
跙跙之閑/53
跙跙閑于遽篨/53
杆軸旣施/414
荓則來而逃則亡也/374
積/277
賊內行也/344
適無所從也/238
積不用不可規度也/278
積不用而至于大用/278
迹不創也/231
積石不食/279
積善辰禍/281
赤舌燒城/71
赤舌吐水/71
積也多而少也約/377
赤肉鳴梟厲/297
赤子扶扶/47
赤之下/362
積差之貸/248
赤臭播關/54

赤卉方銳/104
前慶後亡也/90
顚童不寓/84
顚靈氣形反/41
顚靈之反/41
前亡後賴/99
前尸後喪/298
顚靈氣形反何爲也曰/409
顚靈之反窮天情也/410
顚靈之反時則有極/410
田遇禽誡可勉也/209
田遇禽人莫之禁/209
顚疑遇幹客/290
顚疑遇客/290
顚在內也/206
全秦其首臨于淵/75
全奞之奏/75
全眞敦篤/170
則則顚/409
轉丸非也/68
折其轂石/326
絶弸破車終不偃/326
節士之必/247
折于株木較于砧石止/326
絶而極乎上也/409
占有四或星或時或數
　或辭/395
漸以差也/80
占之土氐/380
正可服也/110
旄旗絓羅/165
正其腹/59
正其腹中心定也/59
正其足/317
正其足險得平也/317
鼎大可觸/212
正這乃昏也/136
貞栗其鱗/200
井無幹法妄恣也/198
井無幹水直衍/198
精微往來/204
正玉衡之平/382
情僞相違/382
精以思慮/388
精以立正/388
廷人不慶/66
正地則也/184
精則經疑之事其質乎/394
正彼有爲/197
鼎血之齎/276
情喜事穀/395
制刻足以諫憯/406
濟溺世也/354

濟民不誤/386
諸三則終/409
帝王莫同/414
帝用登于天/230
濟于溝瀆面貞/79
制于宗也/116
帝由群雍/80
諸一則始/409
祭之無度/414
帝太昊神勾芒/395
提禍揮揮/188
竈/210
竈滅其火/214
蜎鳴喁喁/285
竈無薪不用也/212
竈無薪黃金瀕/212
竈無實乞于隣/211
竈無實有虛名也/211
造法不法/195
彫轂穀布/226
彫藏之文/226
鳥獸同方也/102
蚤虱之奰/75
蚤虱之奰厲/75
雕鷹高翔/297
蹀蹀舍舍/244
條暢平四/421
鳥託巢公無貧也/254
鳥託巢于菆/254
竈好私法惡刻/377
足犖犖其步躚躚/83
足犖犖履禍不還也/83
存見知隱/414
尊卑不相覬/423
尊尊爲君/414
存存而亡亡/384
卒而從而/340
從/111
鐘鼓喈喈/132
終顚始也/294
宗其高年/275
從其高崇/119
從其目失其腹/113
終莫受施/51
終莫之圍/179
從目失腹/113
終無所臣也/222
終不可實也/54
終不可語也/346
終不可以也/326
終不可長也/118
終不可佐也/185
終不可治也/111
終不得食/196
從不淑禍不可訟也/114

從不淑禍飛不逐/114
終不可奪也/169
終死醜也/305
從散也而聚集也/374
終說桎梏/121
從水之科/113
從水之科滿/113
終始相生/421
終始連屬/382
終始幽明/386
終始貞也/421
終始定矣/379
從也牽守也固/377
終養始也/366
終於十月/421
終於五十有四/421
終於六成/394
終以猛也/181
終以不殪也/99
終以幽之/406
終以貪敗也/298
終日不歸亡/238
終自保也/133
終哉減沈成/417
從隊于天/71
從橫所以縈理也/391
從橫曰緯其經/390
從徵後乃升于階終/115
從徵徵後得功力也/115
挫厥錚錚/63
左右搖搖/179
左行而右還/384
周/42
柱及蓋榖貴中也/324
書道極陽/379
周流九虛/386
柱不中梁不隆大廈徼/179
柱不中不能正基也/179
周復乎徹迎逆平刑/374
株生蘖其類乃長也/194
株生蘖其種不絶/194
晝斁多夜斁少/421
晝夜散者/391
晝夜相丞/421
晝夜之測/32
周營故能神明/418
州嬴入方/394
周運歷統/386
書以好之/379
晝人之禍少/391
州一勿增二增九三增
　十八/403
酒作失德/344
柱奧廬蓋蓋車轂均疏/324
侏侏之修/86

원문자구색인 441

朱車之增/89	地辟平下/410	進以欋疏/116	察性知命/379
朱車燭分/89	地三據而乃形/423	進而未極/384	察龍虎之文/382
晝則測陽/32	知所掣之/138	進以中刑/116	倉靈之雌/62
周行九度/423	知陽者流/414	震自衛也/81	蒼木維流/97
準繩規矩/61,196	地奧黃泉/423	軫轉其道/148	昌將日也/108
準繩不甫/195	脂牛歐歇/213	軫轉其道也/384	策則三六/421
遵天之度/414	止于童木/324	殄絕乎九/421	噴以牙者童其角/414
遵天之術/414	至于苗裔/281	震震不侮/121	噴情也/391
遵天之醜/414	至于蕃也/279	闖/335	妻爲剝茶/177
衆/161	脂牛正肪/213	跌剛跌柔/414	天彊健而僑蹻/425
中/34	止于止內明無咎/323	疾其疾能自竪也/243	天降亡貞/335
中堅剛難于非常/356	止于止智足明也/323	疾其疾巫豎不失/243	天豈去人哉/384
中堅剛終莫傾也/356	至于車耳/279	闖其差其合離也/338	天穹隆而周乎下/423
中光大也/363	至于側匿/341	闖其差前合後離/338	天根還向/417
中度獨失/244	之謂神明不窮/425	闖無間/336	天道乃得/390
中獨爛也/312	知陰者逆/414	質文形故有無明/384	天道乃馴/390
中獨照也/307	知陰知陽/382	闖也皆合二而密也成用一/377	天道反也/189
衆鑾毀玉/254	地以不形爲玄/423		天道成規/418
中冥獨達/96	地自冲人之所聖/57	疾藥巫酌/342	天道也地道也人道也/418
中無外也/319	地自冲下于川/57	質有餘也/224	天動而西/380
中不恕也/42	志在賴也/364	疾則藥巫則酌/342	天網置罡/199
中不正也/358	枝戴庶部/417	執主信其左股阼/275	億無已也/367
中不眩也/314	志在玄宮/294	執道必也/93	天門大開/221
中分其餘/394	蜘蛛之務/140	徵熱南帝炎帝神祝融/399	天文炳也/225
中成獨督/333	知止知行/382	徵雨南帝少昊神蓐收/398	天文地質/406
中成獨督大/333	知掣者全/138	徵風南帝黃帝神后土/399	天未與也/270
衆所呋也/277	地柅其緒/418	徵寒南帝顓頊神玄冥/399	天不施地不成/394
中始周旋/377	地則虛三/394		天不之茲/270
中心閑也/170	地隤而靜/423	〔차〕	天賜之光/188
中心和也/127	知向方也/64		天三據而乃成/423
衆溫柔堅寒剛/374	知革而不知因/390	差/80	天所夾輔也/361
中外爭也/60	知晦知明者/382	差過也而常穀/374	賤始退也/39
中爲界也/62	直我也/69	車輪馬駢/409	天神而地靈/384
衆潤攸同/89	直東方也春也質而未有文也/405	車櫜其儣馬攕其蹄止貞/325	天永厥福/250
中擬諸人/414		車櫜馬攕/325	天奧西北/423
中夷無不利/128	直者文之素也/406	車服庸如/225	天要之期/133
中夷之利/128	直觸其類/406	車不拔躬自賊/49	泉原洋洋/264
中自擯也/183	直箇相勅/406	車不拔骭神行/49	泉園之唫/264
中哉更睟廓/417	進/115	車案軔圭璧塵/268	天元罡步/386
中精誠也/204	珍絜精其芳/139	車案軔不接隣/268	天違地違人違/415
衆之所共/195	珍光淳全存乎睟/421	車軔俟馬酋止/323	天遺其名/305
中則陽始應則陰生/374	極極而退/384	車軔俟不可以行也/323	天陰不雨/269
中和其道/62	振其角/209	差自憎箇自好/377	天以不見爲玄/423
中和莫盛乎五/421	振其角直道行也/209	次次一曰三鑠/365	天以三分/394
卽上不貞/65	進多謀積多財/374	次次之鑠/365	天日錯行/380
卽上不貞妄升也/65	進非其以/117	車軸折其衡扔/79	天日回行/379
增/87	進淵用船/117	車杭出入/149	天甸其道/418
增高刃峭/90	進欲迁止欲驚/377	錯蓍焯龜/84	闡諸其幽昏/421
增其高刃峭丘貞/90	震于利與死偕行也/121	錯于靈蓍/84	天地開關/386
增始昌而永極長/374	震于利顚仆死/121	鑿井澹水/386	天地乃幷/384
增日益而減日損/377	進于淵君子用船/117	贊上群綱/117	天地無不容也/409
增贊去玄數牛之/403	震于庭喪其和貞/120	贊嬴入表/394	天地福順而禍逆/391
止/322	震于庭而正俱也/120	贊載成功/417	天地備矣/379
地道成集/418	陣陰陽以戰吉凶者也/408	鑽精倚神/388	天地相對/423
地旁薄而向平上/423	進以高明/117	鑽火難木/386	天之償也/425

侔志性仁/395	出谷登木/64	沈其腹好蠅惡粥/297	平之者衡也/382
天地所貴曰福/391	出禮不畏/230	齋其所好/80	肺附乾餱/173
天地神時皆馴/411	出禮不畏入畏/230	沈視自見/295	肺附之行/173
天地神胞/414	出冥入冥/406	沈視之見/295	閉朋膈善持有也/266
天地輿新/417	出水載杭/149	齋我匪貞/175	閉朋膈守元有/266
天地人功咸酋貞/417	出我入我/43	沈于美失貞矣/296	弊于天杭/346
天地作函/415	出野見虛/345	沈于美作礱昏也/296	葡匋冥德/72
天地之經也/421	出于幽谷/64	沈以窮乎下/425	飽于四方/321
天地之常/242	出入九逵/423	沈耳于聞/295	抱車入淵/362
天地之所貴曰生/410	出入有節/281	沈耳于聞不聞貞/295	包荒以中/216
天他奠位/382	出險登丘/49	稱樂畢也/133	包荒以中克/216
天下之理得之謂德也/381	衝對其正錯絣也/414		豹勝其私舌/163
天炫炫出於無畛/406	衝衝兒遇/208	〔타〕	彪如在上/225
天渾而擇/423	聚/274		表贏入家/394
天福以他/318	聚家之彙/277	濯漱其詢/121	麃而丰而/346
天圓地方/386	臭肥減鼻利美貞/337	濁者使淸/382	表人之行日晦輿明/390
綴之以其類/380	聚事虛棄事實/377	琢齒依齦/169	表贊神靈/386
聽谷窒耳/117	測所以知其情攟之/414	泰柄雲行/417	風動雷興/119
淸濁相廢/406	測深摹遠/388	太山拔梁柱折/181	豐淫見其朋/45
蟎其蚴蚴不介在堅蟎/329	鴟鳩在林/277	太陰涷冱懸創於外/358	豐淫見朋/45
初貞後寧/299	治女政也/299	兌人遇雨/208	豐而識兆/406
剛割匏竹革木土金/414	熾承于天/201	泰積之要/421	豐牆之峭/218
觸石決木/357	雄之不孫/226	太簇生南呂/399	豐牆峭阯/218
觸石決木維折角/357	治之所因曰辟/410	泰中之數三十有六策/421	被甲何戟/414
觸地而田之/414	蚩蚩于于丘飴/70	澤不舍乃能有正也/245	被離害也/272
聽察極也/183	蚩蚩之干/70	澤不舍冥中度/245	畢格禽正法位也/123
崔嵬不崩/91	置玄姑去太始策數/403	澤不平也/259	畢格禽鳥之貞/123
摧土萬物/417	則哭泣之㒸貧/134	澤虛其容/89	匹異同也/168
酋考其就/406	則歐歙之疾不/213	擇食方命/296	必著乎正/382
抽理也/391	則其心不欲者見矣/388	土不和木科欛/316	必著乎情/382
抽不抽之緒/384	則其體也散/388	土不和病乎民也/316	
推三爲贏贊/394	則其體也壯/388	吐水于缾/71	〔하〕
酋西方也秋也物皆成 象而就也/406	則其體也瘠/388	土中其廬/44	
推陰陽之荒/414	則其體也瘥/388	吐黃舌拑黃聿/283	何可當也/210
錘以玉環/43	則得贊去多至日數矣/403	通同古今以開類/379	何可章也/285
酋者生之府也/406	則望晦不成/425	退以動也/104	何可定也/287
醜在其中/386	則無冬無夏/425		何可惆也/135
酋酋之包/39	則索之以乎思慮/388	〔파〕	何戟解解/71
酋酋之包能任乎刑德/410	則是其日也/403		何戟解解邁/71
酋酋之包法乎貞也/410	則擬之以乎卦兆/388	破壁毁圭/318	何德之僭否/42
酋酋之包何爲也/409	則八方平正之道可得而察也/421	八難得位然猶覆秋常乎/409	下律和之非則否/199
酋酋火魁頭水包貞/39	則玄之道幾矣/380	八十一家/406	何福滿肩/188
推包羨爽/75	則玄之情也得矣/414	八十一所/386	何福提禍/188
推玄算/402	親/170	八十一首/30	下思也中福也上禍也/394
醜好乎醜好/391	親附疏割犯血/377	八爲季仲九爲季季/402	下上俱止/322
軸艫安和/192	親非其膚/170	八爲面九爲顙/402	下承于上寧/259
軸艫調安利富貞/192	親親乎善聞闕乎恩/375	八爲耗九爲盡斃/402	下也淪淵/384
丑未八寅申七卯酉六辰戌五巳亥四/402	七宿轂轉/417	八爲中山九爲上山/402	下言如水/284
畜榮繭純/176	七十二策爲一日/421	八爲曾祖父九爲高祖父/402	下有川波其人有輯杭/50
畜榮而衍/176	七也者贏之階者也/421	八爲疾瘀九爲極/402	下擬諸地/414
縮失時坐遭後也/106	七爲一八爲二九爲三/394	八爲沈天九爲成天/402	夏至及日中以後者/384
縮失時或承之齒/106	七日幾絶/319	八爲八十九爲九十/402	何至逃也/235
軸折吐血/79	七至九者/421	敗損乎七/421	下觸于川/356
	沈/294	扁扁不救/98	嚇河躍/135
		貶其祿也/229	

원문자구색인 443

嚇河之臛/135	虛而不可滿/408	形地之緯曰從與橫/390	鴻文無范/225
下欲上欲/423	虛中弘外存乎廓/421	瑩天功明萬物之謂陽/381	鴻文無范恋于川/225
確頭內其稚婦有/301	噓則流體/379	僕/108	鴻本五行/386
閑/50	虛形萬物所道之謂道也/381	蹊路徼如/77	紅蠧緣于枯桑/354
閑孤而竄隣/374	險者使平/382	徯福貞貞/110	鴻裝于淄/160
閑其藏固珍寶/51	革而能因/390	徯福貞貞食于金/110	禍可轉也/342
閑其藏中心淵也/51	革而化之/390	徯也出翕也入/374	禍降自天/189
閑門以終虛/54	革之匪時/390	徯厄厄天撲之顙/111	華芳用臧/141
閑黃垓席金第/53	礥/46	徯厄之撲/111	化白于泥/148
閑黃垓以德固也/53	懸車鄉也/130	徯而後之解也/108	化白于泥溜/148
割/319	玄其十有八用乎/421	徯禍介介/110	禍福出乎罔/406
割其股肱/320	礥大戚遇小願/374	徯後時/108	禍不遠也/189
割其蠱國所便也/322	礥拔難劇無敕/377	惼堅禍用直方也/330	禍不中/45
割其蠱得我心疾/322	玄術瑩之/386,388	惼堅禍維用解蚋之貞/330	禍不好不能成福/391
割其胒贅/319	婥大衆多/161	畫象成形/228	禍不禍非厭訧也/110
割其耳目/319	號咷倚戶/131	畫象成形孚無成/228	
割鼻喪主/320	賢昤眇之眄/295	好小好危/300	和釋之脂/120
割鼻食口/320	礥物咸見罔/50	好是冥德/72	禍所觥也/281
割肉減血/322	縣于九州/330	好作咎也/293	華實芳葊/141
割肉取骨/322	玄有六九之數/421	狐貍之毛躬之賊/293	和柔足以安物/409
割之無創/321	玄有二道/421	虎豹文如/224	和以悅也/63
咸密無間/166	玄有一規一榘/421	虎琥振檿/163	和以正也/141
咸射地而登乎上/63	礥而閑而/52	或擊之或刺之/86	化在噴也/388
咸稅其枯/118	賢人睹而衆莫知/409	或牽之牛/49	化藻在乎人事也/388
咸首譆鳴/417	賢人作而萬類同/408	或多或寡事適乎明也/425	禍至而福逃/421
含于五軌萬錘貞/94	賢人天地思而包群類也/408	或得其沐/239	火則登乎夏/423
咸專一而不二/92	玄一德而作五生/423	或斧之梯/67	禍則有形之謂直/406
含至精也/423	玄一摹而得乎天/423	或否或臧/32	畫下中上/386
鈴然有穿/68	玄日書斗書/425	或死或生/384	廓無方務無二/377
兀極追高/421	賢者懼小人怙/409	或生之差/221	還過躬外/45
奚可堪也/145	玄者神之魁也/423	或錫之坏/70	圓方杌椊/336
奚可遂也/104	玄者幽攦萬類而不見	或洗之塗/191	圓方之相硏/382
奚不逝也/85	形者也/379	或淳或斑/386	還復其所/379
害不遠也/209	玄者以衡量者也/382	或承之嚢/132	還心之否/42
奚不遺也/77	玄烏維愁/309	或藑青青/83	還於天心/42
海水群飛/346	玄之道也/421	或嬴或踦/386	還蒙不克從/45
奚足朋也/113	縣之者權也/382	或日昆侖旁薄實幽何爲	還于喪其道窮也/45
奚足旬也/254	玄之贊辭也以氣或以類	也/408	還于喪或棄之行/45
奚足譽也/224	或以事之觥萃/414	或益之舖/217	還自累/87
蟹之郭索/92	礥閑如石/52	或益之恤/168	還自傷/125
解恥無方也/121	玄黃相迎/205	或杖之扶/116	還自揖也/279
行可隣也/325	血剛沈頯/298	或氐其角/210	還自賊也/208
行得其中/414	血流于田/181	或左或右/384	還自震也/325
行四十日/421	血如剛沈于頯/298	或拄之材/66	還自菱也/174
行中則無爽/414	血出其口/285	或直或翼之得矢夫/78	澳爵般秩/414
行出乎罔/406	血出之蝕/344	或振或違/386	丸鐕于內/68
行則有躓/406	血出之蝕凶貞/344	或寢之爐/53	丸鐕鐕于內陳厲/68
饗無意也/212	夾鐘生無射/399	或合或離/386	圓則杌椊/379
虛旣邪心有傾/59	形詘信生火勝土時生	或還或否/402	圓煦釋物/118
虛邪矢夫/78	藏牌/395	或後前夫/85	荒家或國/302
虛邪心傾/59	刑不可外也/116	渾沌無端/347	黃菌不誕/106
虛實盪故萬物纏/384	形不見也/274	昏明考中/386	況其否者乎/380
虛贏踦踦/367	熒事也昭/391	昏辰利于月/314	黃靈幽貞/347
虛而未滿/384	形上生土勝金/399	昏辰利月/314	黃靈幽貞馴/347
	熒荂猛猛/73	魂魂萬物而常冲/425	
	兄弟不孿/414		

黃不純屈于根/47　　黃昏內羽/301　　悔縮往去來復/107　　擇而散之者人也/380
黃不純失中適也/47　　黃昏于飛內其羽/301　悔縮之復/107　　擇以翼兩其足/414
黃不黃覆秋常/40　　　爌爌出於無垠/406　回行九區/382　　　休則逢陽/394
黃不黃失中德也/40　　晦/306　　　　　　曉天下之瞳瞳/380　郴而疎而/340
黃不黃不可與卽/410　晦其類法度廢也/308　後得人也/67　　　凶人之郵/110
黃不黃失中經也/410　晦其類失金匱/308　　厚薄相劇/379　　　翁/270
黃不黃何爲也曰/409　恢其門戶/220　　　　厚不厚比人將走/172　翁其腹辟穀/272
黃純于潛/46　　　　　懷其違折其匕/229　　厚不厚失類無方也/172　翁其腹非所以譽也/272
黃乘否貞/205　　　　　恢堂之階/221　　　　後世君子易之以金幣/414　翁其羽利用舉/271
黃心在腹/364　　　　　懷利滿匌/187　　　　後蚓黃泉/92　　　　翁其羽朋友助也/271
黃心鴻翼/272　　　　　晦冥冥利于不明之貞/310　侯之素也/267　　　翁其志雖欲梢搖/270
黃心鴻翼翁于天/272　晦明日別其材/390　　厚厚君子/172　　　　翁冥中射貞/271
黃兒以中/341　　　　　晦冥之利/310　　　　厚厚君子秉斗/172　翁冥中正予也/271
黃兒以中蕃/341　　　　晦明質性也/391　　　卉炎丘陵/73　　　　翁食喁喁/271
黃鼎介/211　　　　　　懷不正也/59　　　　　卉炎于笴/73　　　　翁繳惻惻/272
黃鼎介中廉貞也/211　懷非含憖也/100　　　毀滋章也/117　　　　豨毅其牙/157
黃鐘生林鐘/399　　　　會我蒙昏/84　　　　擇其角維用抵族/273　嘻嘻自懼/133
黃鐘之數立焉/402　　懷憂無快也/158　　　擇其角殄厥類也/273
黃中免于禍貞/141　　懷威滿虛/155　　　　擇其罕絶其羂殆/273
黃中免禍/141　　　　　懷違折匕/229　　　　擇罕絶羂/273

시간과 공간을 초월하여 영원한 고전으로 남아질 수 있는
과거속의 유산을 캐내어 메마른 마음밭을 기름지게 가꾸어 줄 수 있는 —
자유문고의 책들

1. 정관정요 오긍 지음 ●576쪽	당나라 이후 중국의 역대 왕실이 모든 제왕의 통치철학으로 삼았던 이 저서는 「도꾸가와 이에야스(德川家康)」가 일본 통일의 기틀을 마련하는데 큰 힘이 되었다.
2. 식경 편집부 해역 ●328쪽	어떤 음식을 어떻게 섭취하면 몸에 좋은가? 어떻게 하면 무병장수 할 수 있는가 등. 옛 중국인들의 조리와 저장방법에서 해답을 얻을 수 있다.
3. 십팔사략 증선지 지음 ●254쪽	고대 중국의 3황 5제부터 송나라 말기까지 유구한 역사의 노정에서 격랑에 휘말린 인물과 사건을 시대별로 나눈 5천년 중국사를 한눈에 볼 수 있는 역사서.
4. 소학 조형남 해역 ●338쪽	자녀들의 인격 완성을 위해 성인이 되기 전 한번쯤 읽어야 하는 고전. 인간이 지켜야 할 예절과 우리 선조들의 예의범절을 되돌아 볼 수 있다.
5. 대학 정우영 해역 ●156쪽	사회생활에서 지도자가 되거나 조직의 일원이 될 때 행동과 처세, 자신의 수양 등에 도움은 물론, 훌륭한 지도자로 성장하도록 하는 조직관리의 길잡이이다.
6. 중용 조강환 해역 ●192쪽	인간의 성(性) 도(道) 교(敎)의 구체적 사항 제시. 도(道)와 중화(中和)는 항상 성(誠)을 가지고 살아야 한다는 것과 귀신에 대한 문제 등이 논의됐다.
7. 신음어 여곤 지음 ●256쪽	한 국가를 경영하는 요체. 인간의 도리, 국가공복의 의무, 세상의 운세 그리고 성인과 현인, 국가를 경영하는 요체 등을 주제로 한 공직자의 필독서이다.
8. 논어 김상배 해역 ●376쪽	공자와 제자들의 사랑방 대화록. 공자(孔子)의 '배우고 때때로 익히면 즐겁지 아니한가.'로 시작되는 논어를 통해 공문 제자의 교육법을 알 수 있다.
9. 맹자 전일환 해역 ●464쪽	난세를 다스리는 정치철학. 백성이란 생활을 유지할 생업이 있어야 변함없는 마음을 가질 수 있고, 생업이 없으면 변함없는 마음을 가질 수 없다.
10. 시경 이상진·황송문 역 ●576쪽	공자는 시(詩) 3백편을 한 마디로 한다면 '사무사(思無邪)'라 했다. 옛 성인들은 시경을 인간의 마음을 정화시키는 교육서로 삼았다. 관련 그림도 수록되었다.
11. 서경 이상진·강명관 역 ●444쪽	요순(堯舜)부터 서주(西周)까지의 정사(政事)에 관한 모든 문서(文書)를 공자(孔子)가 수집하여 편찬한 책이다. 유학의 정치에 치중한 경전의 하나.
12. 주역 양학형·이준영 역 ●496쪽	주역은 보는 자의 관점에 따라 판단을 내리도록 하는 것이 역의 기본이치다. 주역은 하나의 암시로 그 암시를 통해 문제를 해결해 나가는 것이다.
13. 노자도덕경 노재욱 해역 ●272쪽	난세를 쉽게 사는 생존철학. 인생은 속절없고 천지는 유구하다. 천지가 유구한 것은 무위 자연의 도를 수행하고 있기 때문이다. 제일 귀한 것은 자기 생명이다.
14. 장자 노재욱 편저 ●260쪽	바람따라 구름따라 정처없이 노닐며 온 천하의 그 무엇에도 속박되는 것 없이 절대 자유로운 삶을 영위하는 장주(莊周)의 자유무애한 삶의 이야기.
15. 묵자 박문현·이준영 역 ●552쪽	묵자(墨子)는 '사랑'을 주창한 철학자이며 실천가다. 그의 이론은 단순하지만 그 이론을 지탱하는 무게는 끝없이 크다. 묵자의 '사랑'은 구체적이고 적극적이다.
16. 효경 박맹용·황송문 역 ●232쪽	효의 개념을 정립한 것. 공자가 제자인 증자(曾子)가 효도하는 마음가짐이 뛰어난 점을 간파하고 효도에 관한 언행을 전하여 기록하게 한 효의 이론서.
17. 한비자 노재욱·조강환 역 ●상532쪽·하512쪽	약육강식이 횡행하던 춘추전국시대에 순자의 성악설(性惡說)을 사상적 배경으로 받아들여 법의 절대주의를 역설. 법 위주의 냉엄한 철학으로 이루어졌다.
18. 근사록 정영호 해역 ●424쪽	내 삶의 지팡이. 송(宋)나라 논어라 일컬어진 송나라 성리학(性理學)을 집대성한 유학의 진수. 높은 차원의 철학적 사상과 학문이 쉽고 짧은 문장으로 다루어짐.
19. 포박자 갈홍 저/장영창 역 ●280쪽	불로장생은 모든 인간의 소망이다. 죽음을 초월할 수 있는가? 불로불사(不老不死)의 약은 있는가? 등. 인간들이 궁금해 하는 내용들이 조명되었다.
20. 여씨춘추 정영호 해역●127/372쪽●8람464쪽●6론240쪽	여불위가 3천여 학자와 이룩한 사론서(史論書)로 '12기(紀), 8람(覽), 6론(論)'으로 나뉘어 선진(先秦)시대의 학설과 사상을 총망라해 다룬 백과전서.

21. 고승전 혜교 저 / 유월탄 역 ●288쪽		중국대륙에 불교가 들어 오면서 불가(佛家)의 오묘 불가사의한 행적들과 전도 과정에서의 수난과 고통, 수도과정에서 보여주는 고승들의 행적 등을 기록.
22. 한문입문 최형주 해역 ●232쪽		조선시대의 유치원 교육서라고 하는 천자문, 이천자문, 사자소학, 계몽편, 동몽선습이 수록. 또 관혼상제와 가족의 호칭법 나열. 간단한 제상차리는 법이 요약.
23. 열녀전 유향 저 / 박양숙 역 ●416쪽		역사에 큰 발자취를 남긴 89명의 여인들을 다룬 여성의 전기이다. 총 7권으로 구성되었으며 옛여성들이 지킨 도덕관을 한 눈에 볼 수 있는 교양서.
24. 육도삼략 조강환 해역 ●296쪽		병법학의 최고봉인 무경칠서(武經七書)중 2가지 책으로 3군을 지휘하고 국가를 방위하는데 필요한 저서. 『육도』와 『삼략』의 두 권을 하나로 합친 것이다.
25. 주역참동계 최형주 해역 ●272쪽		주나라의 역(易)이 노자의 도(道)와 연단술(練丹術)과 서로 섞여 통하며 『주역』과 연단은 음양을 벗어나지 못하며 노자의 도는 음양이 합치된다고 하였다.
26. 한서예문지 이세열 해역 ●328쪽		반고(班固)가 찬한 『한서(漢書)』제30권에 들어 있는 동양고전의 서지학(書誌學)의 대사전. 한(漢)나라 이전의 모든 고전을 일목요연하게 볼 수 있다.
27. 대대례 박양숙 해역 ●344쪽		『대대례』의 정식 명칭은 『대대예기』이며 한(漢)나라 대덕(戴德)이 편찬한 저서로 공자와 그의 제자들이 예에 관한 기록 131편을 수집하여 집대성한 것이다.
28. 열자 유평수 해역 ●304쪽		『열자』의 학문은 황제(黃帝)와 노자(老子)에 근본을 삼았고 열자 자신을 호칭하여 도가(道家)의 중시조라 했다. 내용이 재미 있고 어렵지 않은 것이 특징.
29. 법언 양웅 저 / 최형주 역 ●312쪽		전한(前漢)시대 사마상여(司馬相如)의 영향을 받아 대문장가가된 양웅(楊雄)의 문집. 양웅은 오로지 저술에 의해 이름을 남기고자 저술에 전념하였다.
30. 산해경 최형주 해역 ●408쪽		문학·사학·신화학·지리학·민속학·인류학·종교학·생물학·광물학·자원학 등 제반 분야를 총망라한 동양 최고의 기서(奇書)이며 박물지(博物志).
31. 고사성어 송기섭 지음 ●304쪽		일상생활에서 많이 쓰이는 125개의 고사성어의 유래를 밝히고 1,000여개 고사성어의 유사언어와 반대어, 속어, 준말, 자해(字解) 등을 자세하게 실었다.
32. 명심보감·격몽요결 박양숙 해역 ●280쪽		인간 기본 소양의 명심보감과 공부의 지침서인 격몽요결, 학교 운영과 학생들의 행동모범안을 보여주는 율곡 이이(李珥) 선생의 학교모범으로 이루어졌다.
33. 이향견문록 유재건 엮음 / 이상진 역 ●상352쪽·하352쪽		일반적으로 많이 알려지지 않은 숨은 이야기 모음. 소문으로 알려져 있는 평범한 이야기, 기이한 이야기, 유명한 사람의 이야기를 능가하는 이야기 등.
34. 성학십도와 동국십팔선정 이상진 외2인 해역 ●248쪽		'성학십도'는 어린 선조가 성군이 되기를 바라 퇴계 이황이 집필. '동국십팔선정'은 우리나라 사람으로서 성균관 문묘에 배향된 대유학자 18명의 발자취를 나열.
35. 시자 신용철 해역 ●240쪽		진(秦)나라 재상 상앙의 스승이었다는 시교의 저서로 인의를 내세운 유가의 덕치(德治)를 바탕으로 '정명(正名)과 명분(名分)'을 내세워 형벌을 주창.
36. 유몽영 장조 저 / 박양숙 역 ●240쪽		장조(張潮)가 쓴 중국 청대(淸代)의 수필 소품문학의 백미로, 도학자다운 자세와 차원높은 은유로 인간의 진솔한 삶의 방법과 존재가치를 탐구하였다.
37. 채근담 박양숙 해역 ●288쪽		명나라 때 홍자성(洪自誠)이 지은 저서. 하늘의 이치와 인간의 정을 근본으로 덕행을 숭상하고 명예와 이익을 가볍게 보아 담박한 삶의 참맛을 찾는 길을 모색.
38. 수신기 간보 저 / 전병구 역 ●462쪽		동진(東晉)의 간보(干寶)의 저서. '신괴(神怪)한 것을 찾다'와 같이 '귀신을 수색한다'의 뜻으로 신선, 도사, 기인, 괴물, 귀신 등의 이야기로 이루어짐.
39. 당의통략 이덕일·이준영 역 ●462쪽		조선 말기의 정치가이며 학자인 이건창의 저서로 선조 때부터 영조 때까지의 당쟁사. 음모와 모략, 드디어 영조가 대탕평을 펼치게 되는 일에서 끝을 맺었다.
40. 거울로 보는 관상 신성은 엮음 ●400쪽		달마조사와 마의선사의 상법(相法)을 300여 도록과 함께 현대문으로 재해석하여 누구나 쉽게 알 수 있게 꾸민 관상학 해설서. 원제는 '마의상법(麻衣相法)'.
41. 다경 박양숙 해역 ●240쪽		당나라 육우의 '다경'과 '끽다양생기'를 합쳐 현대문으로 재해석하고 차와 건강을 설명하여 전통차의 효용성과 커피의 실용성을 곁들였다.
42. 음즐록 정우영 해역 ●176쪽		음즐은 '하늘이 아무도 모르게 사람의 행동을 보고 화복을 내린다.'는 뜻에서 딴 것. 어떤 행동이 얼마만큼의 공덕에 해당하는 가에 대한 예시도 해놓았다. 〈완역〉

43. 손자병법 조일형 해역 ●272쪽	혼란했던 춘추시대에 태어나 약육강식의 시대를 살며 터득한 경험을 이론으로 승화시킨 손자의 병법서. 현대인들에게는 처세술의 대표적인 책.〈완역〉
44. 사경 김해성 해역 ●288쪽	'사람을 쏘려거든 먼저 말을 쏘아라' 라는 부제가 대변해 주듯, 활쏘기의 방법에 대한 개론서. 활쏘기 자체를 초월한 도의 경지에 오르는 길과 관련 도록도 수록.
45. 예기 상·중·하 지재희역 ●상448쪽·중416쪽·하427쪽	옛 사람들의 생활과 관련된 모든 것을 총망라했다. 사람들이 어떤 문화를 가지고 살았으며, 어떤 것에 무게를 두었는가 하는 것들을 살필 수 있다.
46. 이아주소 최형주·이준영 역 ●424쪽	중국 13경(經)의 하나. 가장 오래된 동양 자전(字典). 천문·지리·음악·기재(器材)·초목·조수(鳥獸)에 대한 고금의 문자 설명.〈완역〉
47. 주례 지재희·이준영 역 ●608쪽	국가 제도를 기록한 최고의 책이며, 삼례(三禮)의 하나이며, 관명과 각 관직에서 행하는 직무의 범위를 설명한 것으로 13경의 하나이다.〈완역-자구 색인〉
48. 춘추좌전 상·중·하 남기현 해역 ●상664쪽·중656쪽·하672쪽	중국의 노(魯)나라 은공(隱公) 1년에서부터 애공(哀公) 14년까지의 12대 242년 간의 일들을 공자가 서술한 역사서. 좌구명(左丘明)이 전(傳)을 썼다.
49. 순자 이지한 해역 ●656쪽	성악설(性惡說)를 주창한 순자의 모든 사상이 담겨 있는 저서. 모든 국가는 예로써 다스려야 한다는 순자의 이론을 집대성하고 있다.
50. 악기 이영구 해역 ●312쪽	예기에 있는 악기와 그밖의 고전에 있는 음악이론을 모아 6경의 하나였던 악기를 국악기와 무일도의 도록과 설명을 함께 실었다.
51. 가범 이영구 해역 ●336쪽	가훈(家訓)과 같은 것으로 중국 가정의 규범이 될만한 내용. 교훈적으로 살아간 가정을 열거하여 살아가는데 도움이 될 것을 모았다.
52. 원본소녀경 최형주 해역 ●322쪽	인간의 성(性)을 연마해서 장생(長生)하고 인간의 질병을 성(性)으로 다스리는 방법과 기(氣)를 보충하며 건강하게 사는 것들을 담고 있다.
53. 상군서 남기현 해역 ●288쪽	국가를 법으로 다스려야 부강하는 나라를 만들고 상앙이 주창한 법치국가로 부국강병을 이루는 방법을 나열한 저서이다.
54. 황제내경소문 최형주해역 ●상472쪽·중448쪽·하416쪽	양생(養生)하고 질병을 제거하여 자연의 도에 순응하며 인간의 타고난 수명을 다하고 또 질병이 있게 되면 그에 대한 치료방법을 제시한 동양최고의 한의학 경전
55. 황제내경영추 최형주해역 ●상496쪽·하496쪽	한방(漢方)의 최고 경전이며 주로 침술을 이용하여 질병을 치료하는 방법을 제시한 동양 최고의 한의학 경전이다.
56. 의례 지재희·이준영 역 ●671쪽	동양 전통예절의 법전이며 삼례(三禮)의 으뜸이다. 관혼상례를 비롯한 고대사회의 사회의식과 종교학적인 면들을 자세히 엿볼 수 있는 예절의 최고 경전.
57. 춘추곡량전 남기현 해역 ●568쪽	공자(孔子)의 춘추를 명분(名分)과 의리를 내세워 자세히 설명하여 비롯된 고문학(古文學)의 최고의 경전이며 사학자의 필독서. 13경의 하나이다.
58. 춘추공양전 남기현 해역 ●568쪽	13경의 하나. 공자가 축약한 춘추를 고대 문화의 언어 해설로 풀어 놓아 춘추시대의 문화와 문학을 연구하는데 중요한 저서로서 사학자의 필독서.
59. 춘추번로 남기현 해역 ●568쪽	공자(孔子)의 춘추(春秋)를 공양전(公羊傳)에 의거하여 미진한 부분을 자문자답의 형식으로 재해석한 동중서(董仲舒) 평생의 연구서.
60. 금낭경·청오경 신성는 해역 ●288쪽	동진(東晋)시대 곽박(郭璞)과 청오선생이 지은 장서(葬書)로 최고의 명당을 찾는 법과 올바른 장법(葬法)을 제시하는 풍수(風水)의 기본서.
61. 태현경 김태식 해역 ●448쪽	양웅(揚雄)이 주역의 천지현황(天地玄黃)과 노자의 현지우현(玄知又玄)을 결부시켜 새로이 창안한 한(漢)나라의 주역이다.
101. 한자원리해법 김철영 엮음 ●232쪽	한자가 이루어진 원리를 부수를 기본으로 나열하여 쉽게 풀어놓았다. 한자의 기본인 부수가 생겨나게 된 원리를 보여주어 한자에 쉽게 다가갈 수 있게 하였다.
102. 상례와 재례 김창선 지음 ●248쪽	상례와 제례를 알기 쉽게 풀어 써서 그 의식에 스며있는 의의를 고찰하고 오늘날의 가정의례 준칙상의 상례와 제례와도 비교하였다.

■ 동양학 100권 발간 후원인(가나다 순)

　후원회장 : 유태전
　후원회운영위원장 : 지재희
　　김경범. 김관해. 김기홍. 김소형. 김재성. 김종원. 김주혁. 김창선. 김태수. 김태식.
　　김해성. 김향기. 남기현. 박남수. 박문현. 박양숙. 박종거. 박종성. 백상태. 송기섭.
　　신성은. 신순원. 신용민. 양태조. 양태하. 오두환. 유재귀. 유평수. 이규환. 이덕일.
　　이상진. 이석표. 이세열. 이승균. 이승철. 이영구. 이용원. 이원표. 임종문. 임헌영.
　　전병구. 전일환. 정갑용. 정인숙. 정찬옥. 정철규. 정통규. 조강환. 조응태. 조일형.
　　조혜자. 최계림. 최형주. 한정곤. 한정주. 황송문

인지생략

동양학총서〔61〕
태현경(太玄經)

초판 1쇄 인쇄　2006년 2월 26일
초판 1쇄 발행　2006년 3월 3일

해역자 : 김태식
펴낸이 : 이준영

회장·유태전
주간·이덕일 / 편집·교정·김경숙 / 영업기획·한정주
조판·태광문화 / 인쇄·천광인쇄 / 제본·기성제책 / 유통·문화유통북스
펴낸곳 : 자유문고
서울 영등포구 문래동6가 56-1 미주프라자 B-102호
전화·2637-8988·2676-9759 / FAX·2676-9759
홈페이지 : http://www.jayumungo.co.kr
e-mail : jayumg@hanmail.net
등록·제2-93호(1979. 12. 31)

정가 20,000원

＊잘못 만들어진 책은 구입하신 서점에서 바꿔드립니다.

ISBN 89-7030-076-7 04150
ISBN 89-7030-000-7 (세트)